LA VIDA SECRETA DE

SADDAM HUSSEIN

Planeta

LA VIDA SECRETA DE

SADDAM HUSSEIN

CON COUGHLIN

TRADUCCIÓN DE ISABEL FUENTES GARCÍA

 Planeta

Título original: Saddam. The Secret Life

© Con Coughlin, 2002
© por la traducción, Isabel Fuentes García, 2003
© Editorial Planeta, S. A., 2003
    Diagonal, 662-664, 08034 Barcelona (España)

Diseño de la cubierta: Florencia Helguera y Sergio Juan
Ilustración de la cubierta: © J. Paulovsky/Corbis Sygma
Ilustración del interior: Museo Saddam Hussein de Bagdad, a no
    ser que se indique otra procedencia

Primera edición: enero de 2003
Depósito Legal: M. 272-2003
ISBN 84-08-04665-9
ISBN 0-333-78200-3 editor MacMillan, Londres, edición original
Composición: Foto Informàtica, S. L.
Impresión y encuadernación: Brosmac, S. L.
Printed in Spain - Impreso en España

Índice

Lista de ilustraciones

ÁRBOL GENEALÓGICO DE SADDAM

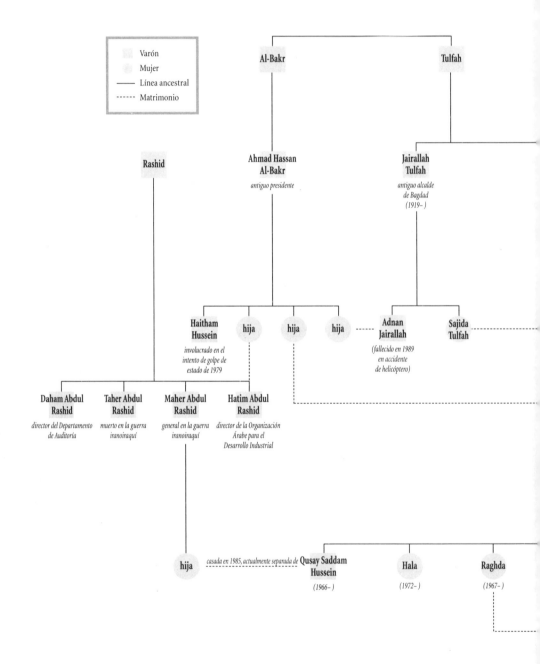

Varón
Mujer
——— Línea ancestral
------ Matrimonio

Al-Bakr

Tulfah

Rashid

Ahmad Hassan
Al-Bakr
antiguo presidente

Jairallah
Tulfah
*antiguo alcalde
de Bagdad
(1919–)*

Haitham
Hussein
*involucrado en el
intento de golpe de
estado de 1979*

hija

hija

hija

Adnan
Jairallah
*(fallecido en 1989
en accidente
de helicóptero)*

Sajida
Tulfah

Daham Abdul
Rashid
*director del Departamento
de Auditoría*

Taher Abdul
Rashid
*muerto en la guerra
iranoiraquí*

Maher Abdul
Rashid
*general en la guerra
iranoiraquí*

Hatim Abdul
Rashid
*director de la Organización
Árabe para el
Desarrollo Industrial*

hija

casada en 1985, actualmente separada de Qusay Saddam
Hussein
(1966–)

Hala
(1972–)

Raghda
(1967–)

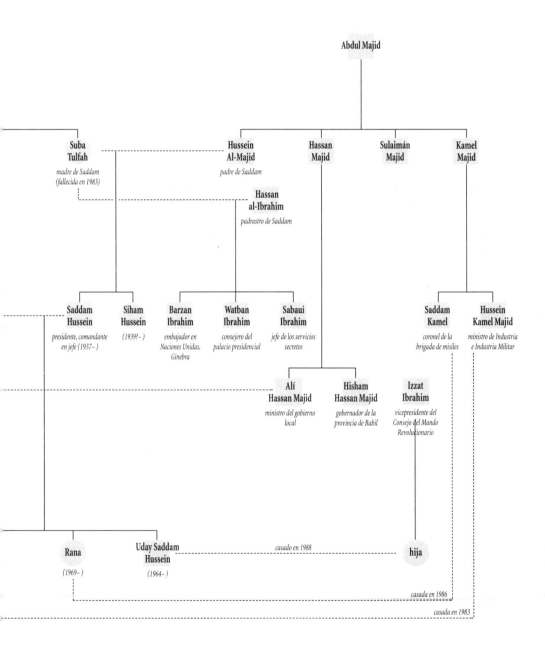

Abdul Majid

Suba
Tulfah
*madre de Saddam
(fallecida en 1983)*

Hussein
Al-Majid
padre de Saddam

Hassan
Majid

Sulaimán
Majid

Kamel
Majid

Hassan
al-Ibrahim
padrastro de Saddam

Saddam
Hussein
*presidente, comandante
en jefe (1937–)*

Siham
Hussein
(1939?–)

Barzan
Ibrahim
*embajador en
Naciones Unidas,
Ginebra*

Watban
Ibrahim
*consejero del
palacio presidencial*

Sabaui
Ibrahim
*jefe de los servicios
secretos*

Saddam
Kamel
*coronel de la
brigada de misiles*

Hussein
Kamel Majid
*ministro de Industria
e Industria Militar*

Alí
Hassan Majid
*ministro del gobierno
local*

Hisham
Hassan Majid
*gobernador de la
provincia de Babil*

Izzat
Ibrahim
*vicepresidente del
Consejo del Mando
Revolucionario*

Rana
(1969–)

Uday Saddam
Hussein
(1964–)

casado en 1988

hija

casada en 1986

casada en 1983

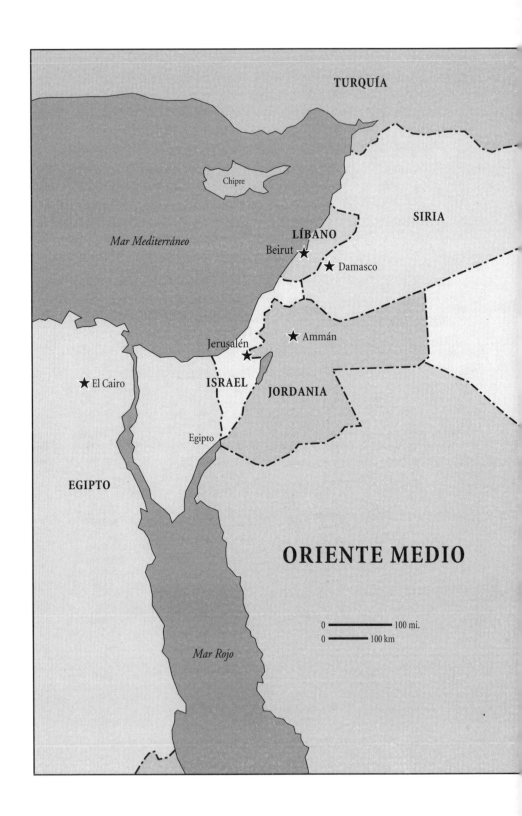

TURQUÍA

Chipre

Mar Mediterráneo

SIRIA

LÍBANO

Beirut ★

★ Damasco

★ Ammán

Jerusalén
★

ISRAEL

El Cairo ★

JORDANIA

Egipto

EGIPTO

ORIENTE MEDIO

Mar Rojo

0 ———— 100 mi.

0 ———— 100 km

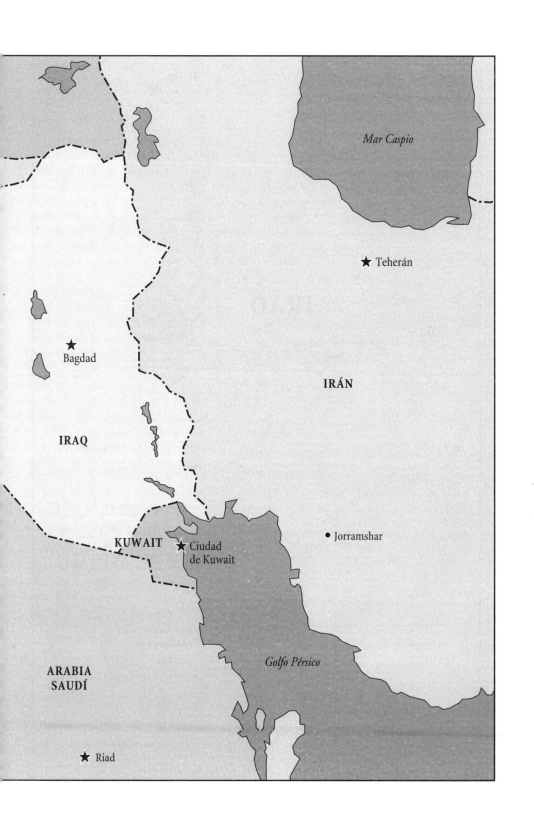

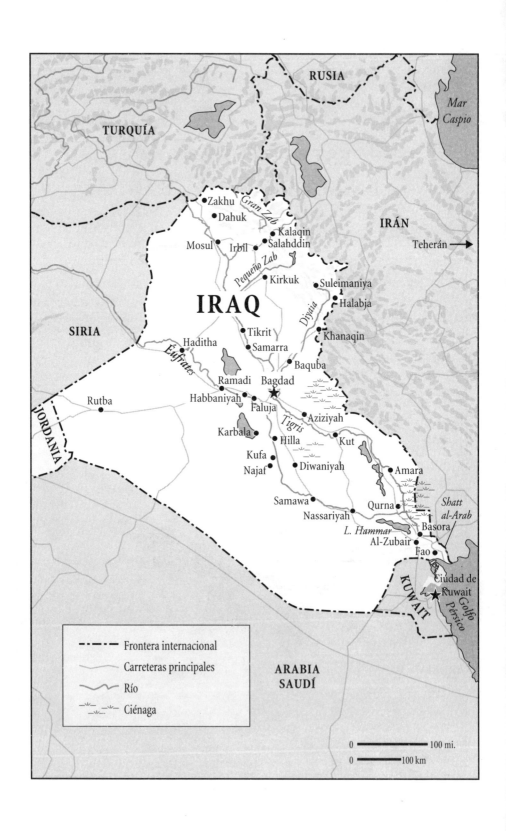

RUSIA

Mar
Caspio

TURQUÍA

IRÁN

Teherán →

•Zakhu
•Dahuk

Gran Zab

•Kalaqin
•Salahddin
Mosul •Irbil

Pequeño Zab

•Kirkuk

•Suleimaniya

•Halabja

IRAQ

Diyala

•Khanaqin

SIRIA

•Tikrit
•Samarra

•Haditha

Éufrates

•Baquba

•Ramadi
•Habbaniyah

Bagdad ★

•Faluja

Tigris

•Aziziyah

JORDANIA

•Rutba

•Karbala

•Hilla

•Kut

•Kufa
•Najaf

•Diwaniyah

•Amara

•Samawa

•Qurna

Shatt
al-Arab

•Nassariyah

L. Hammar

•Basora

•Al-Zubair
•Fao

Ciudad de
Kuwait ★

KUWAIT

Golfo
Pérsico

ARABIA
SAUDÍ

Frontera internacional

Carreteras principales

Río

Ciénaga

0 ━━━━━ 100 mi.

0 ━━━━━ 100 km

ESTRUCTURAS CLAVE
EN EL CENTRO DE BAGDAD

0 ———— 1 mi.

N

Mezquita
Kadimiya

Cuartel general del
Cuerpo Técnico para
Proyectos Especiales

Ministerio principal
de Defensa

Aeropuerto central
y estación de ferrocarril

Embajada británica

Monumento
a los mártires
"Cebolla partida"

Cuartel general de las Fuerzas
Aéreas iraquíes

Hotel Melià
Mansour

Hotel Rashid

Río Tigris

Cuartel general
de los servicios
secretos
iraquíes

Monumento
de las Espadas
Cruzadas

Hotel
Sheraton

COMPLEJO
DEL PALACIO
PRESIDENCIAL

Bunker
y cuartel general
de Saddam

Residencia oficial
de Saddam

Embajada de EE. UU.

Cuartel general
del partido Baas

← AL AEROPUERTO
INTERNACIONAL
SADDAM

A LA REFINERÍA DE PETRÓLEO,
↓ LA CENTRAL ELÉCTRICA
↓ Y LA BASE MILITAR AÉREA

Centro de Defensa
Aérea

COMPLEJO DEL PALACIO PRESIDENCIAL DE SADDAM

Carretera Shari Yafa
Al sur de la orilla del Tigris hay una zona de acceso restringido, controlada por militares y servicios de seguridad

Edificios ministeriales

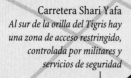

Organización de Industrialización Militar
Cuartel general para organizar el contrabando de armas y petróleo

Cuartel general de la Organización de Seguridad Especial

Personal de la Organización de Seguridad Especial

Torre de comunicaciones

Tumba del Soldado Desconocido

Palacio presidencial

Despacho privado de Saddam

Despacho de los secretarios personales de Saddam

Alojamientos para el personal de palacio

Centro de Interrogatorios

Escuadrón Especial de Protección que vigila el perímetro interior del despacho de Saddam

Edificio de recepción para dignatarios extranjeros

Puente dañado por bombas y reconstruido

Río Tigris

N

TURQUÍA

SIRIA

☐ Al-Qaim

Río Éufrates

JORDANIA

IRAQ

☐ Taji

★ Bagdad

Thuwaitha ⭕

Río Tigris

IRÁN

ARABIA
SAUDÍ

◉ Qaqa

INVESTIGACIÓN
NUCLEAR
EN IRAQ

Y sus correspondientes instalaciones

KUWAIT

Golfo Pérsico

◉ Investigación sobre bombas
⭕ Reactores nucleares e investigación nuclear
☐ Construcción centrifugadora
▪ Extracción de uranio y producción de hexafluoruro

0 ▬▬▬▬ 100 mi.
0 ▬▬▬ 100 km

A la memoria de Juan Carlos Gumucio (1950-2002)

Emerge tu recuerdo de la noche en que estoy.

PABLO NERUDA

Prefacio

Escribir una biografía de Saddam Hussein es como intentar reunir pruebas para un juicio contra un famoso gángster. La mayoría de los testigos principales han sido asesinados o tienen demasiado miedo para hablar. Incluso aquellos que estuvieron asociados con Saddam y no lo han visto en más de veinte años viven con el miedo constante de que, si hablan más de la cuenta, podrían recibir la visita de sus escuadrones asesinos, o de que los parientes que les quedan en Iraq podrían ser castigados por sus indiscreciones. Sin embargo, en el transcurso de los tres años que pasé investigando para este libro, algunos antiguos colaboradores de Saddam aceptaron ser entrevistados. Sólo he dado el nombre de quienes estaban dispuestos a ser identificados. Sin embargo, en la mayoría de los casos no ha sido posible. Asimismo, muchos funcionarios del gobierno, del cuerpo diplomático y los servicios secretos, tanto en activo como retirados, que viven en Estados Unidos, Europa y Oriente Medio y que han contribuido a esta empresa, han pedido que no se mencione su nombre. Mi más sincero agradecimiento a todos los que han permitido que este proyecto llegara a buen término.

Por supuesto, me hago totalmente responsable de las interpretaciones y conclusiones a las que he llegado mientras redactaba este libro.

Desearía expresar mi gratitud a Linda Bedford y a los bibliotecarios del Royal Institute for International Affairs de Londres por su ayuda eficiente y experta en la localización de material bibliográfico importante, al personal de la hemeroteca del *Telegraph* por ayudarme a encontrar artículos de prensa poco conocidos, y a Jules Amis por su ayuda siempre amable. También debo dar las gracias a mis colegas y amigos, y a mi familia por su aliento y su apoyo.

PRÓLOGO
El proscrito

Poco antes de que una serie de ataques terroristas cuidadosamente orquestados devastaran la costa Este de Estados Unidos el 11 de setiembre de 2001, Saddam Hussein, presidente de Iraq, puso a sus soldados en «alerta G», el nivel más alto de alerta militar de los soldados iraquíes desde la guerra del Golfo de 1991. El propio Saddam se recluyó en uno de sus búnkers fortificados en el feudo familiar de Tikrit, al norte de Iraq. Sus dos esposas, Sajida y Samira, mujeres que en circunstancias normales se rehuían, fueron trasladadas a otro de los búnkers secretos de Saddam. Al parecer, Saddam se retiró a Tikrit a principios de setiembre de 2001 porque le habían advertido previamente de los ataques del 11 de setiembre, cuando grupos terroristas de Al-Qaeda estrellaron aviones comerciales llenos de pasajeros contra las torres del World Trade Center en Nueva York y el Pentágono, en Washington, D. C., atentados en los que murieron miles de personas inocentes. Un cuarto grupo de terroristas intentó estrellar el avión que habían secuestrado contra la Casa Blanca, pero se lo impidió el heroísmo de algunos pasajeros, que se enfrentaron a los secuestradores e hicieron que el avión se estrellase en un campo al sur de Pittsburgh; murieron todos los que iban a bordo.

En los días caóticos que siguieron al mayor ataque terrorista de la historia, el Iraq de Saddam Hussein emergió como uno de los objetivos más probables de las represalias. El secretismo y la seguridad que rodeaban cada uno de los movimientos de Saddam hacía imposible adivinar por qué el líder iraquí había puesto el país en alerta máxima y se había retirado a un refugio antiaéreo, pero el momento elegido fue suficiente para despertar suspicacias. Aunque no se tenían pruebas concretas de que Saddam estuviera directamente implicado en los atentados del 11 de setiembre, la enraizada antipatía institucional de Washington hacia el dictador iraquí era tal que, en los días inmediatamente posteriores al ataque, el presidente George W. Bush se vio obligado a pedir moderación a sus colegas de la línea más dura. Bush quería centrar su respuesta más inmediata en Al-Qaeda, el grupo terrorista islámico fundado y liderado por Osama Bin Laden, el fanático disidente saudí. Todas las pruebas de que se disponía relacionaban a los secuestradores directamente con Bin Laden. En el discurso que Bush hizo en el Congreso el 20 de setiembre no mencionó a Iraq. Habló en términos generales de desatar una «guerra contra el terror» y su principal exigencia fue que el régimen talibán de Afganistán entregara a Bin Laden y a sus cómplices de Al-Qaeda, si no querían sufrir las consecuencias.

A pesar de que el discurso del presidente Bush se centró sobre todo en Al-Qaeda, empezaron a difundirse ciertas informaciones en los servicios secretos occidentales, como la que hacía referencia al paradero de Saddam el día 11 de setiembre. El informe más convincente lo proporcionó el Ministerio del Interior de la República Checa, según el cual, Mohamed Atta, uno de los cabecillas de los ataques del 11 de setiembre, se había reunido con un oficial de inteligencia iraquí cinco meses antes de esa fecha. Atta había intentado entrar en Praga en el verano de 2000, pero se lo habían impedido porque su visado no era válido. Tras procurarse la documentación necesaria, Atta regresó a Praga en abril de 2001, y allí se reunió con Ahmed al-Ani, un oficial de inteligencia iraquí que las autoridades checas estaban a punto de expulsar del país. Ani, que era vicecónsul en la embajada iraquí de Praga, era sospechoso de «participar en actividades ajenas a sus deberes diplomáticos», eufemismo utilizado para indicar que era un espía. A pesar de que no había nada que relacionara al agente iraquí con el 11 de setiembre, el hecho mismo de que el formidable aparato de inteligencia dirigido por el dictador de peor fama del mundo estuviera en contacto con la organización terrorista más implacable indicaba que Saddam se encontraría muy pronto en el punto de mira de los estrategas militares del Pentágono.

La implicación de Saddam en los ataques del 11 de setiembre no sorprendió a aquellos especialistas en la lucha antiterrorista que habían estado investigando los vínculos del dictador iraquí con los terrorismos internacionales desde principios de la década de 1970. En el pasado, Saddam había estado directamente relacionado con terroristas tan infames como Abu Nidal, el líder del grupo palestino radical al que, entre otras atrocidades, se consideró responsable de los atentados en los aeropuertos de Viena y Roma, en 1985, o como el legendario terrorista venezolano Ilich Ramírez Sánchez, más conocido como Carlos *el Chacal*.

Saddam no era un musulmán devoto que sintiera gran simpatía por las fuerzas del islamismo radical; entre 1980 y 1988 libró una guerra cruenta contra el régimen islámico establecido por el ayatolah Jomeini en Irán. Sin embargo, a lo largo de los años noventa, cuando grupos islámicos radicales, como Hezbolá en Líbano y Al-Qaeda en Afganistán, consiguieron atacar con éxito objetivos occidentales en Oriente Medio y otros lugares, empezaron a circular informes de los servicios secretos que sugerían que las fuerzas de seguridad de Saddam ayudaban a entrenar, fundar y equipar a terroristas islámicos. A finales de 2001, dos desertores de alto rango revelaron a los servicios de inteligencia occidentales que Saddam había establecido un campo de entrenamiento terrorista en la base militar de Salman Pak, al sur de Bagdad, que había albergado a grupos de combatientes islámicos de Arabia Saudí, Yemen y Egipto. En la base había un Boeing 707 en desuso, que se utilizaba para enseñar a los reclutas cómo se secuestraba un avión con las manos desnudas o con simples cuchillos, técnicas similares a las de los secuestradores del 11 de setiembre.[1] Aunque los desertores no podían afirmar con seguridad que los reclutas entrenados en Salman Pak pertenecieran a Al-Qaeda, el hecho de que la mayoría procediera de Arabia Saudí y de que fueran de la intransigente secta wahabi de Bin Laden bastaba para despertar sospechas en Washington y Londres.

Existía una relación más directa entre Saddam y Bin Laden con referencia a actividades terroristas que tenían su base en Sudán a mediados de los noventa. En aquel país había entonces varios campos de entrenamiento del terrorismo islámico. A través de Sudán, Saddam enviaba fondos para apoyar a los rebeldes islámicos de Argelia y otros lugares de Oriente Medio. A finales de esa década se conocieron detalles de un plan diseñado por Saddam, según el cual, un destacamento especialmente seleccionado de su red de seguridad, la Unidad 999, colaboraría con Al-Qaeda para realizar varios ataques en Europa y Oriente Medio contra objetivos concretos. Aliándose de ese modo indirecto con las fuerzas operativas de Bin Laden, Saddam esperaba despejar las sospechas de que Iraq estaba involucrado en el terrorismo internacional. Como consecuencia de esta colaboración, varios destacados disidentes iraquíes fueron asesinados en Jordania y se trazaron planes para destruir las oficinas centrales de Radio Free Europe, situadas en Praga.[2] En abril de 1998, Bin Laden envió incluso una delegación de sus combatientes de Al-Qaeda a las celebraciones por el cumpleaños del hijo primogénito de Saddam, Uday, que correspondió a este gesto aceptando entrenar a varios reclutas de Al-Qaeda en Iraq.

Otra prueba de los intentos de Saddam por reforzar sus lazos con Al-Qaeda surgió en agosto de 2002, cuando se desveló que Sabri al-Banna, el terrorista palestino también conocido como Abu Nidal, que había estado estrechamente relacionado con Saddam durante los años setenta y ochenta, había muerto en extrañas circunstancias en Bagdad. Al principio, los iraquíes afirmaron que Abu Nidal se había suicidado cuando agentes de los servicios secretos habían ido a interrogarlo sobre su supuesta participación en un complot para derrocar a Saddam. En realidad, Saddam había ordenado que mataran a Abu Nidal después de que el veterano terrorista, al que habían invitado a ir a Bagdad para que le trataran un cáncer de piel, se hubo negado a entrenar a varios combatientes de Al-Qaeda refugiados en el este de Iraq tras la caída del régimen talibán en Afganistán, tal como le pedía el líder iraquí. Saddam también quería utilizar la red terrorista de Abu Nidal en Oriente Medio para llevar a cabo operaciones de Al-Qaeda. Abu Nidal, del que se decía que estaba en tratos para intentar una reconciliación con la autoridad palestina, rechazó la oferta, pensando que una alianza con Al-Qaeda perjudicaría sus aspiraciones políticas. Saddam respondió ordenando que lo mataran.[3]

No obstante, las informaciones que vinculaban personalmente a Saddam con Bin Laden y Al-Qaeda seguían siendo muy endebles. En las tres décadas que llevaba gobernando Iraq, Saddam había construido una de las estructuras de seguridad más poderosas y omnipresentes de la historia moderna, y había convertido la tarea de conseguir información auténtica sobre sus actividades en un importante reto para los servicios de inteligencia occidentales. En consecuencia, muchas de las afirmaciones que se hicieron sobre las actividades de Saddam resultaron ser falsas. En octubre de 2001, por ejemplo, fue acusado de estar detrás de los envíos de carbunco (ántrax) ocurridos en Florida y Nueva York poco después del 11 de setiembre. Estas y otras informaciones sobre las actividades de Saddam aumentaron la presión a que sometieron a Bush ciertos altos cargos de la administración norteamericana para que emprendiera acciones contra Saddam. Entre ellos destacó el vicepresidente Dick Cheney, que una generación antes había sido secretario de Defensa con el padre del actual presidente Bush, el presidente George Herbert Walker Bush, que dirigió la coalición militar internacional que derrotó al ejército de Saddam tras la invasión de Kuwait en 1990. Otros de los que estaban a favor de emprender acciones militares contra Saddam fueron el secretario de Defensa, Donald Rumsfeld, un veterano de las administraciones anteriores de Reagan y de Bush padre, y Paul Wolfowitz, el secretario adjunto de Defensa. Aunque la principal prioridad de estos veteranos de administraciones republicanas anteriores era asegurarse de que Estados Unidos y sus aliados estaban plenamente protegidos de los grupos terroristas islámicos, no habían olvidado que Saddam había intentado asesinar a George Bush padre durante su visita a Kuwait en 1993. El único de los miembros veteranos de la administración que estaba relacionado con la política exterior y que instó a la prudencia fue el secretario de Estado, Colin Powell, que había sido el jefe del Estado Mayor de Bush padre durante la guerra para liberar Kuwait en 1991.

La ambigüedad del presidente George W. Bush con respecto a la responsabilidad que pudiera tener Saddam en los ataques del 11 de setiembre no empezó a cambiar hasta finales de octubre de 2001, cuando los servicios secretos recibieron advertencias de que militantes islámicos planeaban un ataque más espectacular aun que los de setiembre contra Estados Unidos. En palabras de Condoleezza Rice, consejera nacional de seguridad, sería un ataque con «una arma terrible que convertiría el 11 de setiembre en un simple juego de niños»[4]. La información sugería que los hombres de Bin Laden planeaban utilizar una «bomba sucia», que emplea explosivos convencionales para diseminar material radioactivo. Un único dispositivo podía devastar una área del tamaño de Manhattan y hacerla inhabitable durante años. Se implantaron medidas de seguridad de emergencia para evitar que Bush y Cheney estuvieran juntos, y se enviaron avisos confidenciales a la policía de Washington y a los comités de inteligencia del Congreso, advirtiéndoles de la nueva amenaza.

El ataque no se produjo, pero el miedo dejó una profunda huella en el presidente de EE. UU. Para él era evidente que Al-Qaeda desplegaba una frenética actividad en busca de armas de destrucción masiva, y era obvio para todos los interesados que el único país que podía poner tales armas de destrucción masiva a su disposición era el Iraq de Saddam Hussein. Desde la década de 1970, cuando Saddam emergió por vez primera como el «hombre fuerte de Bagdad», Iraq había concentrado en su territorio grandes recursos para la obtención de armas químicas, biológicas y nucleares. Además, mientras que en Occidente esas armas se desarrollaban como elemento disuasorio, Saddam había demostrado que estaba dispuesto a utilizarlas contra sus enemigos, sobre todo cuando en 1988 utilizó armas químicas contra civiles en Kurdistán. La disposición de Saddam a utilizar sus armas no convencionales, unida al ansia de Al-Qaeda por obtener tales armas, convencieron a Bush de que debía emprenderse una acción efectiva para eliminar la amenaza que suponía Saddam. El otro factor que contribuyó a aunar voluntades en la administración Bush en otoño de 2001 fue la aparición de nuevas pruebas que sugerían la implicación de Iraq en el atentado con bomba perpetrado por extremistas islámicos en 1993 contra el World Trade Center de Nueva York.[5] Condoleeza Rice explicó posteriormente la evolución del pensamiento de Bush de la siguiente manera: «No fue porque se tuvieran pruebas de que Iraq podía haber proporcionado ciertas armas a Al-Qaeda [...] Fue porque Iraq es uno de esos lugares hostiles a nosotros y, francamente, lo bastante cruel e irresponsable como para hacerlo posible.»[6]

La amenaza que suponía el terrorismo fanático islámico para Occidente obligó a Estados Unidos a acometer una revisión de la doctrina sobre seguridad nacional. Durante la guerra fría, Estados Unidos y sus aliados de la OTAN habían confiado en la amenaza de una represalia masiva para evitar los ataques de países hostiles. Pero cuando llegó el momento de tratar con un enemigo para el que no eran aplicables las normas de la guerra habituales, y para el que la idea de martirio estaba inseparablemente unida al éxito de cualquier misión, quedó claro que la guerra contra el islam militante habría de entablarse siguiendo reglas muy distintas. La administración Bush se convenció de que, en «la guerra contra el terror», Estados Unidos tendría que dar el primer golpe antes que sus enemigos. Como Bush diría más adelante a un grupo de cadetes de la academia militar de West Point que estaban a punto de graduarse en la primavera de 2002: «Si esperamos a que las amenazas se hagan realidad, habremos esperado demasiado tiempo.» Veteranos de la guerra fría como Cheney y Rumsfeld consideraban también que el conflicto con Saddam era un asunto pendiente desde la época de las superpotencias. La actitud de Saddam con respecto a Occidente estaba, en cierto sentido, condicionada por el apoyo, tanto militar como diplomático, que había recibido de la Unión Soviética. Tras la desaparición de la Unión Soviética, el Iraq de Saddam se había convertido en un peligroso anacronismo.

Durante los nueve primeros meses del mandato de George W. Bush, Iraq no se había perfilado como un asunto crucial. De hecho, desde el descalabro del programa promovido por Naciones Unidas para desmantelar el arsenal de armas de destrucción masiva de Saddam a finales de 1998, que había movido al presidente Bill Clinton a lanzar una serie de ataques aéreos, ineficaces en su mayor parte, contra Iraq. La política occidental con respecto a Bagdad había entrado en una especie de limbo. El principio que guiaba lo que quedaba de la política aliada con respecto a Iraq era la «contención», que se concretaba esencialmente en las sanciones impuestas por Naciones Unidas después de que Saddam invadió Kuwait en 1990. También se hicieron algunos intentos poco entusiastas de compeler a grupos rivales de opositores iraquíes a dirimir sus diferencias y formar un frente unificado contra Saddam. Aviones de combate británicos y estadounidenses siguieron patrullando las zonas de exclusión del norte y el sur de Iraq establecidas a principios de los noventa para proteger a las minorías kurda y chiita, y se produjo algún que otro incidente cuando los sistemas de misiles antiaéreos de Iraq detectaron las aeronaves aliadas. En el verano de 2001 se informó de que Iraq había mejorado sus sistemas de defensa antiaérea, y demostró su nueva capacidad disparando contra un avión espía U-2 norteamericano, que estuvo a punto de derribar. Sin embargo, a pesar de estos actos de provocación ocasionales, el presidente Bush no parecía tener prisa por formular su política con respecto a Iraq. En la época de los ataques del 11 de setiembre, la revisión de la política de EE. UU. respecto a Iraq se había estancado por la aparente falta de interés del presidente estadounidense.

Dada la larga historia de tensiones existente entre Washington y Bagdad, Saddam Hussein no contribuyó precisamente a defender su causa durante las semanas cruciales de finales de 2001, cuando la administración Bush debatía el mejor modo de iniciar la guerra contra el terrorismo. A finales de octubre, Saddam publicó una confusa «carta abierta» al pueblo norteamericano, en la que condenaba la acción militar estadounidense en Afganistán contra los talibanes, afirmaba que la política exterior de Estados Unidos estaba dirigida por el «sionismo», y sugería que el territorio de Estados Unidos podía ser objeto de nuevos ataques terroristas. En noviembre, cuando las Naciones Unidas sugirieron que las sanciones contra Iraq podían suavizarse si Saddam permitía que los inspectores de armamento de Naciones Unidas regresaran a Bagdad, Saddam rechazó la oferta sin vacilar. Y, lo que resultó más insultante aún, una encuesta encargada a finales de año por el gobierno iraquí proclamó a Osama Bin Laden como «hombre del año 2001» en Iraq, honor que se le otorgaba por su dedicación a desafiar a Estados Unidos y defender el islam. La televisión iraquí, que es gubernamental, ofreció imágenes de un jefe tribal iraquí recitando un poema escrito para Saddam, en el que se celebraban los ataques del 11 de setiembre:

> *Desde el interior de América, cuatro aviones volaron.*
> *¡Tal percance jamás se vio en el pasado!*
> *Y no volverá a ocurrir nada similar.*
> *Murieron seis mil infieles.*
> *Bin Laden no lo hizo, fue la suerte del presidente Saddam.*[7]

Saddam siguió irritando a Washington en la primavera de 2002 cuando ordenó a sus funcionarios de seguridad que suministraran ayuda a las familias de los palestinos suicidas.

Mientras en la administración Bush se formaba la opinión de que la «guerra contra el terror» debía extenderse para abarcar a Saddam Hussein, muchos aliados occidentales de Washington seguían manifestando sus reservas sobre un ataque contra Iraq, sobre todo porque no había pruebas concluyentes que relacionaran a Saddam con el 11 de setiembre. Tony Blair, el primer ministro británico, era el único líder europeo que apoyaba la posición de EE. UU. El 14 de setiembre había pronunciado un emotivo discurso en la Cámara de los Comunes, prometiendo todo su apoyo a Estados Unidos en la lucha contra el terrorismo. Pero a finales de otoño, muchos líderes europeos expresaron públicamente su desasosiego ante la renovación de hostilidades contra Saddam. Sin embargo, Blair mantuvo su apoyo, a pesar de que los servicios secretos británicos, que habían cooperado estrechamente con Estados Unidos en busca de indicios que demostraran la relación entre Saddam y los ataques del 11 de setiembre, sólo habían podido ofrecer a Blair «retazos» que demostraban que Iraq y Al-Qaeda habían colaborado, pero nada que se refiriera directamente al 11 de setiembre.[8]

Pese a las reservas expresadas por sus aliados europeos, a finales de 2001, el presidente Bush estaba resuelto a extender la guerra contra el terror para incluir a Saddam. Cuando el triunfo militar contra los talibanes pareció garantizado, Bush dio a entender de manera clara que Saddam sería el siguiente objetivo. «Saddam es el mal —declaró tajantemente—. Creo que tiene armas de destrucción masiva y creo que debe dejar que lo inspeccionemos.»[9]

Las intenciones de Bush contra Saddam se confirmaron dos meses más tarde cuando pronunció su discurso a la nación a finales de enero de 2002. En ese discurso, trazó los dos objetivos clave de la «guerra contra el terror». El primero sería destruir los campos terroristas donde se entrenaban los combatientes islámicos, desbaratar los planes de las organizaciones terroristas y llevarlas ante la justicia. El segundo objetivo ampliaba significativamente el concepto de «guerra contra el terror», tal como lo había planteado en su discurso al Congreso el 20 de setiembre. A partir de aquel momento, declaró Bush, la política de Estados Unidos se dedicaría a impedir que «terroristas y regímenes que crearan armas químicas, biológicas o nucleares» amenazaran a Estados Unidos y al mundo. Y a quienes lo escuchaban no les cupo la menor duda sobre la identidad de los «regímenes» en que estaba pensando. Al referirse a Corea del Norte, Irán e Iraq como el «eje del mal», Bush se reservó sus críticas más duras para el Iraq de Saddam Hussein.

«Iraq sigue haciendo alarde de su hostilidad hacia Norteamérica y apoyando el terror —dijo Bush—. El régimen iraquí ha conspirado para desarrollar carbunco, gas nervioso y armas nucleares durante más de una década. Se trata de un régimen que ya ha utilizado gas venenoso para matar a miles de sus propios ciudadanos, dejando los cadáveres de las madres apiñados sobre los de sus hijos muertos. Se trata de un régimen que ha aceptado las inspecciones y luego ha expulsado a los inspectores. Se trata de un régimen que tiene algo que ocultar al resto del mundo. Estados como ése y sus aliados terroristas constituyen un eje del mal que está armándose para amenazar la paz mundial. Al disponer de armas de destrucción masiva, esos regímenes suponen un peligro grave y creciente. Podrían suministrar esas armas a grupos terroristas, dándoles un medio equiparable a su odio. Podrían atacar a nuestros aliados o intentar chantajear a Estados Unidos. En cualquier caso, el precio de la indiferencia sería catastrófico.»

Así pues, ésta era la justificación del presidente Bush para extender la guerra contra el terrorismo, desde la guerra contra los responsables directos del 11 de setiembre hasta un conflicto más amplio contra cualquier régimen que, o bien diera refugio a los terroristas, o bien les proporcionara los medios para llevar a cabo sus misiones. Saddam podía entrar en esta definición de Bush por dos motivos: primero, porque había pruebas de que había financiado a terroristas islámicos y les había cedido instalaciones para su entrenamiento, y segundo, porque Saddam disponía de una importante cantidad de armas químicas, biológicas y nucleares. A pesar de que no se habían descubierto pruebas que sugirieran que Saddam hubiera permitido el acceso de grupos terroristas a su arsenal de armas no convencionales, siempre existía la posibilidad de que lo hiciera en el futuro. En el pasado había demostrado ya que estaba dispuesto a utilizar tales armas, y sólo la amenaza de Estados Unidos de tomar represalias con ataques nucleares lo había disuadido de emplearlas durante la guerra del Golfo. Según la administración Bush, Estados Unidos tenía todo el derecho de reanudar las hostilidades contra Saddam, puesto que había incumplido el compromiso asumido al final de la guerra del Golfo, como parte del acuerdo de alto el fuego, de destruir sus armas de destrucción masiva. En opinión de Bush, la amenaza que suponía Saddam para el mundo civilizado no podía seguir tolerándose.

Pero la estrategia de Bush contra Saddam no gozaba de un apoyo global, y muchos de los aliados europeos, que tan rápidamente habían condenado los ataques del 11 de setiembre, tenían serios recelos sobre la decisión del presidente de extender la guerra contra el terror. Hubert Védrine, el ministro de Exteriores francés, afirmó que el comentario de Bush sobre el «eje del mal» era «simplista». El ministro de Exteriores alemán, Joschka Fischer, se quejó de que Estados Unidos trataba a sus aliados europeos como «satélites». Y Chris Patten, el comisario de la Unión Europea para Asuntos Exteriores, denunció que el planteamiento de Bush era una «exageración unilateral y absolutista». La respuesta de los aliados árabes tradicionales de Estados Unidos fue igualmente negativa. Arabia Saudí, que aún intentaba digerir el hecho de que la mayoría de los secuestradores del 11 de setiembre fueran ciudadanos saudíes, señaló que no iban a permitir que se usaran sus bases para nuevos ataques contra Bagdad, y lo mismo ocurrió con los demás países del Golfo.

Al adoptar una visión negativa del discurso a la nación de George W. Bush, estos aliados no supieron entender otro de los principios fundamentales sobre los que se basaba la política exterior de Washington tras el 11 de setiembre. Durante su discurso al Congreso del 20 de setiembre, el presidente había dicho con toda claridad que Estados Unidos tenía intención de emprender una guerra contra el terror. «Todas las naciones, de todas las regiones del mundo, han de tomar una decisión —declaró—. O están con nosotros, o están contra nosotros.» La administración Bush no deseaba iniciar un proceso unilateral, pero si sus aliados no estaban dispuestos a cooperar, Washington estaba dispuesto a actuar por su cuenta.

El único aliado de importancia que apoyó plenamente la decisión de Bush de actuar contra Saddam Hussein fue la Gran Bretaña de Tony Blair. A pesar de que, en otoño de 2001, el líder laborista había expresado reservas sobre un ataque contra Saddam, en la primavera de 2002 parecía ser ya un fiel converso para la causa contra Saddam. Durante una conferencia de prensa en una cumbre de la Commonwealth celebrada en marzo en Australia, los argumentos de Blair para hacer frente a Saddam tenían un extraño parecido con los formulados por Bush en su discurso a la nación del mes de enero anterior. Refiriéndose a las armas de destrucción masiva de Saddam, Blair declaró: «Si esas armas caen en sus manos [las de los terroristas] y sabemos que tienen la capacidad y la intención de usarlas, creo que tenemos que actuar, porque de lo contrario puede que descubramos demasiado tarde su potencial de destrucción.»[10] Aunque Blair hubiese tomado sus argumentos prestados de Washington, Gran Bretaña seguía pensando que tenía sentido apoyar a Estados Unidos. Aviones de combate británicos seguían realizando misiones de vuelo conjuntas con los estadounidenses para reforzar las zonas de exclusión del norte y el sur de Iraq. La decisión de Blair recibió también un importante aval por parte de Margaret Thatcher, la ex primera ministra, que había desempeñado un papel fundamental en la creación de la coalición contra Saddam en 1990, después de que Iraq invadió Kuwait. «Saddam debe marcharse —declaró con su habitual dureza—. El hecho de que sobreviviera tras sufrir una derrota aplastante en la guerra del Golfo ha supuesto un daño incalculable a la posición de Occidente en una región donde el único pecado imperdonable es la debilidad. Al incumplir abiertamente los términos del acuerdo por el que cesaron las hostilidades, ha dejado en ridículo a la comunidad internacional.»[11]

En lo que a Washington y Londres concernía, la suerte estaba echada. Saddam Hussein era un proscrito internacional. O accedía a desmantelar sus armas de destrucción masiva y renunciaba a apoyar el terrorismo internacional, o Estados Unidos, con el apoyo británico, procedería a efectuar un «cambio de régimen» en Bagdad, derrocando a Saddam por la fuerza, en caso necesario.

1. El huérfano

El joven Saddam Hussein tuvo una infancia dura y llena de privaciones. El hombre que iba a convertirse en uno de los líderes árabes más poderosos de los tiempos modernos procedía de una mísera aldea situada a orillas del río Tígris, a las afueras de la pequeña ciudad de Tikrit. Nació en el seno de una familia pobre en una de las regiones más inhóspitas del país. A edad temprana, quedó huérfano y fue enviado a vivir con unos parientes que supervisaron su crianza y su educación. No se necesitan grandes conocimientos de psicología para evaluar el efecto que tuvieron tales circunstancias sobre el desarrollo del niño. Al igual que Hitler y Stalin, los dos grandes tiranos del siglo XX que superaron unos inicios muy poco prometedores para llegar a tener el control absoluto de sus naciones respectivas, Saddam superó las desventajas de su infancia para convertirse en el dueño indiscutible de Iraq. La vergüenza de sus orígenes humildes iba a convertirse en el acicate de su ambición, mientras que la profunda sensación de inseguridad provocada por los vaivenes de su infancia lo dejó patológicamente incapacitado para confiar en nadie en la vida adulta, ni siquiera en su familia más inmediata. Dadas las desventajas de su nacimiento, hay que reconocer el mérito de Saddam al superar obstáculos sociales aparentemente insalvables y alcanzar la cima de la pirámide política iraquí.

Saddam nació en la aldea de Al-Uja, que significa «el giro», y debe este nombre a que está situada en un pronunciado meandro del río Tigris, a ocho kilómetros de Tikrit en dirección sur, en el norte central de Iraq. La aldea consistía entonces en un puñado de chozas de barro y casas, y sus habitantes vivían en condiciones de extrema miseria. Comodidades como agua corriente, electricidad y calles asfaltadas no se conocían, y aunque en la región había unos cuantos terratenientes ricos, la aldea en sí era yerma. La mortalidad infantil era muy alta, y la mayoría no tenía más ocupación que la de intentar sobrevivir. Las grandes fincas, situadas en el Creciente Fértil, producían gran variedad de cosechas, como arroz, cereales, verduras, dátiles y uvas, y sus propietarios, que residían en la cercana ciudad de Tikrit o en la antigua Bagdad, gozaban de gran consideración dentro de la sociedad iraquí. En aquella sociedad básicamente feudal, la función de los míseros habitantes de Al-Uja era la de proporcionar mano de obra barata, como peones de labranza en las fincas o como sirvientes en Tikrit. No había escuelas en Al-Uja. Los menos pobres enviaban a sus hijos a la escuela de Tikrit, pero la mayoría no podía permitírselo y dejaban a sus hijos descalzos, abandonados a sus propios recursos.

Mientras la mayoría de los aldeanos se empleaban con provecho en aquellas ocupaciones prosaicas, otros preferían actividades ilícitas como el robo, el pillaje y el contrabando. Históricamente, Al-Uja era conocida como refugio de bandidos que se ganaban el sustento saqueando las *doba*, las pequeñas gabarras de fondo plano que transportaban mercancías entre Mosul y Bagdad siguiendo el Tigris, una de las arterias comerciales más importantes de Iraq. Los saqueadores eran especialmente activos durante el verano, cuando podían actuar con mayor facilidad desde su estratégica posición en el meandro del río, donde la navegación era necesariamente lenta, y donde a veces los *doba* se quedaban embarrancados en las aguas poco profundas. La caza furtiva era otra de las actividades populares, y algunos aldeanos no sentían remordimientos por robar gallinas y productos frescos de las fincas vecinas.

Oficialmente, Saddam nació el 28 de abril de 1937 y, para dar mayor autenticidad a esta fecha, en 1980 la convirtió en fiesta nacional. Dada la naturaleza primitiva de la sociedad iraquí en la época de su nacimiento, quizá no deba sorprendernos que esta fecha se haya puesto en duda en varias ocasiones. Algunos de sus coetáneos aducen que nació un par de años antes, en 1935, mientras que otros comentaristas aseguran que fue en 1939. Estas discre-

pancias podrían explicarse por el hecho de que el registro de naci-
mientos, bodas y fallecimientos era extremadamente impreciso. En
aquella época, era costumbre que las autoridades dieran a todos los
hijos de campesinos la fecha de nacimiento del 1 de julio, y sólo
intentaban poner el año correctamente. Esto explicaría por qué un
certificado que aparece reproducido en una de las biografías oficiales de Saddam[1] da el 1 de julio de 1939 como fecha de su nacimiento. De hecho, Saddam adquirió su fecha oficial de nacimiento
de un amigo y futuro compinche, Abdul Karim al-Shaijly, que procedía de una próspera familia de Bagdad y que, por tanto, tenía la
ventaja de poseer una fecha de nacimiento auténtica. «Saddam
siempre estuvo celoso de Karim por saber su propia fecha de nacimiento. Así que se limitó a apropiársela para sí.»[2] No contento con
robar el cumpleaños de otro, se sabe también que Saddam cambió el año de su nacimiento para aparentar ser mayor de lo que
era durante su meteórica ascensión en el partido Baas. Esto se debió
a que su primera mujer, Sajida, había nacido en 1937. En la sociedad árabe no se ve con buenos ojos que un hombre se case con
una mujer mayor que él, y al parecer Saddam corrigió su año de
nacimiento para que coincidiera con el de su esposa. El hecho de
que ni siquiera Saddam conozca su verdadera fecha de nacimiento dice mucho sobre su propia psicología.

Si bien la fecha de nacimiento es controvertible, el lugar no
lo es. Saddam nació en una choza de barro que pertenecía a su tío
materno, Jairallah Tulfah, un simpatizante nazi al que más tarde
encarcelaron por apoyar una revuelta antibritánica durante la segunda guerra mundial. Pertenecía al clan sunita de Al-Bejat, parte de
la tribu Al-Bu Nasir, que era la dominante en la región de Tikrit.
Las lealtades tribales habrían de desempeñar un papel importante
en la ascensión de Saddam al poder. En la década de 1980, había
al menos media docena de miembros de la tribu Al-Bu Nasir que
ocupaban cargos importantes en el gobierno. Sin embargo, en los
años treinta, el clan se conocía principalmente por su pobreza y
su carácter belicoso. Para sus líderes era un motivo de orgullo eliminar a sus enemigos por las ofensas más inicuas. Como sunita,
el niño se acogió a la doctrina ortodoxa mayoritaria del islam, aunque los sunitas son una secta minoritaria en Iraq: sólo uno de
cada cinco iraquíes es sunita. Al niño lo llamaron Saddam, literal-

mente, «el que se enfrenta». Dadas sus hazañas posteriores, el nombre no podría haber sido más apropiado.

La controversia más duradera, sin embargo, no se refiere tanto a la fecha de su nacimiento como al paradero de su padre, Hussein al-Majid, un campesino pobre y sin tierras, habitante típico de Al-Uja. A pesar de los detalles que se dan en las biografías oficiales sobre Saddam, la mayoría de las biografías y reseñas publicadas previamente han dado a entender que era hijo ilegítimo. Los documentos oficiales iraquíes afirman que Saddam nació de la unión entre Suba Tulfah, una campesina hermana del simpatizante nazi Jairallah, y de Hussein al-Majid. Sin embargo, la falta de información sobre Hussein ha convertido el simple hecho de su paternidad en motivo de polémica. Los chismes prosperaron por el hecho de que Saddam mandara construir un gran mausoleo en memoria de su madre, tras su muerte en 1982, mientras que no se construyó nada semejante para su padre, ni existe siguiera registro de su fallecimiento o del lugar donde fue enterrado.

Como consecuencia, la mayoría de las biografías de Saddam han sugerido que, o bien su padre abandonó el hogar familiar antes de que él naciera, o bien se fue poco después. Se han dado varias explicaciones sobre su ausencia, como la de que murió por causas naturales, lo cual constituía un suceso bastante corriente en una comunidad tan pobre. Según la versión iraquí sobre el destino de Hussein al-Majid que cuenta con mayor aceptación, lo mataron unos bandidos, lo que tampoco sería improbable. Existían numerosas variaciones sobre este tema, incluyendo la teoría de que lo mataron cuando él mismo cometía algún acto de bandidaje, ya que no se hacían demasiadas preguntas a terratenientes o comerciantes, si cometían un asesinato en defensa de su propiedad. Otra versión sugería que abandonó el hogar familiar para huir de una exigente y dominante Suba. Un experto árabe sobre Saddam afirmó que Hussein había trabajado como criado para un antiguo primer ministro durante la monarquía,[3] mientras que otros lo refutaron, diciendo que era un trabajador sin empleo, o bien que participaba en el pillaje y la caza furtiva, por la que eran conocidos entonces los aldeanos de Al-Uja. Otra versión sugería que lo asesinaron unos parientes de Suba para vengarse por haberla dejado embarazada fuera del matrimonio, teoría verosímil dada la propensión de su clan a los enfrentamientos sangrientos y los asesinatos por honor. La más irreverente de todas las versiones sugiere que Hussein no existió y que Saddam fue fruto de las actividades de su madre como prostituta de la aldea. Se comprende que esta última afirmación fuera popular entre los medios occidentales durante la guerra del Golfo y que, si se repetía en el lugar equivocado en Iraq, se castigara con la muerte. Después de que Saddam se convirtió en presidente de Iraq, un veterano oficial del ejército iraquí confió a su amante que se había acostado con la madre de Saddam. Por desgracia para el oficial, la conversación había sido grabada por la policía secreta iraquí, y la transcripción se entregó a Saddam. El oficial, su hijo y su amante fueron ejecutados.[4] A pesar de estas claras amenazas, la propia Suba ha sido objeto de escabrosas historias. Una de ellas sugiere que, angustiada por la perspectiva de ser madre soltera, en un momento de su embarazo intentó arrojarse bajo las ruedas de un autobús, exclamando: «Voy a dar a luz al diablo.»

Mientras que el destino del padre de Saddam sigue envuelto en el misterio, la delicada cuestión de la ilegitimidad de Saddam puede responderse por el simple hecho de que tuvo una hermana pequeña, Siham, cuyo nombre puede traducirse libremente como «lanza». Siham, que se mantuvo apartada del centro de atención en Iraq a pesar del éxito de su hermano, nació un año o dos después de Saddam, de los mismos padres y en la misma aldea. Más tarde se casó con un juez de distrito y tuvo dos hijos. La única ocasión en que su familia salió a la palestra en Iraq ocurrió durante el período más duro de la guerra iranoiraquí de mediados de los años ochenta, cuando su marido se negó a acudir al llamamiento que Saddam hizo a todos los varones iraquíes para que se alistasen voluntariamente. La familia sufrió arresto domiciliario durante un tiempo y al marido lo despidieron del trabajo. Sin embargo, unos meses después, Saddam se reconcilió con su hermana y al marido le devolvieron el cargo. No obstante, el hecho de que la hermana de Saddam, al contrario que todos sus demás parientes cercanos, no recibiera jamás reconocimiento público en Iraq inevitablemente planteó interrogantes sobre el parentesco entre Saddam y ella.

En cuanto al destino del padre natural de Saddam, lo único

que se puede decir es que, o bien murió poco después de que naciera Siham, o simplemente abandonó el hogar familiar. Los coetáneos de Saddam en Tikrit han afirmado que Hussein al-Majid dejó a Suba por otra mujer y que vivió muchos años después de que Saddam naciera, pero que las relaciones entre las dos ramas de la familia eran muy malas, lo cual no es de extrañar.[5] Sea cual sea la verdad, el hecho de que Saddam tuviera que soportar la ausencia de su padre natural durante la mayor parte de su infancia fue causa de una gran angustia, aunque la existencia de una hermana menor le permitiera defenderse de quienes afirmaban que era ilegítimo.

A pesar de que es difícil establecer una cronología precisa de la infancia de Saddam, se puede trazar un esbozo de sus andanzas en aquella época. Después de que Hussein al-Majid desapareció del hogar familiar, la madre de Saddam, Suba («amanecer»), era demasiado pobre para criar a su hijo sola. Su único trabajo conocido era el de vidente. Antiguos residentes de Tikrit afirmaron que siempre vestía de negro y que llevaba los bolsillos llenos de conchas, de las que se servía para hacer sus profecías. Otras versiones dicen que recibía apoyo financiero de Jairallah, que vivía en la cercana ciudad de Tikrit, mientras que otras sugieren que el niño fue entregado al cuidado de Jairallah como medida provisional. Tikrit, que fue una importante ciudad textil en otro tiempo, se había convertido en una ciudad provinciana en la década de 1930. Históricamente debía su fama a haber sido el lugar de nacimiento, en 1138, de Saladino, el legendario paladín sarraceno que derrotó a los cruzados en Palestina. En 1394, las hordas tártaras de Tamurlán, descendiente de Gengis Kan, también habían visitado la ciudad durante la campaña mesopotámica, y se habían detenido en ella para construir una pirámide enteramente erigida con los cráneos de los vencidos.

Jairallah Tulfah, por entonces oficial del ejército en Tikrit, era un ferviente nacionalista árabe e iba a convertirse en una de las influencias educativas más importantes para el joven Saddam. Para tener una idea del estrecho vínculo que se estableció entre tío y sobrino, baste decir que, después de convertirse en presidente, Saddam recompensó a Jairallah nombrándolo alcalde de Bagdad. Según las noticias que se tienen de él, Jairallah era un individuo dado a la discusión y al mal genio, que aun así consiguió inspirar en el joven Saddam un respeto rayano en la idolatría. No es difícil imaginar la impresión que dejó en el chico durante los años de crecimiento aquella figura paterna que era un decidido defensor de Adolf Hitler y los valores nazis. Ciertamente, cuando el entusiasmo de Jairallah por los nazis lo llevó a ser expulsado del ejército en 1941 y a ser condenado a cinco años de cárcel, se dice que Saddam lo echó muchísimo de menos. Años más tarde, en una amplia entrevista con Fuad Matar, uno de sus biógrafos oficiales, Saddam hizo una referencia reveladora al encarcelamiento de su tío: «Mi tío materno era nacionalista y oficial del ejército iraquí. Se pasó cinco años en la cárcel […] "Está en la cárcel", era la respuesta de mi madre siempre que le preguntaba por mi tío. Él siempre nos inculcó un gran sentimiento nacionalista.»[6] Jairallah inspiró también a su sobrino una profunda antipatía hacia la familia real iraquí, que gobernaba entonces el país, y hacia sus valedores extranjeros, es decir, los británicos. En realidad, aquel sentimiento xenófobo arraigó hasta tal punto en Saddam que, poco después de convertirse en presidente, escribió: «A nuestros hijos deberíamos enseñarles a guardarse de todo lo extranjero y a no revelar ningún secreto de estado o del partido a los extranjeros […] pues los extranjeros son los ojos de sus países.»[7]

El encarcelamiento de Jairallah supuso el regreso de Saddam a la casa de su madre en Al-Uja. Para entonces, su madre había encontrado un nuevo marido. Después de haber tenido a un primo segundo como primer marido, Suba se casó por segunda vez con un primo hermano. Los matrimonios como éstos eran corrientes en Iraq. La falta de movilidad física y social, junto con las obligaciones que imponía la lealtad a la tribu, implicaba que se alentaran tales uniones y que se consideraran necesarias para reforzar y mantener los lazos de parentesco. Suba, que, por los diversos retratos que han hecho de ella los biógrafos oficiales de Saddam, parece haber sido una mujer de carácter fuerte, no quería vivir sola. Se ha sugerido incluso que tuvo otro marido entre el primero y el segundo de los oficiales, pero no se han hallado pruebas que lo sustenten. Su segundo marido fue Hassan al-Ibrahim. Se rumoreaba que Suba había convencido a Hassan de que abandonara a su esposa por los placeres de su lecho. Según uno de los coetáneos de Saddam en Tikrit, el segundo matrimonio de Suba supuso un importante bajón en el estatus social de la familia, incluso en una sociedad tan pobre como la de Al-Uja. «Los Majid tenían mala fama, pero la de los Ibrahim era aún peor. Los Majid eran ladrones y criminales. Pero los Ibrahim eran de la peor ralea. Todos en aquella zona los detestaban.»[8] Los del clan Ibrahim tenían fama de forajidos. Hassan, por su parte, era un campesino pobre y haragán, cuyo único trabajo conocido era el de conserje en una escuela de Tikrit. Al contrario de Jairallah, que, gracias a su rango militar, podía alardear de cierta posición, Hassan estaba firmemente asentado en lo más bajo de la escala social. No obstante, su matrimonio con Suba parece que fue todo un éxito. La pareja tuvo tres hijos (Barzan, Watban y Sabaui) y varias hijas.

Suba había formado ya su nueva familia cuando Saddam regresó a la choza de Al-Uja tras el encarcelamiento de Jairallah. Saddam todavía era un niño (de no más de siete años), pero no recibió una bienvenida demasiado calurosa. Al parecer fue tratado con gran negligencia, salvo cuando recibía la brutal atención de su padrastro que, en las ocasiones en que conseguía sacudirse su indolencia natural, se regodeaba pegando al niño con un palo rebozado en petróleo, obligándolo a bailar para evitar los golpes.[9] Las condiciones en la aldea seguían siendo muy malas. El hogar familiar carecía de agua corriente y electricidad, y el ganado convivía con los niños. Por la noche, la familia dormía sobre el suelo de barro, apiñados unos contra otros para darse calor. De acuerdo con otro biógrafo oficial de Saddam, Amir Iskander, Saddam era muy consciente de las privaciones de su infancia. Saddam le había confiado que jamás había sido joven, sino sólo un niño melancólico que rehuía la compañía de los demás. Hay también cierto patetismo en el comentario de que su nacimiento «no fue un motivo de alegría, y su cuna no se engalanó con rosas o plantas aromáticas».[10]

Aparte de haber tenido que soportar aquellas duras condiciones de vida, el joven Saddam tuvo que enfrentarse con la influencia corruptora de su padrastro. El segundo marido de Suba era conocido en la aldea como Hassan *el Mentiroso,* porque afirmaba que había ido en peregrinaje a La Meca, uno de los siete pilares del islam, cuando de hecho jamás se había acercado siquiera a Arabia Saudí, y mucho menos a La Meca. No obstante, lo que a Hassan le faltaba en honradez lo compensaba con una actitud despreocupada ante la vida. No tuvo más empleo que aquella breve temporada como conserje de una escuela, pero compensó su propia vagancia sacando el mayor provecho posible de su hijastro. Mientras Hassan se pasaba el día chismorreando con sus amigos en el café de la aldea, a Saddam se le negaba la oportunidad de ir a la escuela y tenía que realizar pequeñas tareas domésticas. Saddam tenía que ir a robar huevos y gallinas de las granjas vecinas y puede que hasta pasara un tiempo en un centro de detención de menores. Un antiguo ministro iraquí afirmó que Suba estaba también implicada y que alentaba las acciones de Saddam. «Robaban y se repartían el botín en la misma noche. La madre de Saddam solía dirigir el reparto del botín: trigo o centeno, ovejas, tal vez unos cuantos objetos de oro y plata.»[11] Puede que el joven Saddam sufriera incluso abusos sexuales por parte de Hassan, lo que desde luego no habría sido una experiencia fuera de lo normal para un niño en la situación de Saddam. Decir que Saddam y su padrastro no se querían sería un eufemismo. Los aldeanos recordaban haber oído a Hassan gritarle a Saddam en muchas ocasiones: «¡No quiero al hijo de un perro!»

Si la vida era difícil en casa, no mejoró mucho cuando el joven Saddam pudo escapar de las indeseables atenciones de su padrastro. En la aldea se creía que el niño no tenía padre, y seguramente Hassan no hizo nada por acallar las habladurías. Como consecuencia, los otros niños se burlaban de él sin piedad y le atacaban con frecuencia. De hecho, eran tantas las agresiones que se acostumbró a llevar consigo una barra de hierro para defenderse cuando se aventuraba fuera de la casa familiar.[12] Según una leyenda, Saddam se divertía a menudo poniendo la barra en el fuego y, una vez al rojo vivo, se la clavaba en el vientre a cualquier animal que pasara por allí y lo partía en dos.[13] A la vista de la fascinación que sentiría posteriormente por las truculencias que se llevaban a cabo en sus cámaras de tortura, la historia tiene cierto grado de credibilidad. Saddam se sentía tan solo que la única criatura a la que realmente quería era su caballo. Le tenía tanto cariño que, cuando murió, afirma que se le quedó paralizada la mano durante más de una semana.

Se puede calibrar la visión que tiene Saddam de su propia infancia a través de sus biógrafos oficiales. Apenas se menciona a

Hassan que, al igual que el primer marido de Suba, ha sido apartado discretamente de escena. Los únicos comentarios que ha hecho sobre Hassan, que se sepa, distan mucho de ser agradables, como por ejemplo, cuando afirmó que su padrastro lo despertaba al alba gritando: «¡Levántate, hijo de puta! Ve a cuidar las ovejas.» Saddam ha sido también bastante franco sobre la espantosa pobreza que padeció en su infancia. A uno de sus biógrafos se limitó a decirle: «Vivíamos en una casa sencilla.» En la década de 1970, cuando Saddam intentaba crear las bases de su poder en Iraq, le convino destacar sus orígenes humildes, pensando que así ganaría adeptos entre los iraquíes corrientes. En junio de 1990, en vísperas de la guerra del Golfo, se mostró más comunicativo cuando fue entrevistado por Diane Sawyer para la cadena de televisión ABC. «La vida era muy dura en todo Iraq. Muy poca gente llevaba zapatos y en muchos casos sólo los llevaban en ocasiones especiales. Algunos campesinos sólo se ponían los zapatos cuando llegaban a su destino para parecer más elegantes.»

Si los recuerdos de Saddam sobre su vida familiar y su padrastro son auténticos, no puede decirse lo mismo de sus recuerdos sobre Suba. Al igual que la mayoría de los hijos, Saddam idolatraba a su madre, como demostró el impresionante mausoleo que construyó para ella en Tikrit —bien es verdad que con fondos del Estado— tras su muerte. La tumba la proclama «Madre de los militantes». Saddam puso de relieve la estrecha relación que tenía con ella, cuando confió a un biógrafo que la visitaba siempre que le era posible. En vista de las penurias que sufrió durante la época que vivió con Suba, su devoción resulta intrigante. Las fotografías la muestran como una mujer regordeta y ceñuda con el largo vestido negro típico de las campesinas árabes. Tenía el rostro tatuado con pequeños círculos negros y en ninguna fotografía se la ve sonriendo. Coetáneos de Saddam que la conocieron en la década de 1960 recuerdan a una mujer de mal genio que sembraba sus conversaciones de palabrotas, incluso cuando hablaba con completos desconocidos. Pero Saddam no veía sus defectos y fue fiel a su memoria.

Saddam mantiene asimismo buenas relaciones con sus hermanastros, a pesar de que no debieron de ser muy buenas durante su infancia. Barzan, Sabaui y Warban fueron recompensados con importantes cargos oficiales una vez que Saddam logró su ambición de convertirse en presidente de Iraq, y durante varios años Barzan llegó incluso a considerarse a sí mismo el heredero de Saddam. La infancia de Saddam habría de afectar en gran medida el modo en que se comportaba en público, sobre todo después de alcanzar puestos de verdadero poder. Su infancia le enseñó a no confiar en nadie, la importancia de ser independiente y el valor de la fuerza bruta para intimidar a cualquiera que se interpusiese en su camino, con barra de hierro o sin ella. Aprendió que, por muy desestructurada que fuera su familia, sus miembros eran las únicas personas con que podía contar para que lo ayudaran a mantenerse en el poder.

Por mucho que Saddam idealizara el recuerdo de su madre, no cabe duda de que el momento más emocionante de su infancia se produjo cuando su tío Jairallah fue finalmente liberado en 1946 o 1947, y Saddam pudo escapar de la miseria, la pobreza y la represión a la que estaba sometido con Suba, Hassan y sus hermanastros, para llevar una vida llena de posibilidades más emocionantes con su pariente pro nazi.

Si la experiencia de Saddam con su padrastro contribuyó a formar su carácter, el período que pasó con su tío en Tikrit y Bagdad contribuyó sin duda a formar sus opiniones políticas. Si bien Jairallah no desempeñaba más que un ínfimo papel en la lucha del pueblo iraquí por el derecho a la autodeterminación, su participación activa en las grandes corrientes nacionalistas de la época dejó una huella imborrable en el joven Saddam, sobre todo porque las actividades de Jairallah le habían privado de su compañía durante cinco años cruciales de su infancia.

La causa con que tan comprometido estaba Jairallah tenía sus raíces en la creación del Iraq moderno tras la primera guerra mundial. Durante casi cuatrocientos años de dominación otomana, la región que se conoce como Iraq fue una de las regiones más atrasadas del imperio. Bajo el gobierno de los turcos otomanos, lo que ahora es Iraq estaba formado por tras provincias separadas que giraban en torno a los principales centros comerciales de Mosul, Bagdad y Basora. El dominio otomano desapareció finalmente con la revuelta árabe, apoyada por los ingleses, que culminó en 1917 con la toma de Bagdad. La campaña para derrotar el poder otomano en Oriente Medio, recordada sobre todo por las hazañas de Lawrence de Arabia, tuvo también sus contratiempos. Al iniciarse la guerra en 1914, se envió a Basora, situada en la punta del golfo, una fuerza expedicionaria británica como medida preventiva contra los turcos, que se habían aliado con los alemanes. Tras tomar Basora fácilmente en 1915, los confiados británicos decidieron avanzar hacia Bagdad. Mal equipados para una campaña en las espantosas condiciones del sur de Iraq, llegaron a cuarenta kilómetros de Bagdad antes de ser completamente derrotados por los turcos, que habían recibido refuerzos. Los supervivientes de la expedición británica se retiraron a Kut, una población hedionda situada junto a un meandro del Tigris, donde sufrieron el asedio de los turcos durante 146 días. Al final se negoció la rendición, pero para entonces la mayoría de los soldados había muerto de hambre o de enfermedades. En total perdieron la vida diez mil soldados británicos y hubo veintitrés mil heridos.

La conquista británica de Mesopotamia, Palestina y Siria durante la primera guerra mundial se consiguió, por tanto, a un alto precio. Después de la guerra, Gran Bretaña, como una de las potencias vencedoras, estaba resuelta a llegar a un acuerdo en Oriente Medio que pusiera áreas de importancia estratégica como Palestina bajo su control directo o bajo su protección, igual que en los reinos recién creados de Transjordania (más tarde, la moderna Jordania), Iraq y los estados del Golfo, incluyendo Kuwait. El acuerdo sobre Oriente Medio, que empezó a estudiarse durante las negociaciones de Versalles y fue finalmente alcanzado por Winston Churchill en El Cairo en 1922, se complicó por un tratado bajo mano que Gran Bretaña había firmado con Francia en 1916. El tratado Sykes-Picot, como se conoció después, otorgaba Líbano y Siria a los franceses, a quienes les preocupaban las ambiciones imperiales británicas después de la guerra, mientras que los británicos obtenían el control sobre Iraq y Palestina. El defecto fundamental de aquella cómoda división de los antiguos territorios otomanos fue hacer caso omiso de las promesas, bien documentadas, que los británicos habían hecho a los líderes árabes nativos de concederles la independencia a cambio de que los apoyaran en la guerra contra los turcos.

El principal perdedor del tratado Sykes-Picot fue Sharif Hussein de La Meca, el líder de la provincia árabe de Hejaz (que se convertiría en la Arabia Saudí moderna). Los miembros de su tribu habían combatido junto a Lawrence de Arabia. En las prolongadas negociaciones posteriores, los británicos intentaron aplacarlo convirtiendo a sus hijos en los jefes respectivos de los nuevos reinos de Transjordania, Siria e Iraq. Mientras que el viejo rey se negó a firmar el acuerdo de Churchill por el que se estructuraba el nuevo Oriente Medio, sus hijos no tuvieron reparos en aceptar sus nuevos cargos. Así pues, el tercer hijo de Sharif Hussein, Faisal, se convirtió en el primer rey de Iraq.

A pesar de que el establecimiento de la monarquía en Bagdad convenía a los británicos, no obtuvo el apoyo de los recién liberados ciudadanos de Iraq, la mayoría de los cuales se oponía incluso a la creación de un nuevo estado. Cuando se había propuesto por primera vez en 1919 que las provincias de Mosul, Bagdad y Basora se unieran para formar una nación, incluso los administradores británicos consideraron que era una propuesta ridícula. Arnold Wilson, administrador civil de Bagdad, dijo que era una receta para el desastre porque implicaba que se intentaría obligar a tres grupos muy distintos —chiitas, sunitas y kurdos— a trabajar juntos, a pesar de que era bien sabido que se detestaban mutuamente.[14] Las tensiones entre las diversas tribus eran tan grandes en aquella época que, en julio de 1920, el país sufrió la mayor revuelta de su historia. La revuelta fue provocada por una serie de factores combinados, pero el más significativo fue el incumplimiento de la promesa británica hecha durante la guerra a los líderes árabes sobre la autodeterminación. Como dijo un líder árabe a Gertrude Bell, la escritora británica, en vísperas de la revuelta: «Desde que tomaron Bagdad han estado hablando de un gobierno árabe, pero han pasado más de tres años y no se ha concretado nada.»[15]

La sublevación, que duró hasta 1921, fue reprimida, pero antes todo un batallón del Regimiento de Manchester fue eliminado por los guerrilleros chiitas. Al menos diez mil personas murieron en la revuelta y, cuando menos, sirvió para convencer a los británicos de que sería mejor establecer un régimen marioneta que gobernara el país por ellos, que cargar con el elevado coste en hombres y recursos necesarios para someter a las tribus en guerra. Mientras los cabecillas rivales de Basora y Bagdad se esforzaban en dirimir sus diferencias y ofrecer un frente común viable ante los británicos, éstos resolvieron que debían hacer rey a uno de los hijos de Sharif Hussein, sobre todo por los vínculos sentimentales que tenían con él. Sayyid Talib, el líder destacado de Basora, era el único político que podía aspirar a liderar el país con garantías. Recibió un amplio apoyo de los líderes tribales cuando recorrió el país haciendo campaña con el eslogan «Iraq para los iraquíes». Dado que los británicos tenían intención de legitimar la ascensión al trono de Faisal por medio de un plebiscito, la aparición de un verdadero rival laico causó alarma en el seno del gobierno británico. Sin embargo, la crisis se resolvió gracias al hábil sir Percy Cox, el residente británico de Bagdad, que invitó a Talib a tomar el té en la residencia británica para charlar sobre sus planes. Cuando Talib llegó a la residencia, sir Percy no apareció por ninguna parte y fue recibido por lady Cox. Cuando abandonó la residencia después del té, Talib fue arrestado por otro de los invitados, que actuaba siguiendo órdenes de sir Percy. Talib fue deportado a la isla de Ceilán (actual Sri Lanka), en el océano Índico, dejando a Faisal el terreno despejado para ocupar el trono. Su coronación tuvo lugar en Bagdad el 23 de agosto de 1922.[16]

La instauración de la monarquía en Iraq, por consiguiente, no tuvo un inicio demasiado prometedor, y entre los ciudadanos del nuevo país los británicos adquirieron la mala fama, merecida, de practicar el doble juego. Faisal fue un rey débil al que sirvieron varios gobiernos débiles que jamás demostraron adecuadamente sus credenciales nacionalistas. Los británicos, que mostraban más interés por los campos de petróleo recién descubiertos cerca de Mosul que por la política interna del nuevo estado creado por ellos, destacaron dos escuadrones de la Royal Air Force a las afueras de Basora y Bagdad como fuerza disuasoria contra posibles revueltas tribales. Los gabinetes de Faisal se llenaron de antiguos oficiales otomanos que habían luchado contra los británicos en la guerra. A pesar de que se cambiaba a menudo la composición del gabinete para intentar aplacar las quejas de los verdaderos nacionalistas iraquíes, los planteamientos del gobierno siguieron siendo los mismos.

Los nacionalistas no tuvieron ocasión de imponer los cambios que se les habían negado con el acuerdo de 1922, hasta el estallido de la segunda guerra mundial. Faisal murió en 1933 y fue reemplazado por su hijo Gazim, un homosexual educado en Sandhurst que, a pesar de ciertos toques populistas, fue incapaz de expulsar a los británicos de sus influyentes posiciones, lo que irritó y frustró sobremanera a la clase gobernante que emergía en Iraq. En 1941, después de que Hitler hubo conquistado la mayor parte de Europa occidental, un grupo de iraquíes liderados por el primer ministro pro nazi Rashid Alí, al que apoyaban cuatro coroneles conocidos como el Cuadrado de Oro, decidió minar la influencia británica en el país atacando una base de la RAF a las afueras de Bagdad. Comprometiéndose a expulsar a los británicos de Iraq, Alí pidió apoyo a los alemanes. Sin embargo, éstos tardaron en responder y los británicos aplastaron la revuelta con facilidad. Rashid Alí y algunos de sus adeptos consiguieron huir del país, pero otros participantes en la revuelta, entre los que se encontraba el tío de Saddam, Jairallah Tulfah, fueron apresados y castigados. Los cuatro coroneles que habían apoyado a Alí murieron ahorcados y sus cadáveres se exhibieron públicamente delante del Ministerio de Defensa en Bagdad, junto con los de otros cabecillas. A otros los expulsaron de las fuerzas armadas y los encarcelaron. A Jairallah, que había participado activamente en la revuelta, lo despojaron de su rango militar y lo mandaron cinco años a prisión.

Tanto tío como sobrino habían cambiado mucho cuando Saddam y Jairallah se reunieron de nuevo en Tikrit. Jairallah sentía un amargo rencor hacia los británicos. Además de cumplir una condena de cinco años, había perdido la posición social que acompañaba a su rango como oficial de las fuerzas armadas. Al salir de la cárcel, el destituido Jairallah encontró un empleo de maestro en una escuela privada de Tikrit, donde sin duda pudo sembrar sus intransigentes opiniones nacionalistas y antibritánicas entre las impresionables mentes de sus alumnos. Un antiguo alumno de la escuela donde enseñaba Jairallah lo recuerda como «un hombre inflexible, un nazi y un fascista. Todos los alumnos se sentían intimidados por él, tanto por su historial de lucha contra los británicos como por su ideario político».[17]

El joven Saddam sentía un respeto reverencial por las hazañas heroicas de su tío durante la revuelta de 1941. Por otro lado,
la nueva situación de Jairallah como maestro de escuela era un atractivo más para irse a vivir con él. Durante la ausencia forzada de su
tío, Saddam se había graduado con honores en la escuela de matones callejeros, pero por culpa de la volubilidad de su padrastro, el
chico era analfabeto. Para la mayoría de los chicos de la posición
social de Saddam, aprender a leer y escribir no era uno de los
objetivos principales, cuando podían divertirse mucho más roban-
do a sus vecinos o golpeando y abusando de quienes los ofendían.
Y Saddam habría seguido viviendo tranquilamente aquella vida
de matón, de no ser por su deseo de emular a su heroico tío y de
luchar por la liberación de su país de sus opresores extranjeros.

La carrera militar era prácticamente la única forma que tenía
un chico de la clase social de Saddam para prosperar; no sólo eran
campesinos pobres y provincianos, sino también musulmanes sunitas, que los kurdos y chiitas del nuevo Iraq, más numerosos y polí-
ticamente influyentes, consideraban una secta minoritaria. La ambición de cualquier joven iraquí con pretensiones militares era ingresar
en la prestigiosa Academia Militar de Bagdad, fundada por los
británicos para obtener oficiales leales y bien entrenados. La tradición de los jóvenes de Tikrit que se alistaban en las fuerzas armadas se remonta a Maulud Mujlis, que nació en Tikrit y adquirió
renombre durante la revuelta árabe contra los turcos otomanos
durante la primera guerra mundial. Después de la creación de Iraq,
Mujlis se convirtió en confidente del rey Faisal I y vicepresidente
del Senado bajo la monarquía, y utilizó su considerable influencia
para otorgar altos cargos en la policía y las fuerzas armadas a jóvenes de Tikrit, una práctica que tuvo continuidad en sus protegidos, lo que, a finales de la década de 1950, había creado una poderosa camarilla de Tikrit en el seno de las clases dirigentes del ejército
y las fuerzas de seguridad. Saddam, que había adquirido ya algunos de los atributos más agresivos, necesarios para una carrera dedicada al arte de la guerra, aspiraba a unirse a la élite de la Academia
Militar de Bagdad. Lamentablemente para él, no tenía una formación académica ni perspectivas de adquirirla mientras langui-
deciera en Al-Uja.

¿Cómo se produjo exactamente el reencuentro entre el joven

y ambicioso sobrino y su amargado y deshonrado tío en Tikrit? Se trata de otro de los episodios de la vida del joven Saddam que se ha visto rodeado de la fantasía y la imaginación populares. La explicación más sensata sería que Jairallah, quien a fin de cuentas había acogido al niño como si fuera hijo suyo, se ofreció a ayudarlo para que se educara correctamente. Su hermana Suba, que se las veía y se las deseaba para mantener a una familia cada vez mayor, debió de alegrarse sin duda ante la perspectiva de tener una boca menos que alimentar. Y Hassan al-Ibrahim, si bien lamentaba quizá perder al chico que le hacía los trabajos sucios de balde, debió de sentirse aliviado cuando aquel cuclillo desapareció del nido familiar.

Durante toda su carrera, Saddam ha sido muy consciente de la importancia de la propaganda y del culto a la personalidad. No es de extrañar, por tanto, que los relatos oficiales sobre la vida de Saddam ofrecieran una descripción mucho más colorida sobre el modo en que abandonó el hogar familiar para reunirse con Jairallah. Por ejemplo, el relato de Fuad Matar, en su biografía oficial autorizada, está lleno de dramatismo.

Según cuenta Matar (que, al fin y al cabo, sólo repetía lo que le había dicho el propio Saddam), la familia de Saddam quería que se convirtiera en campesino y creía que no le serviría para nada recibir una educación formal. Pero a Saddam le interesó la idea de ir a la escuela cuando conoció a su primo menor, Adnan, el hijo de Jairallah, que le explicó que estaba aprendiendo a leer, escribir y dibujar. Adnan era fruto del primer matrimonio de Jairallah, del que también había nacido una hija, Sajida, que acabaría convirtiéndose en la primera esposa de Saddam. Mientras estaba en prisión, Jairallah se había separado de su esposa, que se fue con sus dos hijos a casa de sus padres, en Bagdad. Después de ser liberado, Jairallah volvió a casarse y Adnan y Sajida volvieron a Tikrit. Adnan iba a convertirse en el mejor amigo de Saddam y más tarde en ministro de Defensa de Iraq, cargo que mantuvo hasta que murió en extrañas circunstancias en un accidente de helicóptero. En 1947, Saddam quedó tan impresionado por lo que le había contado su joven primo, que decidió irse con él a Tikrit para asistir a la escuela. Aquél, según la biografía oficial, fue el «primer acto de rebeldía» de Saddam, puesto que su familia seguía convencida de que la educación sería una pérdida de tiempo para el ingobernable chico.

«Cuando todo el mundo dormía, [Saddam] salió de casa y caminó en la oscuridad hasta llegar a un lugar donde trabajaban otros parientes. Se sorprendieron mucho por su súbita aparición, pero lo comprendieron cuando él les explicó que quería ir a la escuela de Tikrit en contra de los deseos de su familia. Aquellos parientes animaron al joven Saddam, le dieron una pistola y lo enviaron en coche a Tikrit. Allí lo recibieron otros miembros de su familia, que aplaudieron su decisión. Tras terminar su primer año en la escuela, se trasladó a Bagdad para vivir con su tío materno, Jairallah Tulfah, que había cuidado de él porque su padre había muerto antes de que naciera. Acabó la educación primaria en escuelas de Bagdad y pasó a los estudios secundarios.»[18]

Incluso en una comunidad sin ley como la sociedad rural de Iraq en la década de los cuarenta, la idea de darle una pistola a un niño de diez años para asegurarse de que consigue lo que quiere parece bastante inverosímil. En ocasiones han aparecido variaciones sobre este relato conmovedor en las páginas de la prensa gubernamental iraquí, en las que el principal cambio consistía en que Saddam iba andando descalzo hasta Tikrit, en lugar de tomar un taxi, adorno éste pensado para retratar su heroísmo a una luz aún más romántica. Desde luego, el traslado a Tikrit no debe subestimarse desde el punto de vista del amor propio de Saddam. En el Iraq rural, los hombres suelen tomar el apellido de su lugar de nacimiento, de modo que, técnicamente, debía llamarse Saddam Hussein al-Uja, pero él insiste aún hoy en ser conocido como Saddam Hussein al-Tikrit, que es mucho más cosmopolita.

La educación, al menos en un principio, no fue una experiencia agradable para Saddam. No debió de ser nada fácil para un niño casi salvaje de una mísera aldea, que no sabía siquiera escribir su nombre, verse arrojado en medio de un grupo de niños de cinco años que sabían más que él. Es muy probable que Saddam sufriera heridas psicológicas por las pullas y el trato que recibía en la escuela, aunque seguramente estaba mejor preparado que la mayoría para responder a los que pretendían acosarlo. Inevitablemente acabó peleándose con algunos de los otros chicos. Algunas de aquellas heridas infantiles dejaron cicatrices profundas, pues se dice que siendo adulto volvió a Tikrit para ajustar las cuentas a sus acosadores. Algunos relatos lo presentan como un niño de espíritu elevado que intentaba congraciarse con sus compañeros de clase gastando bromas pesadas a los maestros, como dar un afectuoso abrazo a su viejo maestro del Corán, engañándole para meterle una serpiente bajo la túnica. Uno de sus coetáneos recordaba una anécdota fácilmente reconocible de la conducta de Saddam en la escuela. «El director me dijo que quería expulsar a Saddam de la escuela. Cuando Saddam se enteró de esta decisión, fue al despacho del director y lo amenazó de muerte. Le dijo: "Le mataré si no retira la amenaza de expulsarme de la escuela."»[19] La amenaza de expulsión fue retirada sin comentarios.

Su tío Jairallah y su primo Adnan, que tenía tres años menos que él, lo alentaron a que siguiera estudiando. Tras unos comienzos difíciles, al parecer Saddam consiguió acoplarse al ritmo del proceso educativo. Fotografías de aquella época muestran a un chico de mandíbula cuadrada, gesto adusto y ojos penetrantes, un chico que parecía muy capaz de cuidar de sí mismo. Saddam tuvo que superar muchos impedimentos simplemente para asistir a la escuela y no lo consideraron un alumno brillante, aunque tenía una memoria excelente y una capacidad casi fotográfica para recordar detalles. El escritor palestino Said Aburish, otro de sus apologistas, ha afirmado que «Saddam era un niño excepcionalmente inteligente, aprendía rápido y fue calculador y metódico desde el principio».[20] No obstante, esta valoración de Saddam en su época escolar quedó en entredicho por el hecho de que no aprobó el examen de ingreso en la Academia Militar de Bagdad. No cabe duda de que el mayor deseo de Saddam era entrar en la academia y de que se sintió muy ofendido cuando lo rechazaron. En 1976, después de asentarse firmemente en el gobierno, hizo que lo nombraran general honorario; después de convertirse en presidente, se nombró a sí mismo primer mariscal de campo del país. Y por si acaso, hizo ejecutar ante un pelotón de fusilamiento a Maulud Mujlis, el legendario oficial de Tikrit que había colocado a sus paisanos en puestos influyentes de las fuerzas armadas.

En todo caso, Saddam consiguió completar la educación primaria y se graduó en Tikrit en 1955. Después se trasladó a Bagdad con su primo Adnan para vivir con Jairallah, y allí los dos chicos ingresaron en el instituto Karj. El traslado de Tikrit a Bagdad iba a tener un efecto tan importante para el desarrollo de

Saddam como lo había tenido su marcha de Al-Uja en 1947. En la década de 1950, Bagdad era un hervidero de actividad y rivalidad políticas. Se trató de un período en que el sentimiento nacionalista árabe, alentado sobre todo por la retirada del Imperio británico después de la segunda guerra mundial, creyó llegado por fin el momento de romper las ataduras cuasi coloniales impuestas tras la Gran Guerra. El movimiento de independencia tomó cuerpo en Egipto bajo el mando del carismático Gamal Abdel Nasser. Su determinación de liberar El Cairo de la molesta influencia británica contribuyó a provocar la crisis de Suez de 1956, que acabó siendo el último clavo del ataúd para las pretensiones imperiales británicas. El éxito diplomático de Nasser en Suez resonó por todo Oriente Medio y alentó grandemente a otros grupos nacionalistas, sobre todo en Iraq, donde la monarquía creada por Gran Bretaña en 1922 seguía en el trono, aún tremendamente impopular. El rey Gazi, el único rey iraquí que había conseguido el apoyo popular y, en consecuencia, había sido motivo de inquietud para sus amos británicos, había muerto en un misterioso accidente de coche en 1939. Se culpó de su muerte a los británicos y sus aliados en el gobierno iraquí, fuera o no verdad. El sucesor, Faisal II, tenía sólo cuatro años de edad cuando ascendió al trono, y el país lo dirigían su tío, Abdul Ilah, y el veterano político iraquí Nuri Said, ambos partidarios inquebrantables de los británicos. Tras los logros de Nasser en Suez, las simpatías hacia los británicos de Said e Ilah chocaron cada vez más con el sentimiento nacionalista iraquí y en Bagdad surgieron numerosos partidos políticos en los que el principal puntal de las plataformas de campaña era el derrocamiento de la monarquía.

El otro factor crucial de dinámica geopolítica que influyó sobre la política de Bagdad en los años cincuenta fue la consolidación de la Unión Soviética como superpotencia. Los soviéticos no sólo deseaban exportar su ideología a Oriente Medio, sino que querían romper lo que consideraban el monopolio occidental de control sobre la riqueza petrolífera de la región. La amenaza comunista era muy real para Washington, que, después de la intervención del presidente Dwight Eisenhower en la crisis de Suez, había empezado a involucrarse cada vez más en Oriente Medio, y también para Londres, que intentaba mantener un vestigio de poder. En 1955, el gobierno iraquí fue fundamental para que se creara el Pacto de Bagdad, una organización de defensa regional que implicaba una insólita alianza con Gran Bretaña, Turquía, Irán y Pakistán. El pacto se proponía afrontar la amenaza soviética, aunque Nuri Said esperaba secretamente que proporcionaría a la opinión pública árabe un foco de unión alternativo al nasserismo. La respuesta de Nasser al pacto fue firmar un acuerdo armamentístico con los soviéticos y, al año siguiente, nacionalizar el canal de Suez. Aparte de convertir a Nasser en líder indiscutible del nacionalismo árabe, el pacto hizo que el gobierno iraquí apareciera como un títere de los intereses occidentales.

Como veterano de la sublevación de 1941 —y, a ojos de Saddam, uno de sus héroes—, Jairallah estaba muy involucrado en las corrientes políticas del momento. La familia de Jairallah se mudó al barrio Karj de Bagdad, una zona residencial en decadencia a las afueras del oeste de la ciudad. Karj era un barrio donde se mezclaban sunitas y chiitas, y eran frecuentes los estallidos de violencia entre ambas comunidades. Mientras trabajaba como maestro, Jairallah participó muy activamente en la agitación política y no es de extrañar que sus principales contactos políticos tendieran a encontrarse entre los de su misma procedencia y su misma clase. Uno de los colegas de Jairallah en aquella época fue Ahmad Hassan al-Bakr, un oficial del ejército de Tikrit que sería presidente de Iraq y desempeñaría un papel fundamental en la ascensión de Saddam al poder. Bakr era el líder y guía del recién creado partido Baas («renacimiento»), un movimiento árabe nacionalista creado en Siria a finales de la década de 1940. Se trataba de un partido laico y radical, cuyos principales objetivos eran la creación de un estado árabe unido que eliminara las arbitrarias fronteras imperialistas impuestas en Oriente Medio tras la primera guerra mundial, y una distribución más equitativa de la inmensa riqueza petrolífera que empezaba a transformar la economía de la región. Con un ideario nacionalista y patriota, los baasíes eran enemigos declarados de los comunistas apoyados por la Unión Soviética, de quienes sospechaban que querían sustituir una forma de colonialismo por otra, con la única diferencia de que una emanaba de Londres, mientras que la otra tenía sus raíces en Moscú.

Los recuerdos de Saddam sobre aquellos años de formación de

su ideología política no son demasiado profundos. Explicó a uno de sus biógrafos que el objetivo principal de su tío era «la resistencia y la lucha» contra la élite gobernante que rodeaba a la monarquía y sus valedores británicos,[21] mientras que a otro le dijo que su tío «hablaba como nacionalista, pero no como comunista».[22] Un panfleto escrito por el propio Jairallah nos proporciona una idea más clara de su evolución política. El panfleto se titulaba: «Tres cosas que Dios no debería haber creado: los persas, los judíos y las moscas.» A pesar de que se publicó en 1981, cuando Saddam ya era presidente, nos muestra claramente la mentalidad rudimentaria que cabe esperar de un ferviente partidario de los nazis. Los persas eran «animales que Dios creó con forma humana», mientras que los judíos eran «una mezcla de polvo y de restos de diversos pueblos». Las moscas, en cambio, eran pobres criaturas incomprendidas, «y no comprendemos el propósito de Dios al crearlas».[23] Este burdo intento de imitación de *Mein Kampf* tuvo su influencia sobre la forma de hacer política de Saddam. Como presidente de Iraq, la política exterior de Saddam estaba determinada por su odio a los persas, o iraníes, como ahora se los conoce, y a los israelíes. En 1980 provocó la desastrosa guerra con Irán que duró ocho años y costó la vida de un millón de iraquíes e iraníes aproximadamente. Durante la guerra del Golfo, en 1991, el punto álgido para Saddam se produjo cuando disparó una serie de misiles Scud contra Tel Aviv. Saddam recompensó el adoctrinamiento de Jairallah con el cargo de alcalde de Bagdad, puesto en el que llegó a tal alto grado de corrupción que, en los años ochenta, Saddam se vio obligado a destituirlo, a cerrar diecisiete de sus empresas y a arrestar a sus ejecutivos.

No cabe duda de que la influencia de Jairallah sobre Saddam fue tan perniciosa como había sido la de su padrastro. Saddam no tardó mucho en liderar su propia banda callejera en Karj, de la que se servía para intimidar a sus rivales políticos o, como verdadero hijo de Tikrit, a cualquiera que lo ofendiese. Al final de la adolescencia, Saddam había adquirido una imponente presencia física. Medía un metro noventa, una estatura poco usual en un árabe, que acompañaba de la correspondiente musculatura. Hablaba con un fuerte acento campesino e intercalando abundantes coloquialismos de Tikrit que, para los naturales de Bagdad con los que empezaba a relacionarse, más refinados, resultaban muy divertidos. Saddam no perdió nunca su acento ni su habla dialectal, ni siquiera después de convertirse en presidente. Sus discursos públicos eran gramaticalmente incorrectos, igual que sus conversaciones privadas, lo que causaría un sinfín de problemas a los traductores oficiales. Su incapacidad para dialogar en pie de igualdad con otros miembros de la élite gobernante de Iraq no contribuyó precisamente a disipar su enraizado sentimiento de inseguridad.

En Bagdad, a finales de los años cincuenta, es posible que Saddam estuviera involucrado con la Futuwa, una organización juvenil paramilitar que seguía el modelo de las Juventudes Hitlerianas, surgida durante el reinado del extravagante rey Gazi en la década de 1930. La Futuwa quería que Iraq uniera a los árabes igual que los prusianos habían unido a los alemanes, y su ideología encajaba perfectamente con la del partido Baas. Animado por Jairallah, Saddam solía encontrarse en la cabeza de cualquier manifestación o disturbio antigubernamental. En semejante entorno de violencia y agitación, simplemente era cuestión de tiempo que Saddam matara a alguien.

Al igual que ocurre con gran parte de la biografía de Saddam en sus años de infancia y juventud, existe una gran incertidumbre sobre la identidad exacta de su primera víctima. Aunque residía la mayor parte del tiempo en Bagdad, Saddam viajaba con frecuencia a Tikrit, donde estaba involucrado en la agitación política periférica, sobre todo en la violencia callejera. Los habitantes de Tikrit no habrían esperado otra cosa de alguien como Saddam; según un dicho popular, cuando los aldeanos de Al-Uja llaman a la puerta, es hora de cerrar el negocio. Se ha sugerido que Saddam cometió su primer crimen al matar a un primo que había ofendido inadvertidamente a su padrastro, Hassan al-Ibrahim. Aunque no existen pruebas que lo demuestren, tales asesinatos eran tan comunes que no sería de extrañar que Hassan hubiera pedido a su fornido hijastro que hiciera uso de sus nuevas habilidades para resolver una disputa.

En el caso de Saadun al-Tikriti, por el contrario, existen pruebas irrefutables de la participación de Saddam en el crimen. Saadun era miembro del partido comunista, trabajaba como dirigente local del partido y fue asesinado en octubre de 1958. Los baasíes eran enemigos acérrimos de los comunistas y Jairallah, que era uno de los principales representantes del Baas en Tikrit, debió de sentirse muy ofendido al ver a un comunista en una posición de autoridad en la ciudad. Sin embargo, Tikriti fue asesinado en realidad porque conocía perfectamente el sucio pasado de Jairallah. En el verano de 1958, Jairallah consiguió convencer al gobierno para que lo nombrara director de Educación en Bagdad. Cuando el comunista Tikriti se enteró del nombramiento, informó a las autoridades sobre el pasado de Jairallah, y al cabo de unos meses Jairallah fue destituido de su nuevo cargo[24].

Jairallah se enfureció y reaccionó del único modo que sabía. Afirmó que Tikriti lo había denunciado más por motivos políticos que personales, y ordenó a su sobrino que se vengara. Saddam acató la orden de su tío sin vacilar. El asesinato se produjo en Tikrit, cuando Tikriti volvía a casa después de pasar la velada con unos amigos en un café. Su casa se encontraba en una calle sin alumbrado público, y cuando se acercaba a la puerta, Saddam salió de detrás de un arbusto y lo mató de un solo tiro en la cabeza con una pistola que le había dado Jairallah.

Inmediatamente después del asesinato, Saddam y Jairallah fueron arrestados y permanecieron encarcelados seis meses, pero finalmente tuvieron que soltarlos por falta de pruebas. No había testigos del asesinato y nadie en Tikrit parecía demasiado preocupado por la muerte de un comunista. Con aquel delito de sangre sobre su cabeza, Saddam disfrutó de cierta notoriedad entre los jóvenes revolucionarios iraquíes y volvió a Bagdad, donde reemprendió sus actividades de agitador político, mientras se ganaba la vida modestamente como conductor de autobús.

Hani Fkaiki, antiguo dirigente del partido Baas que compartió celda con Saddam y Jairallah en la prisión de Tikrit, hizo un breve retrato de ambos hombres: «Lo que recuerdo sobre todo es que Saddam y su tío se mantenían al margen de los demás reclusos. Buscaban un rincón alejado, apartados del resto de los compañeros. Aunque la celda en la que estábamos todos era muy pequeña, no nos dieron nunca oportunidad de conversar con ellos. En un intento por derribar al barrera que nos separaba, les envié a otro miembro del Baas que estaba encerrado para que intentara acercarse a ellos y descubrir el motivo de su encierro.» El acercamiento no tuvo éxito.[25]

El único comentario oficial de Saddam sobre aquellos sucesos daba a entender que le habían tendido una trampa para acusarle del asesinato injustamente. «Un dirigente de Tikrit fue asesinado. Las autoridades acusaron a Saddam Hussein de ser el autor del crimen y lo metieron en la cárcel», escribió uno de sus biógrafos.[26] Sin embargo, las transcripciones de las actas del tribunal con respecto a otro caso, que este autor ha podido leer, confirmaron que Tikriti fue asesinado por Saddam porque había enfurecido a Jairallah. En 1959, durante el juicio de Abdul Salam Arif —que más tarde se convertiría en otro de los presidentes del Iraq posrevolucionario— por un tribunal militar especial, el hermano de Tikriti declaró a favor de Arif y, de pasada, hizo un relato detallado del asesinato. Contó que Jairallah había sido nombrado director de Educación, pero que luego lo habían relegado al cargo de inspector a causa de la intervención de Tikriti. En su declaración, el hermano de Tikriti afirma rotundamente: «Así pues, Jairallah envió a su sobrino por parte de su hermana [Saddam] el 24 de octubre [...] para que disparara a mi hermano y lo matara.»[27] La culpabilidad de Saddam podría deducirse también del hecho de que, veinte años más tarde, cuando Saddam había alcanzado el cargo de vicepresidente del Consejo del Mando Revolucionario del Baas, visitó la escuela de un pariente de Tikriti en Bagdad y, siguiendo una costumbre tribal, le dio una suma de dinero como compensación y una pistola Browning.[28]

Como consecuencia de sus actividades criminales en Tikrit, Saddam se ganó cierta reputación, no como un deslumbrante oficial de la Academia Militar de Bagdad, que era lo que él deseaba, sino como agitador político que no tenía escrúpulos en asesinar para conseguir sus objetivos. El partido Baas era pequeño (en 1958 no tenía más que trescientos miembros), pero tenía sus aspiraciones, y sus líderes no tardaron en reconocer el especial talento de su joven recluta. Si el partido Baas quería conseguir su objetivo de apoderarse del país, primero habría de deshacerse del gobierno. Y así fue cómo la siguiente misión oficial de Saddam consistió en atentar contra la vida del presidente de Iraq, de reciente nombramiento.

2. El asesino

El derrocamiento de la monarquía iraquí durante la revolución de 1958 fue uno de los episodios más sangrientos de la historia reciente de Oriente Medio. A primera hora de la mañana del 14 de julio, un grupo de unidades del ejército que se hacían llamar «Oficiales Libres» irrumpió en el palacio real de Qasr al-Rihab. El fuego de artillería destruyó el tejado del edificio, lo cual obligó al joven rey Faisal II, al regente y a sus familias a salir al patio de palacio. Allí se encontraron rodeados por un grupo de oficiales que los mataron a todos sin mostrar la menor compasión por mujeres y niños. La única superviviente de la masacre fue la esposa del regente, y sólo porque la dieron por muerta y quedó en medio de la pila de cadáveres. Los cabecillas del golpe, imitando tal vez a los bolcheviques que habían eliminado la dinastía Romanov en Ekaterimburgo, estaban resueltos a no dejar vestigio alguno de la familia real iraquí que pudiera servir para aglutinar futuros partidarios. La única acción respetuosa que llevaron a cabo los cabecillas del golpe fue la de llevarse el cadáver del joven rey a un lugar secreto para enterrarlo.

Con las demás víctimas no se tuvo respeto alguno. El cadáver del tío del rey y regente, Abdul Ilha, fue sacado de la pila y entregado a la chusma. Ilha y el primer ministro Nuri Said eran considerados responsables de la política favorable a los británicos, e incluso se sospechaba que habían estado involucrados en la muerte del rey Gazi, el único monarca que había despertado cierto sentimiento de lealtad en el pueblo iraquí durante su breve reinado en la década de 1930. El cadáver de Ilha fue arrastrado por las calles atado a un coche antes de ser descuartizado de la manera más grotesca. Los restos se exhibieron después en el Ministerio de Defensa, en el mismo lugar en que los británicos habían exhibido los cadáveres de los cuatro coroneles ahorcados por su participación en la revuelta de 1941. La revolución no pretendía únicamente eliminar la monarquía, sino también librar al país de la influencia británica. Nuri Said sobrevivió un par de días al golpe, hasta que fue capturado, disfrazado de mujer, cuando intentaba huir. Said trató de escapar empuñando una pistola, pero lo redujeron rápidamente y lo mataron. Para cerciorarse de que estaba muerto, sus verdugos arrollaron el cadáver con los coches varias veces. Los restos se enterraron, pero unos días más tarde la chusma cambió de opinión, el cadáver de Said se exhumó y fue horriblemente descuartizado. Trozos de su cuerpo desfilaron después como trofeos por las calles de la ciudad, en manos de la turba.

No se sabe cuál fue el paradero exacto de Saddam durante los vertiginosos días de la revolución de 1958, pero puede suponerse fácilmente que el joven baasí y su fanático y antibritánico tío supieron desenvolverse durante los disturbios provocados por la chusma inmediatamente después del derrocamiento de la monarquía. Cientos, si no miles, de iraquíes murieron en el baño de sangre posterior; los baasíes, que apoyaban plenamente el golpe militar, estaban decididos a conseguir que triunfara la revolución. Son escasas las menciones que se hacen en las biografías oficiales sobre las acciones de Saddam en esta época, aparte de saberse que tenía unos veintiún años, de modo que debemos suponer que no participó en ningún incidente importante, aparte de sus acostumbradas actividades como agitador de la chusma.

La nueva agenda política de los cabecillas del golpe se dio a conocer el 14 de julio a las seis y media de la mañana, a través de una emisión de radio especial para el populacho iraquí, atónito pero jubiloso. La declaración la hizo Abdul Salam Arif, uno de los cabecillas. En la primera proclama del nuevo régimen, Arif afirmó que el ejército había liberado «la amada patria de la camarilla corrupta instaurada por el imperialismo». El golpe fue inmensamente popular y, a pesar de que se decretó la ley marcial y el toque de queda con efecto inmediato, a nadie pareció importarle. Las primeras medidas del nuevo gobierno consistieron en abolir las principales instituciones del antiguo régimen, incluyendo la monarquía, y ordenar la detención de todos los que habían apoyado el statu quo previo.

Las presiones para que se realizara una reforma constitucional en Iraq se remontaban a la época en que Winston Churchill había creado el país en 1922. El deseo de cambio aumentó considerablemente durante el verano de 1958, como consecuencia del apoyo iraquí al Pacto de Bagdad (comentado en el anterior capítulo) y del éxito de Nasser en el canal de Suez, derrotando a franceses y británicos en 1956. De hecho, en 1958, alentado por su triunfo diplomático, Nasser intentaba ganarse a los baasíes para su causa, proponiéndoles un modelo de estado árabe unido. En febrero de 1958 se estableció la unión política de Siria y Egipto. Yemen se incorporó aquel mismo año y la nueva confederación se convirtió en la República Árabe Unida (RAU), con Nasser como presidente y El Cairo como capital. La mayoría de los Oficiales Libres que habían llevado a cabo el golpe de estado del 14 de julio en Iraq estaban a favor de unirse a la federación, sobre todo los que eran miembros del partido Baas, ya que creían que era el medio más propicio para lograr su objetivo de crear un estado panárabe.

Los baasíes, por tanto, prestaron todo su apoyo al nuevo gobierno instaurado en Bagdad en el verano de 1958 por el general Abdul Karim Qassem, líder de los Oficiales Libres. Qassem era un oficial de voz chillona y sin sentido del humor, que nombró a baasíes para doce de los dieciséis cargos del gabinete de su nuevo gobierno. Sin embargo, el apoyo de los baasíes estaba supeditado a la incorporación inmediata al modelo de nación árabe de Nasser. Algunos Oficiales Libres habían prometido a Nasser que ingresarían en la RAU en agradecimiento al apoyo recibido para derrocar la monarquía. Pero, una vez en el poder, Qassem adoptó un planteamiento más cauto, limitándose a actuar de un modo que imitarían numerosos líderes iraquíes en los turbulentos años que siguieron. Cuando se encontraban en la oposición, era habitual que los políticos iraquíes apoyaran la idea de formar alianzas con sus vecinos árabes; una vez en el poder, rápidamente abrazaban la causa de «Iraq primero», una política por la que los intereses nacionales se ponían por encima de todo lo demás. Una vez asentado en el poder, Qassem pronto adoptó la política de «Iraq primero». Como nacionalista iraquí, dudaba en someter la independencia, que tanto esfuerzo había costado conseguir, al control de Nasser. También recelaba de los motivos que tenían algunos de sus cómplices en el golpe militar, sobre todo Arif, del que sospechaba que insistía en integrarse en la confederación con Egipto y Siria, como medio para reforzar su propia posición política en Iraq. Como tan a menudo ocurre con las revoluciones, los revolucionarios pronto se encontraron enfrentados con respecto al rumbo que debía tomar la revolución. Al llegar el otoño, Qassem había rechazado la idea de unirse a la confederación de Nasser. Además, en un intento por reforzar su autoridad, ordenó el arresto de Arif y el de otros Oficiales Libres, a los que se juzgó luego por traición (fue durante este juicio cuando se reveló la implicación de Saddam en el asesinato de Saadun al-Tikriti). Arif y los demás acusados fueron hallados culpables y condenados a muerte, pero la pena se les conmutó por cadena perpetua.

Con intención de reforzar aún más los cimientos de su poder, Qassem se alió luego con el partido comunista iraquí, que tenía sus propias razones ideológicas para oponerse a formar parte de la unión de los estados árabes propugnada por Nasser, puesto que la única unión que apoyaban los comunistas iraquíes era con Moscú. El pacto de Qassem con el diablo, como fue considerado por muchos nacionalistas, y los juicios celebrados como demostración de poderío contra iraquíes no comunistas fueron causa de un rápido deterioro de las relaciones entre Qassem y muchos de los Oficiales Libres que habían contribuido al derrocamiento de la monarquía y no estaban dispuestos a tolerar que se sustituyera una dictadura por otra. El momento decisivo llegó en marzo de 1959, cuando un grupo de oficiales nacionalistas organizó un golpe de estado contra Qassem, como protesta por la creciente influencia de los comunistas en los asuntos de la nación. El golpe fue un fracaso ignominioso y, para darles una lección a los golpistas, Qassem animó a los comunistas a una caza de brujas de sus adversarios nacionalistas. El resultado fue un nuevo episodio sangriento de la historia moderna de Iraq. Además de eliminar a todos los oficiales que habían iniciado la rebelión en Mosul, los comunistas mataron a muchos nacionalistas árabes que los habían apoyado. Algunos de los

Oficiales Libres que habían contribuido al derrocamiento de la monarquía fueron juzgados como traidores. En Mosul mismo, una multitud enardecida por los comunistas se lanzó a una orgía de violaciones, saqueos y juicios sumarios que duró una semana y culminó con el fusilamiento de los acusados delante de las masas enfervorecidas.

Para los baasíes, la conducta de Qassem equivalía a una traición. Habían prestado todo su apoyo a los cabecillas del golpe a condición de que Iraq ingresara en la unión de estados árabes de Nasser. Apenas un año después, sus esperanzas habían sufrido un cruel revés. Mientras Qassem siguiera en el poder, era evidente que no tendrían oportunidad de lograr su objetivo de crear un estado panárabe. La única posibilidad de realizar esa ambición pasaba por quitar de en medio a Qassem y eso fue lo que decidieron hacer, por el método del asesinato, de larga tradición.

No puede sorprender que se pensara en Saddam para llevar a cabo la misión. En aquella etapa de su desarrollo, el partido Baas iraquí era más bien una caja de resonancia ideológica que una maquinaria de lucha. La mayoría de sus trescientos miembros era estudiantes o profesionales que buscaban crear una sociedad más justa, en la que el gobierno sirviera a los intereses del pueblo, en lugar de a las potencias extranjeras. Sin embargo, cuando se trataba de llevar a la práctica aquellos ideales elevados, los líderes del Baas contaban con individuos de ideas afines que se encargaban del trabajo sucio. El Baas había apoyado el derrocamiento de la monarquía, pero ninguno de sus miembros estaba presente cuando se masacró a la familia real. Los baasíes habían apoyado la revuelta de Mosul, pero no estaban directamente implicados. Una vez decididos a expulsar a Qassem del poder, tenían la voluntad pero no los medios. Es posible que la idea de asesinar a Qassem no procediera de los baasíes iraquíes, sino de Nasser, aquel maestro de la manipulación que había asumido el control del Baas, aunque él, claro está, seguía comprometido con su propia causa. Es posible que algunos de los que participaron en el intento de asesinato fueran a Damasco para que los entrenaran los hombres de Nasser, aunque jamás se han hallado pruebas que implicaran a Nasser directamente en la conspiración.

Saddam afirma que ingresó en el partido Baas en 1957, cuando aún era alumno del instituto Karj, y no hay razón alguna para dudarlo. Lo sorprendente es que decidiera unirse a un partido que, teniendo en cuenta las circunstancias de la época, era relativamente modesto, y que entonces no parecía ser la organización en ciernes que se convertiría en una de las fuerzas dominantes de la política árabe moderna. Según uno de sus biógrafos oficiales, Saddam se afilió al Baas porque «veía en sus principios un reflejo de sus propios ideales nacionalistas». El biógrafo deja caer también una clara insinuación sobre la manera en que el joven Saddam acabó uniéndose a los baasíes. «Se consideraba nacionalista desde la época en que su madre le hablaba de su tío [Jairallah] Tulfah y de cómo había luchado contra los británicos.»[1]

Aunque el propio Jairallah no tenía tiempo para el partido Baas y jamás se afilió, se había hecho amigo de Ahmad Hassan al-Bakr, un compañero de Tikrit que era general del ejército iraquí, simpatizaba con los baasíes y se convertiría en una de las figuras fundamentales del partido y en el primer presidente baasí de Iraq. A Bakr le gustaba presentarse como una persona moderada y honrada, pero detrás de esa fachada había una vena brutal e implacable que se haría patente al asumir la presidencia. Si bien Bakr ofrecía una imagen pública de funcionario respetuoso con la ley, sabía que la fuerza bruta de Saddam podía serle útil y, animado por Jairallah, tomó a Saddam bajo su protección para forjar una poderosa alianza. Como resultado, ambos hombres acabarían gobernando el país durante diez años. Por tanto, Saddam fue introducido en el partido Baas a través de Bakr. No obstante, en aquel momento de su carrera, Saddam era un mero seguidor del partido, más que un miembro de pleno derecho. La pertenencia al Baas estaba sometida a un férreo control y se limitaba únicamente a aquellos que habían demostrado lealtad al partido y el compromiso con su causa. El biógrafo de Saddam relató el modo en que se involucró con el partido en un compendio sobre la evolución de su sentimiento nacionalista.

«Los británicos habían matado a parientes suyos y quemado sus casas; sus antepasados habían luchado valientemente contra los turcos. Dadas las circunstancias, Saddam Hussein conocía demasiado bien el imperialismo británico y sabía que el gobierno de Iraq seguía prisionero de la voluntad imperialista. Decidió incorporarse a la actividad política.»[2] Los mismos sentimientos podían haberse atribuido a Jairallah Tulfah.

La participación de Saddam en la conspiración para asesinar a Qassem ha contribuido enormemente al culto que se le profesa en Iraq. Para captar plenamente el impacto que supuso aquel incidente, no hay mejor relato de su actuación que el proporcionado por el propio Saddam.[3] Al parecer, todo empezó en la prisión de Tikrit, donde Saddam permaneció seis meses a finales de 1958, como sospechoso de haber asesinado a Saadun al-Tikriti. Saddam mató a Tikriti poco después de que Qassem subió al poder. Como consecuencia, fue encarcelado junto con Jairallah durante la orgía de violencia que se extendió por todo el país. Saddam afirma que durante su encierro salvó a sus compañeros baasíes de ser asesinados por los comunistas. Por supuesto, es muy posible que algunos de aquellos comunistas quisieran vengar la muerte de Saadun al-Tikriti. Según su versión de los hechos, Saddam sobornó a algunos guardias de la prisión para que arrestaran a activistas baasíes con falsas acusaciones, pues de ese modo, en la cárcel, estarían protegidos. «Unos cuantos baasíes fueron encarcelados. Permanecían en prisión hasta la noche, momento en que los liberaban para que llevaran a cabo sus actividades, y regresaban a la cárcel antes del amanecer.»

Todo esto habría sucedido durante la purga de Qassem contra los baasíes a finales de 1958 y principios de 1959. Saddam afirma que fue liberado a principios de 1959 como resultado de lo que describe como «presión nacional», cuando en realidad se debió a que la acusación no pudo o no quiso hallar pruebas suficientes de que Saddam había asesinado a Tikriti. Saddam dice que regresó entonces a Bagdad a petición del partido, y que uno de sus «camaradas» le preguntó si estaría dispuesto a matar a Qassem. Saddam aceptó sin vacilar porque «consideraba que aquella misión era un honor». Empezó a entrenarse en el manejo de armas automáticas, puesto que «ya dominaba el uso del revólver», como había demostrado ampliamente al eliminar a Tikriti. El plan fue concebido por Fuad al-Rikabi, el secretario general del Baas que había formado parte del gabinete de Qassem durante un breve período y que mucho después sería asesinado en una de las cárceles de Saddam.

Los asesinos tendrían que disparar contra Qassem cuando éste abandonara su despacho en el Ministerio de Defensa por la tarde y pasara con el coche por la calle Al-Rashid, una de las arterias principales de Bagdad, de camino a casa. Los activistas del partido habían observado que Qassem no llevaba una protección adecuada, de modo que se diseñó un plan por el que unos pistoleros dispararían contra los ocupantes del asiento trasero del coche, mientras que otros matarían a los que fuesen delante. Saddam sería el encargado de cubrir a los demás para luego huir.

En realidad, la participación de Saddam en el intento de asesinato de Qassem fue decidida a última hora. En un principio se trataba de un grupo de cuatro miembros de pleno derecho del Baas, dirigidos por Abdul Karim al-Shaijly, un estudiante de medicina de Bagdad que aún no había cumplido los veinte años y posteriormente se convertiría en uno de los ideólogos principales del Baas y en uno de los amigos más íntimos de Saddam. Poco después de que se urdió el complot, uno de los pistoleros anunció que no quería participar porque tenía familia y le preocupaba lo que pudiera pasarles si las cosas salían mal. Fue entonces cuando surgió el nombre de Saddam.[4] A pesar de su juventud, Saddam ya se había ganado la fama de ser un hombre cruel e implacable. Con su metro noventa de estatura y su impresionante físico, había demostrado su temple al asesinar a Tikriti de un solo disparo. También había puesto gran cuidado en que no hubiera testigos que pudieran incriminarlo.

Se fijó el día 7 de octubre de 1959 como fecha para el atentado. Para familiarizarse con la zona, Saddam alquiló un apartamento, que pasó a utilizarse como base de la operación. Durante varios días, Saddam tomó notas sobre las mejores posiciones para el atentado y trazó las mejores rutas para la huida. La operación se llevó a cabo la tarde del día 7. Por desgracia, en la excitación del momento, Saddam sacó la ametralladora de los pliegues de la larga capa que le había prestado Jairallah para la misión y abrió fuego prematuramente contra el coche de Qassem. La acción de Saddam lo estropeó todo, y antes de que los otros asesinos pudieran abrir fuego, los guardaespaldas de Qassem entraron en acción. En el intercambio de disparos subsiguiente, murió el chófer de Qassem y éste resultó herido en un hombro y un brazo. Uno de los asesinos murió y Saddam recibió una herida en la pierna. Los defensores de Saddam quisieron hacer creer que le habían disparado los guardaespaldas de Qassem, pero en realidad fue uno de sus propios compañeros que, presa del pánico, ametralló todo lo que se le puso por delante, Saddam incluido.

Convencidos de que Qassem había muerto y de que habían cumplido con su misión, los supervivientes del grupo lograron huir y refugiarse en uno de los escondrijos del partido en la capital. Sin embargo, Qassem fue urgentemente trasladado a un hospital, donde le salvaron la vida. Según la versión de Saddam sobre los hechos, cuando estaban ya en el escondrijo, la pierna izquierda le sangraba cada vez más. «Dado que era imposible ir a un hospital, cogió una cuchilla, unas tijeras y tintura de yodo y pidió a uno de sus compañeros que le extrajera la bala. Se sintió mareado unos minutos, pero se recobró.» Este truculento relato, que se ha atesorado en la leyenda iraquí como ejemplo del heroísmo de Saddam, parece más propio del Lejano Oeste americano que del Bagdad de 1959. Desde luego no se corresponde en absoluto con el recuerdo de Tahsin Muallah, el médico al que se llamó para que curara al joven Saddam después del frustrado atentado. «No era más que una herida superficial, sólo un rasguño», recordó el doctor Mualllah cuando, más adelante, tuvo que exiliarse como tantos otros coetáneos de Saddam.

Muallah era uno de los miembros fundadores del Baas en Iraq, un partido que seguía teniendo menos de un millar de miembros en la época en que se produjo el intento de asesinato. «En aquella época, el partido Baas estaba lleno de profesionales, médicos y abogados que no sabían mucho de armas —dijo—. Necesitaban a alguien como Saddam para que les hiciera el trabajo sucio. Al fin y al cabo, se trataba de la primera acción armada que emprendía el Baas en Iraq.»

En aquella época, Muallah trabajaba en las consultas para pacientes externos del Hospital Republicano de Bagdad. El día después del atentado frustrado, un miembro de la directiva del Baas le informó de que tenían unos heridos en uno de sus refugios y le preguntó si podría prestar ayuda. El médico accedió y fue llevado a una casa del barrio El Wiya de Bagdad. El herido más grave, dijo Muallah, era un pistolero llamado Samir al-Najm, que había recibido un tiro en el hombro. Utilizando anestesia local, el médico extrajo la bala y curó la herida. Cuando terminó, uno de los baasíes le dijo que en la habitación contigua había otro herido. «Cuando entré, vi a un hombre joven y pálido.» Era Saddam, y vestía el *dishdasheh*, la larga túnica blanca tradicional de los árabes. «Me dijo que tenía una herida de bala, pero no era más que un rasguño en la espinilla.» Muallah le curó la herida y se fue. Unos días más tarde, las fuerzas de seguridad asaltaron la casa y arrestaron a sus ocupantes, y también a Muallah. Les había dado el soplo el pistolero que en un principio iba a participar en el atentado pero había sido expulsado del partido. Para entonces Saddam ya había huido. A Muallah lo juzgaron por asistir y ayudar a los asesinos en un tribunal militar especial designado por Qassem, y luego fue encarcelado.

A pesar de que la herida sufrida por Saddam era insignificante, su maquinaria propagandística adornaría más tarde el incidente de tal forma que la mayoría de los iraquíes acabó convencida de que Saddam había estado al borde de la muerte. En una película autobiográfica sobre la juventud de Saddam titulada *Los largos días*, realizada en la década de 1980 por el Ministerio de Información, se habla de una herida tan grave que Saddam no podía caminar. En la película, Saddam es presentado como una figura intrépida y heroica que ni siquiera pestañeó cuando un compañero le extrajo la bala de la pierna con unas tijeras. El propio Saddam ha contribuido a perpetuar este mito. Muchos años después, cuando un periodista egipcio le preguntó por aquel incidente, Saddam afirmó que no le había gustado la interpretación del actor por falta de realismo. «Yo quería que el director volviera a filmar la escena, porque recuerdo el día en que ocurrió. No hice una sola mueca ni me moví lo más mínimo hasta que la bala estuvo fuera.»[5]

El relato épico de la heroicidad de Saddam en 1959 continuaba con su huida de Bagdad. Como tenía dificultades para caminar, siempre según su versión de los hechos, al «encontrarse con un hombre que iba a caballo, se lo compró por diez dinares», el equivalente de unos treinta dólares. Así pues, continuó a caballo siguiendo el río Tigris en dirección a Tikrit. Saddam compró heno para el caballo y pan y dátiles para él. Pasó la noche con un beduino y a la mañana siguiente emprendió el largo viaje hacia Siria, pasando por Tikrit. Viajó durante tres días. Por el camino, se unió a una fiesta que celebraba un compromiso en Samarra. «Se había sacrificado un cordero para la ocasión, así que hizo una buena comida que compensó la dieta de pan y dátiles, y pudo dormir a salvo y con comodidad.» Este relato casi bíblico de su huida de Bagdad se vio bruscamente interrumpido el cuarto día, cuando dos coches de agentes de aduanas armados lo interceptaron. Trató de huir a galope tendido, pero pronto le dieron alcance y lo rodearon. «Saddam tiró de las riendas y desmontó, asegurándose de que la capa le cubría el vendaje de la pierna, ya que era una prueba de que era un fugitivo de la justicia.» Saddam consiguió salir con bien de aquel episodio, pidió ver al jefe de los oficiales de aduanas y le exigió que le explicara por qué lo trataban de manera tan injusta. El oficial se disculpó diciendo que lo habían confundido con un contrabandista. Cuando más tarde pidió ver los documentos de viaje de Saddam, éste replicó que no tenía, puesto que era beduino y era bien sabido que los beduinos no se atenían a ninguna norma burocrática.

A Saddam le permitieron proseguir su viaje. Así, llegó a un punto por donde se podía cruzar el río, lo cual le permitió llegar a Tikrit. Intentó convencer al dueño de una gabarra para que lo cruzara al otro lado del Tigris, pero el hombre se negó porque estaba en vigor el toque de queda. En su empeño por cruzar el río, Saddam decidió abandonar el caballo e intentarlo a nado. Con el cuchillo entre los dientes, cruzó el río en medio de la noche y el agua helada. Cuando llegó a la otra orilla, estaba al borde del colapso, exhausto y tiritando. «Cada vez que notaba el agotamiento apoderarse de él, redoblaba sus esfuerzos para alcanzar la otra orilla.» «Fue como en las películas, pero peor —recordaría más adelante Saddam—. Tenía la ropa mojada y la pierna herida, y no había comido lo suficiente en varios días.»[6] Una vez en el otro lado, Saddam se dirigió a una casa cercana en busca de cobijo y comida. Pero cuando llamó a la puerta, lo tomaron por un bandido. «No podían saber que era un revolucionario, no un bandido.» Al final consiguió convencer a la familia de que no tenía malas intenciones y consiguió refugio. Se fue a la mañana siguiente y caminó todo el día hasta que, ya de noche, llegó a su aldea natal de Al-Uja, donde lo recibió su hermano entre lágrimas. Tras haber sobrevivido a la parte más peligrosa de su viaje, Saddam reemprendió el camino del exilio con unos compañeros baasíes. Llegaron a Damasco, la capital de Siria, unos días después.

Teniendo en cuenta la exageración con que se han tratado otros aspectos de la participación de Saddam en el complot para matar a Qassem, es improbable que la descripción del viaje hacia el exilio hecha por sus biógrafos se corresponda con la realidad. La mayoría de los implicados en el complot consiguió escapar a Damasco. Shaijly, por ejemplo, el cabecilla, cogió un tren que lo llevó a Mosul, ciudad del norte de Iraq, y de allí pasó a Siria. Sin embargo, estos relatos sobre la implicación de Saddam en el atentado contra el presidente Qassem revelan algunos puntos interesantes sobre su personalidad en aquella época. A pesar de que el joven Saddam se había ganado cierta reputación como matón y asesino en los círculos nacionalistas, se acepta en general que, al llegar el momento de matar a Qassem, Saddam perdió los nervios y abrió fuego demasiado pronto, arruinando así toda la operación. Algunos incluso lo culparon directamente de la muerte de uno de los asesinos, Abdel Wahab Goreiri. Y aunque Saddam afirmó que había cubierto la retirada para que pudieran llevarse a los heridos, las fuerzas de seguridad se apoderaron del cadáver de Goreiri, lo que les permitió identificar rápidamente a los responsables del complot. El propio Saddam permitió que uno de sus biógrafos admitiera que la operación no había sido un éxito precisamente, con la excusa de que la organización del atentado había sido «rudimentaria».[7] Dado que, más adelante, Saddam acabaría dominando el arte de matar en todas sus vertientes, tanto personales como políticas, debemos suponer que aquella experiencia le sirvió de lección.

La importancia de mantener el mito de su heroica huida en 1959 se puso en evidencia muchos años después, en 1998, cuando Saddam hizo una visita sorpresa a dos aldeas remotas del norte de Iraq. Era una de las primeras veces que se veía a Saddam en público desde la derrota de la guerra del Golfo de 1991, y aquella visita inesperada era un intento por recabar el apoyo popular. Aparte de disparar un fusil al aire para demostrar su agradecimiento por la cálida acogida que le dispensaban los sorprendidos aldeanos, Saddam recordó sus hazañas a los habitantes de Albu Dor, una aldea cercana al Tigris que había atravesado en su huida. «¿Cómo puedo describirlo? —se preguntó retóricamente—. Es difícil describir cómo conseguí cruzar a nado ese río.»[8]

Durante los tres años y medio que siguieron, Saddam estuvo exiliado, primero en Damasco y después en El Cairo, que entonces era la capital del nacionalismo árabe. Damasco, hogar espiritual del Baas, era el escondite más obvio para los conspiradores después de su huida de Bagdad. Con veinte años recién cumplidos y cuando apenas había tomado parte en el atentado, Saddam se encontró de repente entre los teóricos políticos más originales y dinámicos de aquel entonces. El decano del partido Baas sirio era Michel Afleq, uno de los padres fundadores del Baas en 1944 y que, gracias a su lucha infatigable por la causa panárabe, prácticamente era idolatrado por muchos de sus coetáneos árabes. Al contrario que los baasíes iraquíes, que en gran medida seguían siendo un grupo marginal en Bagdad, los baasíes sirios constituían una fuerza influyente que había formado ya la primera federación panárabe a través de su asociación con Nasser.

A pesar de que en aquella época muchos consideraban a Saddam poco más que un matón, se dice que Afleq se interesó especialmente por él y lo elevó al más alto grado de pertenencia al partido, convirtiéndolo en miembro de pleno derecho.[9] Tal vez esta generosa actitud fuera consecuencia de una verdadera admiración hacia Saddam, pero lo más probable es que se tratara de un gesto de agradecimiento por su participación en el intento por eliminar al pro comunista Qassem. Sin duda, los inexpertos esfuerzos de los baasíes iraquíes para derribar el gobierno de Bagdad los convirtieron en héroes entre los nacionalistas. Los juicios militares a los que, como el doctor Muallah, fueron sometidos por su implicación en el complot, se siguieron en todo el mundo árabe y la actitud desafiante de algunos acusados baasíes, a pesar de que se enfrentaban con la pena de muerte si los declaraban culpables, suscitó la admiración general, tanto en Iraq como más allá de sus fronteras. Básicamente se defendieron alegando que tenían el deber patriótico de matar a Qassem porque estaba entregando el país a los comunistas. Cuando terminaron los juicios, seis acusados fueron condenados a muerte, pero las sentencias no llegaron a cumplirse.

La recién adquirida fama de los baasíes iraquíes satisfizo a Afleq, que quería aprovechar en beneficio propio la inestabilidad política creada en Bagdad por el atentado contra Qassem. En aquella coyuntura, Afleq jugó a un doble juego. Organizó la expulsión de Fuad al-Rikabi y de otros líderes del Baas iraquí, con la excusa de que no deberían haber involucrado al partido en el complot. Afleq quiso colocar después a sus propios partidarios en posiciones clave del Baas iraquí, y para ello consiguió que Saddam se convirtiera en miembro de pleno derecho, tal como él ambicionaba. A pesar de que Afleq diría más adelante que no recordaba haber conocido a Saddam hasta 1963,[10] el ideólogo de suaves maneras y el inquieto y joven asesino pronto formaron una unidad simbiótica. Durante un tiempo, Afleq controló el partido Baas tanto en Siria como en Iraq, y gracias a su empeño en 1964, Saddam fue elegido para un puesto de liderazgo en el Baas iraquí. Saddam le devolvió el favor cuando por fin llegó al poder, convirtiendo la doctrina política del Baas en doctrina oficial de Iraq. De la misma forma que Stalin utilizó el nombre de Lenin para legitimar su gobierno, Saddam invocaría el de Afleq para justificar su posición en Iraq. Saddam tenía «un Lenin viviente al que podía airear si la ocasión lo requería para ratificar sus decisiones y, sobre todo, su condición de guardián de la ortodoxia del partido frente a los sucesivos grupos disidentes.»[11] Y cuando Afleq, que más tarde se vería obligado a exiliarse en Bagdad, murió en 1989, Saddam (o más bien las arcas del Estado) hizo construir una impresionante tumba para el fundador del Baas.

Al cabo de dos o tres meses en Siria, Saddam y los otros miembros supervivientes del atentado se trasladaron a El Cairo, donde se unieron a un grupo de unos quinientos jóvenes baasíes exiliados en la capital egipcia. A aquellos jóvenes baasíes los había enviado a Egipto el gobierno sirio, el socio menor de la unión política entre El Cairo y Damasco. Habían sido enviados allí con el propósito de continuar su educación. En el momento del atentado, Saddam no había terminado aún la escuela secundaria. Como cabeza de la primera unión panárabe, el presidente Nasser se oponía ahora a Qassem por haber faltado a su promesa de incorporar a Iraq a la confederación. Afleq y los demás líderes baasíes creían que los jóvenes asesinos estarían más seguros bajo la protección de Nasser que en Damasco, donde el régimen era menos estable. Mientras tanto, la campaña para derribar a Qassem se puso en manos de los baasíes más veteranos y experimentados.

Aquél fue el único momento de su vida en que Saddam vivió en el extranjero. Poco después de llegar a El Cairo, en 1960, ingresó en el instituto Qasr al-Nil. Después de haber vivido experiencias como la de su primer asesinato en Tikrit o la de intentar su primer asesinato en Bagdad, la vida en El Cairo le resultó aburrida. No obstante, con Gamal Nasser en pleno apogeo y El Cairo convertida en capital del nacionalismo árabe, Saddam no pudo por menos que emocionarse con una ciudad que era un hervidero de actividad política. Aparte de sus estudios, se implicó plenamente en la vida política, ingresando en el partido Baas egipcio. Al cabo de unos meses se había convertido en miembro del Mando Regional de la rama egipcia, aunque la influencia de los baasíes estaba limitada por la presencia arrolladora de Nasser, hecho que condujo a la postre a que Siria decidiera unilateralmente separarse de la unión panárabe en 1961.

Los recuerdos de Saddam sobre aquellos años de exilio demuestran una modestia y una moderación poco frecuentes en él. Uno de sus biógrafos asegura que «emuló a Nasser, jugó mucho al ajedrez, no se distrajo con la vida nocturna y leyó mucho».[12] Esta afirmación la sustentó Abdel Majid Farid, que fue secretario general de Nasser y responsable de velar por los jóvenes baasíes. Según Farid, las autoridades egipcias lo ayudaron con su educación y también a encontrar un apartamento adecuado. «Era uno de los líderes del Baas iraquí. Solía venir a verme de vez en cuando para hablar del desarrollo de los acontecimientos en Bagdad. Era callado, disciplinado y no pedía dinero extra como los demás exiliados. No le interesaban demasiado el alcohol ni las chicas.»[13] Abdul Karim al-Shaijly, que se hizo amigo íntimo de Saddam en El Cairo, escribió a su familia de Bagdad que Saddam se pasaba la mayor parte del tiempo intentando recuperar el tiempo perdido con los estudios para terminar la secundaria. Shaijly, futuro ministro de Asuntos Exteriores de Iraq, se hizo tan íntimo de Saddam en El Cairo que ambos jóvenes llegaron a tenerse por hermanos. Shaijly, que sería una de las primeras víctimas de Saddam cuando éste se convirtiera en presidente, estaba en El Cairo terminando la carrera de medicina. En una carta a su familia describió a su nuevo amigo como «un hombre callado, poco sociable, alguien que intenta con todas sus fuerzas forjarse una educación».[14]

Sin embargo, otros coetáneos de Saddam no pintan un retrato tan comedido. El dueño de un café de El Cairo que servía a Saddam y sus amigos con frecuencia lo describió como un alborotador que no pagaba nunca. «Provocaba peleas por cualquier motivo. Queríamos impedirle que volviera a entrar.»[15] Pero la policía dijo que Nasser protegía a Saddam. Cuando Saddam abandonó El Cairo, dejó tras de sí una deuda de varios cientos de dólares. Contra toda lógica, Saddam no olvidó aquella deuda. En la década de 1970, cuando era vicepresidente de Iraq y regresó a El Cairo en visita oficial, acudió por sorpresa a aquel café y pagó su deuda, añadiendo una propina de trescientos dólares. Saddam no sería Saddam si no se hubieran propagado oscuras historias sobre sus supuestas fechorías en El Cairo. Se le acusó de matar a un egipcio en 1960 tirándolo por una ventana de su apartamento,[16] y también de matar a un iraquí en 1963.[17] Pero, teniendo en cuenta que no existe constancia oficial sobre tales hechos, y que Saddam fue libre de marcharse cuando quiso, deben considerarse meras habladurías.

Por mucho que Saddam intentó sobrellevar su estancia en Egipto de buen talante, es opinión generalizada que consideraba su vida allí como una especie de prisión. No obstante, consiguió completar su educación secundaria y en 1961 ingresó en la Universidad de El Cairo para estudiar derecho. La sección de intereses árabes de la inteligencia egipcia le pagaba una modesta renta. No terminó los estudios, pero consiguió un diploma varios años más tarde, cuando se presentó a los exámenes de derecho de la Universidad de Bagdad vestido de uniforme. Antes de sentarse para realizar el examen, Saddam puso la pistola sobre el pupitre para estar «más cómodo». El truco de enseñar la pistola funcionó, igual que había funcionado con el director que quería expulsarlo años antes, y a Saddam le dieron su diploma.

Durante su estancia en El Cairo se produjeron dos acontecimientos importantes en su vida: su primer matrimonio y su misteriosa relación con la CIA. Mientras estudiaba en la universidad, se prometió con su prima Sajida, la hija de su tío Jairallah. Los matrimonios entre parientes eran habituales en personas de la procedencia de Saddam. Al comprometerse con la hija de su tío no hacía más que cumplir con la tradición familiar. Sajida nació probablemente en 1937 (lo que explicaría que Saddam falseara su partida de nacimiento para que no se supiera que era más joven que su mujer), y Saddam pasó la mayor parte de su infancia con ella y con su hermano Adnan en casa de Jairallah, tanto en Tikrit como en Bagdad. De hecho, Saddam y Sajida fueron criados como hermanos. Según Saddam, el matrimonio se había concertado en realidad cuando eran niños por mediación de su abuelo. Consciente de sus deberes tribales, Saddam observó las costumbres árabes y pidió a su padrastro Hassan al-Ibrahim que solicitara formalmente a Jairallah la mano de Sajida. La relación entre Hassan y Saddam parecía haber mejorado, tal vez porque aquél intuía que éste llegaría muy lejos y, por tanto, sería muy útil para el holgazán de su padrastro. Hassan hizo lo que le pedía Saddam, Jairallah dio su visto bueno y el compromiso se hizo oficial. Aunque el matrimonio no se llevó a cabo hasta que Saddam regresó a Iraq en 1963, él celebró el compromiso al estilo árabe tradicional en El Cairo, a principios de 1962. Para convencer a Sajida de sus buenas intenciones, le envió un anillo de boda. La fiesta del compromiso la organizó su buen amigo Abdul Karim al-Shaijly.

El otro acontecimiento importante para Saddam durante su estancia en El Cairo fue la relación que entabló con la CIA. Sus tratos con los norteamericanos están envueltos en un velo de misterio, como la mayor parte de sus actividades en El Cairo, sobre todo porque la mayoría de sus coetáneos han sido asesinados.[18] «Sin embargo, existen suficientes pruebas circunstanciales para afirmar que Saddam tuvo contactos con la oficina de la CIA en El Cairo.» En el inicio de los sesenta, la guerra fría se estaba acercando a un punto crítico, como demostró la crisis de los misiles cubanos en 1962. La CIA tenía como objetivo prioritario contrarrestar cualquier intento de las dos superpotencias comunistas, la Unión Soviética y China, de extender sus actividades más allá de la esfera de influencia de la que ya disfrutaban. La expansión de China hacia el sureste asiático acabaría provocando la malhadada intervención de Estados Unidos en la guerra civil vietnamita. El deseo de Moscú de extender su influencia en el mundo islámico, desde las repúblicas soviéticas de Asia Central a los estados árabes ricos en petróleo de Oriente Medio, convertiría la región en un polvorín, listo para explotar a causa de las encendidas rivalidades generadas por la guerra fría.

Washington consideraba que Iraq era un enclave estratégico de primer orden por su emplazamiento en el corazón de Oriente Medio. Por ese motivo, Estados Unidos había alentado la formación del Pacto de Bagdad, la organización de defensa regional antisoviética fundada a mediados de los cincuenta y que englobaba a Gran Bretaña, Turquía, Irán y Pakistán. De hecho, los norteamericanos estaban tan preocupados por el nivel de inestabilidad política en Bagdad tras la caída de la monarquía que Allen Dulles, director de la CIA en 1959, declaró que «Iraq es el lugar más peligroso de la tierra».[19] En 1961, el devenir político de la región incitó a los norteamericanos a llevar la iniciativa para contrarrestar lo que consideraban un serio intento de los soviéticos por adueñarse de Oriente Medio.

Existía preocupación por las compras de armas de Nasser a Moscú, que se habían dado a conocer, y se sospechaba que los soviéticos tenían algo que ver en la decisión del general Qassem de ganarse el apoyo del partido comunista iraquí para mantenerse en el poder. La decisión unilateral de Qassem de retirarse del Pacto de Bagdad en 1959, que dejó a la región más vulnerable a la intervención soviética, así como su tendencia creciente a depender de la ayuda y el apoyo militar soviéticos, no contribuyeron precisamente a disipar los recelos de Washington. La alarma creció en Occidente cuando en 1961 Qassem intentó ocupar Kuwait, que los iraquíes siempre habían considerado parte de su territorio, y también nacionalizar parte de la Compañía de Petróleo Iraquí (IPC), de capital extranjero. Este último movimiento evocaba a los norteamericanos el desagradable recuerdo del programa de nacionalización implantado por Nasser durante los primeros años de su gobierno.

Los egipcios gobernados por Nasser estaban tan decididos como los norteamericanos a intervenir activamente en el desarrollo político del Oriente Medio moderno, sobre todo porque la decisión de Siria de retirarse de la República Árabe Unida en 1961 había mermado seriamente la ambición de Nasser de crear un estado árabe unido. Por tanto, Iraq, que había incumplido su promesa de integrarse en la República Árabe Unida cuando Qassem llegara al poder, tenía un interés especial para los egipcios, y su servicio de inteligencia se mostraba tan activo como la CIA en sus intentos por establecer un gobierno afín en Bagdad.

Habiendo participado ya en un atentado contra Qassem, no es de extrañar que las actividades de Saddam y sus colegas baasíes exiliados despertaran bastante interés tanto en los servicios secretos egipcios como en los norteamericanos. Las autoridades egipcias pagaban una modesta renta a Saddam para que pudiera estudiar. Pero la relación entre los baasíes iraquíes exiliados y los egipcios se enfriaron considerablemente cuando sus compañeros baasíes sirios se retiraron de la RAU. Esta decisión, por otra parte, fue activamente promovida por Michel Afleq, el fundador del Baas y mentor personal de Saddam. Los biógrafos de Saddam afirman que éste estuvo sometido a una estrecha vigilancia en El Cairo, que no cesaron de acosarlo y que registraron sus apartamentos en varias ocasiones.[20] Todo ello, claro está, pudo deberse a las supuestas actividades delictivas de Saddam, y los egipcios quizá se vieron obligados a efectuar los registros para buscar armas si, como se decía, amenazaba a sus adversarios en El Cairo con violencia física, igual que había hecho en Bagdad.

No obstante, ninguno de los biógrafos oficiales hace mención de las visitas frecuentes de Saddam a la embajada de Estados Unidos en El Cairo. Los norteamericanos estaban tan interesados en derribar a Qassem del poder como Saddam, aunque por motivos distintos, y existían pruebas circunstanciales que sugerían que Saddam estaba en estrecho contacto con la CIA hacia el final de su estancia en El Cairo.[21] Said Aburish, otro de los biógrafos de Saddam, sugirió que sus encuentros con la CIA los había aprobado la inteligencia egipcia, a pesar de que Washington y El Cairo tenían una política diametralmente opuesta en lo tocante a Bagdad. Puede que jamás se llegue a saber la verdad sobre la relación entre Washington y el joven Saddam, pero no puede desecharse la teoría de que inició su carrera política como agente de la CIA. Quienes más cerca han estado de arrojar luz sobre este intrigante aspecto de la carrera de Saddam fueron Marion Faruk Sluglett y Peter Sluglett, cuando entrevistaron a un antiguo funcionario de alto rango del Departamento de Estado. Dicho funcionario confirmó que «Saddam Hussein y otros baasíes se habían puesto en contacto con las autoridades norteamericanas a finales de los años cincuenta y principios de los sesenta».[22] Desde luego, éste es un tema espinoso para Saddam, que más adelante liquidaría a aquellos coetáneos iraquíes que podrían haber desvelado sus andanzas como espía.

Qassem sobrevivió hasta febrero de 1963, fecha en que fue finalmente derrocado por un golpe planeado y organizado por la CIA. El golpe, especialmente cruento aun tratándose de Iraq, lo dirigió el general Ahmad Hassan al-Bakr, otro de los mentores de Saddam y a quien le había presentado su tío Jairallah al llegar por primera vez a Bagdad. Bakr, oriundo de Tikrit, se había convertido en miembro destacado del Baas iraquí durante el exilio de Saddam en El Cairo. Hombre reservado y resuelto, compartía el odio virulento de Jairallah contra los comunistas y, en consecuencia, los norteamericanos lo tenían en alta estima. Bakr había ingresado en el Baas mientras estaba en la cárcel por conspirar contra Qassem. El líder iraquí, que carecía de la vena cruel necesaria para sobrevivir en la política iraquí, acababa liberando siempre a rivales políticos a los que había encarcelado por intentar derrocarlo. Bakr no fue una excepción. Poco después de ser liberado, se unió a otros baasíes para planear el golpe contra Qassem.

El golpe de estado de 1963 siguió la tradición sangrienta establecida por el derrocamiento de la monarquía en 1958. La acción tuvo que adelantarse porque algunos conspiradores fueron arrestados y, cuando se inició, muchas unidades del ejército se negaron a movilizarse en apoyo a los baasíes. Bakr hizo uso de cuatro aviones de combate Hunter Hawker para lanzar el asalto contra el baluarte de Qassem en el Ministerio de Defensa, muy bien defendido. El combate duró dos días y dejó centenares de muertos y heridos en el centro de Bagdad, hasta que por fin Qassem fue obligado a capitular. Qassem pidió a sus captores que le permitieran conservar su arma, a lo que ellos se negaron. Tampoco permitieron que su juicio fuera público. Tras un juicio sumarísimo, fue fusilado. Desde su rendición incondicional hasta su muerte no medió más de una hora. Para garantizar a la recelosa opinión pública iraquí que el presidente había muerto, se grabó una grotesca película de su cuerpo acribillado, que se emitió repetidamente por la televisión iraquí. «Noche tras noche [...] El cadáver estaba apoyado en una silla del estudio. Un soldado daba brincos alrededor, moviéndolo. En medio se introdujeron imágenes de devastación del Ministerio de Defensa, donde Qassem había presentado batalla hasta el final. Luego volvían las imágenes del estudio y se ofrecían primeros planos de los orificios de entrada y salida de cada bala. La macabra secuencia finalizaba con una escena que permanecerá grabada para siempre en la memoria de cuantos la vieron: el soldado agarraba por el pelo la cabeza caída, se inclinaba y le escupía en la cara.»[23]

Cuando la televisión terminó con el cadáver, no se permitió al presidente descansar en paz. En un principio el cadáver fue enterrado en una tumba superficial y sin indicación alguna, pero los perros lo desenterraron y empezaron a comérselo. Unos campesinos horrorizados lo metieron en un ataúd y volvieron a enterrarlo, pero la policía secreta lo desenterró otra vez y lo arrojó al Tigris. A pesar de este macabro giro de los acontecimientos —similar al trato que habían dado los partidarios de Qassem a los defensores de la monarquía en 1958—, Washington se declaró satisfecho con el cambio de régimen. James Critchfield, director de la CIA para Oriente Medio en aquella época y especialista en infiltración comunista, expresó más adelante su profunda satisfacción por el resultado del golpe. «Lo consideramos una gran victoria —recordaría muchos años después—. Realmente lo teníamos todo bien atado.»[24]

Con gran frustración por su parte, Saddam no podía moverse de El Cairo mientras se producían estos dramáticos acontecimientos, pero cuando se instauró el nuevo régimen no perdió tiempo en regresar a Bagdad para participar en las cruentas purgas que se desataron. Saddam volvió en avión con Abdul Karim al-Shaijly —su compañero en el complot para matar a Qassem en 1959— y otros exiliados iraquíes. En el aeropuerto de Bagdad los recibió una multitud de baasíes, familiares y amigos entre vítores y aclamaciones. Poco después de su llegada, Saddam volvió a relacionarse con Bakr, al que el nuevo presidente, Abdul Salam Arif, había recompensado por su participación en el derrocamiento de Qassem con el cargo de primer ministro. Bakr nombró a muchos paisanos de Tikrit para cargos influyentes, a pesar de que Saddam se encontró inicialmente apartado de la principal corriente política. El partido había cambiado durante sus tres años de exilio y al principio los nuevos líderes no aceptaban que Saddam hubiera ingresado en el partido como miembro de pleno derecho en el exilio. Le ofrecieron un cargo menor en la Oficina Central del Campesinado, donde su tarea consistía en mejorar las condiciones de vida de los campesinos. A pesar de las dificultades que halló a su regreso, sus amigos y conocidos notaron un cambio significativo en su personalidad. «Cuando huyó de Bagdad no había terminado siquiera la secundaria. Era un muchacho rudo que se defendía bien con los puños. Pero el Saddam que regresó de El Cairo tenía más educación y era más adulto.»[25]

Si bien las aspiraciones políticas de Saddam se vieron frustradas, los cruentos enfrentamientos entre baasíes y comunistas que no cesaron tras el derrocamiento de Qassem le proporcionaron un medio a través del cual pudo canalizar sus frustraciones. Las asonadas callejeras registradas en Bagdad durante el golpe de estado dejaron tras de sí entre mil quinientas y cinco mil víctimas. En las semanas posteriores al golpe, se efectuaron registros casa por casa en busca de comunistas e izquierdistas. Los registros los llevaba a cabo la Guardia Nacional (Haras al-Qaumi), el ala paramilitar del Baas, que había participado en las luchas callejeras que habían conducido finalmente a la caída de Qassem. Los miembros de la Guardia Nacional llevaban brazaletes verdes y metralletas y, provistos de listas de simpatizantes comunistas, algunas de ellas proporcionadas por la CIA, se pasaron las primeras semanas de gobierno del partido Baas entregados a lo que sólo puede describirse como una orgía de violencia.

A pesar de que los baasíes habían dado garantías a la CIA de que se proporcionaría un juicio justo a todos los detenidos, muchos de ellos fueron torturados y ejecutados sumariamente. La Guardia Nacional requisó clubes deportivos, cines, toda una sección de la calle Kifá y varias casas particulares para utilizarlos como prisiones y centros de interrogatorio. La eliminación de los comunistas de Bagdad fue, en muchos sentidos, precursora de las purgas contra la izquierda que se producirían en Chile y Argentina en los años setenta y ochenta. Las unidades de élite de la Guardia Republicana de Saddam se comportaron de manera similar tras la invasión de Kuwait en agosto de 1990, cuando requisaron edificios y palacios del gobierno para convertirlos en cámaras improvisadas de tortura e interrogatorio. Los archivos oficiales iraquíes afirmaban que 149 comunistas habían sido ejecutados, pero era cosa sabida que cientos, si no miles, de comunistas padecieron muertes horribles a manos de torturadores baasíes. Como suele ocurrir en tales circunstancias, muchos de los asesinados eran inocentes, o víctimas de venganzas personales que no tenían relación con ideologías políticas.

El doctor Alí Karim Said, antiguo diplomático iraquí y figura destacada del Baas durante aquel período, afirmó que muchos iraquíes inocentes murieron a causa de las purgas de comunistas orquestadas desde el gobierno. «Aún recuerdo cuando mi hermano, por entonces era vicecomandante de inteligencia militar y uno de los principales interrogadores, vino a mi casa y arrojó su metralleta al suelo y dijo con voz afligida: "No puedo continuar, arrestan a hombres corrientes y los envían al pelotón de fusilamiento. Es inaceptable e insufrible. Todos gritan: 'Por favor, Mahoma, por favor, Alí', y antes de morir gritan tres veces: 'Alá es grande'." Mi hermano añadió: "Si se reprime a hombres corrientes e indefensos como ellos, acabarán abrazando definitivamente el comunismo." Después de aquel episodio yo me opuse a todas las órdenes de ejecución.»[26]

Una de las más famosas cámaras de tortura estaba situada en un lugar de nombre muy apropiado, el palacio del Fin (Qasr al-Nihayá), llamado así por ser el lugar donde se había eliminado a la monarquía en 1958. Uno de los torturadores más famosos fue Nadhim Kazzar, que más tarde se convertiría en jefe de seguridad nacional de Saddam. Incluso en un país familiarizado con la brutalidad como Iraq, el sadismo de Kazzar era notorio. Kazzar ingresó en el partido Baas cuando era estudiante en la década de 1950 y rápidamente escaló puestos. Era un hombre duro y ascético, uno de los pocos chiítas del partido que tenían una posición influyente. Su verdadera misión la encontró después del derrocamiento de Qassem, cuando se reveló como un temible perseguidor de los comunistas. Era tal la fama de Kazzar por su tendencia a la violencia gratuita que incluso conseguía aterrorizar a los miembros de su propio partido. Le gustaba sobre todo conducir los interrogatorios personalmente y apagar los cigarrillos en los ojos de sus víctimas.[27] Kazzar cometió la mayoría de sus atrocidades en el palacio del Fin, que los baasíes consiguieron convertir en un laboratorio para mejorar los interrogatorios, y donde perfeccionaron una serie de prácticas abominables que más tarde se convirtieron en habituales con Saddam. Hanna Batutu, el distinguido historiador del Iraq moderno, ha conseguido extraer de los archivos oficiales un relato horripilante sobre lo que ocurría en el palacio del Fin en 1963, a manos de Kazzar y los baasíes: «Sólo el Departamento de Investigación de la Guardia Nacional mató a 104 personas. En las bodegas del palacio Al-Nihayá, que el departamento utilizaba como cuartel general, se encontraron todo tipo de instrumentos de tortura, entre los que se incluían cables eléctricos con pinzas, estacas de hierro puntiagudas sobre las que se obligaba a sentarse a los prisioneros, y una máquina que aún conservaba restos de dedos cortados. Había montones de ropas ensangrentadas por todas partes, charcos de sangre en el suelo y manchas de sangre en las paredes.»[28] Así actuaba un partido que iba a ser el trampolín de Saddam para su imparable ascensión al poder.

Así pues, ¿qué papel desempeñó Saddam en aquellas atrocidades? Son muy escasos los detalles precisos sobre sus andanzas. El único comentario que hizo Saddam con respecto a ese período hacía referencia a las batallas internas que se estaban produciendo dentro del partido Baas iraquí. «Existía una atmósfera de terror y dentro del partido se estaban formando bloques y grupos separados; se obstaculizaba la acción de camaradas que querían seguir las líneas del partido.»[29] Teniendo en cuenta que después Saddam nombraría a Kazzar jefe de seguridad y le daría carta blanca para institucionalizar los diabólicos métodos que había ideado en el palacio del Fin, es más que probable que se conocieran mientras ambos se dedicaban a erradicar a la oposición comunista. Saddam acababa de llegar de Egipto y tenía frescos aún sus contactos con la embajada norteamericana, por lo que puede que incluso aportara nombres y direcciones de simpatizantes comunistas de Bagdad. Algunos coetáneos de Saddam de aquella época han sugerido que, aparte de sus deberes más prosaicos en la Oficina Central del Campesinado, estuvo directamente involucrado en la organización de la Guardia Nacional, los *camisas pardas* del partido Baas. Visitó campos de detención en Bagdad y ayudó a supervisar los «castigos» a los detenidos comunistas.[30] A algunos detenidos los llevaron al campo Fellaheen («campesino»), lo que da una interesante idea sobre la verdadera naturaleza del trabajo de Saddam en la Oficina Central del Campesinado. Su misión consistía en mejorar las condiciones de vida del campesinado, siempre que los campesinos no tuvieran simpatías comunistas.

Como recompensa por su diligencia en la persecución de comunistas, Saddam entró a formar parte del comité de inteligencia del partido Baas, que asumió toda la responsabilidad de los interrogatorios. En la década de 1990, un comunista iraquí que había sido torturado en el palacio del Fin afirmó que Saddam había supervisado el interrogatorio personalmente. «Me ataron brazos y piernas con cuerdas. Me colgaron de un gancho del techo y me golpearon repetidas veces con mangueras rellenas de piedras.»[31] A Saddam lo han acusado de deshacerse de los cuerpos de las víctimas de sus torturas metiéndolos en bañeras llenas de ácido. Se dice que ha experimentado las diversas técnicas de tortura ideadas por Kazzar, y que a veces ofrecía a las víctimas un menú en el que tenían que elegir el método de interrogatorio que preferían. En la película iraquí autobiográfica *Los largos días*, Saddam comenta su participación en los sucesos de 1963 con esta frase: «Teníamos que matar a los que conspiraban contra nosotros.»

Baha Shibib proporciona un retrato más prosaico del Saddam de aquella época. En 1963 Shibib era uno de los líderes del Baas en Bagdad, y fue ministro de Asuntos Exteriores durante un breve período. «En el esquema general de las cosas, Saddam era insignificante —dijo Shibib—. Intervino en los interrogatorios, pero no en las decisiones políticas. Cuando volvió de El Cairo, su principal preocupación era encontrar un trabajo que le proporcionara ingresos. Vino a rogarnos que le diéramos empleo, así que le dimos algo en el Departamento de Campesinado. Pero lo que más recuerdo de él es que andaba siempre detrás de Bakr. Bakr era el primer ministro y por tanto tenía mucha influencia, y Saddam, como paisano suyo, andaba siempre por su despacho, tratando de congraciarse con él. Se juntaba con los guardaespaldas de Bakr, tra-

tando de hacerse el duro. Pero nadie lo tomaba en serio. Estábamos demasiado ocupados con otros asuntos.»[32]

Por suerte para el pueblo iraquí, este reinado baasí del terror
duró poco tiempo. Las luchas intestinas entre facciones rivales dieron como resultado que el partido fuera expulsado del poder en
noviembre de 1963, lo que puso fin, al menos de momento, a la
gratuita orgía de sangre que se llevaba a cabo en el palacio del Fin.
El Baas, que había sido el partido dominante en el gobierno instaurado por el presidente Arif en febrero, cayó víctima de la rivalidad entre sus facciones. La causa principal de la ruptura ideológica fue la controvertida cuestión de si Iraq debía cumplir el objetivo
de alcanzar la unidad panárabe y formar una federación con Siria
o con Egipto, o con ambos países a la vez. El ala civil del Baas, liderada por Alí Salí al-Sadi, estaba a favor de la unión política, sobre
todo después de que en marzo el Baas sirio dio con éxito un golpe de estado en Damasco. A Sadi se oponía, dentro del Baas iraquí, el ala militar más conservadora, a favor de la política tradicional de «Iraq primero». En otoño de 1963, los altos mandos
militares iraquíes estaban cada vez más irritados con el comportamiento indisciplinado de la Guardia Nacional, la milicia del Baas,
que Sadi y sus bandas de matones baasíes utilizaban para intimidar a sus rivales y perseguir a los comunistas.

A principios de noviembre, el ala militar del Baas llevó a cabo
un golpe de mano contra Sadi y sus colegas. A Sadi lo metieron
en un avión y lo enviaron exiliado a España. La Guardia Nacional
salió a las calles para protestar y atacó la principal base militar del
gobierno, situada a las afueras de Bagdad. En aquel momento, Bakr,
que había intentado dirimir las diferencias ideológicas entre las facciones rivales del partido, convocó una reunión del Mando Nacional del Baas, el órgano de gobierno del partido que daba cobijo a
todos los grupos nacionales, como el Baas sirio y el Baas iraquí, y
los dirigía. (Los Mandos Regionales del partido representaban los
intereses de los baasíes en sus países respectivos; así pues, el Mando Regional iraquí y el Mando Regional sirio estaban subordina-
dos al Mando Nacional, con sede en Damasco.) Durante todo aquel
período, Saddam apoyó a su paisano Bakr, más por lealtad familiar que por convicción ideológica, y pronto se encontró actuan-
do, de hecho, como guardaespaldas personal del primer ministro.

Saddam empezó a aparecer en público siempre al lado de Bakr, armado con un revólver.

Sin embargo, la llegada de Michel Afleq y otros destacados baasíes sirios para asistir a la conferencia que Bakr había convocado en Bagdad con objeto de resolver el conflicto ideológico en el seno del Baas no contentó a los defensores del «Iraq primero», sobre todo cuando Afleq, que se consideraba el mascarón de proa del baasismo panárabe, sugirió que debía tomar las riendas de la política en Iraq. Arif perdió finalmente la paciencia con el Baas y decidió actuar. El 18 de noviembre movilizó a las unidades del ejército en cuya lealtad confiaba. Varios miembros militares del Baas, desilusionados con el partido, entre ellos el general Tahir Yahya, jefe del Estado Mayor, y el general de brigada Hardan al-Tikriti, comandante de las fuerzas aéreas, prestaron su apoyo a Arif cuando éste dio la orden de atacar a la Guardia Nacional en Bagdad. Al cabo de unas horas, las fuerzas de Arif habían vencido y el presidente tenía el control absoluto de la ciudad.

La decisiva intervención del presidente Arif acabó con el primer y breve devaneo del partido Baas iraquí con el poder. Los doce miembros baasíes del gobierno fueron reemplazados por oficiales militares de confianza. Bakr, el mentor de Saddam, fue cesado como primer ministro. Iraq se sometió al gobierno de una dictadura militar. La Guardia Nacional fue disuelta y se la sustituyó por la Guardia Republicana, una unidad de élite al mando de un miembro de la tribu de Arif. La función principal de la Guardia Republicana, bien equipada y acuartelada estratégicamente en las cercanías de Bagdad, consistía en proteger al régimen de eventuales golpes de estado.

El desastroso revés que sufrió el Baas a finales de 1963 no representó, en cambio, un desastre completo para Saddam. La desaparición de no uno sino dos grupos de líderes del partido significaba que la facción de Bakr, que Saddam apoyaba, se convertía en la fuerza dominante. En los dos años siguientes, Bakr fue ascendiendo en el partido hasta llegar a secretario general del Mando Regional, es decir, la sección del partido responsable de Iraq, y la posición de Saddam en el Baas se vio reforzada en la misma medida que la de Bakr. Finalmente se lo reconoció en Bagdad como miembro de pleno de derecho del partido, entró a formar parte del Mando

Regional en el verano de 1964 —según algunos comentaristas, con el apoyo de Michel Afleq— y utilizó su posición para consolidar el control que ejercía sobre la seguridad interna del partido. La crisis de finales de 1963, en la que el ala militar del partido actuó en connivencia con el gobierno para instaurar una dictadura militar, supuso una importante lección para la rama civil del Baas. A saber, que en el futuro habrían de estar mejor organizados si no querían sucumbir al poder de las fuerzas armadas.

Salim Shakir, antiguo general del ejército iraquí que estaba en activo en el partido Baas en aquella época, recordaba que Saddam había aprovechado hábilmente el carácter inseguro de Bakr para aumentar su propio poder. «Hasta 1963 no era más que un gángster. Cuando querían matar a alguien, llamaban a Saddam. Pero cuando Bakr empezó a ascender en el partido, Saddam fue muy listo y se pegó a él. Bakr era un buen político, pero no servía para dar la cara en público. Actuaba mejor en la sombra. Necesitaba a alguien que llevara sus órdenes a la práctica y se lo pidió a Saddam. Como paisano suyo, creía que Saddam le era leal, así que le otorgó muchas atribuciones. Saddam, por tanto, pudo usar a Bakr para reforzar su posición en el partido.»[33]

Saddam concentró entonces sus energías en mejorar su posición social. Se casó con Sajida, con la que se había prometido en El Cairo. Aunque era un matrimonio concertado, los novios parecían profesarse auténtico afecto. Una fotografía tomada poco después de la boda, en 1963, muestra a una pareja joven y atractiva, con Saddam pulcramente afeitado (su mostacho característico aún no existía) y vestido con un traje oscuro y corbata, y a una Sajida de aspecto serio, cabello negro y un sencillo vestido con estampado de flores. Más tarde, cuando Saddam se aficionó a las mujeres rubias, Sajida se tiñó el pelo, pero en aquella primera época de inocencia no eran muy distintos de cualquier pareja joven dispuesta a enfrentarse con los retos de la vida conyugal. Incluso después de un par de asesinatos, de un atentado frustrado y cuatro años de exilio en El Cairo, Saddam distaba mucho de tener un aspecto amenazador; su imagen es la de una persona tímida y reservada, un joven de rostro lozano que parece incómodo ante la cámara. Su torpeza en sociedad la corroboró uno de sus coetáneos del Baas, que lo recordaba como un hombre «muy tímido e introvertido». En las reuniones sociales «no hablaba mucho, pero cuando hablaba, era sólo para expresar vehementemente sus opiniones anticomunistas». Tampoco Sajida causó buena impresión en la sociedad de Bagdad. «Se parecía a su padre con una peluca y, como a nadie le gustaba su padre, la gente la evitaba.»[34]

Sin embargo, para la futura carrera de Saddam, la elección de Sajida como esposa fue buena. Jairallah Tulfah, su suegro, era amigo de Bakr, si bien detestaba las simpatías socialistas de los baasíes. Durante el breve intervalo en que el partido estuvo en el poder, en 1963, Bakr recompensó al tío de Saddam por ayudar a los baasíes a encumbrarse, nombrándolo director general del Ministerio de Educación. La alianza de Saddam con Bakr se reforzó aún más cuando un hijo y una hija de Bakr se casaron con una hermana y un hermano de Sajida, respectivamente.[35] Incluso en aquella etapa inicial del desarrollo del partido Baas, los nativos de Tikrit utilizaban los tradicionales vínculos del matrimonio y el parentesco para sentar las bases de su poder en Bagdad.

Saddam dedicó todas sus energías a crear la estructura de la seguridad interna del partido, una organización que se convertiría en una de las principales plataformas de su ascensión al poder. Al igual que muchos otros baasíes, sobre todo los que pertenecían a la rama civil, Saddam estaba consternado por la falta de disciplina de partido que había causado la expulsión del gobierno a finales de 1963. Con el apoyo de Bakr, Saddam resolvió crear una estructura que pudiera enfrentarse tanto con enemigos externos como con disidentes internos. Durante su estancia en El Cairo, Saddam había estudiado la vida y la obra de Stalin, dejándose influir por él. Aunque resulta difícil de creer que un estudiante mediocre como Saddam, que pasaba la mayor parte del tiempo al frente de bandas callejeras y amenazando a sus rivales, fuera capaz de emprender un estudio serio sobre el déspota soviético, parece que al aprendiz baasí le gustaron algunos de los aspectos más despiadados de la filosofía de Stalin. Tras la humillación de noviembre de 1963, se oía a menudo a Saddam profiriendo máximas estalinistas del tipo: «Si hay una persona, hay un problema; si no hay persona, no hay problema.»

Saddam formó parte de un grupo de baasíes comprometidos que, a lo largo de 1964, crearon el hermético aparato de seguridad del partido, que se llamó Jihaz Haneen («instrumento del anhelo»). Tras el golpe de noviembre de 1963, que a la larga significó la cárcel para la mayoría de los líderes baasíes, incluyendo a Bakr, Saddam corrió un riesgo calculado quedándose en Bagdad, decisión que contrariaba los deseos del alto mando del partido. En Damasco querían que huyera una vez más a Siria. Saddam razonó correctamente que lo considerarían un cobarde si se iba, y un traidor si buscaba refugio entre un grupo de baasíes extranjeros en Siria. Junto con otros baasíes a los que Arif no había mandado encarcelar, Saddam puso en pie una fuerza de seguridad clandestina que, por su aspecto, parecían más las SA nazis que los Guardias Rojos. El principal objetivo del Jihaz Haneen era servir de contrapeso al amplio número de militares del Baas que en 1963 se habían aliado con Arif para expulsar del gobierno a la rama civil del partido. Sin embargo, con gente como Nadhim Kazzar en los principales puestos de mando, la organización pronto se convertiría en uno de los aparatos de seguridad más temidos de todo Oriente Medio.

En 1964, la libertad de Saddam no duraría. La mayoría de los líderes del Baas estaba en el exilio o en la cárcel, de modo que Saddam no tenía a quién recurrir y no tardó mucho en involucrarse en nuevos complots para derrocar al gobierno. Al igual que en el complot de 1959 para asesinar a Qassem, Saddam contó con su «hermano gemelo», Abdul Karim al-Shaijly. Se estudiaron diversas posibilidades para matar al presidente Arif en setiembre de 1964. Se trazó un plan para derribar su avión cuando despegara del aeropuerto de Bagdad y otro, el preferido de Saddam, para asaltar el palacio presidencial con un grupo de baasíes, irrumpir en una sala de conferencias donde estuviese reunido Arif con su gabinete y ametrallarlos a todos. Este plan, que concedía a Saddam el honor de disparar contra el presidente, tuvo que ser desechado, porque el funcionario que iba a facilitarles el acceso a palacio fue trasladado a otro lugar. Finalmente, los conspiradores tuvieron que recurrir a un tosco plan de ataque del palacio presidencial con bombas caseras hechas de TNT, que habían comprado en el mercado negro. Pero las fuerzas de seguridad malograron este complot, igual que los demás. A mediados de octubre, rodearon el escondrijo de Saddam en los suburbios de Bagdad y, tras un breve intercambio de disparos, lo obligaron a rendirse tras haberse quedado sin munición. Según uno de sus biógrafos oficiales, Saddam se mostró frío y sereno cuando las fuerzas de seguridad de Arif irrumpieron en su habitación. «Mi querido compañero, ¿qué es esto? —preguntó—. ¿Metralletas? ¿Es que ya no hay gobierno?»[36]

Salim Shakir, que participó en uno de los complots para derrocar a Arif y se convirtió después en uno de los generales más distinguidos de Iraq, conoció a Saddam en una casa de Bagdad donde se planificaba el intento de golpe de estado. «Era un plan bastante enrevesado. Saddam intentaba convencerme de que movilizara a unidades del ejército para que apoyaran un golpe de estado. Pensándolo ahora, todo parece algo cómico, pero debo reconocer que Saddam me impresionó mucho. Entró en la habitación para dirigir la reunión y se limitó a decir: "Vamos a derrocar al régimen." Me pareció que tenía algo que lo hacía destacar por encima de los demás baasíes de su generación. Mi primera impresión fue que tenía delante a un líder natural, un hombre con una idea clara de lo que quería.»[37]

Tal como ha ocurrido con otros episodios de la juventud de Saddam, sus «heroicos» intentos por liberar al país del gobierno de Arif y el estoicismo con que sobrellevó sus dos años de cárcel se han rodeado de cierto halo mítico. Sus biógrafos oficiales explican que lo mantuvieron incomunicado durante largos períodos y que las autoridades ordenaron que se le aplicara un tratamiento especial por su negativa a cooperar, dando a entender que fue torturado. En una ocasión, según afirma Saddam, lo obligaron a permanecer sentado en una silla durante siete días, lo que no puede considerarse por sí solo una tortura, y también afirma que el gobierno le hizo varias ofertas con la esperanza de que se uniera a Arif. De la misma forma que se decía que Stalin había pasado su etapa de cárcel leyendo, intentando mejorar en todos los aspectos y convirtiéndose en partícipe destacado de los debates de la comunidad de presos, también Saddam «pasó el tiempo en la cárcel intentando levantar la moral de aquellos camaradas quebrados por la tortura. Leyó muchos libros y animó a los demás a leer; también inició debates sobre el partido y su futuro».[38]

Sin embargo, este ejemplar retrato de la vida carcelaria de Saddam no se corresponde con los recuerdos de los baasíes supervivientes que fueron encarcelados con él. Ayad Allaui, un joven estudiante de medicina y activista del Baas que estuvo en la cárcel al mismo tiempo que Saddam, recuerda que, lejos de recibir malos tratos, Saddam gozaba del trato preferente de las autoridades de la prisión. «A la mayoría de nosotros nos tenían en un campo especial donde el régimen era muy duro —dice Allaui—. A muchos nos torturaron, a algunos de manera salvaje.» El «gemelo» de Saddam, Abdul Karim al-Shaijly, por ejemplo, recibió un trato especialmente duro. Sus interrogadores llegaron a clavarle un clavo en la espalda para hacerle confesar. También lo arrastraron por el complejo de la prisión atado a un jeep y sufrió gravísimas heridas. A Saddam, en cambio, lo mantenían separado de los demás presos. Según Allaui, estaba en una antigua escuela de policía donde las condiciones de vida, comparadas con las que experimentaron los otros presos baasíes, eran similares «a las de un centro de vacaciones. A pesar de que las fuerzas de seguridad tenían unas treinta declaraciones incriminatorias de testigos que denunciaron a Saddam, incluyendo la acusación de haber pasado armas de contrabando de Siria a Iraq, hicieron la vista gorda».[39]

El trato preferente de que gozó Saddam durante su estancia en la cárcel entre 1964 y 1966 despertó la sospecha en el partido Baas de que Saddam había llegado a un acuerdo secreto con el gobierno de Arif; algunos antiguos miembros del Baas han afirmado que Saddam trabajaba para el gobierno como espía dentro del partido.[40] Durante el verano de 1963, cuando Saddam estuvo implicado en la persecución y tortura de comunistas e izquierdistas, trabajó junto a las autoridades estatales. Cabe también la posibilidad de que trabajara para la CIA, por los contactos que había establecido en El Cairo. En cualquier caso, eso fue lo que sospecharon los demás baasíes encarcelados por el régimen de Arif, que no disfrutaron de un trato preferente como Saddam. A pesar de que Saddam participó activamente en los intentos por derrocar a Arif, parecía que seguía teniendo amigos en el gobierno, e incluso en el extranjero, capaces de garantizar que no lo trataran mal en la cárcel. Y por mucho que a Saddam le gustara verse como una figura semejante a Stalin, que cuidaba de sus compañeros de prisión y los adoctrinaba, en realidad los demás presos no le tenían la menor simpatía. Muchos reclusos eran hombres cultos que procedían de las mejores familias y de una clase social superior; muchos eran también oficiales del ejército. Todos solían tratar con desdén al joven matón de Tikrit, de baja extracción social, que hablaba en un obtuso dialecto campesino y tenía una educación muy modesta. El único título del que podía presumir era el certificado de educación secundaria obtenido en El Cairo, pero en realidad nunca llegó a mostrarse una prueba física de que existiera. Saddam acumuló un gran rencor contra muchos de sus compañeros presos por el tono condescendiente que adoptaban al hablar con él, y se vengó de ellos cuando alcanzó una posición de poder en el gobierno baasí.

Jairallah Tulfah también fue encarcelado en aquella época, aunque no era miembro del Baas. Durante un tiempo, Allaui compartió la celda con el tío de Saddam, y no fue una experiencia agradable. Según Allaui, Jairallah era un «hombre alto, fornido y muy agresivo, cuyo lenguaje abundaba en palabrotas». Al parecer, Jairallah estaba indignado por su detención y se quejaba amargamente a los guardias. «¿Por qué me han encerrado a mí? —les gritaba—. No estoy en contra del régimen.» Jairallah recibió la visita de su hija Sajida, que acababa de dar a luz al primogénito de Saddam, Uday. Además de llevar libros y comida a Jairallah, Sajida visitaba a Saddam, que estaba en una cárcel distinta. Según los biógrafos de Saddam, Sajida le llevaba mensajes de Bakr, al que habían liberado, ocultos en las ropas del bebé, lo que permitía a Saddam mantenerse al tanto de los asuntos del partido.

La segunda estancia de Saddam en la cárcel (la primera había sido en 1958 por asesinar a Saadun al-Tikriti) finalizó el 23 de julio de 1966, cuando consiguió huir junto con dos colegas baasíes. Según se afirma en el relato oficial sobre su huida,[41] Saddam se había granjeado la amistad de los guardias hasta el punto de convencerlos de que pararan para comer en un restaurante cuando lo llevaban al tribunal donde iban a juzgarlo por intentar derrocar a Arif. Una vez en el restaurante, Saddam y sus cómplices, entre ellos Shaijly, pudieron escapar por la puerta trasera. Allí los esperaba un coche que conducía Saadun Shakir, un desertor del ejército que se había hecho amigo de Saddam, y en él huyeron a toda velocidad mientras los guardias esperaban fuera, a la entrada del restaurante. Según otra versión de los hechos, que se ha consagrado firmemente en la leyenda de Saddam, Shaijly y Saddam fingieron caer enfermos en prisión y convencieron a los guardias para que los llevaran a un hospital cercano, donde hicieron efectiva la huida con la ayuda de Saadun Shakir. La facilidad con que escaparon Saddam y Shaijly suscitó la cuestión obvia de si se trataba de una huida auténtica, o si había contado con la complicidad de las autoridades. Sea como fuere, Saddam volvía a ser libre para trazar un nuevo plan con vistas a derrocar al gobierno y hacerse con el poder.

3. El revolucionario

El golpe de 1968, que finalmente llevó al partido Baas al poder en Iraq, fue un asunto relativamente civilizado, si se compara con los baños de sangre que habían supuesto hasta entonces los cambios de gobierno en Bagdad. La contraseña secreta que se dio a los que iban a participar en los históricos acontecimientos de aquella noche fue *rashad* («guía»). En las primeras horas de la mañana del 17 de julio, varias unidades militares, acompañadas por activistas civiles del Baas, se apoderaron de instalaciones militares y gubernamentales de importancia estratégica, entre las que se encontraban las cadenas de radio y televisión, la central eléctrica, el Ministerio de Defensa, todos los puentes de la ciudad y varias bases del ejército a las afueras de la capital. Se cortaron todas las líneas telefónicas y a las tres de la madrugada exactamente se dio la orden de asaltar el palacio presidencial. Varios tanques entraron en el patio y se detuvieron bajo las ventanas de la habitación donde dormía el presidente. Sentado a horcajadas sobre el tanque que encabezaba la marcha, vestido con el uniforme de teniente del ejército y pistola en mano, iba el mismísimo Saddam Hussein.

Otro de los conspiradores, compañero de Saddam aquel día, era Salé Omar al-Alí. En 1968, Alí era miembro dirigente del Baas iraquí, igual que Saddam, y había participado en todas las reuniones secretas que habían servido para preparar el golpe. Después de trabajar con Saddam desde 1964 y de compartir celda en la cárcel, Alí se había formado una elevada opinión sobre la capacidad de Saddam. «Tenía un aire de seguridad en sí mismo. Era valiente y audaz», recordaba.[1] Los conspiradores se dividieron en células a las que se asignaron distintas tareas. Alí y Saddam estaban en una que tenía por misión tomar por asalto el palacio presidencial. Los dirigentes del Baas habían insistido en que fueran activistas civiles quienes asumieran aquella responsabilidad, para así evitar una repetición del golpe de 1963, cuando los militares habían asumido el papel protagonista en el derrocamiento de Qassem, se habían hecho con el control del gobierno y obligado a los baasíes civiles a aceptar un papel secundario.

Tras recoger las armas que habían ocultado en diversos emplazamientos secretos, el grupo de Saddam se dirigió al palacio en coches particulares. A pesar de que la célula estaba compuesta en su mayoría por civiles, iba con ellos el general Hardan al-Tikriti, el ex comandante de las fuerzas aéreas que, a finales de 1963, había ayudado al presidente Arif a eliminar a los baasíes (véase cap. 2) y que aún gozaba del respeto de los altos mandos militares. De camino a palacio, el grupo se encontró con simpatizantes del ejército que les proporcionaron vehículos blindados. Prosiguieron después la marcha hacia el cuartel contiguo al palacio, donde se reunieron con Saadun Gaydan, a cargo de la seguridad de palacio y que, si bien no era miembro del Baas, estaba a favor del golpe. En el cuartel había varios tanques. Los conspiradores se vistieron con uniformes militares, se hicieron con los tanques y los desplegaron alrededor del palacio. «La agitación de Saddam era muy grande —dijo Alí—. Aquél era el momento que había estado esperando y tenía un gran empeño en participar en todos los pasos de la operación.»[2]

El presidente Abdul Rahman Arif no supo nada del golpe hasta que oyó a algunos miembros exaltados de la Guardia Republicana disparar sus armas al aire en un prematuro gesto de triunfo. El mentor de Saddam, el general Ahmed Hassan al-Bakr, que era el cerebro del complot y supervisaba la operación desde un puesto de mando, utilizó la red militar de comunicaciones para ponerse en contacto con el presidente, informarle de que su gobierno había sido derrocado e invitarlo a rendirse. Arif pidió tiempo y se puso en contacto con otras unidades militares para ver si había alguien dispuesto a acudir en su ayuda. No tardó en comprobar que estaba solo y que no tenía más opción que rendirse. Telefoneó a Bakr y le ofreció su dimisión, a cambio de lo cual, Bakr le garantizó su seguridad personal. Bakr ordenó entonces a Hardan al-Tikriti y a Alí que entraran en el palacio y escoltaran al presidente fuera del recinto. «Estoy autorizado para informarle de que ya no es usted presidente —dijo Tikriti a Arif—. El partido Baas ha asumido el control del país. Si se rinde sin ofrecer resistencia, su seguridad estará garantizada.» Arif era un hombre débil que sólo había llegado a presidente porque su hermano, Abdul Salam Arif, había muerto en un accidente de helicóptero en 1966, y aceptó el golpe como un hecho consumado. Sólo pidió que le perdonaran la vida a él y a su hijo, un oficial del ejército. Mientras, el papel de Saddam consistía en vigilar el palacio y asegurarse de que ningún soldado leal a Arif intentara intervenir.

El general Tikriti y Alí escoltaron a Arif hasta la casa de Tikriti en Bagdad. A las 3.40 de la madrugada, el golpe había triunfado sin que se hubiera producido derramamiento de sangre, lo que en un país como Iraq constituía toda una hazaña. Dado que los baasíes no tenían ninguna grave disputa con Arif, pudieron llevar a cabo todo el asunto de un modo casi caballeroso. Tikriti se ocupó de acomodar a Arif en su casa, le preparó café y lo instó a tumbarse y descansar antes de embarcarse en un avión con destino a Londres, donde lo esperaba su esposa, que estaba allí recibiendo tratamiento médico. Después de unas horas de descanso, se ha afirmado que Arif dijo: «Me despido de todos los oficiales y les deseo el mayor de los éxitos.»[3] Aquella misma mañana, el pueblo iraquí despertó y descubrió que tenía un nuevo gobierno. Una emisión de radio autorizada por el Baas anunció que el partido «había asumido el poder, acabando con el régimen débil y corrupto, representado por una camarilla de ignorantes, analfabetos, arribistas, ladrones, espías y sionistas».

Sobra decir que la versión de Saddam sobre su papel en los acontecimientos del 17 de julio es bastante más movida. Afirmó que, en el fragor de la batalla por el control del palacio presidencial, aprendió a disparar el cañón del tanque, y deliberadamente exageró el papel de Barzan al-Tikriti, su hermanastro, que afirma que iba en el mismo tanque (un considerable número de los que participaron en el golpe del 17 de julio eran naturales de Tikrit, como Saddam). Según otros que participaron en la ocupación del palacio, sólo se hicieron dos disparos con los tanques, cuando les llegó la falsa noticia de que Arif pretendía resistir. Por lo demás, los únicos disparos que se oyeron procedían de soldados excitados que, a tono con la costumbre árabe, disparaban sus armas al aire para celebrar el éxito del golpe.

La aparición de Saddam aquel día, vestido con uniforme militar y subido a un tanque, se explica por la preocupación del partido Baas de que fueran sus líderes civiles y no los militares los que se instalaran en el poder si el golpe triunfaba, al contrario de lo ocurrido en 1963. En realidad, Saddam y sus colegas baasíes habrían preferido protagonizar el golpe por sí solos, pero en las semanas cruciales que condujeron hasta el derrocamiento de Arif, se hizo evidente que necesitarían el apoyo de los militares si querían tener éxito. El Jihaz Haneen de Saddam, la fuerza de seguridad secreta creada para combatir lo que describía como «los enemigos del pueblo», era muy competente para intimidar a los enemigos de Saddam usando tácticas de matones, pero no tenía ni la fuerza ni la experiencia requeridas para apoderarse del país. Así pues, los líderes del Baas abordaron a aquellos jefes militares que simpatizaban con su causa. Algunos, como Hardan al-Tikriti, eran también miembros del Baas y, por tanto, estaban dispuestos a aceptar. A otros costó más convencerlos. Dos de los principales conversos para la causa fueron Abdul Razzak Nayif, vicedirector de la inteligencia militar, y el coronel Ibrahim Daud, comandante de la Guardia Republicana. A pesar de que su cooperación era vital para el triunfo del golpe, ninguno de los dos estaba especialmente comprometido con la causa baasí y su apoyo se debió más al oportunismo que a la ideología. Con un presidente tan débil como Arif, estaba claro que el régimen no sobreviviría mucho tiempo. Nayif y Daud eran también muy conscientes de que el golpe tenía escasas posibilidades de éxito sin ellos y, a cambio de prestar su apoyo, Nayif exigió que los recompensaran, a él con el cargo de primer ministro, y a Daud con el de ministro de Defensa.

La natural característica conspiratoria de los cafés de Bagdad permitió que incluso alguien tan desconectado de las corrientes políticas del día como el presidente Arif se diera cuenta de que algo se estaba cociendo. Los planes que con tanto esmero habían trazado los baasíes sufrieron un vuelco considerable cuando, en la tarde del 16 de julio, Arif convocó a Nayif y Daud al palacio presidencial, donde les preguntó si había algo de verdad en los rumores sobre un golpe de estado inminente. Ambos lo negaron con vehemencia y, para demostrar su lealtad a Arif, cayeron de rodillas y le besaron la mano.

Cuando los baasíes se enteraron de lo ocurrido, Bakr convocó una reunión de emergencia en su casa para aquella misma noche. Era obvio que los baasíes tenían que actuar rápidamente si no querían que sus planes acabaran desbaratados. También era obvio que necesitarían el apoyo de Nayif y Daud, así como el de otros importantes jefes militares. Por consiguiente, si bien no les entusiasmaban en absoluto las exigencias de Nayif y Daud, aceptaron. Saddam, que afirma haber estado presente en la reunión cuando se tomó la decisión de formar una alianza táctica con los oficiales, llegó a una conclusión igualmente cínica sobre los beneficios que les reportaría la alianza. En un discurso a sus compañeros baasíes en casa de Bakr, declaró: «Soy consciente de que estos dos militares nos han sido impuestos y de que quieren apuñalar al partido por la espalda al servicio de un interés ajeno al nuestro, pero ahora no tenemos elección. Debemos colaborar con ellos, pero también ocuparnos de liquidarlos inmediatamente, durante o después de la revolución. Y yo me ofrezco voluntario para esa tarea.»[4] Ni el propio Stalin lo habría expresado mejor.

La revolución de julio fue el clásico golpe militar, más que una revolución popular, y la opinión pública iraquí se mostró cautelosa. Los iraquíes no habían olvidado la orgía de violencia que había seguido a la toma de poder de los baasíes en 1963, y eran pocos los que se sentían inclinados a mostrar entusiasmo por el nuevo régimen hasta que tuvieran una idea más clara de quién estaba en el gobierno y qué posibilidades tenían ellos de salir con bien. No obstante, durante las dos semanas posteriores al golpe, quedó patente que la toma de poder militar era un mero preludio para un cambio de régimen mucho más radical. Tras haber entrado en el palacio presidencial sentado sobre un tanque para asegurarse de que los colaboradores militares de los baasíes no se salían del guión acordado, Saddam y sus compañeros conspiradores no perdieron tiempo en consolidar su posición en el nuevo gobierno. Se requirieron los servicios de Nayif y Daud para obtener el poder y, una vez conseguido, la alianza Bakr/Hussein estaba dispuesta a deshacerse de ellos, pero era un sentimiento al que Nayif y Daud correspondían con igual ahínco. Tras el golpe, se nombró presidente al general Ahmad Hassan al-Bakr, mientras que Nayif y Daud asumieron las carteras de primer ministro y ministro de Defensa, respectivamente. Bakr siguió siendo secretario general del partido Baas, pero además se convirtió en presidente del Consejo del Mando Revolucionario (RCC), el organismo creado a la mañana siguiente del golpe para asumir la suprema autoridad ejecutiva y legislativa. Para ser un partido que se había ganado su reputación luchando contra el comunismo, una vez en el poder, el Baas adquirió rápidamente todos los hábitos para instaurar un estado unipartidista. Tal vez Saddam, que ya era un miembro de alto rango dentro del Baas, se sintió decepcionado al ver que no figuraba en el nuevo gabinete, pero se le dio la responsabilidad de la seguridad nacional, un cargo que sería vital para la pervivencia del nuevo gobierno. Saddam era una elección inmejorable para aquel cargo, puesto que se había entrenado en la creación de la organización paramilitar Jihaz Haneen, que se disolvió cuando los baasíes subieron al poder para sustituirla por organismos de seguridad más formales. A pesar de que no disfrutó de reconocimiento oficial, Saddam tenía una plataforma de poder mucho más importante, que acabaría por darle la presidencia.

Al cabo de unos días surgió una encendida batalla entre Bakr y Nayif por el control del país. Ambos creían que podían prescindir de los servicios del otro. Técnicamente, Nayif y Daud, que eran militares de carrera, tenían las de ganar, ya que eran muy conocidos y respetados dentro de la jerarquía militar. Bakr, por su parte, había demostrado una considerable perspicacia política al convencerlos de que debían ayudar a los baasíes a derrocar a Arif. Para ello, había pedido a dos de las principales figuras militares del Baas, Hardan al-Tikriti y Saadun Gaydan, que desplegaran sus dotes de persuasión. Tikriti y Gaydan los habían convencido de que los militares dirigirían el nuevo gobierno y que el Baas sólo desempeñaría un papel secundario. Con esta condición habían aceptado participar en el golpe. Pero cuando Bakr asumió el poder, estaba decidido a devolver el gobierno al Baas a expensas de Nayif y Daud, que habían subestimado la capacidad organizativa de los baasíes. Bakr estaba dispuesto a permitir que hubiera militares en su nuevo gobierno, como Hardan al-Tikriti, que también fueran miembros del Baas, y en los días posteriores al golpe aumentó la influencia de los militares baasíes, nombrando a más de cien oficiales para cargos en la Guardia Republicana y otras unidades de importancia vital. Mientras tanto, Saddam estaba muy ocupado organizando el aparato de seguridad del Baas y sus unidades paramilitares, que él consideraba esenciales para mantener al partido en el poder. El 29 de julio, Daud cometió un grave error al calibrar la situación en Bagdad, y abandonó la ciudad para realizar una gira de inspección de las tropas iraquíes acantonadas en Jordania como parte de la guarnición que se había enviado para proteger la frontera jordana después de la guerra de los Seis Días. Mientras Daud estaba ausente de Bagdad, Bakr aprovechó la situación, ayudado por Saddam. Como comentaba uno de los biógrafos oficiales de Saddam: «Creía [Saddam] que la incorporación de Abdul Razzak Nayif [al gobierno] era un obstáculo.»[5]

A pesar de las amenazas proferidas por Saddam en casa de Bakr la víspera del golpe, la eliminación de Nayif fue relativamente civilizada. El 30 de julio, un día después de que Daud se fue a Jordania, Bakr lo invitó a comer con él en el palacio presidencial. Cuando estaban terminando, Saddam irrumpió en la sala de Bakr en calidad de nuevo jefe de seguridad interna del país, empuñando una pistola y acompañado por tres esbirros. Cuando Nayif vio la pistola apuntándolo, se tapó los ojos con las manos y exclamó: «Tengo cuatro hijos.» Según los biógrafos oficiales, Saddam se mostró conciliador. «No tema —respondió—. A sus hijos no les pasará nada si usted actúa con sensatez.» Saddam procedió entonces a soltarle un pequeño discurso sobre los motivos por los que se le desposeía de su cargo: «Usted sabe que se incorporó a la revolución por la fuerza y que es un estorbo para el partido. Hemos pagado por esta revolución con nuestra sangre y ahora ha triunfado. La decisión del partido es que usted sea excluido. Debe abandonar Iraq inmediatamente.»[6] No está muy claro quién tomó la decisión de deshacerse de Nayif. Los biógrafos de Saddam parecen sugerir que todo fue obra suya, pero la mayoría de los participantes que aún siguen vivos dicen que la decisión la tomó Bakr y luego ordenó a Saddam que actuara. Convencieron a Nayif de que aceptara un cargo diplomático y Saddam lo escoltó personalmente hasta el aeropuerto para que cogiera un avión. Cuando salieron de palacio, Saddam siguió apuntando a Nayif con la pistola escondida en el bolsillo, para asegurarse de que no intentaba hacerle alguna seña a algún guardia, ya que algunos de ellos seguramente se habrían mantenido leales a él.

El relato oficial sobre la participación de Saddam en todo el asunto dijo lo siguiente: «Advirtió a Nayif que tenía la pistola en la chaqueta, apuntándolo, y que si veía el menor indicio de que desobedecía sus órdenes, acabaría con él allí mismo. Pidió a algunos camaradas que se quedaran en el palacio para proteger al presidente Ahmad Hassan al-Bakr. Saddam se sentó junto a Abdul Razzak Nayif en el coche que los llevó al aeródromo militar de Rashid. El avión los esperaba. Cuando despegó, Saddam Hussein sintió que los ojos se le llenaban de lágrimas. Un solo disparo habría abortado toda la operación para deshacerse de Nayif, pero el destino decretó que la operación discurriera sin ninguna complicación de principio a fin.»[7]

Las lágrimas de Saddam eran más de alivio por el éxito de la misión que de tristeza por la partida de Nayif. La tensión con que se defenestró a Nayif sugiere que el golpe del 30 de julio, o «golpe correccional», como acabó siendo conocido, fue un asunto muy reñido. Si las fuerzas leales a Nayif y Daud se hubieran enterado de lo que ocurría, tal vez habrían intentado intervenir, provocando un baño de sangre similar al producido cuando los baasíes habían lanzado su ataque para derrocar a Qassem en 1963. Dado que Daud, sobre todo, gozaba de un amplio apoyo entre los militares, era realmente dudoso que hubieran ganado los baasíes, que dependían en gran medida de los indisciplinados paramilitares entrenados por Saddam, y puede que la historia de Iraq hubiera sido muy diferente. Sin embargo, el destino estaba de su parte, los baasíes triunfaron y Nayif fue obligado a exiliarse a Marruecos (Nayif prefería Beirut o Argel, pero su petición se desestimó porque estas capitales estaban demasiado politizadas y allí podría haber encontrado aliados que lo ayudaran a lanzar un contragolpe). En Jordania, el comandante del destacamento iraquí, general Hassan Naquib, arrestó a Daud y lo envió de vuelta a Bagdad en un avión militar. De allí partió al exilio en Arabia Saudí. Era tan grande la amenaza potencial que suponía Nayif que, diez años más tarde, en 1978, lo mataron a tiros en Londres por orden de Saddam, después de haber sobrevivido a un atentado en 1973.

La desaparición de Nayif y Daud permitió finalmente a los baasíes civiles consolidarse como la auténtica fuerza impulsora de la revolución de julio. Bakr afianzó aún más su posición asumiendo dos cargos, además de la presidencia del país y del RCC: primer ministro y comandante en jefe de las fuerzas armadas. Fue entonces, después de completar la «segunda etapa» de la revolución de julio, como la llaman los historiadores baasíes, cuando el ala Tikriti emergió como una fuerza dentro del partido por derecho propio. Aparte del propio Bakr, muchos de los nombramientos más importantes del nuevo gobierno recayeron en paisanos de Tikrit. Hardan al-Tikriti, que había tenido un papel decisivo en la designación de Saddam como principal organizador del ala civil del Baas en 1964, se convirtió en ministro de Defensa, mientras que Abdul Karim al-Shaijly, el «gemelo» de Saddam que había participado con él en el atentado frustrado contra Qassem de 1959 y había estado exiliado con él en El Cairo, se convirtió en ministro de Asuntos Exteriores. Incluso el tío de Saddam, Jairallah, fue nombrado alcalde de Bagdad, aunque no pertenecía al Baas. No sólo había un gran número de paisanos de Tikrit en los principales puestos de gobierno, sino que muchos de ellos estaban estrechamente relacionados con Saddam.

Sin embargo, el nombramiento más enigmático de todos fue el del propio Saddam. Aunque tuvo una intervención decisiva tanto en el derrocamiento de Arif como en la eliminación de Nayif, tal como afirman sus biógrafos con total claridad, fue el único miembro de la jerarquía de los conspiradores al que no se recompensó oficialmente con un cargo gubernamental. A Saddam lo nombraron vicepresidente del Consejo del Mando Revolucionario, el organismo que controlaría el gobierno de Iraq, pero Saddam insistió en que no se hiciera público. Afirmó que no quería aceptar un cargo oficial. Tal vez su reticencia se debiera en parte a su relativa juventud, ya que por entonces su edad rondaba entre los veintinueve y los treinta y uno. Pero es más probable que prefiriera permanecer en la sombra, trabajando calladamente, lejos del centro de atención, para asegurarse de que la revolución era un éxito y de que todos los elementos hostiles al régimen de Bakr eran eliminados. Los biógrafos de Saddam atribuyen su negativa a aceptar un cargo oficial al hecho de que «había cumplido con su misión al llevar al partido Baas al poder». La medida del anonimato de Saddam en aquella época nos la da el hecho de que no atrajo la menor atención de ninguno de los muchos diplomáticos occidentales en Bagdad durante la revolución de julio, cuando la mayoría enviaba largos despachos a sus países respectivos sobre los turbulentos sucesos que se estaban produciendo en Iraq.

El asesinato de un abogado en Bagdad el 17 de julio, al alba, justo cuando empezaba la revolución, nos da una visión más exacta de la naturaleza concreta de las actividades de Saddam en aquella época. Si bien en términos generales el golpe fue incruento, hubo una excepción: la muerte de Harith Naji Shaukat, al que asesinaron en su casa de Bagdad. Al principio nadie pudo comprender por qué habían matado a Shaukat. Se trataba de un respetable hombre de clase media con familia, que había llegado a plantearse ingresar en el Baas, pero no estaba involucrado en el golpe de julio, al que no se oponía pero tampoco apoyaba. Sin embargo, las pesquisas realizadas por los funcionarios locales sugirieron que Saddam había ordenado el asesinato a su nuevo servicio de seguridad. Resultó que, en 1966, cuando Saddam salió de la cárcel, Shaukat había reunido fondos para el partido por un total de unos veinte mil dinares, lo que era una suma considerable. Saddam abordó a Shaukat y le pidió que le entregara el dinero aduciendo que lo necesitaba para reconstruir el partido. Shaukat se negó, afirmando que el dinero pertenecía a un grupo izquierdista. Saddam, que no olvidaba ni perdonaba un agravio, lo ordenó matar en cuanto el Baas volvió al poder. Según un activista del Baas que por entonces trabajó estrechamente con Saddam, aquel asesinato era un ejemplo típico del comportamiento de Saddam. «Nunca fue un ideólogo. Era el matón al que se llamaba para hacer el trabajo sucio. Pero nadie en el partido lo tomaba en serio. Ése fue nuestro gran error, y por eso pudo maniobrar tranquilamente en la sombra hasta conseguir superarnos a todos.»[8]

Otro ejemplo de la propensión de Saddam a utilizar la violencia nos la proporciona Saadun Shakir, el desertor del ejército con el que escapó Saddam en un coche en 1966 y que fue nombrado para el RCC tras su creación. Shakir recuerda que Saddam había decidido eliminar a Nayif «el primer día de la revolución». Mientras se estaba planeando el golpe, Saddam pidió a Shakir que «tuviera a diez miembros comprometidos del partido preparados para liquidar a Abdul Razzak Nayif, si él se lo pedía». Aparte de haberse colado de rondón en el golpe de estado de los baasíes, la principal ofensa de Nayif había sido «tener vínculos con fuerzas extranjeras y haber querido sabotear la revolución».[9] Tras sus propios devaneos con la CIA en El Cairo, Saddam no quería arriesgarse a que un colaborador pudiera revelar detalles inesperados sobre sus propios vínculos con «fuerzas extranjeras».

Aunque los métodos de Saddam no tenían nada de refinados, era evidente que tendrían su lugar en el régimen de Bakr. Por eso lo nombraron vicepresidente del RCC, a pesar de que aún era joven e inexperto, comparado con otros miembros del Baas, como el general Hardan al-Tikriti. A Saddam debió de complacerle especialmente aquel nombramiento, teniendo en cuenta el lamentable fracaso de su ambición juvenil de ingresar en la Academia Militar de Bagdad y hacer carrera en el ejército, que era el sistema habitual que utilizaban los jóvenes de provincias para ascender en la escala social. En numerosas ocasiones había observado a rivales como Tikriti que utilizaban su rango militar para alcanzar sus objetivos políticos. Sin embargo, Bakr, que era más que capaz de llevar los asuntos militares por sí solo, necesitaba a alguien que se ocupase de los asuntos civiles, sobre todo para asegurarse de que se rompía la hegemonía de los militares en la política iraquí. Con su fuerza de seguridad secreta y sus tropas de asalto paramilitares, Saddam era el hombre más adecuado para la tarea. Y si Bakr tenía dudas con respecto a Saddam, rápidamente las disipó su amigo y compañero de Tikrit, Jairallah Tulfah, que pocas veces dejaba escapar la oportunidad de poner de manifiesto las muchas cualidades de su sobrino. «Saddam es tu hijo —repetía una y otra vez el nuevo alcalde de Bagdad, aconsejando a Bakr—. Confía en él. Necesitas a la familia para que te proteja, no a un partido ni al ejército. Los ejércitos y los partidos cambian de dirección en este país.»[10]

La espectacular transformación de Saddam de preso a líder revolucionario en el intervalo de apenas dos años sin duda es toda una hazaña. Con el apoyo patriarcal de Bakr y un aparato de seguridad a su disposición, la carrera del joven de Tikrit sólo podía tener una dirección, y era hacia arriba. De la ambición desmedida de Saddam y de su implacable determinación por lograr sus objetivos, da fe el hecho de que fuera capaz de sobreponerse a las grandes carencias de su nacimiento y su educación, y de alcanzar la élite de los dirigentes revolucionarios iraquíes siendo tan joven. Ninguna de las demás figuras clave que surgieron del golpe de estado de 1968 eran campesinos indigentes, sin padre y sin educación formal. Desde que se había trasladado a Bagdad para vivir con su tío Jairallah a mediados de la década de 1950, sólo se había licenciado en las dudosas artes del «gangsterismo» y la supervivencia política. En aquellas circunstancias, su ideología personal consistía en un patriotismo innato que rayaba en la xenofobia, muy alentado por Jairallah, y una total comprensión de que el éxito político en Iraq pasaba, simplemente, por obtener el poder absoluto y retenerlo, sin importar los medios.

Antes de ser encarcelado en 1964, Saddam había alcanzado cierta posición en el partido Baas, y el entusiasmo demostrado en la persecución de comunistas iraquíes le había valido el nombramiento para el Mando Regional en 1964. El colapso del Baas por culpa de las luchas intestinas había beneficiado a Saddam a finales de 1963 y principios de 1964, y las circunstancias se habían aliado en su favor mientras estaba en la cárcel y después de salir de ella. En el terreno político, el acontecimiento más importante fue el deterioro de las relaciones entre el Bass sirio y el iraquí, que se precipitó en febrero de 1966 cuando el ala marxista del Baas sirio tomó el poder en Damasco mediante un golpe militar. Michel Afleq y otros baasíes sirios más tradicionales fueron arrestados y se disolvió el Mando Nacional del partido, que técnicamente tenía el control de todos los baasíes del mundo árabe, incluyendo Iraq. El éxito de los marxistas en Damasco no sólo despertó el miedo a un renacer comunista en Bagdad, sino que el nuevo gobierno sirio dejó muy claro que pretendía asumir el control de toda la política baasí, lo que significaba que los baasíes iraquíes quedarían bajo el dominio sirio.

La idea de recibir órdenes de comunistas sirios resultaba muy poco atractiva para nacionalistas iraquíes como Bakr y Saddam, de modo que, después de huir de la cárcel, Saddam organizó lo que se llamó Congreso Regional Extraordinario, que se celebró en Bagdad en setiembre de 1966. Este congreso marcó un hito en la historia Baas, ya que fue el momento en que los baasíes iraquíes se separaron irrevocablemente de sus colegas sirios, y la escisión determinó las tirantes relaciones que acabarían estableciéndose entre las facciones gobernantes rivales del Baas en Bagdad y Damasco. El congreso decidió abandonar el sistema de un mando unificado con sede en Damasco y varios mandos regionales en los diversos países miembros. El mando unificado se sustituyó por dos Mandos Nacionales rivales en Siria e Iraq, respectivamente. Ambos se consideraban herederos del partido original y reclamaban para sí el liderazgo de los baasíes de todo el mundo árabe. Tras provocar el cisma, los baasíes iraquíes lo agrandaron aún más en febrero de 1968, al insistir en la supremacía de su Mando Nacional, en el que Bakr era secretario general y Saddam su ayudante.

Además de desempeñar un papel fundamental para facilitar la instauración de un partido Baas independiente en Iraq, Saddam, siempre con el apoyo de Bakr, se pasó los dos años previos al golpe de julio de 1968 contribuyendo a la reconstrucción del partido tras los desastres de 1963, y purgándolo de los izquierdistas que pudieran quedar. Completó la formación y organización del Jihaz Haneen, la milicia neonazi del partido. La organización en sí fue concebida por Abdul Karim al-Shaijly, pero éste era más un ideólogo, un intelectual que, tras haber luchado por la creación de una ala paramilitar, se contentó con dejar que la administrara Saddam. Tutelada por Saddam, la organización acabó componiéndose de células de militantes comprometidos y dignos de confianza, y cada célula trabajaba de manera independiente. Muchos de los que Saddam reclutó para dirigir las células del Jihaz Haneen habían trabajado con él en las cámaras de tortura del palacio del Fin en 1963. Para tener una idea de la forma que iba tomando el Baas en manos de Saddam, cabe mencionar que sus tres hermanastros (Barzan, Sabaui y Watban) pasaron por sus campos de entrenamiento y aprendieron a disparar metralletas y a secuestrar personas. Una de aquellas células tenía como jefe a Saadun Shakir, el amigo de Saddam que conducía el coche en que se había fugado de la cárcel. Bakr y Saddam convirtieron el Baas en un asunto familiar, y el principal objetivo de Saddam era asegurarse de que, cuando los baasíes intentaran hacerse con el poder, no sólo lo consiguieran, sino que permanecieran en él.

Durante el período en que Saddam estaba ocupado construyendo la plataforma de poder que acabaría convirtiéndolo en una de las figuras más poderosas del nuevo gobierno baasí, siguió siendo un individuo que no sabía comportarse en sociedad, cohibido cuando se le pedía que tuviese tratos con sus colegas baasíes. Era alto y fornido, pero conservaba un marcado acento campesino y seguía hablando en árabe dialectal, lo que lo hacía destacar entre sus colegas de Bagdad, más educados. Como ya se ha dicho anteriormente, algunos baasíes que lo conocieron en aquella época recuerdan que, en las pocas ocasiones en que Saddam aparecía en público, prácticamente no hablaba, y si lo hacía sólo era para denunciar los males del comunismo. Solía ir acompañado de su mujer, Sajida, que quedó embarazada de su segundo hijo, Qusay, cuando Saddam salió de prisión. Sin embargo, en general Sajida fue una esposa anónima, que se quedaba en casa cuidando de su hijo mientras el marido dedicaba todo el tiempo a medrar en su carrera política. En realidad, Sajida y Uday solían estar siempre en casa de Jairallah. Durante el período posterior a la fuga de prisión, Saddam se ocultó en casas de amigos como Abdul Karim al-Shaijly o de activistas del partido. Incluso cuando pudo abandonar la clandestinidad, siguió alojándose en diferentes casas para protegerse de posibles venganzas. Esta política siguió practicándola incluso después de convertirse en presidente. Durante la guerra del Golfo, por ejemplo, se dice que cada noche del conflicto cambió de alojamiento. Como empleado a tiempo completo del Baas, Saddam recibía un modesto salario de quince dinares al mes (unos treinta dólares), que se pagaba con los cinco dinares mensuales de suscripción que se exigía a todos los miembros del Baas. Le dieron también un viejo Volkswagen escarabajo, arrebatado a los comunistas en 1963, para cumplir con sus deberes oficiales. Más tarde pasó a tener un viejo Mercedes adquirido por medios similares.

Los primeros meses después de su fuga permaneció escondido. A pesar de que existían sospechas de que el gobierno había permitido la fuga, era preciso no llamar la atención. Sin embargo, en otoño se retiraron discretamente los cargos contra Saddam y pudo desempeñar un papel más público. Otros activistas del partido llegaron a considerarlo como el «segundo hijo» de Bakr. Pocos de ellos respetaban a Saddam, al que seguían culpando de muchos de los horripilantes excesos cometidos contra los comunistas en 1963 en nombre del Baas. A Bakr, en cambio, que lideraba un poderoso grupo de oficiales, lo consideraban la mejor opción del partido para obtener el poder, sobre todo tras el misterioso accidente de helicóptero en que murió el presidente Abdul Salam Arif en abril de 1966. Arif era un hombre que se hacía respetar, mientras que su hermano, que lo sustituyó, no tenía dotes de mando. Rápidamente se creó un vacío de poder muy desestabilizador. «Creíamos que Bakr era nuestra mejor opción para servir a Iraq —comentó uno de los baasíes coetáneos de Saddam en aquella época—. Y como apoyábamos a Bakr, no cuestionamos su relación con Saddam.»[11]

Aparte de la notoriedad adquirida por sus actos violentos, Saddam despertaba suspicacias entre los demás baasíes por el trato de favor que había recibido durante su encierro. Recordando los episodios de brutalidad que se habían producido en los golpes de estado de 1958 y 1963, el presidente Abdul Salam Arif era un firme defensor de responder a la violencia con violencia, y los baasíes encarcelados en 1964 por conspirar contra él fueron tratados con severidad. Lo mínimo que podían esperar era que les ataran los brazos a la espalda y les arrearan con gruesas mangueras en el cuerpo y la planta de los pies. Como ya se ha mencionado, a otros los arrastraron por el recinto de la prisión atados a jeeps del ejército y también se les infligieron otras torturas horribles como, en el caso de Abdul Karim al-Shaijly, clavarles clavos en la espalda. A pesar de que se tenía constancia, bien documentada, de que Saddam estaba involucrado tanto en la política del Baas como en el golpe de 1964 para derrocar a Arif, durante su estancia en prisión no sufrió malos tratos.

Este trato de favor por parte de las autoridades naturalmente despertó sospechas sobre la lealtad de Saddam. Como ya se ha explicado, Saddam utilizó listas que le había proporcionado la CIA cuando participó en la persecución de comunistas durante la purga de 1963. Durante aquella época, es probable que también tuviera contactos con figuras destacadas del gobierno de Arif. Saddam no fue nunca un ideólogo y siempre tendió a seguir a quienes estaban mejor situados para mejorar su propia posición. Es posible que pasara información al gobierno de Arif sobre sus correligionarios del Baas.[12] También es posible que trabajara como agente para el gobierno británico o el estadounidense (esto último es lo más probable, ya que Saddam había tenido tratos con la embajada norteamericana en El Cairo). Desde luego, muchos de sus coetáneos creyeron que una potencia extranjera había intervenido en su favor mientras estuvo encarcelado. La lealtad de Saddam se cuestionó aún más cuando, después de fugarse, se puso en contacto con Robert Anderson, un agente de la CIA que viajaba con frecuencia a Bagdad para vigilar los movimientos de los soviéticos que intentaban hacerse con el control del petróleo de Iraq. Anderson se hizo notar tanto durante sus visitas que acabó provocando manifestaciones en Bagdad en las que la multitud voceaba: «¡Vete a tu país, Anderson!» La CIA quería ver en Bagdad un gobierno que contrarrestara al nuevo régimen marxista instaurado en Damasco. Anderson preparó unos panfletos que luego distribuyeron los paramilitares de Saddam. No se conocía la naturaleza exacta de la relación entre Saddam y Anderson, pero las sospechas sobre la lealtad de Saddam arreciaron cuando éste envió una nota al consulado británico, situado en de Basora, al sur de Iraq, pidiéndoles ayuda para derrocar al gobierno de Arif.[13]

Además de cumplir con sus deberes dentro del Baas, Saddam decidió completar su educación ingresando en la Facultad de Derecho de la Universidad de Bagdad. En aquella época, setiembre de 1966, la universidad no exigía el diploma de enseñanza secundaria, sólo haber terminado los estudios. Como ya hemos visto, el único diploma oficial de que disponía Saddam era el certificado de enseñanza secundaria supuestamente obtenido en El Cairo, pero en Bagdad no lo sacó a relucir. Eran tantos los alumnos de la facultad, que se dividían en dos turnos. Saddam se distinguió rápidamente entre todos, y no precisamente por ser un alumno modelo. A pesar de su proverbial timidez, en el ambiente politizado de la universidad se mostró más audaz, ayudado por su presencia física y su personalidad autoritaria. «En comparación con los demás alumnos, era duro e implacable —recordó un antiguo alumno—. Tenía un carácter muy agresivo.» Aparte de sus ideas extremistas, lo que más destacaba de él era que siempre iba acompañado de cuatro o cinco guardaespaldas, miembros del Jihaz Haneen, y de que siempre llevaba una pistola. «Saddam daba la impresión de una gran fuerza física porque siempre estaba rodeado de aquel grupo de matones. Entraba en la cantina de la Facultad de Medicina, uno de sus lugares predilectos, rodeado de guardaespaldas, tipos muy duros con pinta de boxeadores. Ningún alumno osó discutir jamás con Saddam, aunque no estuviera de acuerdo con sus ideas. Era el único baasí de la facultad que se comportaba así.»[14]

Los otros alumnos llamaban a aquel grupo de guardaespaldas los *sadddameen*. Además de proteger a Saddam cuando iba a la universidad, se pasaban el tiempo amenazando a los que no suscribían el ideario derechista de Bakr. En muchos aspectos, los *saddameen* no se diferenciaban de los SA nazis y desde luego compartían con ellos el odio a los comunistas e izquierdistas en general. Saddam utilizaba a los *saddameen* para amenazar e intimidar a cualquiera que no estuviera de acuerdo con él. Asaltaban las casas de los izquierdistas y las saqueaban. Otras veces, las acribillaban con fuego de metralleta. Un ejemplo clásico de su modus operandi se produjo en otoño de 1967, cuando Saddam se presentó en un café del centro de Bagdad, el Baladia, frecuentado por jóvenes baasíes. Sin detenerse a saludar a sus conocidos, anunció a cuantos quisieron escucharlo que acababa de matar a un baasí izquierdista de nombre Hussein Hazbar, en el puente Al-Jadiria, en el centro de Bagdad. «Le he golpeado en la cabeza con mi revólver hasta que ha dejado de moverse —se jactó—. No volveréis a verlo.»[15] Contrariamente a lo que esperaba Saddam, los demás baasíes que había en el café se quedaron horrorizados y protestaron enérgicamente, afirmando que aquélla no era la forma de dirimir las discrepancias dentro del partido. Saddam se echó a reír y salió acompañado de sus guardaespaldas. Los baasíes del café corrieron hasta el hospital donde estaban curando a Hazbar de sus graves heridas. Tenía el cráneo fracturado y los dos brazos rotos, pero, aun así, conseguiría recuperarse. Los jóvenes baasíes trataron de animarlo y le aseguraron que aborrecían los métodos de Saddam. «Tratamos de convencerlo de que no era así como el partido quería hacer las cosas —dijo uno de ellos—. Después de lo que acababa de pasar, le resultaba difícil creer que no todos en el Baas eran unos maníacos homicidas.»[16]

Los métodos de matón de Saddam desempeñaron un papel decisivo en la conspiración que condujo al golpe de 1968. Sin duda el golpe tuvo su origen en el tumultuoso período en que se sumió el mundo árabe tras la aplastante victoria de Israel en la guerra de los Seis Días de junio de 1967. La fuerza expedicionaria iraquí que se había enviado a Jordania para participar en la invasión panárabe de Israel sufrió una humillante derrota sin que apenas hubiera disparos. La victoria de Israel traumatizó al mundo árabe, sobre todo porque supuso un golpe devastador para la beligerante afirmación de Nasser de que un ataque árabe unificado bastaría para destruir la «entidad sionista», expresión con que se refería a Israel. El propio Nasser no se recuperó jamás del impacto de la derrota y murió en 1970, completamente abatido. En el mundo árabe, la derrota provocó un sentimiento de hostilidad hacia los gobiernos árabes, a los que consideraban responsables del desastre de la guerra, que dejó en manos de los israelíes la Franja Occidental, Gaza, los Altos del Golán y la península del Sinaí. En Bagdad, la rabia del pueblo se dirigió contra el presidente Abdul Rahman Arif.

La derrota en la guerra de los Seis Días era la oportunidad que esperaban los baasíes para provocar la agitación popular en demanda de un cambio de gobierno. A partir de otoño de 1967, Bakr, con ayuda de Saddam, empezó a desarrollar un plan de acción concertado que culminaría con el golpe de 1968. Durante los últimos meses de 1967 y los primeros de 1968, el Baas intervino en una serie de huelgas y manifestaciones para denunciar la corrupción e ineptitud del gobierno y pedir que fuera reemplazado. El propio Saddam tuvo un importante papel en las huelgas, sobre todo las que se hicieron en la Universidad de Bagdad, pero en una de las primeras, convocada por todos los partidos de la oposición menos los baasíes, actuó más bien como un esquirol. Para que un partido tuviera éxito en Iraq, debía demostrar que gozaba de credibilidad en la calle, de modo que cuando a finales de 1967 los principales partidos de la oposición convocaron una huelga nacional para protestar contra el gobierno, los baasíes decidieron oponerse a ella. Esto les dio la oportunidad de demostrar la fuerza de su organización, lo que consiguieron obligando a los huelguistas a volver al trabajo. Ayudado por sus *saddameen*, Saddam era el hombre perfecto para la tarea. Concentró sus energías en obligar a los alumnos de la universidad a volver a sus aulas. «Saddam llegó al campus disparando al aire para asustar a los estudiantes e intimidarlos —recordaría uno de ellos—. Recorrió el campus con los *saddameen* y los obligó a volver a clase. La táctica funcionó a la perfección y la huelga de la universidad fue rápidamente abortada.»[17]

Gracias a tácticas como ésta, el Baas se convirtió rápidamente en el principal partido de la oposición. Tras demostrar la capacidad de su organización abortando una huelga, los baasíes decidieron demostrar su poder político organizando sus propias huelgas y manifestaciones. Los primeros meses de 1968 fueron un período de intensa inestabilidad política, con el gobierno de Arif haciendo esfuerzos desesperados por conservar el poder. En abril de 1968, trece oficiales del ejército retirados, cinco de ellos baasíes, entregaron a Arif un memorándum en el que exigían el cese del primer ministro Tahir Yayha, la creación de una asamblea legislativa y la formación de un nuevo gobierno. La debilidad del gobierno de Arif quedó patente cuando, en lugar de alarmarse por la confianza creciente de los baasíes, no hizo nada para impedir que siguieran con sus actividades y se plegó a sus exigencias. Yayha llegó incluso a reunirse varias veces en secreto con los baasíes para intentar llegar a un acuerdo político. Por iniciativa de Yayha, Bakr y otros dirigentes del Baas, que técnicamente era una organización ilegal, asistieron a varias reuniones en el palacio presidencial entre 1966 y 1968, para discutir con el presidente la posibilidad de formar un gobierno de unidad nacional.[18] Con el gobierno a la defensiva, simplemente era cuestión de tiempo que Bakr y sus correligionarios se hicieran con el poder. De hecho, el golpe de estado podría haberse producido en el verano de 1967, de no ser por la inoportuna intromisión de la guerra de los Seis Días.

En medio de aquella vorágine política, Saddam trabajaba con ahínco para consolidar su posición en el partido. Una vez asentado en la jerarquía del Baas iraquí, intentó ser elegido para la dirección internacional del Baas en una cumbre especial celebrada en Beirut en diciembre de 1967, el Noveno Congreso Panárabe del partido Baas, convocado para resolver las discrepancias internas, sobre todo entre los sirios izquierdistas y los derechistas iraquíes.

Sin embargo, en aquella ocasión Saddam experimentó un humillante fracaso. Él no pudo asistir a la reunión, pero su buen amigo Abdul Karim al-Shaijly sí estuvo presente y propuso el nombre de Saddam para el nuevo órgano dirigente. La reputación de Saddam le precedía, sin duda por la ayuda que había prestado a Bakr el año anterior para reconstituir el partido Baas iraquí. Pero los delegados no sólo se negaron a votar por él, sino que ni siquiera permitieron que se lo incluyera en la lista de candidatos. Uno de los presentes en la reunión de Beirut dijo que habían rechazado a Saddam porque no gozaba de la menor simpatía entre las filas del Baas y porque no tenía credibilidad. «Lo consideraban un matón. Se sospechaba que tenía contactos con potencias extranjeras. No tenía apoyos reales en el seno del partido, aparte de su amistad con Bakr. Nadie iba a darle su voto. Shaijly pensaba que hacía un gran favor a Saddam al proponerlo, pero lo único que hizo fue humillarlo.»[19] Aquel rechazo supuso sin duda un fuerte golpe para el orgullo de Saddam, y nunca lo olvidaría. Todos los baasíes que quisieron frustrar su ambición política se añadieron entonces a la lista de personas a las que guardaría rencor para toda la vida, entre los que se incluían los que se habían burlado de él en la cárcel porque no tenía educación ni posición social.

Al llegar el verano de 1968, la situación empezaba a ser favorable para los baasíes. Su popularidad creciente quedó demostrada en una manifestación que se produjo en el centro de Bagdad en junio, en el primer aniversario de la guerra de los Seis Días. Debemos recordar que fue el año en que se produjeron manifestaciones revolucionarias en universidades de toda Europa y América, una época en que los jóvenes se rebelaban, convencidos de que tenían ocasión de cambiar el mundo. En Bagdad, los revolucionarios triunfaron. Para una de las manifestaciones, se instaló una improvisada tribuna en la calle Al-Rashid, desde donde Bakr se dirigió a la multitud, acompañado por Saddam, Shaijly y cinco oficiales del ejército retirados. El discurso de Bakr se centró en criticar a los regímenes árabes por su debilidad frente a Israel. A algunos llegó a acusarlos de tener espías judíos infiltrados. Esta acusación vaticinaba lo que podía esperarse en el futuro, a la vista de la persecución antijudía que se desencadenó en cuanto Bakr ocupó el palacio presidencial. El discurso se recibió con tal entusiasmo que incluso los policías que debían mantener el orden subieron a la tribuna para aplaudir a Bakr. Aquella impresionante muestra de apoyo popular al Baas no pasó desapercibida entre los militares del país que, desde el derrocamiento de la monarquía en 1958, tenían el control efectivo sobre el gobierno. Empezaron a darse cuenta de que, o bien seguían a los baasíes, o bien los dejarían de lado cuando se produjera la inevitable revolución.

Ayad Allaui, joven estudiante de medicina y jefe de una de las células del Baas en Bagdad, creía que el apoyo prestado al golpe por importantes mandos militares fue el factor fundamental del discurrir pacífico de la revolución. «Nos apoyaban los comandantes de la Guardia Republicana y de la inteligencia militar, así como los comandantes de las principales unidades militares que había en el interior de la ciudad y en sus alrededores. Como mínimo, un veinticinco por ciento de los oficiales pertenecía al partido Baas y su apoyo hizo posible que el golpe de estado, cuando se produjo, funcionara como un reloj.» Allaui estaba al mando de una de las tres células que llevaron a cabo el golpe en la madrugada del 17 de julio. Una célula, constituida principalmente por guardias republicanos, pero también por algunos baasíes, entre ellos Saddam, se encargó de tomar por asalto el palacio presidencial, mientras que la célula dirigida por la X Brigada Blindada debía tomar el centro de Bagdad. A un tercer grupo se le encomendó el asalto de las cadenas de radio y televisión, así como de los principales puentes de acceso a la ciudad. «La razón por la que hubo tan escasa resistencia fue que prácticamente todo el mundo sabía que iba a producirse el golpe, sólo era cuestión de tiempo.»[20]

La mañana siguiente al golpe, Allaui se encontró con Saddam cuando éste iba de camino a la radio para hacer una declaración. Saddam estaba eufórico. «Pensándolo ahora, todos subestimamos a Saddam —diría Allaui, que dirigió el comité estudiantil del Baas—. Creíamos que Saddam era el eslabón más débil de la cúpula del partido y que pronto sería marginado. En realidad, ninguno de nosotros se tomaba en serio a la camarilla de Tikrit. Nuestro objetivo prioritario era construir un Iraq moderno y democrático. En aquella época, jamás se me pasó por la cabeza que Saddam acabaría teniendo un papel fundamental en Iraq. Había candidatos mucho mejores, con experiencia política y de gobierno.» Era tal la euforia idealista entre los jóvenes baasíes que no pusieron objeción alguna cuando Bakr propuso llevar a cabo el «golpe correccional» para eliminar a Nayif. Según recuerda Allaui, la idea del «golpe correccional» fue de Bakr, pero la propuesta tuvo amplia aceptación en el seno del partido. «Bakr concibió el plan —insistiría Allaui—. Le gustaba aparecer como un hombre honrado y moderado, pero en realidad tenía dos caras. Era un conspirador de primera clase.» Para los baasíes, el acuerdo con Nayif y los demás militares que no eran baasíes equivalía a un matrimonio de conveniencia, y había llegado el momento de divorciarse. Como dice un viejo refrán iraquí: «Es mejor que sirvas a tu enemigo para comer a que te coma a ti para cenar.» Allaui afirmaría que existía otra razón para que los baasíes quisieran distanciarse de Nayif lo antes posible. «Era creencia generalizada que Nayif colaboraba con las potencias occidentales y, si queríamos ganarnos el respeto del pueblo iraquí, tenía que desaparecer.»

La obsesión acerca de la CIA y los «extranjeros», sobre todo los judíos, se convertiría en una de las características del régimen baasí después del «golpe correccional» del 30 de julio, que consolidó la plataforma de poder de Bakr y sus paisanos de Tikrit. Este giro de los acontecimientos fue observado con consternación por los jóvenes idealistas baasíes como Allaui, que había apoyado ingenuamente la revolución de julio, convencidos de que convertirían Iraq en un país moderno. «Antes del golpe, el Baas no quería saber nada de violencia —dijo Allaui, que más tarde se convertiría en el líder de uno de los principales grupos de la oposición, el Pacto Nacional Iraquí—. La única violencia en la que se pensaba era la futura guerra contra los israelíes.» Pero la nueva élite gobernante, de la que Saddam era un miembro destacado, tenía ideas muy distintas. Al poco tiempo, con la ayuda de Saddam, los elevados ideales que habían inspirado la revolución de julio se corrompieron por culpa de la violencia y el derramamiento de sangre.[21]

Se sospechaba que Saddam estaba implicado en el único asesinato que se produjo el 17 de julio, el día del golpe. Cuatro meses más tarde se lo acusó de estar involucrado en otro asesinato, el de Nasir al-Hani, que había sido ministro de Asuntos Exteriores durante breve tiempo en el verano de 1968. Hani era un diplomático de carrera sin una orientación política concreta. Tras su cese como ministro para ser sustituido por el amigo de Saddam Abdul Karim al-Shaijly, Hani se mostró muy crítico con el nuevo gobierno, porque creía que no estaba cumpliendo las promesas que lo habían llevado al poder. Se sospechaba de él que mantenía un estrecho contacto con la CIA, igual que Nayif. Al fin y al cabo, la mayor preocupación de los norteamericanos era asegurarse de que el nuevo gobierno iraquí, fuera cual fuese su política y las personalidades que lo constituían, no cayera bajo la influencia soviética. Los iraquíes recelan de cualquier político que tenga vínculos con el extranjero, y si Hani tenía contactos con la CIA, podría haber desvelado que el propio Saddam también los había tenido, tanto en El Cairo como en Bagdad. En cualquier caso, Saddam estaba decidido a eliminar a Hani, de modo que, la noche del 10 de noviembre, un grupo armado sacó a Hani de su casa y le dio muerte a puñaladas.

«El grupo que cometió el asesinato fue el grupo que mandaba Saddam Hussein —afirmó Allaui, que había sobrevivido a varios intentos de asesinato llevados a cabo por los esbirros de Saddam—. El partido Baas se indignó al conocer el asesinato de Hani. Querían construir un nuevo país, no volver a la violencia del pasado. Pero con gente como Saddam al frente, estaba claro que eso no se iba a conseguir.»[22] Aunque a Saddam no lo acusaron nunca oficialmente del asesinato, en Bagdad existía el convencimiento generalizado de que él era el auténtico responsable, y de que había ordenado que mataran a Hani «porque sabía demasiado». Cabe resaltar que ni siquiera Saddam se mostró convincente cuando negó su participación. Al ser interrogado al respecto, contestó con una pregunta retórica: «¿Quién era Nasir al-Hani y qué peligro suponía para el régimen y el partido? No era ni político ni rival nuestro. ¿Por qué habíamos de matarlo?»[23] Fuera cual fuese la razón del crimen, con la violenta eliminación de cuantos suponían un obstáculo en su camino, Saddam Hussein estaba sentando las bases del reino de terror que iba a convertirse en el sello distintivo del nuevo gobierno iraquí.

4. El vengador

Como maniobra publicitaria, la ejecución pública de catorce espías resultaba difícil de superar. En la mañana del 27 de enero de 1969, el día señalado para los ahorcamientos, la policía se retiró del centro de Bagdad y dejó las calles bajo el control de las bandas de activistas del partido Baas. Dirigidos por comisarios nombrados por el Baas, grupos de voluntarios construyeron las horcas y las situaron a intervalos de setenta metros alrededor de la plaza de la Liberación. Nueve de los hombres condenados eran judíos iraquíes, y su juicio, en el que se los acusó de espiar para Israel, había sido el más sensacional en la historia de Iraq. Por tanto, las autoridades esperaban que una gran multitud asistiera a las ejecuciones y querían asegurarse de que todo el mundo pudiera contemplar bien el espectáculo. Ese día se había declarado fiesta nacional y el gobierno, amablemente, había preparado autocares para transportar a unos cien mil «obreros y campesinos» a presenciar el acontecimiento. Para cuando condujeron a los condenados hacia el cadalso, un ambiente festivo se había apoderado de la ciudad. En la misma plaza de la Liberación, familias enteras estaban de pícnic sobre los parterres de césped y flores. Para los que no podían estar presentes, todo el acontecimiento se retransmitía en directo por la televisión y la radio iraquíes. En el momento en que las ejecuciones estaban a punto de comenzar, el presidente Bakr y Saddam Hussein, su hábil delegado, rodearon la plaza de la Liberación en una limusina descubierta entre las aclamaciones de los estudiantes baasíes que llenaban las calles.

El atroz espectáculo continuó durante veinticuatro horas. Después de las ejecuciones, los cuerpos, incluido el de un muchacho de dieciséis años, se dejaron colgando para que todos los vieran. Un testigo presente en la plaza de la Liberación el día de los ahorcamientos relató que la multitud lo empujó contra los cuerpos cuatro horas después de las ejecuciones. «Se podía ver que tenían el cuello roto y que se les había alargado unos treinta centímetros.» Grabaciones del acontecimiento, emitidas por la televisión iraquí, mostraban masas de milicianos y partidarios sonrientes que bailaban y gritaban alegres ante las cámaras. Más tarde, ese mismo día, Bakr subió a un estrado y lanzó un encendido discurso antisionista y antiimperialista frente a una exaltada multitud, con los cadáveres de los «espías» recién ejecutados balanceándose a su espalda. «Golpearemos sin piedad con puño de hierro a los explotadores y quintacolumnistas, los sirvientes del imperialismo y el sionismo.» Otras luminarias del partido Baas se dirigieron a la multitud, empujando al público de desconcertados campesinos a un frenesí de cánticos, escupitajos y pedradas. Un buen ejemplo de las florituras retóricas que se lanzaron desde del estrado es el discurso de Salé Omar al-Alí, quien acompañó a Saddam en un tanque hasta el palacio presidencial durante el golpe de estado del 17 de julio del año anterior (véase cap. 3). La revolución se había portado bien con Alí, que había conseguido ser «ministro de orientación» baasí y el miembro del Consejo del Mando Revolucionario (RCC) a quien se le había encargado la victoriosa persecución de la «red israelí de espías». Alí había supervisado personalmente los interrogatorios y había ayudado a preparar los vacuos juicios espectáculo. «¡Gran pueblo de Iraq! ¡El Iraq de hoy nunca más tolerará ningún traidor, espía, agente o quintacolumnista! ¡Tú, bastarda Israel; vosotros, imperialistas norteamericanos, y vosotros sionistas, oídme bien! ¡Descubriremos vuestros sucios trucos! ¡Castigaremos a vuestros agentes! ¡Colgaremos a todos vuestros espías, incluso si son miles!... ¡Gran pueblo de Iraq! ¡Esto es sólo el comienzo! ¡Las grandes e inmortales plazas de Iraq se llenarán con los cadáveres de los traidores y los espías!»[1] El comentario de Saddam fue breve y directo al grano: los espías habían sido ahorcados «para dar una lección a la gente».

El infame juicio de los espías «israelíes» fue una ilustración de lo que sólo puede ser descrito como la estalinización de Iraq tras la revolución de 1968. Saddam puede haber sentido un profundo odio hacia el comunismo, pero sin duda había contraído una gran deuda con Stalin por mostrarle los medios para crear y mantener un estado unipartidista. El partido Baas, que se alzó con el poder en 1968, se basaba en el modelo marxista-leninista tradicional en términos de organización, estructura y métodos. Jerarquía, disciplina y secreto eran sus características predominantes. Como en la Rusia soviética, el partido se convirtió en el gobierno. Toda promoción se canalizaba a través de las filas del partido, que tenía estructura piramidal. La base estaba formada por la célula individual o la unidad de barrio. A su vez, éstas respondían, por orden de jerarquía, ante la división, la sección y finalmente ante la rama, de las que en 1968 existían veintiuna (una por cada una de las dieciocho provincias de Iraq y tres en Bagdad). En la cúspide de la pirámide se hallaba el Consejo del Mando Regional, el más alto órgano ejecutivo y legislativo del Estado. Según la nueva constitución proclamada por los baasíes en 1970, el Consejo del Mando Revolucionario (de hecho, la camarilla de líderes baasíes que dirigían el Consejo del Mando Regional iraquí), del que Saddam era vicepresidente, se convirtió en «el órgano supremo del Estado». Al RCC se le otorgó unilateralmente el poder de promulgar leyes y decretos, de movilizar el ejército, de aprobar el presupuesto, de ratificar los tratados, de declarar la guerra y de acordar la paz. El RCC también se hizo cargo de todos los aspectos de la seguridad nacional. La Constitución estipulaba que el RCC debía autoseleccionarse y autoperpetuarse; sólo él podía elegir o expulsar a sus miembros, y todos lo nuevos miembros debían ser seleccionados entre los del Consejo del Mando Regional. Saddam era el único de los miembros del nuevo gobierno baasí que no había ido escalando puestos por medio de la maquinaria del partido; su lugar de prominencia era debido totalmente al patrocinio de Bakr, que lo había elegido para posiciones clave del partido.

Inmediatamente, la posición de Bakr como líder del nuevo gobierno baasí estuvo asegurada; la tarea de Saddam era conseguir no sólo que el partido Baas sobreviviera en el poder en Iraq, sino también que fuera el único partido en Iraq. Incluso después de su éxito con los golpes de estado de 1968, el Baas seguía sin ser un movimiento populista; a finales de 1968, la mayoría de los recuentos situaban el total de sus miembros en no más de unos cinco mil. Y dada la estrecha base tribal y geográfica de sus líderes, que sólo se escogían entre un reducido número de familias musulmanas sunitas de los alrededores de Tikrit, la posibilidad de convertirse en un partido con un genuino atractivo para las masas era bastante remota. Saddam era consciente de las limitaciones del partido y, en cuanto afianzó su posición como mano derecha del presidente Bakr, asumió como misión personal tanto el erradicar a los potenciales enemigos del partido como a los potenciales aspirantes a su propia posición. Testigos de la época le atribuyen numerosos aforismos casi estalinistas, como «Dadme la autoridad y yo os daré un partido capaz de gobernar este país», frase que supuestamente dijo a Bakr después de su nombramiento como vicepresidente del omnipotente RCC, o «señor delegado», como Saddam, con su gusto por los tratamientos, prefería que lo llamasen. Una muestra más reveladora de su autoritaria visión del sistema político iraquí la ofreció en una de sus primeras declaraciones públicas poco después de que el partido Baas hubo llegado al poder: «El mando revolucionario ideal debe dirigir directamente toda la planificación y la implementación. Debe haber un mando que coordine y dirija a los demás departamentos gubernamentales, incluidas las fuerzas armadas.»[2]

Quizá Iraq no fuera un estado comunista, pero los métodos que empleaba el Baas para imponer su voluntad eran casi idénticos a los empleados por los sóviets y posteriormente perfeccionados por Stalin. Se debía «reeducar» a las masas e incorporarlas a la maquinaria organizativa del partido. Se debía eliminar a los oponentes y grabar un profundo sentimiento de respeto y miedo en el corazón y la mente del iraquí de a pie. Saddam, en su posición de jefe del aparato de seguridad baasí, era el hombre ideal para tal empresa. También resultaba una gran oportunidad para superarse a expensas de los oficiales del ejército que competían contra él para promocionarse en el partido. Las purgas, la propaganda y el adoctrinamiento no son actividades normales en los hombres de acción; por lo general suelen estar reservadas a los burócratas anónimos como Saddam.

El sensacional proceso contra los líderes de lo que, según el gobierno, constituía la mayor red de espionaje sionista, finalmente iniciado en enero de 1969, fue un ejemplo de cómo el nuevo régimen baasí se proponía valerse de los juicios espectaculares y farsescos para perseguir a sus enemigos e inculcar el miedo a la población en general.

En los años que siguieron a la victoria israelí en la guerra de los Seis Días, el sentimiento antisionista se extendía por todo el mundo árabe. Las fuerzas armadas iraquíes estacionadas en Jordania se enzarzaban con frecuencia en escaramuzas con los israelíes, en las cuales solían llevarse la peor parte, y el gobierno rara vez perdía la oportunidad de culpar a los espías sionistas y a los quintacolumnistas de las desgracias del país. Cuando, por ejemplo, murieron dieciséis soldados iraquíes durante un ataque israelí en diciembre de 1968, Bakr encabezó personalmente una manifestación contra Israel celebrada ante el palacio presidencial en la que los cuerpos de los soldados muertos fueron paseados por las calles. «Nos enfrentamos a los traicioneros movimientos de una chusma de quintacolumnistas y los nuevos partidarios de Norteamérica e Israel —declaró—. Se esconden tras fachadas y consignas que no han engañado al pueblo y que éste ha desenmascarado.» De tanto en tanto, Bakr interrumpía su discurso para preguntarle a la gente: «¿Qué queréis?», a lo que le respondían: «¡Muerte a los espías, ejecutemos a los espías, a todos los espías!»[3]

El ambiente de histeria que los baasíes estaban creando jugaba a favor de Saddam. Como jefe de seguridad del partido, era su trabajo descubrir y destruir lo que se describía en la literatura baasí —sin agradecérselo conscientemente a Stalin— como «enemigos del Estado». En octubre de 1968, el régimen afirmó tener pruebas convincentes de esta traición internacional cuando reveló que había desarticulado una red de espías sionistas con base en Basora. El «descubrimiento» de la red era, en realidad, parte de un plan cuidadosamente ideado por Saddam para eliminar a algunos de sus principales rivales. Su plan, al contrario que las supuestas fechorías sionistas, se remontaba a dos años atrás, cuado un auténtico agente israelí fue asesinado en el hotel Shattura de Bagdad. Se le encontró una comprometedora libreta que contenía los nombres de varios líderes iraquíes. Saddam no hizo nada con ella en aquel momento, pero después de que el Baas llegó al poder, la libreta volvió a salir a la luz, sólo que esta vez se habían añadido muchos otros nombres, la mayoría de personas de las que Saddam quería deshacerse, incluyendo a Saadun Ghaydan, el comandante del batallón de tanques de la Guardia Presidencial, que había participado en el golpe de julio.

Poco después del descubrimiento de la conspiración sionista, Saddam estableció un «Tribunal Revolucionario» especial para juzgar a «espías, agentes y enemigos del pueblo». El tribunal estaba formado por tres oficiales del ejército sin ninguna formación legal; nadie que compareciera ante ese tribunal podía esperar un juicio justo e imparcial. Tanto es así que el abogado que representaba a los dieciséis conspiradores sionistas juzgados en enero de 1969 inició su defensa disculpándose ante la fiscalía por tener que defender a «espías», y quiso que constara en acta que «no le gustaría ver a los traidores marchar impunes».[4] Mientras avanzaba el juicio, los defendidos fueron humillados públicamente cuando, ante su declaración de inocencia, tuvieron que aguantar risas burlonas desde el banco de la prensa. Al final de las dos semanas de juicio, catorce acusados fueron hallados culpables de espionaje y sentenciados a morir ahorcados.

Las ejecuciones cuidadosamente planeadas de la plaza de la Liberación, llevadas a cabo pocos días después de que se hicieron públicos los veredictos, fueron la manera de Saddam de ganar el apoyo público para los baasíes. Radio Bagdad animó a la gente a «asistir y disfrutar de la fiesta», y calificó los ahorcamientos como «un valiente primer paso hacia la liberación de Palestina». Replicando a las críticas internacionales contra las ejecuciones, Radio Bagdad declaró: «Nosotros ahorcamos a espías, pero los judíos crucificaron a Cristo.» La única crítica a las ejecuciones desde el mundo árabe apareció en el periódico egipcio *Al-Ahram*, que comentó: «La ejecución de catorce personas en una plaza pública no es en absoluto una señal esperanzadora, y tampoco ocasión para organizar una fiesta.»

El juicio de la llamada red de espías sionistas marcó el tono de una purga de ámbito nacional cuyo objetivo era eliminar cualquier oponente sospechoso de representar una amenaza para Saddam y el partido Baas; duró la mayor parte de los siguientes doce meses. Otras ejecuciones públicas de opositores al régimen tuvieron lugar el 20 de febrero, el 14 y el 30 de abril, el 15 de mayo, el 21 y 25 de agosto, el 8 de setiembre y el 26 de noviembre. Las ejecuciones se convirtieron en algo tan habitual en la plaza de la Liberación que se la comenzó a llamar «plaza de los ahorcados». Llevaban a las víctimas ante el Tribunal Revolucionario, donde eran obligadas a confesar sus crímenes frente a las cámaras de la televisión antes de ser escoltados ante el pelotón de fusilamiento o, si eran civiles, a la horca. Si Saddam pensaba que no sería fácil conseguir una confesión, los oponentes recibían las atenciones de sus matones paramilitares, como le ocurrió a Nasser al-Hani, antiguo ministro de Asuntos Exteriores durante el primer gabinete de la revolución de julio. La única diferencia importante entre las purgas de Saddam y el terror de Stalin era que en Iraq no había gulags: salvo unas pocas excepciones, las víctimas de Saddam no tenían probabilidades de sobrevivir. Las purgas básicamente se dividían en dos categorías: en primer lugar, las de aquellos considerados hostiles al régimen de Bakr, como los kurdos, los comunistas, los chiitas e incluso los baasíes que se inclinaban hacia la izquierda, y en segundo lugar, las de cualquier miembro del gobierno o las fuerzas armadas que representara una amenaza para Saddam.

Hasta que el partido Baas llegó al poder en 1968, el ejército había sido el soporte de los regímenes represivos que habían gobernado Iraq desde 1958, y había supervisado la detención y los interrogatorios de los opositores políticos. Una vez en el palacio presidencial, Saddam usó su experiencia como director de las operaciones de seguridad del Jihaz Haneen del Baas para llevar a cabo una sustancial reorganización de la infraestructura de los servicios de inteligencia, lo que lo colocó firmemente al mando de todos los aspectos de la seguridad nacional. El Jihaz Haneen fue reemplazado por una estructura de seguridad formada por tres elementos principales: el Amn al-Amm, o Seguridad Interna del Estado, que supervisaba la seguridad dentro de las fronteras y databa de los días de la monarquía; el Mujabarat, que comenzó su existencia con el inapropiado nombre de Oficina de Relaciones Públicas, pero que después pasó a llamarse tanto Inteligencia del Partido como Departamento General de Inteligencia, y que era el aparato de seguridad del partido y, con mucho, la agencia más poderosa y temida, y el Estijbarat, o inteligencia militar, que, aparte de mantener en jaque a los militares, también se encargaba de las operaciones más allá de las fronteras, en particular del asesinato de disidentes extranjeros.[5] Posteriormente, durante su carrera, Saddam crearía otra agencia, el Amn al-Jass, o Seguridad Especial, que remplazó al Mujabarat y recibía órdenes directamente de la oficina del presidente. Ésta llegaría a ser la policía secreta personal de Saddam. Para asegurarse de mantener el control total sobre el nuevo aparato de seguridad del Baas, Saddam nombró como jefes del Mujabarat o del Amn al-Jass, sobre todo a familiares cercanos o amigos de confianza. El primer jefe del Mujabarat fue Saadun Shakir, el amigo baasí que le había ayudado a escapar de la cárcel en 1966 y luego a dirigir el Jihaz Haneen. Saddam no se fiaba de nadie, así que nombró ayudante de Shakir a Barzan al-Tikriti, su hermanastro. Posteriormente, Barzan estuvo al mando del Mujabarat entre 1974 y 1983, y el otro medio hermano de Saddam, Sabaui, dirigió la organización desde 1989 en adelante. Después de que Saddam fue nombrado presidente, el Amn al-Jass estuvo al mando de Hussein Kamel Hassan, yerno de Saddam.

Poco después de la toma de poder del Baas, Nadhim Kazzar se hizo cargo del control de las operaciones de seguridad interna. Kazzar ya había demostrado su capacidad como torturador durante la sangrienta persecución de los comunistas en 1963 (véase cap. 2). La cúpula baasí de Bakr y Saddam tenía pleno conocimiento de los diabólicos métodos que empleaba Kazzar para aterrorizar a los opositores, pero aun así le dieron vía libre para erradicar cualquier señal de oposición al nuevo régimen. Cientos, si no miles, de personas murieron a manos de las fuerzas de seguridad de Kazzar, muchas de ellas torturadas hasta morir en el palacio del Fin. En 1971, por ejemplo, una facción del partido comunista iraquí publicó una lista de 410 miembros que, según ellos, habían muerto en el palacio. Un antiguo activista baasí que se hallaba en Bagdad en aquel tiempo recordaba que Kazzar recibía un trato especial del gobierno de Bakr y Saddam. «Confiaban mucho en él. Era el único miembro del Baas al que se le permitía ir armado con una pistola cuando visitaba el palacio presidencial. Era así porque tenía tantos enemigos en el Baas que pensaba que en todo momento debía ir protegido contra cualquier intento de asesinato.» Kazzar había estudiado ingeniería y se lo recuerda como un hombre callado que nunca sonreía. «Durante todos los años que lo conocí, no lo vi sonreír ni una sola vez.»[6]

A la cabeza de la lista negra de Saddam, después de que los baasí se hicieron con el poder, se hallaban sus enemigos de siempre: los comunistas. Desde noviembre de 1968 en adelante tuvieron lugar varios enfrentamientos entre los simpatizantes comunistas y los paramilitares de Saddam. Los comunistas, como los kurdos, sentían una creciente preocupación ante el marcado carácter autocrático del nuevo gobierno de Bakr, y llevaron a cabo varias protestas reclamando una administración más democrática. Saddam reaccionó a sus demandas con su delicadeza acostumbrada: en noviembre de 1968 murieron dos comunistas cuando se disparó contra un grupo de obreros en huelga en Bagdad, y otros tres fueron asesinados al día siguiente durante una concentración para celebrar el quincuagésimo primer aniversario de la revolución bolchevique. En ambos casos, el dedo acusador apuntaba hacia los paramilitares de Saddam.[7] Los furiosos comunistas reaccionaron organizando pequeños destacamentos armados con los que pretendían derrocar el régimen. Estas unidades de guerrilla llevaron a cabo varios osados ataques a negocios en Bagdad y otras ciudades para conseguir capital, volaron varios vehículos oficiales, e incluso acribillaron la casa de Saddam con fuego de metralleta. Saddam respondió lanzando una campaña en todo el territorio nacional contra las células comunistas, y en febrero sus fuerzas de seguridad finalmente consiguieron apresarlas. Como se podía prever, los hombres capturados fueron enviados al palacio del Fin para ser interrogados: cómo mínimo veinte murieron por efecto de la tortura, incluyendo dos miembros del politburó que controlaba el partido comunista iraquí. La eficacia de los métodos de Kazzar queda demostrada por la reacción de Aziz al-Haj, el líder del politburó, que se derrumbó y recitó sus pecados contra «la revolución» en un programa televisado. Se dijo que Al-Haj, que ya había experimentado los horrores del palacio del Fin en 1963, exclamó cuando lo arrestaron: «No puedo aguantar más torturas, cooperaré.»[8] Durante los dos años siguientes, numerosos comunistas prominentes fueron asesinados por los «agentes de seguridad» de Saddam o murieron a manos de sus torturadores en el palacio, y su capacidad para constituir una amenaza real contra los baasíes fue erosionada gradualmente.

Una amenaza más seria para los baasíes era la gran comunidad chiita del país, que, aparte de ser hostil a la camarilla sunita que lo gobernaba, estaba fuertemente vinculada al sah de Irán, el líder de la nación del mundo con mayor número de musulmanes chiitas. Desoyendo las protestas de las Naciones Unidas contra los juicios de la «red de espías israelíes», Saddam continuó con su caza de brujas contra espías y conspiradores, y los juicios espectáculo siguieron realizándose con mayor entusiasmo: en febrero de 1969, siete personas fueron ejecutadas públicamente por conspirar contra el Estado. Catorce más los siguieron en abril. La mayoría de esas ejecuciones tenía lugar en la ciudad sureña de Basora, capital de la comunidad chiita, junto a la frontera con Irán. El sah, que había alcanzado una *entente* con Israel para mantener a Iraq débil y desestabilizado, estaba más que dispuesto a aprovechar las supuestas debilidades del nuevo régimen y, sin provocación por parte de Iraq, en abril de 1969 su gobierno anuló súbitamente el tratado de 1937 por el que Iraq tenía el control del importantísimo canal Shatt al-Arab en el norte del Golfo. Para curarse en salud, concentró sus tropas en la frontera con Iraq y parapetó con sacos de arena algunos edificios en Teherán.

El sentimiento general de intranquilidad que la beligerancia del sah creó en Bagdad alcanzó su punto álgido en enero de 1970, cuando un triunfal Saddam desbarató el complot de un grupo de oficiales iraquíes que contaban con el apoyo de Irán para derrocar al gobierno de Bakr. El 20 de enero, el día fijado para el golpe, Mahdi Salé al-Samurrai, un coronel retirado del ejército iraquí, se dirigió con un grupo de cincuenta hombres reunidos previamente en el campamento militar de Rashid, a las afueras de Bagdad, hacia el palacio presidencial como parte de un plan coordinado para derrocar al gobierno. Según el informe de Saddam sobre el intento de golpe de estado, los conspiradores, dirigidos por el mayor general Abed al-Ghani al-Rawi, un oficial retirado y antiguo protegido de los dos presidentes Arif, intentaban formar «escuadrones de asalto» que asesinarían a importantes miembros del partido y el gobierno en una serie de ataques coordinados. La única acción que tuvo lugar, sin embargo, fue la marcha de Samurrai hacia el palacio presidencial, donde, para su sorpresa, a su llegada fue recibido calurosamente por Salé Omar al-Alí, el activista baasí que había compartido tanque con Saddam durante el golpe de 1968 (véase cap. 3), y por el coronel Fadhi al-Nahi. Creyendo que Alí y Nahi participaban en el golpe, Samurrai aceptó encantado la invitación de entrar en el palacio presidencial, y las puertas se abrieron para dar paso a sus hombres. Por desgracia para Samurrai y sus compañeros de conspiración, en cuanto estuvieron en el interior del recinto del palacio, las puertas se cerraron y se encontraron atrapados. Según el informe oficial del incidente, Samurrai fue conducido a un gran salón. Mientras los desconcertados conspiradores sopesaban sus opciones, se abrió la puerta y entró Saddam acompañado de varios hombres. Al darse cuenta de que los habían arrastrado a una encerrona, los conspiradores abrieron fuego y mataron a dos guardias del palacio. Pero fueron reducidos rápidamente y obligados a rendirse.

Más tarde, Saddam convocó un Tribunal Especial para juzgar a los conspiradores. El tribunal estaba presidido por el capitán Taha Yasin al-Jazrawi, un miembro del RCC y colaborador de Saddam, y entre los otros dos miembros se contaba el esbirro favorito de Saddam, Nadhim Kazzar. Los cuarenta y cuatro golpistas fueron condenados a muerte. Las ejecuciones comenzaron el 21 de enero y se porlongaron hasta el día 24. Los militares fueron fusilados, y los civiles ahorcados. A los militares supuestamente les dispararon con las mismas armas que habían recibido de los servicios de seguridad iraníes para llevar a cabo el golpe de estado.[9] Otras quince personas fueron encarceladas.[10] Nayif, el primer ministro exiliado, que estaba implicado en la conspiración, fue condenado a muerte *in absentia*, al igual que el general Rawi. Al embajador iraní le dieron veinticuatro horas para abandonar el país, los consulados iraníes en Bagdad, Karbala y Basora se cerraron y los iraníes que vivían en el país fueron deportados.

El descubrimiento y el rápido final de los golpistas fue un triunfo para Saddam Hussein. Habían sido sus fuerzas de seguridad las que habían descubierto el complot, y que los agentes civiles de Saddam fueran los que sacaran a la luz el intento de golpe militar representaba la victoria de los civiles baasíes sobre sus rivales militares, un detalle que no se le escapó al presidente Bakr. Saddam, el siempre vigilante «señor delegado» fue capaz de puntualizar que habían sido él y sus formidables fuerzas de seguridad, no los militares, quienes habían garantizado la seguridad del partido. Saddam consiguió transformar el fallido golpe en un gran ejercicio de propaganda, igual que había hecho con la «red de espías israelíes». Se hicieron públicos todos los detalles de la frustrada intentona: las enormes sumas de dinero, los sofisticados transmisores electrónicos, las ciento treinta toneladas de armas. Todo ello se mostró en una elaborada exposición en la sala principal de Bagdad, con cada objeto presentado cuidadosamente tras vitrinas de cristal. Se descubrió que todo el asunto había sido preparado por medio de la embajada de Irán en Bagdad, y se publicaron los detalles de la correspondencia entre el embajador iraní y el general Rawi. Aparte de la disputa con Irán sobre el canal Shatt al-Arab, Saddam explicó que el intento de golpe de estado también era parte de una conspiración para volver a poner a Iraq bajo el control del imperialismo angloamericano y debilitar el país en su continua guerra contra Israel.

Se organizaron enormes manifestaciones para demostrar «la invencibilidad» de la revolución y se organizó un funeral de estado para los dos soldados baasíes muertos en la escaramuza del palacio. Confesiones grabadas y fotografías de enormes arsenales circulaban por todas partes; se mostraron cartas manuscritas donde se daban palabras clave, y las esposas de los golpistas denunciaron a sus maridos. Se afirmó que los conspiradores habían planeado arrasar Bagdad y a otras ciudades si no podían matar a los líderes baasíes inmediatamente. Las autoridades dijeron haber encontrado en los bolsillos de los golpistas listas con los nombres de los futuros ministros y otros cargos gubernamentales, lo que proporcionó a Saddam y sus acólitos una gran cantidad de munición para usar contra sus enemigos.[11] Según el informe oficial sobre cómo las autoridades atraparon a los conspiradores, publicado en el periódico del gobierno *Al-Thawra* («la revolución»), el complot había sido descubierto el año anterior, en la época en que el gobierno estaba juzgando a los conspiradores sionistas, pero en lugar de arrestar a los futuros golpistas inmediatamente, Saddam había infiltrado treinta agentes en sus filas. Estaba interesado en sacar la mayor rentabilidad política de un asunto que, aparte de convencer al pueblo iraquí de que se enfrentaba a una amenaza real proveniente del exterior, le permitiría enviar una clara advertencia al sah de Irán de que los baasíes no iban a permitir que los intimidara el creciente poder regional de su vecino.

La otra poderosa facción que el nuevo gobierno Baas debía neutralizar eran los kurdos, posiblemente los más problemáticos de todos los componentes de Iraq. Los kurdos son una minoría étnica distinta de los árabes. Hablan una lengua diferente y sus costumbres y hábitos también lo son. Durante los últimos años del dominio otomano, la mayoría de los kurdos vivía en lo que hoy es Turquía. Al final de la primera guerra mundial, las potencias vencedoras negaron a los kurdos el estado que, según ellos, les habían prometido. Las tierras que durante generaciones habían ocupado se dividieron entre Siria, Iraq, Turquía e Irán. Desde el principio de la creación de Iraq, sucesivos líderes kurdos hicieron campaña para conseguir la autonomía, una campaña que generó mucho más entusiasmo una vez se descubrió que las regiones kurdas al norte de Iraq, entre Mosul y Kirkuk, contenían una de las reservas de petróleo más importantes del mundo. Sin embargo, el descubrimiento de la riqueza petrolera de la región sólo sirvió para fortalecer la resolución de Bagdad de mantener el control sobre el lugar, y la «cuestión kurda» se convirtió en un asunto perenne que requería un tratamiento hábil y diplomático por parte de Bagdad. Los baasíes, siempre conscientes de la falta de una base popular, decidieron aplacar a los kurdos, considerando que no podían enfrentarse a todas las facciones rivales al mismo tiempo.

Desde 1969, Bakr otorgó a Saddam poderes para mantener a raya y bajo control a los kurdos. Desde el inicio, los esfuerzos de Saddam se vieron obstaculizados por el hecho de que el principal líder kurdo, Mustafá Barzani, contaba con el apoyo de la Unión Soviética. A los soviéticos, que seguían fieles a su objetivo de extender su influencia por la región del Golfo, no les había gustado nada la persecución del partido comunista iraquí que el nuevo gobierno baasí había llevado a cabo, y veían a los kurdos como un medio de presionar a Bagdad. La primera idea de Saddam fue enfrentarse a los kurdos en el campo de batalla, y en abril de 1969 hizo intervenir al ejército y a una pequeña fuerza aérea. El 8 de agosto, el ejército arrasó Dakan, un pueblo kurdo cercano a la norteña ciudad de Mosul. Pero el áspero terreno del Kurdistán no era adecuado para los tanques y los pesados vehículos acorazados. Las guerrillas kurdas, llamadas *peshmegas* («los que caminan ante la muerte»), se aprovechaban de los escarpados pasos de montaña y de los profundos valles. Cuando la aviación intentaba bombardearlos, las guerrillas simplemente se escondían en cuevas. Los valles eran tan estrechos que los pilotos iraquíes tenían dificultades para maniobrar. A veces, incapaces de remontarse a tiempo, estrellaban sus cazas contra los picos de las montañas. Y para empeorar la situación, los comunistas iraquíes se unieron a los kurdos. Potencialmente, la amenaza kurdocomunista era una combinación mortal para los baasíes.

Al ver que le esperaba una derrota humillante en el campo de batalla, Saddam decidió buscar una solución diplomática. En enero de 1970 realizó su primera visita a Moscú, que durante los años sesenta se había convertido en el principal proveedor de armas a Iraq, con la esperanza de negociar un acuerdo con el primer ministro Aleksey Kosygin para que los soviéticos retiraran su apoyo a los kurdos. Los rusos estuvieron de acuerdo, pero remarcaron que, si retiraban su apoyo, no tendría que haber ninguna masacre de kurdos iraquíes. Saddam aceptó de mala gana las condiciones de los soviéticos, y al volver de Moscú anunció triunfalmente un nuevo «proyecto de autonomía» para el Kurdistán. El Manifiesto de Marzo, como se lo llamó, prometía a los kurdos muchos de los derechos políticos y culturales que habían reclamado durante años. La única pega para los kurdos fue que Saddam se las arregló para conseguir de Barzani una concesión: la autonomía no entraría en vigor hasta pasados cuatro años. Saddam no tenía ninguna intención de ceder el control de las tres provincias kurdas ricas en petróleo, pero el acuerdo permitió a los baasíes tomarse el respiro que necesitaban para lidiar con las otras amenazas a que se enfrentaban, como los comunistas, los militares y los chiitas, además de Israel e Irán.

Sin embargo, al año siguiente, el acuerdo se vio deslucido por un intento de asesinato cuidadosamente planeado contra Barzani, que tenía todas las características propias de las fuerzas de seguridad de Saddam. Las relaciones entre Saddam y Barzani se tensaron inmediatamente, porque Saddam se mostró reacio a atenerse a los términos del Manifiesto de Marzo; probablemente ya no tenía ninguna intención de hacerlo cuando se firmó el acuerdo. Por «motivos de seguridad», el ejército iraquí no se retiró de la región, como se había acordado, y Saddam creó numerosos obstáculos para impedir que Barzani cumpliese su parte del acuerdo, como nombrar políticos kurdos para posiciones gubernamentales en Bagdad. Para Barzani, la gota que colmó el vaso fue el intento de acabar con su vida, que tuvo lugar cuando estaba con ocho líderes religiosos que Saddam había enviado para discutir la puesta en práctica del manifiesto. Mientras Barzani hablaba, dos explosiones sacudieron la habitación, y murieron dos de los religiosos. Los guardaespaldas de Barzani abrieron fuego y mataron a los cinco que quedaban. Barzani escapó ileso, y más tarde se descubrió que un íntimo colaborador de Saddam, Nadhim Kazzar, había engañado a los religiosos para que llevaran a cabo el intento de asesinato. Kazzar les había dado grabadoras para que registraran la conversación con Barzani. Cuando los aparatos fueron puestos en marcha, las bombas explotaron. Barzani se enfureció especialmente porque no sólo había accedido a entrevistarse con los religiosos después de una reunión con Saddam, sino porque éste había implicado al hijo repudiado de Barzani en el complot. Le habían prometido que sucedería a su padre si el ataque tenía éxito. Ante la prueba incontrovertible de la implicación de Saddam, Barzani declaró: «Iraq es un estado policial gobernado por Saddam Hussein, que es un maníaco obsesionado por el poder.»[12]

El comentario de Barzani llegó al corazón de muchos iraquíes, que habían comenzado a darse cuenta de que las fuerzas de seguridad de Saddam iban extendiendo su perniciosa influencia a todas las áreas de la sociedad iraquí. Inmediatamente después de la revolución de 1968, todos los departamentos del gobierno sufrieron una purga de los funcionarios no baasíes que se negaron a aceptar el nuevo orden. Los militares eran un hueso más duro de roer, pero Saddam encontró una manera de sortear la resistencia de los oficiales al aplicar el sistema soviético, introducido por Lenin durante la primera guerra mundial, de nombrar comisarios políticos para informar de sus actividades. Los comisarios informaban directamente a Saddam, y por tanto se saltaban la cadena de mando. Los oficiales de lealtad cuestionable fueron reemplazados por baasíes o por sus simpatizantes. Muchos militares destituidos, entre ellos varios comandantes de división, fueron arrestados y torturados. Saddam también aumentó el control sobre la vida del pueblo iraquí. Los milicianos baasíes patrullaban las calles, y durante la noche, batidas sorpresa en casas particulares transmitían el mensaje de que nadie escapaba a su control. Iraq se estaba transformando en un régimen totalitario, «un lugar donde los hombres se desvanecían, y sus amigos tenían demasiado miedo para preguntar qué les había pasado; gente arrestada por cargos triviales "se suicidaba" en prisión; antiguos oficiales eran asesinados misteriosamente; los políticos desaparecían».[13]

Mientras Saddam estaba ocupado creando una laberíntica red de espías, comisarios, torturadores y asesinos, aún encontraba tiempo para mantenerse al día de las horripilantes prácticas que se aplicaban a sus desafortunadas víctimas en el palacio del Fin. Un disidente chiita que consiguió sobrevivir a las cámaras de tortura hizo una terrorífica descripción de cómo Saddam mató personalmente a otro detenido chiita llamado Dujail. «Entró en la habitación, cogió a Dujail y lo lanzó a una cuba de ácido. Luego contempló cómo se disolvía el cuerpo.»[14] Aunque es difícil encontrar corroboración a esa historia, tiene sin embargo una asombrosa semejanza con las historias que circularon sobre las actividades de Saddam en el palacio del Fin en 1963. Ciertas o falsas, para Saddam lo más importante era que historias como ésas fueran del dominio público en Iraq, y que se creyeran ciertas. Mientas el pueblo siguiera viviendo con el miedo de que cualquiera podía correr semejante suerte en cualquier momento, la posición del partido Baas estaría segura.

Aparte de aterrorizar a las diferentes facciones que se enfrentaban a los baasíes, Saddam concentró sus energías en eliminar a cualquier rival en potencia, así como a cualquiera que lo conociera suficientemente bien para tener información que pudiera ser perjudicial para su futura promoción. Como se ha indicado anteriormente, se suponía que Nasser al-Hani, el antiguo ministro de Asuntos Exteriores, fue asesinado en noviembre de 1968 porque podría haber arrojado una inoportuna luz sobre las relaciones de Saddam con la CIA. La explicación oficial de la muerte de Hani era que había sido asesinado por criminales. Una explicación parecida se dio cuatro meses después, tras la muerte del coronel Abed al-Karim Mustafá Nasrat, un comandante retirado de las fuerzas especiales que había encabezado el ataque al Ministerio de Defensa durante el golpe de 1963 que derrocó al general Qassem. Su crimen era seguir simpatizando con el Baas sirio, otro de los odios favoritos de Saddam. Para paliar las sospechas públicas, las fuerzas de seguridad de Saddam ofrecieron la «confesión» pública de un vulgar criminal en la que reconocía haber apuñalado a Nasrat en su casa durante un atraco. Saddam también estuvo implicado en la muerte de Fuad al-Rikabi, el antiguo secretario general del Baas iraquí, que le había encargado personalmente su primera misión baasí: el fallido asesinato del general Qassem en 1958. Rikabi había sido obligado a abandonar el partido poco después por el ideólogo baasí Michel Afleq, y se había convertido en un nasserista. Después de la revolución de 1968, los baasíes lo tuvieron encarcelado durante un año y medio con cargos falsos. Unos días antes de acabar su condena, «las autoridades metieron en la cárcel a un gamberro con un cuchillo. Apuñalado en el pecho, Rikabi fue llevado al hospital, donde lo dejaron sin atender hasta que murió».[15]

Existía un escalofriante grado de profesionalidad en la forma en que Saddam sistemáticamente iba eliminando a sus rivales. Samir al-Kahalil, cuyo libro *Republic of Fear (República del miedo)* ofrece un fascinante examen de las estructuras estatales represivas que crearon los primeros baasíes, da una detallada lista de más de treinta oficiales de alta graduación, baasíes con cargos y políticos de rango ministerial que fueron purgados después de la revolución de julio de 1968, la mayoría de ellos, por orden de Saddam.[16] Los juicios vacuos seguían siendo el método de humillación favorito de Saddam, mientras estuviera seguro de lograr una condena, lo que normalmente era posible gracias a los buenos oficios de los torturadores del palacio del Fin o a la disposición del tribunal a satisfacer a sus amos baasíes. Rashid Muslih, un antiguo ministro del Interior, admitió públicamente en su juicio televisado que había espiado para la CIA, y fue debidamente ejecutado. Abed al-Rahman al-Bazzaz, que había sido primer ministro bajo el segundo presidente Arif y en general había tenido una buena disposición hacia el partido Baas, fue juzgado en el verano de 1969, junto con Abed al-Aziz al-Uqayli, antiguo ministro de Defensa. Ambos hombres negaron a los baasíes el placer de oír su confesión pública, pero aun así recibieron largas condenas de prisión.

La vena sádica de Saddam se demostró con Tahir Yahya, primer ministro cuando el partido Baas se hizo con el poder en 1968. Yahya había servido a Iraq como oficial del ejército la mayor parte de su vida, y durante un tiempo fue un miembro destacado del Baas y uno de los superiores de Saddam. Después de hacerse con el poder, Saddam tuvo a Yahya, un hombre bien educado cuya sofisticación envidiaba, confinado en prisión. Por órdenes suyas, lo obligaron a arrastrar una carretilla de celda en celda, recogiendo los cubos de excrementos de los prisioneros. Tenía que gritar: «¡Basura! ¡Basura!» La humillación del antiguo primer ministro hizo las delicias de Saddam hasta el día en que Yahya murió en prisión. Saddam explicaba la historia a sus amigos, riéndose con las palabras «¡Basura! ¡Basura!».[17]

Mientras que los juicios espectáculo demostraron ser una herramienta muy eficaz para persuadir a los iraquíes de que el país estaba plagado de complots y conspiraciones, Saddam necesitó de toda su astucia para librarse de rivales más duros, como el general Hardan al-Tikriti, el recio comandante retirado de las fuerzas aéreas que había convencido al presidente Arif de que se rindiera durante el incruento golpe de 1968, y Salih Mahdi Ammash, un veterano miembro del partido Baas e íntimo aliado del presidente Bakr. Después de la revolución, Tikriti, un hombre arrogante y despiadado que representaba una auténtica amenaza para Saddam, se vanagloriaba con los títulos de jefe del Estado Mayor, viceministro de Defensa y viceprimer ministro, mientras que Ammash se había convertido en el ministro del Interior y viceprimer ministro.

Tikriti, que dirigía el ejército como si fuera su feudo personal, se consideraba inmune a las intrigas de Saddam porque, como arquitecto y héroe de la revolución de 1968, se había convertido en un asesor personal de Bakr, quien confiaba en él. Pero subestimó la desconfianza de Saddam hacia el estamento militar, del que siempre temía que intentara reemplazar al gobierno civil baasí. Saddam pensaba que si podía deshacerse de Tikriti, anularía la amenaza representada por los militares.

A pesar de su gran prestigio en el gobierno y el ejército, la única grieta en la coraza de Tikriti era que, aunque apoyaba al Baas, no se lo consideraba un hombre comprometido a fondo como Bakr y Saddam. Sin embargo, Tikriti era un tipo astuto y reconocía la amenaza de Saddam, por lo que hizo una intensa campaña a la sombra para persuadir a Bakr de que se librara de él. Un día de 1969, Saddam hizo enfadar a Tikriti de tal manera durante una discusión en el palacio republicano que el antiguo general fue capaz de convencer a Bakr de que enviara a Saddam al exilio. Lo subieron a un avión que lo condujo hasta Beirut, donde permaneció una semana hasta que la furia de Tikriti se calmó. Fue una humillación que Saddam no olvidaría.

Por su parte, Ammash era un baasí devoto; un antiguo oficial del ejército, bajo y rechoncho, que a diferencia de Saddam había ascendido poco a poco en la jerarquía del Baas. Era un hombre culto al que le gustaba la poesía y que había escrito tres libros de historia. Después de la revolución lo pusieron al mando de la parte administrativa del gobierno, para presidir reuniones sobre diferentes aspectos de la política gubernamental, como la planificación y la reconstrucción. Además de ser un íntimo colaborador de Abdul Karim al-Shaijly, el nuevo ministro de Asuntos Exteriores, Ammash era un hábil conspirador, y por esa razón Saddam llegó a verlo como una amenaza que debía eliminar.

Aunque Saddam tenía gran influencia sobre el muy secreto aparato de seguridad, todavía era considerado un funcionario medio por los altos cargos del gobierno Baas, como Tikriti, Ammash y Shaijly, quienes, aunque por lo general apoyaban las purgas que se llevaban a cabo contra los enemigos del gobierno, desconocían el formidable poder de base que Saddam estaba adquiriendo para sí mismo. En este momento de su carrera, Saddam no disfrutaba de ninguno de los símbolos del poder. Su oficina seguía siendo una pequeña habitación situada junto a la de Bakr en el palacio presidencial; no tenía ni secretaria ni recepcionista. Los otros ministros lo consideraban más como el chico de los recados de Bakr que como una figura de autoridad por derecho propio. Se lo veía a menudo en diferentes ministerios, deambulando por recepción, esperando a que el ministro encontrara un momento libre para recibirlo.

Sin embargo, Saddam consiguió minar gradualmente la reputación de sus superiores. Para ello tuvo dos tipos de ayuda: podía beneficiarse de los recursos de las fuerzas de seguridad, y Bakr lo escuchaba. Una prueba del carácter omnipresente del aparato de seguridad de Saddam, incluso durante los primeros días del régimen baasí, la ofrece un antiguo funcionario baasí que recibió una espeluznante demostración de la paranoia institucional del partido Baas. Como miembro importante del gobierno baasí, el funcionario recibió una invitación para asistir a un cóctel en la embajada británica organizado por el agregado comercial. La invitación había sido autorizada por el Ministerio de Asuntos Exteriores iraquí, y el funcionario asistió puntualmente a la velada, durante la cual intentó tranquilizar a los diplomáticos británicos respecto a la intención del gobierno baasí de modernizar la economía de Iraq. Unos días después, el funcionario recibió otra invitación para tomar una copa, esta vez de Saadun Shakir, que había sido nombrado jefe del Amn al-Amm, o Seguridad Interna del Estado, una de las agencias claves de Saddam. Los dos hombres se reunieron para cenar en uno de los principales clubes de caza de Bagdad. Pasados unos treinta minutos de conversación, Shakir, uno de los lugartenientes de confianza de Saddam, sacó de repente un montón de fotografías y le pidió al funcionario que las examinara. Las fotografías, que habían sido hechas por un fotógrafo que trabajaba para la Agencia Iraquí de Noticias, mostraban al funcionario conversando con los diplomáticos británicos en la fiesta de la embajada. «¿Reconoce a ésos?», preguntó Shakir. El funcionario respondió que sí. «Entonces debería tener más cuidado —prosiguió Shakir—. Preferiríamos que no asistiera a más actos de este carácter. Sólo levantarían nuestras sospechas.» El funcionario captó el mensaje, y se cuidó de no asistir nunca más a otra recepción en una embajada extranjera.[18]

Bajo la orientación de Saddam, el Baas creó una omnipresente red para controlar todas las actividades de los miembros del gobierno. De la misma manera que se habían nombrado comisarios para supervisar las actividades de las fuerzas armadas, se nombraron comisarios civiles en las oficinas gubernamentales para que informaran sobre los funcionarios y los ministros. Los comisarios civiles eran generalmente graduados universitarios que contaban con la confianza del partido. Informaban tanto de la actuación de los ministros como de sus contactos profesionales y sociales. Aparte de los comisarios, cuya posición era claramente identificable, las actividades de los funcionarios del gobierno eran seguidas de cerca por una segunda capa de informantes que trabajaban como mensajeros o secretarios. Todas las comunicaciones telefónicas o postales se interceptaban y se analizaban, por lo que los funcionarios del gobierno tuvieron que acostumbrarse a trabajar en un ambiente kafkiano donde no existía más alternativa que seguir la doctrina del partido Baas. «Desde el momento en que llegaron al poder, los baasíes estaban obsesionados por comprar aparatos de escucha de todo tipo —recuerda un antiguo funcionario—. Compraban lo último en equipos de alta tecnología de países como Alemania. Estaban convencidos de que todo el mundo intentaría conspirar contra ellos si se le daba la oportunidad. Muy pronto descubrimos que nos vigilaban siempre que íbamos a cualquier parte y que nos estaban escuchando siempre que cogíamos el teléfono.»[19]

Con los formidables recursos que el aparato de seguridad del Estado ponía a su disposición, Saddam fue capaz de conspirar contra sus rivales políticos, y concentró sus energías en minar sus reputaciones. En particular, al parecer consiguió persuadir al presidente Bakr de que la ambición tanto de Tikriti como de Ammash podría representar una amenaza para su posición. Bakr ciertamente pareció prestar atención a sus palabras, porque en noviembre de 1969 se anunció una reorganización del Baas, en la que la posición de Saddam como vicepresidente del RCC se confirmó oficialmente, aunque había estado ejerciendo esa función desde principios de año. Simultáneamente, se abolieron los dos cargos de viceprimer ministro, por lo que Tikriti y Ammash perdieron el privilegio de dirigir reuniones de gabinete en ausencia de Bakr (entre sus muchos títulos, el presidente Bakr también era primer ministro). En abril de 1970 se les volvió a nombrar vicepresidentes, pero fueron relevados de sus otros cargos; dos de sus principales rivales en el ejército los reemplazaron en sus puestos del gabinete, Hammad Shihab como ministro de Defensa y Saadun Ghaydan como ministro del Interior. Sólo era una cuestión de tiempo que Saddam les asestara el golpe de gracia.

Para Tikriti, éste llegó en octubre de 1970. Se lo destituyó de todos sus cargos con el falso pretexto de que no había ayudado a los palestinos durante el alzamiento del Setiembre Negro contra el rey Hussein de Jordania, aunque la política oficial de Iraq, refrendada por Bakr y Saddam, era de no intervención. Tikriti se enteró de la noticia mientras estaba en Madrid en una misión diplomática que Saddam había ideado para sacarlo del país. Saddam incluso acompañó a Tikriti al aeropuerto y lo besó en ambas mejillas antes de que subiera al avión. Al día siguiente, la prensa de Bagdad dominada por el gobierno publicó en primera plana fotos de Saddam y Tikriti abrazándose en el aeropuerto. Pero en cuanto Tikriti aterrizó en Madrid, se le informó de su destitución en el gobierno y de su nombramiento como embajador en Marruecos. Saddam lo había arreglado para que se publicara la fotografía de modo que, cuando la noticia de la caída del popular Tikriti se hiciera pública, sus seguidores no pudieran responsabilizar directamente a Saddam. Tikriti se enfureció, y sin hacer caso de la orden de presentarse en su nuevo cargo, voló de regreso a Bagdad para enfrentarse a Saddam. Sin embargo, a su llegada fue detenido por agentes de seguridad que lo metieron en un avión y lo llevaron al exilio a Argelia. La ironía del destino de Tikriti sólo se puede atribuir al perverso sentido del humor de Saddam. El hombre que había conducido los tanques hasta el palacio presidencial el 17 de julio de 1968 para deponer al presidente Arif iba a compartir la misma suerte que su compañero de conspiración y primer ministro del partido Baas, Abdul Razzak Nayif, al que también Saddam había escoltado hasta el aeropuerto y enviado a un exilio forzoso en Argelia. Y al igual que Nayif, que fue asesinado en Londres, los pistoleros de Saddam finalmente acabarían con Tikriti; lo mataron a tiros en marzo de 1971 en Kuwait, donde se había trasladado para estar más cerca de sus hijos, que aún iban a la escuela en Bagdad.

El asesinato de Tikriti fue de manual baasí, y estuvo inspirado por el temor de que su presencia en Kuwait lo convirtiera en un polo catalizador para los oficiales iraquíes descontentos. En la mañana del 20 de marzo, Tikriti, acompañado por el embajador iraquí en Kuwait, se dirigía a una cita en el hospital gubernamental. Cuatro hombres armados emboscaron su coche. Uno de los asesinos abrió la puerta del vehículo y otro, detrás del primero, disparó a Tikriti cinco tiros a quemarropa, y lo mató en el acto. Luego consiguieron escapar. Era evidente que los baasíes habían mejorado sus técnicas de asesinato desde los días en que un nervioso

Saddam Hussein había hecho fracasar el plan para asesinar al general Qassem al disparar su arma demasiado pronto.

En contraste con la violencia que determinó la desaparición de Tikriti de la escena baasí, la caída de Ammash fue un asunto más civilizado. Tras la caída de Tikriti, Ammash era consciente de que su posición resultaba insostenible. Había realizado una serie de comentarios mordaces sobre sus colegas del partido que sólo sirvieron para aislarlo aún más. Su fin llegó en setiembre de 1971, cuando lo destituyeron de sus cargos en el gobierno y lo exiliaron como embajador iraquí en la URSS. A diferencia de Tikriti, Ammash aceptó su nuevo destino —sin duda estaba al corriente de las circunstancias del asesinato de Tikriti— y le sacó el mayor partido que pudo. Consiguió tal éxito en su carrera diplomática que tres años después pasó a ser embajador en París, y sirvió por último en Finlandia hasta su muerte. A pesar del continuo servicio a su país, muchos iraquíes creyeron que, durante una visita a Bagdad después de que Saddam hubo asumido la presidencia, Ammash había sido envenenado con talio, un metal pesado usado en los raticidas y uno de los métodos favoritos de las fuerzas de seguridad iraquíes para deshacerse de sus oponentes.[20]

La desaparición de Tikriti y Ammash, que habían hecho brillantes carreras en las fuerzas armadas, representaba el triunfo de Saddam y de la rama civil del partido Baas sobre el estamento militar. En adelante, los dirigentes militares estarían bajo el férreo control del gobierno, y la perspectiva de dar un golpe militar con éxito, como habían hecho varias veces desde la abolición de la monarquía en 1958, se fue haciendo más y más remota. Después de la partida de Tikriti y Ammash, varios importantes oficiales militares, de los que se sospechaba que apoyaban a éstos o eran sus amigos, también fueron depuestos o arrestados. Con el resto del ejército bajo la constante vigilancia de los comisarios y los servicios de seguridad de Saddam, éste se consideró tan seguro de su control sobre los militares que se atrevió a declarar que «con los métodos de nuestro partido, no hay posibilidad de que nadie que esté en desacuerdo con nosotros pueda subirse a un par de tanques y derrocar al gobierno».[21] Como alguien que había hecho precisamente eso en julio de 1968, Saddam sabía exactamente de lo que hablaba.

Con el ejército en el bolsillo, le había llegado el momento de volver su atención hacia los agentes civiles del Baas que pudieran representar un obstáculo para su ambición. Incluso cuando estaba ocupado en suprimir a los comunistas, poniendo trampas a los chiitas, desestabilizando a los kurdos y persiguiendo a las fuerzas armadas, Saddam aún tuvo tiempo para purgar de vez en cuando la jerarquía no militar del partido. En marzo de 1970, Abdullah Sallum al-Samurrai, ministro de Cultura e Información y colaborador de Saddam desde finales de los años cincuenta, fue destituido de su cargo y enviado como embajador a la India. Otros miembros del RCC, incluso aquellos que eran de Tikriti y decían tener lazos de sangre con el presidente Bakr, fueron purgados durante el verano de 1970. Pero las alas más importantes y significativas que Saddam cortó fueron las de Abdul Karim al-Shaijly, su camarada de armas de tanto tiempo y ministro de Asuntos Exteriores.

Shaijly, como se recordará, participó con Saddam en el fallido intento de asesinato del presidente Qassem en 1959. Al igual que Saddam, huyó a Damasco y después a El Cairo, donde continuó trabajando para la causa baasí. En El Cairo organizó, y fue el invitado de honor, la fiesta de Saddam para celebrar su compromiso con Sajida Tulfah. Regresó a Iraq en 1963 y ayudó a Saddam a estructurar el nuevo aparato de seguridad. Después de la expulsión del Baas del gobierno en 1963, se unió de nuevo a Saddam y lo ayudó a preparar los planes para asesinar al primer presidente Arif. En una ocasión, en 1964, incluso salvó a Saddam de ser arrestado mientras ambos se encontraban en su apartamento de Bagdad. «Era la una de la madrugada. Saddam se levantó y estaba a punto de marcharse. "¿Adónde vas?", le preguntó Shaijly. "A dormir en el escondite donde ocultamos las armas", respondió Saddam. "Las patrullas de la policía están muy activas estos días —repuso Shaijly—. Será mejor que pases aquí el resto de la noche." Esa noche el arsenal oculto fue asaltado y, de no ser por el consejo de Shaijly, Saddam habría sido atrapado con las manos en la masa.»[22] Cuando ambos fueron finalmente arrestados durante la ofensiva de Arif contra los baasíes en 1964, él fue el único miembro del partido que estuvo en prisión con Saddam. Shaijly estaba junto a Saddam cuando escaparon de la cárcel en 1966, y se implicó totalmente en la preparación del partido para gobernar y en la deposición del segundo presidente Arif. A veces, Saddam se sentía tan cercano a Shaijly que se refería a él en público como «mi gemelo». En resumen, si alguien podía esperar lealtad por parte de Saddam, quizá con la excepción de su tío Jairallah Tulfah, ése era Abdul Karim al-Shaijly.

Se ha dicho que intentar desentrañar las diferentes rencillas personales que plagaron los primeros años del Baas en términos ideológicos sería como intentar comprender la interacción entre Al Capone y sus rivales durante la Ley Seca en Chicago. En la medida en que todos los participantes en el alzamiento al poder del partido Baas estaban interesados en la ideología, Shaijly pasaba por ser un ideólogo. Nacido más o menos al mismo tiempo que Saddam en 1935, provenía de una distinguida familia de Bagdad cuyos antepasados habían sido responsables de la administración de la ciudad durante el Imperio otomano. Saddam, que no sabía su propia fecha de nacimiento, había tomado la del cumpleaños de Shaijly como propia, el 28 de abril. Shaijly fue uno de los primeros miembros del Baas. El universitario Shaijly estaba muy bien considerado por los padres fundadores del partido y se lo suponía alguien que realmente entendía los principios del baasismo. Sin embargo, en el verano de 1971, la carrera de Shaijly estaba progresando demasiado bien para el gusto de Saddam. Como ministro de Exteriores y figura veterana en el RCC, Shaijly era considerado en ciertos círculos como el futuro primer ministro, o incluso presidente. Aparte de Saddam, era también el civil de más alto rango del régimen.

Sin embargo, a diferencia de Saddam, era un baasí aficionado. Soltero a sus treinta años, el inteligente y joven ministro de Exteriores iraquí tenía el mundo a sus pies, y se aprovechaba totalmente de ello, tanto que adquirió reputación de mujeriego. Había muchos aspectos del nuevo gobierno baasí que no iban con el carácter sensible de Shaijly, como las regulares ejecuciones públicas en la plaza de la Liberación. «No nos gustaban ese tipo de cosas. Las considerábamos incivilizadas, al igual que toda la tortura y las desapariciones que ocurrían —explica un contemporáneo de Shaijly—. Pero él estaba demasiado ocupado con sus propios asuntos como para hacer algo al respecto. Y se tenía tan creída su propia importancia que no cuidaba su posición en el partido.»[23]

En el mismo día que Saddam purgó a Ammash, Shaijly fue

destituido de su puesto como ministro y le dieron el cargo menos importante de embajador en Naciones Unidas. Se ha supuesto que la principal razón de la destitución de Shaijly fue ideológica, en concreto que Saddam sospechaba que intentaba promover una reconciliación entre los partidos Baas de Iraq y de Siria, una jugada que Saddam creía que minaría su posición, ya que él había sido el responsable de la ruptura. El nuevo nombramiento de Shaijly era lo mismo que enviarlo al exilio, porque desde Estados Unidos le resultaría imposible influir en los acontecimiento de Iraq. Finalmente, Shaijly regresó a Bagdad cuando se jubiló y, después de que Saddam se convirtió en presidente, fue asesinado en 1980 cuando acudía a una oficina de correos en Bagdad para pagar la factura del teléfono.[24]

Sin embargo, otra explicación para la caída de Shaijly, que muestra una visión fascinante de las intrigas familiares que dominaban el santuario interno del Baas durante ese período, es la que ofrece el primo de Shaijly, Salah al-Shaijly, que se convirtió en el vicedirector de planificación de Saddam antes de escapar al exilio a finales de los años setenta. Según su versión de los hechos, Saddam y Shaijly eran amigos tan íntimos que aquél esperaba que éste se casara algún día con su hermana pequeña, Siham, como suele ser costumbre entre los hombres árabes. Aunque la familia Shaijly, en otros tiempos, habría rechazado totalmente la idea de permitir que sus hombres se casaran con alguien de una familia campesina de Al-Uja, Shaijly fue alentado por sus mayores para que considerara seriamente la boda con la hermana de Saddam, porque creían que el equilibrio de poder se había desplazado de la tradicional élite dirigente y ahora se hallaba entre los campesinos. Aunque Shaijly y Saddam eran íntimos, su relación era más profesional que personal. El urbano e inteligente Shaijly admiraba la bravura y las proezas físicas de Saddam, y lo veía como a alguien que aseguraría el éxito del partido Baas. Pero fuera de la política, Shaijly no buscaba la compañía de Saddam.

Tratándose de matrimonio, Shaijly podía haber estado dispuesto a complacer a Saddam, pero la situación se complicó aún más por el hecho de que el presidente Bakr, que tenía cinco hijas, estaba muy interesado en casar a alguna de ellas con una de las estrellas en alza del gobierno. En varias ocasiones, Bakr dejó escapar comentarios no muy sutiles a Shaijly acerca de que debería casarse con una de sus hijas. Entre la espada y la pared, Shaijly optó por casarse con una mujer de su elección, que no era pariente ni de Saddam ni de Bakr. Se dice que Saddam se molestó tanto que, aunque asistió a la boda, sólo permaneció media hora en la fiesta. Y al cabo de dos o tres semanas de su boda, Shaijly había sido desplazado del gobierno y obligado a exiliarse a Nueva York.[25] El hecho de que la carrera política de uno de los miembros más respetables del partido Baas pudiera ser destruida por un incidente como éste es una prueba de la fuerza de los lazos tribales y familiares que unían a la camarilla gobernante Baas, lazos que se hallaban en el fondo de muchas de las crisis que tendrían serias consecuencias para la estabilidad futura del régimen.

A diferencia de la destitución de Hardan al-Tikriti, al parecer Saddam desplazó a Shaijly sin resentimiento. La noche en que Shaijly fue destituido del gobierno, ambos fueron fotografiados en el restaurante Faruk de Bagdad. Al día siguiente, los periódicos de Bagdad publicaban fotos de portada de Saddam y Shaijly cenando alegremente juntos. Saddam intentó librarse de cualquier culpa por la destitución de Shaijly, que tenía muchos seguidores tanto en el partido como entre los militares. Incluso si la elección de novia hecha por Shaijly no hubiera empañado sus relaciones, es muy posible que Shaijly no hubiese continuado en el cargo por mucho tiempo. Según la opinión de Salah, la destitución de su primo tenía tanto que ver con el éxito que había conseguido en el gobierno de Bakr como con el supuesto insulto que le había infligido a Saddam al no casarse con su hermana. «Karim era una amenaza demasiado seria para Saddam. Era popular y tenía talento. Pero, como tantos de nosotros, debería habérselo esperado. Si hubiera hecho algo con respecto a Saddam entonces, la historia moderna de Iraq sería mucho más feliz.»[26]

La destitución de Shaijly y su salida de Bagdad, acaecidas al mismo tiempo que las purgas de Tikriti y Ammash de las fuerzas armadas, sacudió a toda la élite dirigente del país y reveló a Saddam como el poder más importante tras el trono del presidente Bakr. Si Saddam podía actuar contra Shaijly, entonces ningún baasí estaba a salvo. Como un acto final en la erradicación de la oposición baasí, en julio de 1973 Saddam arremetió contra Abdul Jaliq al-Samurrai, quien, al igual que Shaijly, tenía reputación de importante «teórico» y se lo consideraba un futuro candidato al liderazgo del partido. En julio fue encarcelado y se lo mantuvo en espantosas condiciones de confinamiento solitario durante seis años. Luego, unos días después de que Saddam hubo conseguido su ambición de proclamarse presidente de Iraq, fue sacado de su celda y fusilado.

El encarcelamiento de Samurrai estuvo relacionado con uno de los intentos más serios de derrocar el eje Bakr/Saddam. Gracias a los esfuerzos de Saddam, en 1973 la mayoría de los opositores al régimen habían sido suprimidos. Sin embargo, es fácil entender que el entusiasmo de Saddam por suprimir a sus rivales personales hubiera engendrado mucho resentimiento entre los miembros del partido que habían sobrevivido, especialmente ya que, en vista de lo ocurrido a sus colegas, sólo podían esperar un destino semejante. El profundo sentimiento de paranoia que Saddam había conseguido imbuir en el seno del gobierno desembocó en uno de los más estrambóticos, aunque no por ello menos peligroso, episodios de los primeros tiempos del gobierno baasí. Lo que hizo aún más remarcable el intento de golpe de estado a finales de junio de 1973 fue que lo orquestó Nadhim Kazzar, uno de los colaboradores más próximos a Saddam, cuya reputación se había consolidado mediante las brutales técnicas concebidas en el palacio del Fin para suprimir la disidencia.

En muchos aspectos, Kazzar, que compartía con Saddam las mismas desventajas de nacimiento, adquirió la misma brutal ambición y determinación que su colega. Hijo de un policía, provenía de Al-Amara, una de las comunidades más pobres y miserables del país. Kazzar, uno de los pocos chiitas en alcanzar alto rango en el Baas, se había afiliado al partido en 1959, cuando se trasladó a Bagdad para estudiar en el Instituto Tecnológico. Se distinguió como miembro del partido durante la persecución de los comunistas que siguió al golpe de 1963. Sus actividades en el palacio del Fin, durante las que inició al joven Saddam en el bárbaro arte de extraer información y quebrar el espíritu humano, fue tan impresionante que lo nombraron jefe de la Policía de Seguridad en 1969, a instancias de Saddam. Kazzar era en muchos aspectos el Beria del partido Baas. Intrépido e impulsivo, fue el responsable del arres-

to, la tortura y las ejecuciones secretas de varios cientos de opositores, incluyendo comunistas, kurdos, nasseristas, disidentes baasíes y cualquier otro grupo lo suficientemente temerario como para
desafiar al ala de Saddam en el Baas.

Como la reputación de Kazzar estaba fundada sobre la violencia, no resulta sorprendente que abogara continuamente por el
uso de métodos violentos para obtener objetivos políticos. Creía
que la fuerza era el único medio para tratar a los kurdos y los comunistas, y pidió repetidamente que se aplastara el aparato militar kurdo. En este aspecto entró en conflicto con aquellos baasíes, incluyendo al propio Saddam, que proponían una perspectiva menos
belicista, especialmente en el caso de los kurdos. Incluso si Saddam
no tenía ninguna intención de cumplir sus pactos con los kurdos,
ésa era su posición oficial.

Bajo la inquietud de Kazzar se ocultaba la creciente frustración del partido Baas por el hecho de que el país estaba dominado por una pequeña camarilla de oficiales del ejército y de tikritis,
mientras que la intención inicial de los baasíes cuando llevaron a
cabo la revolución de 1968 era formar un gobierno de base más
amplia. Kazzar y sus seguidores, que incluían a ideólogos del partido como Samurrai, querían convocar una conferencia especial del
Baas para elegir nuevos líderes. Si bien Kazzar podía tener buenas
razones para querer que el eje Bakr/Saddam fuera depuesto, la manera en que intentó conseguirlo dejó mucho que desear. Incluso
para lo habitual en el Iraq revolucionario, el plan que Kazzar concibió para hacerse con el control del país era especialmente dispa-
ratado. Como jefe de la Policía de Seguridad, creía que secuestrando
a los jefes del ejército y la policía civil podría conseguir el control
de todo el aparato de seguridad. Y si podía asesinar a Bakr y a
Saddam, entonces Kazzar podría persuadir fácilmente a sus cautivos de que lo secundaran (sus mejores argumentos de persuasión,
naturalmente, se hallaban en los sótanos del palacio de Fin), y entonces sería capaz de hacerse enteramente con el control del país.

El primer acto de este crédulo plan se puso en práctica la mañana del 30 de junio de 1973, cuando Kazzar invitó al general Hammad Shihab, ministro de Defensa, y a Saadun Ghaydan, ministro
del Interior, a inspeccionar un nuevo equipo de vigilancia electró-
nica que estaban instalando en un centro de espionaje y contraes-

pionaje que se construía a las afueras de Bagdad. Ghaydan explicó posteriormente que le sorprendió recibir una llamada de Kazzar, porque él ya había visitado anteriormente el centro.[27] De todas formas, Kazzar lo persuadió para que hiciera el viaje, y él salió de su oficina con su guardaespaldas. Cuando llegó al edificio, dejó al guardaespaldas fuera, «confiando en Kazzar como miembro del partido». En cuanto entró, cuatro policías de seguridad armados con metralletas lo rodearon y le dijeron que estaba arrestado. Lo llevaron a una celda subterránea donde lo dejaron, esposado, hasta la tarde. Poco después, Ghaydan se dio cuenta de que Shihab, el ministro de Defensa, estaba prisionero en una celda contigua. Cuando le preguntó por sus detenciones, Shihab le informó de que iba a producirse un alzamiento y que los habían encerrado «para su propia protección».[28]

Con Shihab y Ghaydan fuera de juego, Kazzar pasó al segundo acto de su plan, concretamente el asesinato de Bakr y Saddam. Su idea era matarlos cuando el avión del presidente Bakr aterrizara en el aeropuerto de Bagdad a las cuatro de la tarde, de regreso de una visita oficial a Polonia. Saddam estaría esperando en el aeropuerto para recibirlo, y Kazzar lo había arreglado para que un destacamento de su Policía de Seguridad estuviera allí para matarlos en cuanto Bakr saliera del avión. Sin embargo, el plan no funcionó, porque el avión salió tarde de Varsovia y luego volvió a retrasarse cuando aterrizó en Sofía para repostar, y Bakr descubrió que el gobierno búlgaro le había organizado una bienvenida inesperada durante su breve parada. Como resultado, eran casi las ocho de la tarde cuando el avión presidencial aterrizó finalmente en Bagdad, y para entonces, el jefe del destacamento, creyendo que habían descubierto la conspiración, había dispersado a sus hombres y se había dado a la fuga.

Mientras tanto, Kazzar se hallaba sentado frente a su televisor para contemplar el asesinato, porque la cadena gubernamental de televisión tenía órdenes de interrumpir la programación para informar sobre las actividades del presidente, incluso por algo tan nimio como su regreso de una visita de rutina a un sitio como Polonia. Cuando Kazzar vio descender a Bakr tranquilamente y desaparecer con Saddam en un convoy armado, supuso que habían descubierto su plan y decidió abandonar el país. Para garantizar su seguridad, Kazzar se llevó a Shihab y a Ghaydan como rehenes. El grupo abandonó Bagdad en una flota de coches blindados y se dirigió directamente hacia la frontera con Irán, donde Kazzar creía que los iraníes, a causa de sus desacuerdos con Bagdad sobre el futuro del canal Shatt al-Arab, le concederían asilo. Durante el camino, contactó con Bakr y se ofreció a reunirse con él para discutir sus diferencias contra el régimen, y para resolverlas pacíficamente. Entre sus exigencias, pidió una purga de «elementos oportunistas» en el partido, una clara referencia a Saddam. Kazzar amenazó con matar a Shihab y Ghaydan si no se cumplían sus exigencias. Bakr se negó a negociar y ordenó que capturaran a Kazzar, vivo o muerto. A Saddam le correspondió la tarea de atrapar a Kazzar, y respondió con entusiasmo al desafío. Una vez Bagdad estuvo seguro, el ejército y la fuerza aérea se desplegaron para detener a Kazzar antes de que alcanzara la frontera. Su grupo fue interceptado por helicópteros y cazas. Antes de rendirse, Kazzar ordenó a sus hombres que mataran a Shihab y Ghaydan: Shihab murió, pero Ghaydan, aunque gravemente herido, sobrevivió porque el cuerpo de Shihab cayó delante de él y detuvo la mayoría de las balas.

Desde el momento de su rendición, Kazzar debía de saber cuál sería su destino; su único consuelo fue que no tuvo que pasar por los horrores a los que normalmente eran sometidos los traidores en el palacio del Fin. Se reunió un tribunal especial de cuatro miembros del RCC, y el 7 de julio, ocho policías de seguridad y trece agentes, incluyendo a Kazzar, fueron sentenciados a muerte y ejecutados. Al día siguiente, otras treinta y seis personas fueron juzgadas, entre las que se encontraban dos miembros del Consejo del Mando Regional, Abdul Jaliq al-Samurrai y Muhammad Fadil. Para su desgracia, Kazzar les había telefoneado durante su intentona para informarles de lo que estaba pasando. El Tribunal Especial estimó que deberían haber pasado esa información a las autoridades pertinentes. El no haberlo hecho equivalía a traición, y fueron sentenciados a muerte, junto con doce personas más. A Samurrai, debido a su importancia como uno de los principales ideólogos del partido y gracias a que su expediente era inmaculado, se le conmutó la pena por cadena perpetua, pero los otros fueron ejecutados en cuanto se dictó la sentencia.

El aplastamiento del complot de Kazzar confirmó la posición de Saddam como el segundo hombre más poderoso de Iraq, después del presidente Bakr, un éxito formidable, teniendo en cuenta que inmediatamente después de la revolución de 1968 muchos baasíes lo habían considerado el «punto débil» del partido. En sólo cinco años se había deshecho de sus principales rivales, fueran amigos o enemigos, y había neutralizado las facciones hostiles al gobierno Baas, como los kurdos o los chiitas. Un importante baasí, que no había visto a Saddam en varios años pero se lo encontró en Bagdad durante esa época, le preguntó por qué no se lo veía mucho en público. «Me he estado encargando de todos los chacales», contestó Saddam enigmáticamente.

Después del complot de Kazzar, el Baas no perdió tiempo en reestructurar el gobierno para asegurarse de que la élite dirigente fuera aún más inexpugnable. Incluso mientras juzgaban a Kazzar y sus compañeros de conspiración, se convocó una reunión de emergencia de la cúpula del Baas en la que se acordó convocar nuevas elecciones, lo que permitiría que candidatos leales a Saddam fueran elegidos para el consejo de gobierno baasí. La Policía de Seguridad sería purgada y quedaría bajo el control de Saddam, por su fracaso en prevenir el golpe de Kazzar, y finalmente se decidió demoler el palacio del Fin, porque el partido estaba seguro de que ya no necesitaría las cámaras de tortura de Kazzar. El gobierno resolvió emprender una nueva política que consolidaría su posición suavizando las restricciones sobre las libertades civiles, y embarcarse en un programa de desarrollo social y económico, con el fin de crear una atmósfera de satisfacción en el país e inspirar confianza en el gobierno.

5. El constructor de la nación

Con el poder llegó la opulencia. Durante los dos primeros años después de la Revolución de Julio, Saddam había ocupado un pequeño despacho en el palacio presidencial, lo que era adecuado a su posición. Mientras su estatus en el partido mejoraba, también lo hacían sus dependencias, y a principios de los setenta se había trasladado a un despacho mayor en el edificio de la Asamblea Nacional, que también albergaba el Ministerio de Asuntos Exteriores. El complejo de la Asamblea Nacional, situado en el mismo recinto que el palacio presidencial, había sido erigido a finales de los años cincuenta, cuando estaba en boga la idea de crear instituciones democráticas en Iraq. Desde 1970, después de que Salih Mahdi Ammash hubo sido apartado del gobierno, Saddam se trasladó a su despacho, que previamente había sido utilizado por los primeros ministros iraquíes y disponía de una infraestructura de secretarios, consejeros, investigadores y asistentes. Saddam seguía trabajando muchas horas; llegaba a su despacho al amanecer y se quedaba hasta entrada la noche, pero sus desvelos, combinados con su extensa y omnipresente red de espionaje, le proporcionaban la ventaja de hallarse siempre un paso por delante de sus colegas.

Por primera vez en su carrera, Saddam era recompensado lucrativamente, y pronto desarrolló gustos caros adecuados a su posición de hombre fuerte del país. En común con muchos hombres ricos de orígenes campesinos, su principal interés se centraba en la ropa y los coches caros. Comenzó a frecuentar uno de los sas tres más caros de Bagdad, Haroot, que tenía sus locales en el distrito Chaakia de la ciudad y se hallaba muy por encima de los

precios que podían pagar la mayoría de los iraquíes. Más tarde, una
vez convertido en presidente, Saddam se permitía visitar a su sas-
tre con frecuencia, casi una vez a la semana, y encargaba varios
trajes a la vez. Su interés por los coches se limitaba a las tres o cuatro limusinas Mercedes del mejor modelo que compraba todos
los años en Kuwait, equipadas con el importantísimo aire acondi-
cionado, un requisito esencial para sobrevivir en el verano de Bagdad.

Saddam también debía acomodar a su creciente familia. En
1972, a sus dos hijos, Uday (1964) y Qusay (1966), se habían
añadido tres hijas: Ragda, que nació en 1967; Rana, en 1969, y
Hala, en 1972. Durante los primeros años después de la revolución de 1968, Saddam y su familia vivían en una gran casa en los
terrenos del palacio presidencial, que, aparte de albergar la principal residencia presidencial y la Asamblea Nacional, era un complejo enorme y fortificado que acomodaba a la mayoría de los principales miembros del régimen. La familia de Saddam vivía con
comodidad, y la mayoría de las casas estaba equipadas con piscinas y un montón de sirvientes. El acceso al complejo se ganaba cruzando uno de los dos puentes fuertemente vigilados situados a
ambos extremos del complejo: el Maullak, o «puente de los ahorcados» (por su proximidad a la plaza de la Liberación) o el Al-
Jamhuriyya, situado sobre el Tigris.

Ése también fue el período en que Saddam comenzó a adquirir tierras para erigir casas para él y su familia fuera de Bagdad. En
1970 comenzó la construcción de la primera de sus muchas casas,
y aprovechó su relación con Bakr para conseguir terrenos de primera. Con el tiempo, las casas se fueron haciendo tan espléndidas
que más eran palacios que casas familiares comunes, y años después se comenzaron a usar para propósitos muy diferentes de los
iniciales: almacenar el arsenal ilegal de armas de destrucción masiva. Rondaba, naturalmente, un fuerte olor a corrupción sobre las
fortunas amasadas por la nueva élite baasí. Salé Omar al-Alí, que
fue nombrado ministro de Información después de la revolución,
declaró que tenía que enfrentarse a una avalancha de quejas pro-
venientes de los miembros del partido en la región de Tikrit sobre
la cantidad de tierras que Bakr, Saddam y Jairallah Tulfah estaban
apropiándose. «Comenzó en pequeña escala, pero pasado un tiem-

po simplemente tomaban lo que querían —recuerda Alí—. Echaban a la gente de su tierra y los privaban de su sustento. Jairallah Tulfah era el peor, pero Bakr y Saddam pronto fueron iguales. Crearon mucho resentimiento entre los miembros comunes del Baas.»[1]

Siempre a punto para aprovechar la oportunidad de hacer propaganda, Saddam tenía interés en explotar la estabilidad de su vida familiar, que se retrataba deliberadamente en los medios de comunicación controlados por el Estado como un modelo para las aspiraciones de la clase media ascendente. Saddam puso especial énfasis en el hecho de que Sajida, su esposa, trabajaba a tiempo parcial como maestra mientras criaba a sus cinco hijos. Empezaron a aparecer fotografías de Saddam con su familia en la prensa gubernamental iraquí, incluyendo retratos de él jugando en el mar con sus hijos durante unas vacaciones. El desarrollo del culto a la personalidad de Saddam iba a ser una parte clave en su estrategia para conseguir el poder absoluto y, en ese momento temprano de su carrera, la campaña de propaganda se concentró sobre todo en la satisfactoria vida de familia de los Hussein. En las fotos publicadas en la prensa, la familia de Saddam parece auténticamente feliz, y a él no le hacía ningún daño que se lo presentara como el cabeza de la perfecta familia iraquí.

Saddam cambió incluso sus hábitos alimenticios. El pobre chico campesino de Al-Uja, que se había criado con una dieta de subsistencia compuesta de arroz y judías, desarrolló un gusto por la comida de estilo norteamericano, que se estaba haciendo muy popular entre la nueva burguesía emergente en Iraq. Le gustaban en especial las barbacoas, y su plato favorito eran las costillas asadas. Esto lo regaba con su bebida favorita, el vino portugués Mateus rosé, un caldo bastante dulce y desde luego no la elección más sofisticada para un futuro jefe de Estado. De joven, Saddam fumaba en pipa, una afectación que parece datar de su estancia en El Cairo. Sin embargo, gradualmente se fue pasando a los puros, que ha continuado fumando a lo largo de su carrera. Cuando no estaba trabajando en su despacho, comenzaba a frecuentar algunos de los restaurantes más elegantes de Bagdad, establecimientos que habían estado mucho más allá de sus posibilidades antes de que el Baas tomara el poder. Sus locales preferidos eran Dananir y Matam al-Mataam. Para relajarse, le gustaba ir de caza. A principios de los años setenta, sus compañeros de caza eran sus colaboradores políticos, como el jefe de la Policía de Seguridad, Saadun Shakir, y su hermanastro Barzan. Sus lugares favoritos eran Kut, Swika, Sammara, Al-Dur y Tikrit, y las expediciones de caza solían formar parte de su rutina semanal. Normalmente, lo acompañaba uno de sus guardaespaldas y algunos oficiales de partido. Los cazadores solían abatir sobre todo faisanes, que después asaban en una barbacoa. Saddam, que tenía reputación de ser un buen tirador, invitaba a su familia y amigos a una merienda al aire libre. Sin embargo, una invitación a una de las partidas de caza de Saddam no significaba que la futura carrera de un joven baasí estuviera asegurada; Saddam podía estar aprovechando la ocasión para identificar a cualquier posible futuro rival, o, aprovechándose de la atmósfera relajada, descubrir cualquier diferencia ideológica. Como mínimo dos de los compañeros de caza de Saddam hubieron de lamentar la experiencia; Tahir Ahmed fue ejecutado por traidor en 1969, y Saad Al-Sammurrai, asesinado en 1982.

Cuando no estaba cazando, su lugar favorito en Bagdad era el club Nadi al-Said, que puede ser literalmente traducido como «el club de caza» y está situado en el distrito Mansur de la ciudad. Desde la institución de la monarquía, Bagdad ha presumido de tener varios clubes de caza. Los británicos solían reunirse en el club Al-Alwiya durante el apogeo de la monarquía, y había varios clubes más, la mayoría situados cerca del Tigris y frecuentados por diferentes grupos sociales: en el club Hindya, por ejemplo, solían reunirse las familias cristianas, mientras que los miembros del nuevo club Al-Mansur provenían mayoritariamente de la nueva clase media emergente en Bagdad. Desde principios de los setenta, el club Nadi al-Sail solía ser asociado con la élite del nuevo gobierno. Aparte de confortables salones, en los terrenos, extensos e inmaculadamente cuidados, había una piscina, varias pistas de tenis e instalaciones para montar a caballo. El club también organizaba diversas actividades, como partidas de caza o fiestas sociales, para solaz de sus miembros. Era un lugar que la élite dirigente podía visitar en su tiempo libre para un merecido descanso.

Una vez se estableció firmemente en el poder, Saddam usaba el club como si fuera su feudo personal, tanto que a principios de los setenta, las autoridades proyectaron ampliar las instalaciones del club. Saddam se tomó un interés casi de propietario en los proyectos de construcción, y los viernes por la tarde, durante el fin de semana islámico, a menudo se lo podía encontrar inspeccionando el progreso de las obras. Fue un tiempo en el que la clase media iraquí se unía a los miembros veteranos del Baas para almuerzos tranquilos con sus familias en el club. Antiguos miembros de club recuerdan que lo más impresionante de las visitas de inspección de Saddam era el número de guardaespaldas que lo acompañaban. «Al menos había ocho hombres armados junto a él todo el rato. Normalmente llevaba dos guardaespaldas a cada lado y cuatro detrás. Nadie más en Bagdad necesitaba una protección así, y la presencia de los guardaespaldas le confería a Saddam un aire siniestro.»[2]

A pesar de su aspecto intimidante, Saddam se esforzaba en resultar encantador a los otros miembros del club. La tímida torpeza que marcaba sus primeros intentos de relacionarse socialmente en Bagdad parecía haber sido reemplazada por unos modales totalmente urbanos. El club de caza era su refugio, el lugar donde podía buscar reposo al final de un largo día de trabajo, o durante los fines de semana. Normalmente llegaba al club con algunos de sus colegas, como Abdul Karim al-Shaijly o Saadun Shakir, y los guardaespaldas. Se sentaba a una mesa, en un rincón, y charlaba tranquilamente con sus amigos mientras bebía whisky Johnny Walker etiqueta negra. La mayor parte del tiempo, Saddam prefería estar con sus propios compañeros y no se relacionaba demasiado con los demás miembros del club. A diferencia de los otros miembros masculinos, a menudo acompañados por sus esposas durante el almuerzo o la cena, a Saddam nunca lo acompañaba Sajida, incluso cuando el club organizaba alguna recepción social, como una cena con baile o un espectáculo de cabaret. Los únicos miembros de su familia que iban al club eran sus hijos, especialmente Uday y Qusay, que acudían los fines de semana y jugaban con los otros niños. Pero a Sajida, que debía de estar muy ocupada con sus cinco hijos, pocas veces se la veía en público, con excepción de sus apariciones esporádicas en la prensa de Bagdad.

A pesar de su reticencia, Saddam conocía a la mayoría de los miembros de club, y conversaba amablemente con ellos cuando era necesario. Como a principios de los setenta la mayoría de los miembros estaban al corriente de las actividades de las fuerzas de seguridad, incluso los intentos de Saddam de hacer algún chiste podían malinterpretarse fácilmente. Un antiguo miembro casado con una británica explicaba que un día se hallaba en el club con sus dos hijas pequeñas y les estaba hablando en inglés. Saddam los oyó, se acercó y comentó: «Creo que ya es hora de que les hable en árabe.» Saddam sonreía a la más pequeña mientras decía eso, pero el miembro del club, que tenía una posición importante en el gobierno Baas, no estaba convencido de que el comentario fuese simplemente una broma, y a partir de ese momento decidió hablar a sus hijas en árabe cuando estuvieran en público.[3]

Los primeros años setenta fueron un período en el que Saddam intentó cultivar una imagen pública favorable, y muchos iraquíes recibieron espontáneos actos de «generosidad» por parte del «señor delegado». Situada cerca del palacio presidencial, en medio del Tigris se halla una pequeña isla conocida localmente como «isla del Cerdo», que durante el verano se convierte en un popular lugar de pícnic para las familias de Bagdad. A causa de su proximidad al palacio, la isla estaba constantemente vigilada, por si se daba el caso de que los opositores intentaran utilizarla como base para un ataque contra el centro neurálgico del régimen. En varias ocasiones, familias iraquíes de pícnic en un día festivo vieron su fiesta interrumpida por Saddam, que aparecía en la isla con sus guardaespaldas en una lancha motora. Saddam iba de una familia a otra, presentándose e interesándose por su salud. Aunque el principal objetivo de sus visitas era comprobar que la isla no se utilizaba para ninguna actividad subversiva, intentaba de todas formas causar buena impresión. Cuando, por ejemplo, veía que los hombres en alguna familia estaban bebiendo whisky, enviaba a uno de sus guardaespaldas a la lancha en busca de una caja de licor, que amablemente repartía entre los asistentes. Si más abajo se encontraba con otro grupo que estaba bebiendo vino, enviaba a sus hombres a por una caja. Podrían ser gestos vacíos por parte de Saddam, pero le hacían ganar la reputación de alguien que se preocupaba por la gente corriente.

Ese opulento estilo de vida tenía que pagarse de alguna manera, y Saddam demostró ser un experto en explotar formas de ingresos poco convencionales para pagar tanto sus crecientes necesidades como las de sus fuerzas de seguridad. Una de sus primeras iniciativas fue la reinstauración de las carreras hípicas. Durante la monarquía, las carreras de caballos habían sido el deporte nacional y, a pesar de que apostar está considerado poco islámico, el juego le había generado unos saneados ingresos al gobierno. El puritano presidente Qassem había prohibido las carreras de caballos, pero cuando los baasíes se hicieron con el poder, Saddam abolió la prohibición. Apostar en las carreras de caballos estaba tolerado, y el astuto Saddam organizó un sistema según el cual parte de los beneficios de los nuevos sindicatos del juego se canalizaban hacia sus cuentas personales, lo que le permitía financiar sus propias necesidades y las de sus fuerzas de seguridad.

Sin embargo, el paso más importante en los esfuerzos de Saddam y los baasíes para costear sus grandiosos planes de modernización fue la nacionalización de la industria petrolera iraquí. Iraq posee las segundas mayores reservas de petróleo del mundo, después de Arabia Saudí; en los años setenta se estimaba que las reservas conocidas de Iraq eran de 130 billones de barriles, comparados con los 150 billones saudíes. En las condiciones de mercado adecuadas, las estimaciones decían que Iraq podía ser capaz de producir once millones de barriles al día. El petróleo iraquí, además, es muy barato de extraer, unos seis céntimos de dólar el barril comparado con los ocho céntimos por barril de Arabia Saudí. Desde la creación del Iraq moderno, el control de la industria petrolera se hallaba en manos de la Compañía Petrolera Iraquí (IPC), que en los años setenta era en realidad un consorcio que incluía a cinco de las compañías petroleras más importantes: BP, Shell, Esso, Mobil y Compagnie Française de Pétroles (CFP). Que el recurso fundamental del país estuviera en manos extranjeras había sido durante mucho tiempo una ofensa para generaciones de nacionalistas iraquíes, y muchos golpes de estado habían estado motivados por el deseo de que el gobierno tuviera el control de la fabulosa riqueza petrolera del país. Varias administraciones iraquíes habían realizado algunos esfuerzos para limitar el dominio de la IPC sobre la industria. El más notable fue en 1961, cuando el presidente Qassem le arrancó el control del 99,5 por ciento de la tierra a la IPC, que se negaba a explotarlo. En 1964, el presidente Arif estableció la Compañía Petrolera Nacional Iraquí (INOC) para mejorar las reservas de petróleo del país y venderlo en el mercado abierto, pero las compañías petroleras internacionales lo impidieron, cuando, entre otras medidas de castigo, se negaron a vender petróleo a los países que trataran directamente con el gobierno iraquí. Ésa era, en esencia, la situación que los baasíes heredaron tras llegar al poder en 1968, y Saddam, con el apoyo de Bakr, decidió resolver un asunto que se consideraba una desgracia nacional.

Desde 1971 asumió la responsabilidad de tratar con el consorcio petrolero, junto con Murtada al-Hadithi, el ministro para el Petróleo. La oportunidad para Saddam de enzarzarse en el enfrentamiento que los baasíes habían deseado llegó poco después, cuando la IPC decidió reducir la producción en Iraq en favor de otros países. La decisión de la IPC significaba que, de hecho, las compañías extranjeras estaban dictando los ingresos del gobierno iraquí, una posición intolerable para cualquier gobierno que se respete, y además olía a neocolonialismo. Era una provocación que la rama nacionalista del Baas, representada por Bakr y Saddam, no podía dejar pasar sin más. La manera en que Saddam planeó el curso de los hechos que desembocaron en la nacionalización de la industria petrolera iraquí es un instructivo ejemplo que permite estudiar sus habilidades, incluso en ese momento relativamente temprano de su carrera política, para manipular las circunstancias a su favor.

Durante algún tiempo, el partido Baas había estado considerando formar una alianza con un poder «no imperialista», y el candidato más prometedor era la Unión Soviética, de la que, perversamente, los baasíes no creían que albergara ambiciones imperialistas. Aunque Saddam y Bakr eran anticomunistas, se daban cuenta de que una alianza con Moscú les permitiría soportar cualquier presión que Washington pudiera ejercer sobre Bagdad. Aunque sentían poca simpatía por el comunismo y se habían pasado la mayor parte de la década anterior persiguiendo a los miembros del partido comunista iraquí, una alianza con Moscú tenía sentido diplomático para los baasíes. La vieja ambición de generaciones de rusos de alcanzar los cálidos mares del sur era una fuente de constante consternación para el sah de Irán, con quien Iraq compartía una frontera de mil seiscientos kilómetros. Una alianza con Moscú ayudaría a frenar cualquier instinto agresivo que el sah pudiera albergar contra Iraq, especialmente sobre asuntos tan delicados como el canal Shatt al-Arab, el único acceso de Iraq al Golfo y por tanto crucial para las exportaciones de petróleo. Desarrollar buenas relaciones con la Unión Soviética también brindaría a Iraq la oportunidad de hacer compras masivas de armas y mejorar sus fuerzas armadas. Ésa era una prioridad máxima para los baasíes, que sabían que necesitaban fortalecer su posición militar para defenderse contra los beligerantes iraníes, para participar totalmente en cualquier guerra futura contra Israel y para hacer frente a cualquier conflicto interno, como la eterna amenaza de los kurdos de declarar su autonomía. Los cimientos de una alianza con los soviéticos se habían colocado durante la visita de Saddam a Moscú en 1970 para resolver el problema kurdo, y en febrero de 1972 volvió a Moscú en calidad de emisario personal de Bakr para mantener una serie de reuniones con el primer ministro soviético, Aleksey Kosygin. La misión de Saddam debió de haber sido un éxito, porque, a pesar de las reservas soviéticas sobre el trato dado a los comunistas iraquíes, el siguiente abril Kosygin devolvió la visita, y en Bagdad firmó un tratado de amistad y cooperación bilateral. Una vez concluidas las formalidades, guiaron a Kosygin en una visita por los salones de mármol del palacio presidencial, acompañado de una atractiva rubia que Saddam le había conseguido.

Saddam fue obligado a realizar muchas concesiones desagradables a los soviéticos. El tratado garantizaba el acceso soviético a las bases aéreas iraquíes. Como compensación, los soviéticos accedieron a proporcionar entrenamiento a miles de oficiales iraquíes en academias militares soviéticas. También hablaba de la «armonización» de la política exterior soviética e iraquí, una manera educada de decir que los baasíes deberían recibir órdenes de Moscú en asuntos como las votaciones en las Naciones Unidas. A cambio, los soviéticos aceptaban ayudar a los baasíes a mantenerse en el poder y con sus planes de nacionalización. Años después, comentando el tratado, Saddam mostraría un punto de vista pragmático sobre las concesiones que había hecho a Moscú. «Nunca esperamos que los soviéticos nos ayudaran sin garantías de que nuestra amistad serviría a sus intereses estratégicos.»[4] A Saddam no le gustaba estar supeditado a una superpotencia, y los términos impuestos por los soviéticos tendrían un peso importante en sus futuras relaciones con Moscú.

Aun así, el pacto con Moscú lo colocó en una posición mucho más sólida para arremeter contra los consorcios petroleros extranjeros, puesto que la alianza le daba fuerza para enfrentarse a los barones del petróleo. Era consciente de que cualquier intento de romper la hegemonía del IPC sobre la industria petrolera iraquí provocaría reacciones hostiles, y que las grandes compañías petroleras intentarían forzar la sumisión de los iraquíes, como habían hecho en muchas ocasiones en el pasado. La alianza con Moscú, sin embargo, junto con la promesa de los soviéticos de que comprarían cualquier excedente del petróleo iraquí, aumentaba en mucho sus posibilidades de éxito. También lo ayudaron en gran medida las indicaciones que los responsables del petróleo iraquí habían recibido de Valéry Giscard d'Estaing, por entonces ministro de Comercio francés, en el sentido de que Francia no participaría en un boicot contra Iraq mientras los intereses franceses no se vieran afectados.

El 1 de junio de 1972, dos meses después de firmar el tratado con Moscú, el Baas nacionalizó la Compañía Petrolera Iraquí. La importancia de este hecho no puede exagerarse, tanto en términos de su impacto sobre Iraq y su futuro desarrollo como en la confirmación de la legitimidad del partido Baas. Sin petróleo, Iraq sería pobre; con petróleo, Iraq podía convertirse en una de las naciones más ricas del mundo. La nacionalización de la industria petrolera, una vieja aspiración de los nacionalistas iraquíes, y su implementación fue posiblemente el acontecimiento más revolucionario que había ocurrido en Iraq desde su creación. Gracias a la alianza con Moscú y la duplicidad de los franceses, la capacidad de protestar de los miembros expulsados del consorcio se vio limitada, especialmente después de que Saddam viajó a Francia a finales de junio y pactó con el presidente Pompidou. Éste se avino a aceptar la nacionalización a cambio de que se permitiera a las compañías francesas participar en el futuro desarrollo y explotación de los campos de petróleo iraquíes, y pudieran comprar el petróleo iraquí a un precio especialmente bajo.

Libre de las restricciones impuestas por la IPC, Iraq fue capaz de explotar una serie de campos de petróleo que la IPC se había negado a trabajar. El repentino aumento de la producción de petróleo produjo un masivo incremento en los ingresos del gobierno. Esos ingresos permitieron al Baas embarcarse en su ambicioso proyecto de transformar el país en un estado moderno y mejorar las condiciones de vida del pueblo iraquí. También financió el enorme incremento de las fuerzas armadas, que permitió doblar los efectivos y la capacidad del ejército entre 1970 y 1975.

Nadie era más consciente de las implicaciones revolucionarias de la nacionalización del petróleo que Saddam, que no perdió el tiempo en asegurarse la mayor parte de la gloria, al tiempo que conseguía no dañar el prestigio del presidente Bakr. Al fin y al cabo, Saddam era el artífice de las cruciales negociaciones tanto con los soviéticos como con la IPC. Después de discutir todas las opciones posibles con Bakr, Saddam había ideado personalmente el ultimátum que se le planteó a la IPC, sabiendo que se negarían a aceptarlo, y por tanto no dejando otra alternativa al gobierno que proceder a la nacionalización. Radio Bagdad emitió interminables consignas revolucionarias, como «El petróleo árabe para los árabes», y Saddam designó el 1 de junio de 1972 como «el día de la Victoria». Y afirmó: «Nuestra riqueza ha vuelto a nosotros.» Unos años después, hablando con uno de sus biógrafos oficiales, volvió a remarcar el papel que había desempeñado personalmente en la absorción de la IPC: «Todos los expertos y consejeros me previnieron contra la nacionalización; ninguno estaba a favor. Pero la decisión estaba tomada... Si hubiera escuchado al ministro para el Petróleo, la decisión nunca se habría tomado.»[5]

La participación personal de Saddam en la nacionalización de la IPC muestra cómo, ya en 1972, había desarrollado un amplio espectro de habilidades políticas. Como se ha visto, la nacionalización no ocurrió de la noche a la mañana. Es más, según los iraquíes que estuvieron estrechamente relacionados con el proceso de nacionalización, el plan para conseguir que la IPC pasara a manos de Iraq se concibió originalmente en 1970, y la mayoría del trabajo previo fue llevado a cabo por Murtada al-Hadithi, el ministro para el Petróleo, no por Saddam, un hecho que explica por qué posteriormente Murtada sería víctima de una purga. Los baasíes eran conscientes de que debían proceder con cautela; sabían que cualquier movimiento precipitado por su parte podría provocar que Occidente, el principal consumidor del petróleo iraquí, cerrara filas y boicoteara la exportación más importante del país, lo que pondría a Iraq de rodillas. Los baasíes fueron obstaculizados por la valoración del Ministerio para el Petróleo, que opinó que el país no estaba capacitado para dirigir su industria petrolera. Numerosos estudios económicos se llevaron a cabo para valorar cómo Iraq sería capaz de sobrevivir con un porcentaje dado de sus ingresos por el petróleo. Y siendo justos con Saddam, el consejo de sus asesores técnicos, hasta el momento de la nacionalización, era que Iraq no estaba preparado para dar un paso tan drástico. La clave del éxito radicó en el apoyo de los soviéticos, del que Saddam podía adjudicarse el mérito, y el apoyo de los franceses, del que no podía decir lo mismo.

En cuanto Saddam estuvo convencido de que la nacionalización era posible, destituyó a Murtada y asumió el control del proyecto. «Saddam quería meter mano en la riqueza petrolífera de la nación porque veía que ése sería su camino hacia la gloria —explica un antiguo funcionario iraquí que participó en el proyecto de nacionalización—. Después de recibir todo aquel asesoramiento técnico, fue Saddam quien tomó la decisión política.»[6] La forma en que Saddam tomó la histórica decisión de llevar adelante la nacionalización muestra cómo él, ya en ese momento de su trayectoria, era capaz de usar el aparato político de Iraq para sus propios fines. Aunque la decisión política era esencialmente de Saddam, antes de realizar su jugada se ocupó de asegurarse el apoyo total del presidente Bakr. Que fuera Saddam quien tomara una decisión tan importante, y no Bakr, dice mucho sobre cómo el equilibrio de poder en Bagdad se iba alejando del presidente en favor de su delegado. Después de conseguir el apoyo de Bakr, Saddam también se preocupó de asegurarse que su decisión contaba con el respaldo total del principal órgano decisorio del partido Baas, el Consejo del Mando Revolucionario, del que era vicepresidente. Se convocó una reunión del RCC, en la que Saddam recibió su total apoyo para llevar a cabo la nacionalización. Saddam quería estar seguro de que, si su apuesta por la gloria le salía mal, sería el partido Baas, no sólo él, el responsable de las consecuencias. Pero si la jugada tenía éxito, la gloria sería sólo para Saddam. Esta táctica de compartir el peso de la responsabilidad al enfrentarse a la adversidad iba a convertirse en un tema recurrente en su trayectoria política.

El papel de Saddam en la negociación del pacto de cooperación con Moscú y del programa de nacionalización del petróleo significó que, por primera vez desde que los baasíes tomaron el poder en 1968, su reputación se extendió fuera de Iraq. Con la guerra fría en su punto más álgido, las actividades del «vicepresidente Takriti del Consejo del Mando Revolucionario», como lo llamó el *New York Times* en 1972, para conseguir una «sólida alianza estratégica» con la URSS se consideraron un asunto de grave importancia en los círculos diplomáticos de Estados Unidos.[7] Las preguntas sobre la naturaleza precisa de la nueva alianza entre Bagdad y Moscú se intensificaron en la primavera de 1973, cuando las fuerzas iraquíes ocuparon un puesto fronterizo de Kuwait, avivando así de nuevo las demandas irredentistas de Bagdad sobre ese territorio.

Washington consideró la acción iraquí como parte de un plan de Moscú para desafiar los intereses petroleros norteamericanos en el Golfo, una importante preocupación para los políticos estadounidenses desde los años cincuenta. Esta sospecha persistió incluso después de que la disputa se resolvió con la mediación de los soviéticos, que tuvo lugar durante una visita de Saddam a Moscú, en marzo de 1973, y en la que mantuvo nuevas entrevistas con Kosygin sobre cómo mejorar la cooperación soviético-iraquí. El papel clave que Saddam había desempeñado en el programa de nacionalización no pasó desapercibido. Cuando Washington y Londres, indignados con el típico pacto galo que el presidente Pompidou había negociado con Bagdad para proteger los intereses franceses, amenazaron a París con una acción de castigo, Saddam respondió declarando en una entrevista con *Le Monde*: «No toleraremos que se cause ningún daño a Francia... Cualquier intento de dañar los intereses franceses se considerará un acto de hostilidad contra Iraq.»[8] El surgimiento de Saddam como el jugador clave del poder político de Bagdad fue reconocido tanto por el Departamento de Estado en Washington como por el Ministerio de Asuntos Exteriores en Londres, y poco después comenzaron a aparecer artículos en la prensa occidental en los que Saddam era descrito como el «Nasser» de Irak.[9]

Si el mundo exterior empezaba a fijarse en Saddam, los observadores extranjeros simplemente se ponían al día sobre la realidad política que se vivía en Bagdad desde 1970, cuando Saddam había conseguido deshacerse de sus principales rivales políticos, Tikriti, Ammash y Shaijly. Durante los dos años en que Ammash había sido viceprimer ministro, asesores del gobierno iraquí tuvieron contacto personal con Bakr, y casi todas las semanas se mantenían reuniones en el palacio presidencial. Oficialmente, Bakr era jefe de todos los departamentos y comités gubernamentales que trataban todos los aspectos de la administración, tales como la educación, la salud y el transporte. En la práctica, Bakr dejaba la dirección diaria en manos de Ammash y sólo presidía las reuniones para mantenerse al corriente de las cosas. Pero después de que Saddam se hizo con el cargo de Ammash, las reuniones en el palacio presidencial se volvieron cada vez menos frecuentes, hasta que finalmente dejaron de realizarse. Saddam se hizo cargo de todos los principales departamentos del gobierno, y presidía las reuniones clave de planificación, mientras que Bakr se alejaba más y más de la maquinaria del gobierno.

En este punto de su trayectoria, la obsesión de Saddam por la seguridad estaba comenzando a manifestarse. Los funcionarios que asistían a las reuniones en su despacho del edificio de la Asamblea Nacional tenían que someterse a varios controles. Saddam entraba por una puerta especial y oculta. Aunque gradualmente iba usurpando a Bakr en el seno de la administración, Saddam se cuidaba de no dar la impresión de que su posición era en ningún aspecto superior a la de Bakr. Se aseguraba de que su despacho fuera más pequeño que el de Bakr, y cuando viajaba por el país insistía en llevar menos guardaespaldas que él. En todo lo que hacía, Saddam llevaba cuidado de no ofender a su mentor. Cuando un departamento gubernamental debía tomar una decisión, Saddam visitaba a Bakr y, de forma amistosa, le sugería que debía autorizar un curso de acción concreto. Después de oír el análisis de Saddam sobre la cuestión, Bakr invariablemente refrendaba la decisión de su delegado, como ocurrió en la nacionalización de la IPC. Si por alguna razón Bakr no estaba de acuerdo, Saddam no solía enfrentarse a él directamente, pero lo manipulaba durante un tiempo, semanas si era necesario, hasta que conseguía su propósito.

El surgimiento de Saddam como la fuerza motora del régimen de Bakr todavía debía mucho al apoyo y ánimo que recibía de su presidente y compañero Tikriti, y sabía que no debía infravalorar ni la popularidad de Bakr ni su poder. En los años setenta, Bakr estaba en la cincuentena, y parecía satisfecho con mantener un papel de patriarca. Como uno de los últimos supervivientes de los Oficiales Libres responsable de la abolición de la monarquía en 1958, disfrutaba de un apoyo considerable en todo el país. Sin ser autoritario por naturaleza, Bakr presidía las funciones ceremoniales de su cargo mientras daba rienda suelta a Saddam para que consolidara la posición del régimen y eliminara a sus enemigos.

También se ha sugerido que, desde los inicios del gobierno baasí, Bakr no gozaba de buena salud. Ya en 1971 fue hospitalizado por —según la prensa iraquí— una «pequeña indisposición». Ésta puede ser una de las explicaciones de por qué Saddam, que gozaba de una salud de hierro, consiguió mucho más poder del que normalmente se otorga a un delegado, de forma que pronto fue capaz de situarse en una posición desde la cual sus servicios le resultaban indispensables a Bakr. Eso, naturalmente, era exactamente lo que había previsto el tío de Saddam, Jairallah Tulfah, cuando animó a Bakr a aceptar a su sobrino en los años sesenta. Al nombrar un delegado veinte años más joven que él, Bakr había calculado que podría estar muchos años en el poder antes de que la cuestión de su sucesión se plantease. Pero mirando en retrospectiva, parece que desde principios de los setenta el único plan de Saddam era hacerse con la presidencia a la menor oportunidad. Que Bakr le concediera más independencia de acción que la mayoría de los delegados suelen tener no quiere decir que no estuviera al corriente de las intrigas de Saddam, o de las ideas que se escondían tras ellas. Bakr estaba al tanto de la infraestructura de terror institucional que Saddam había construido bajo sus auspicios, y personalmente aprobaba el uso de la violencia —incluso de la barbarie del palacio del Fin— contra los enemigos del régimen. Y mientras Saddam se abría camino entre las filas de sus rivales políticos, gradualmente se hizo evidente para el público iraquí que el país estaba gobernado por un liderazgo dual entre Bakr y Saddam; ésos eran los hombres que tomaban las decisiones importantes, y por lo general a instancias de Saddam. Incluso si tenía el ojo puesto en la presidencia, en ese momento de su carrera Saddam se mantenía vigilante para no cruzar la raya en su relación con Bakr. En un discurso difundido por la radio iraquí a finales de 1971, por ejemplo, se desvivió en negar los rumores de que había usurpado la posición de Bakr: «Sé que algunos dicen que Saddam Hussein es el hombre principal de Iraq, pero tenemos un presidente que ejerce sus poderes constitucionales. Desde nuestro punto de vista, él es el número uno; más aún, lo consideramos como el padre y el líder.»[10]

El período que siguió a la nacionalización del petróleo fue crucial para el desarrollo futuro de Iraq, y Saddam decidió participar en todos los aspectos del plan maestro del partido Baas para modernizar el país. El Baas había conseguido un amplio apoyo popular en todo el territorio. El pueblo iraquí, en general, creía que por primera vez tenía un gobierno que no era ni una monarquía ni una junta militar, sino uno auténticamente comprometido en mejorar sus condiciones de vida. Saddam y el Baas estaban seguros de sí mismos. Saddam se había deshecho de la mayoría de sus rivales, y el Baas había neutralizado a la mayoría de sus enemigos políticos. La posición de Saddam como jefe de la infraestructura de seguridad también se afianzó gracias a un pacto secreto que había sellado con Yuri Andrópov, el jefe de operaciones del KGB soviético, para mejorar la calidad de las técnicas de vigilancia iraquíes.

Desde el momento en que se alzó con el poder en 1968, el Baas había intentado cumplir su promesa de redistribuir la riqueza del país más equitativamente, pero sus esfuerzos se vieron coartados por los escasos ingresos procedentes del petróleo. Incluso después de la nacionalización, todos los presupuestos departamentales tuvieron que ser severamente limitados para permitirles sobrellevar la esperada represalia de Occidente. Sin embargo, los precios del petróleo de la OPEP, que se habían cuadruplicado después de la guerra del Yom Kippur en 1973, ofrecieron a las autoridades iraquíes la oportunidad que estaban esperando, y les permitió cosechar los frutos de su nueva riqueza petrolera liberada.

Saddam, el constructor de la nación, era el presidente de todos los comités clave y el responsable del ambicioso plan baasí para modernizar el país. Él, más que nadie, sabía que la clave para aumentar su popularidad y la del partido estaría en cómo se repartiera esa nueva riqueza petrolera. En 1980, los ingresos por el petróleo alcanzaron los veintiséis billones de dólares, comparados con la cifra de 476 millones de dólares que se ingresaron poco después de que el partido Baas alcanzó el poder,[11] y este fenomenal incremento en los ingresos del gobierno era debido en su totalidad a la nacionalización de la industria petrolera llevada a cabo por Saddam. En 1968, el petróleo aportaba sobre el veintidós por ciento de los ingresos del país; en 1980, este porcentaje se había elevado hasta el cincuenta por ciento. Eso permitió al gobierno financiar los extensos programas de desarrollo que numerosos regímenes habían prometido pero ninguno había realizado. Sin embargo, la reestructuración de la economía impulsada por el Baas se iba a realizar en un estilo totalitario. El partido estableció tres objetivos principales: 1) la eliminación de una clase alta, e incluso media, dotada de riqueza y privilegios y una distribución más igualitaria de los ingresos y los servicios; 2) el establecimiento de una economía socialista, en la que el gobierno se convertía en propietario de los recursos nacionales y de los medios de producción, y 3) la diversificación de la economía, para permitir a Iraq tanta independencia económica como fuera posible.

Todos los proyectos, ya fuera edificar una nueva escuela u hospital, eran sometidos al escrutinio del personal de seguridad de Saddam, y todos los gastos propuestos requerían la autorización del Consejo de Planificación, del que Saddam era el presidente. Saddam firmó contratos con la URSS para ampliar la industria petrolera de Iraq. Y también con los franceses para construir enormes complejos industriales a la medida de sus necesidades, provistos de todo, desde el equipamiento en maquinaria y producción hasta los lápices del despacho del director. Negoció con los brasileños para construir ferrocarriles, con los belgas para instalar una factoría de fosfatos y con los yugoslavos, los búlgaros, los alemanes y los japoneses para conseguir alta tecnología y trabajadores cualificados. Construyó escuelas y una poderosa cadena de radio y televisión capaz de emitir propaganda baasí por todo el mundo árabe. Amplió las redes eléctricas hasta alcanzar las zonas más remotas del país. Toda esa actividad condujo a los observadores extranjeros a señalar a Iraq como una de las historias con éxito del Tercer Mundo. A diferencia de África, donde el dinero se solía gastar en proyectos que reportaran solamente prestigio, el plan maestro para una extensiva construcción de la nación estaba consiguiendo mejorar las condiciones de vida de los iraquíes comunes.

Incluso con la nueva riqueza petrolera manando incesante, Saddam la hacía valer. Su táctica predilecta era conseguir que las compañías occidentales y soviéticas pujaran las unas contra las otras sobre los diferentes contratos para que Iraq pudiera hacerse con el más beneficioso. Llamaba a esto política «no alineada», y su principal objetivo era conservar su independencia de acción. Sus experiencias con los soviéticos le habían enseñado los peligros de ser demasiado dependiente de un solo postor.

Se aseguró de que el influjo de extranjeros que se contrataba para trabajar en los diferentes proyectos de construcción no corrompiera la revolución baasí. Sus fuerzas de seguridad tenían órdenes de que las «influencias contaminantes» no tuvieran contacto con los iraquíes de a pie. Se vigilaba a los trabajadores extranjeros, a veces se los interrogaba, y se fomentaba la ausencia de contacto social con los iraquíes. Los periódicos y revistas extranjeros se confiscaban, y todos los trabajadores extranjeros debían solicitar visados de salida antes de abandonar el país; algunas veces estos permisos se negaban como una forma de intimidación. En 1974, Saddam explicó su filosofía para tratar con las compañías extranjeras a un grupo de periodistas árabes visitantes. «No tenemos ninguna reserva para tratar con compañías de cualquier parte del mundo, sobre una base que garantice el respeto de nuestra soberanía y asegure a ambas partes unos beneficios legítimos. Nuestro país cuenta con proyectos a gran escala, proyectos prodigiosos, y tenemos grandes ambiciones. La idea de que nos podamos aislar del resto del mundo para vivir con nuestros propios recursos es ajena a nosotros, y la desechamos categóricamente.»[12]

La mayoría de los técnicos y funcionarios iraquíes relacionados con los diferentes proyectos sabían que Saddam confiaba en su aparato de seguridad para mantenerse en el poder. A pesar de eso, estaban impresionados por su habilidad para entender hasta las explicaciones más complicadas. Salah al-Shaijly, el primo del depuesto ministro de Exteriores, era un economista que había estudiado en Inglaterra y trabajó como vicedirector de planificación para el Baas hasta que fue obligado a huir del país en 1977. Durante siete años asistió a reuniones semanales presididas por Saddam y, a pesar del dolor que Saddam ha causado a su familia, no ha modificado su opinión de que Saddam es un administrador de gran talento. «Podía captar una idea más de prisa que muchos técnicos —explicó—. Era capaz de hacer preguntas que incluso aquellos con doctorados no podían responder. Lo único que podíamos suponer era que dedicaba mucho tiempo a leer los informes. Pero incluso así era impresionante.» En las ocasiones en que Saddam no entendía algún detalle, pedía que se le repitiera «por el bien del resto del grupo que, como yo, estoy seguro de que agradecerían una pequeña aclaración». Las reuniones eran puramente de trabajo y no había señal de la amenaza que pesaba sobre tantas otras áreas de la vida iraquí. «No había ninguna sensación de intimidación —dice Shaijly—. Sólo cuando alguien estaba trabajando claramente por debajo de lo esperado surgía un problema.»

La modernización de Iraq se emprendió estrictamente bajo los términos dictados por Saddam. El «señor delegado» no se engañaba sobre el significado de las riquezas potenciales que estaban a punto de transformar el país para siempre, y tampoco infravaloraba la importancia de la riqueza petrolera iraquí más allá de sus fronteras. «Mientras tengamos petróleo, tendremos poder —gustaba de decir a sus hombres—. Quiero que Iraq tenga el último barril de petróleo del mundo. Cuanto más podamos hacer durar nuestro petróleo, durante más tiempo seremos considerados una potencia mundial.» Por esta razón rechazó despectivamente la sugerencia de uno de sus asesores de desarrollar los recursos en energía solar del país, una idea bastante razonable dada la fuerza del sol en las regiones desérticas de Iraq. «Si lo hiciéramos, el petróleo sería innecesario», fue la respuesta de Saddam.

En otras áreas, estaba fascinado con la ciencia y decidido a importar las tecnologías más modernas. En vez de seguir la tónica de los demás países del Golfo con riqueza petrolera, Saddam quería que Iraq fuese tecnológicamente autosuficiente. Su entusiasmo, sin duda, era contagioso, y los funcionarios y los científicos a los que se invitó a participar en este nuevo amanecer del desarrollo de Iraq se sintieron inspirados por su liderazgo. «Todos pensábamos que era maravilloso —recuerda Shaijly—. Lo bueno pesaba más que lo malo. Sabíamos que había censura y sabíamos las desagradables cosas que podían pasarte si tenías que vértelas con las fuerzas de seguridad. Pero para aquellos a los que nos dieron la oportunidad de reconstruir el país era muy emocionante.» Saddam siempre estaba a la búsqueda de nuevos talentos. Durante las reuniones que presidía, escuchaba con atención cuando algún recién llegado tenía que hacer una ponencia. En esas circunstancias, la primera impresión era crucial. Cualquiera que le causara buena impresión podía esperar una rápida promoción. «Saddam esencialmente estaba buscando gente joven muy cualificada y que fuera inteligente y valiente —explica el primo del defenestrado Shaijly—. Ésa era la gente que quería para que lo ayudara a modernizar el país. La lealtad la daba por supuesta. Después de todo, tenía su enorme aparato de seguridad vigilando constantemente a todo el mundo. Si alguien mostraba la más ligera señal de deslealtad, Saddam sabía exactamente qué hacer con él.»[13]

Cuando alguien le hacía enfadar, Saddam tenía una manera única de demostrar su genio. En el dorso de la mano izquierda tiene tres pequeños puntos tatuados, la señal tribal de un Tikriti que tiene marcada desde la niñez. Simplemente movía esa mano, poniendo los tatuajes en la dirección del ofensor, indicándole que debía abandonar la sala de inmediato. Posteriormente en su carrera, ese gesto se interpretó como una señal para que las fuerzas de seguridad arrestaran al desafortunado, a quien se llevaban para interrogar y a menudo no se volvía a saber de él.

La reforma agraria era una de las principales prioridades del Baas y el partido inició un amplio plan de redistribución de la tierra, dividiendo las grandes propiedades y creando una red de pequeñas granjas autosuficientes que debían unirse en cooperativas locales. No se pagó ninguna compensación a los antiguos propietarios de las tierras. En 1976, más del 71 por ciento de la tierra perteneciente al Estado había sido entregada a 222 000 nuevos granjeros, a los que se proveyó de equipo agrario moderno, mientras que el número de las cooperativas agrícolas se elevó de 437 en 1968 a 1 852 en 1976. El carácter igualitario del régimen se reflejaba en la educación, un tema especialmente importante para Saddam, y el número de estudiantes en los centros educativos se dobló a todos los niveles durante los años setenta.

Saddam se preocupaba especialmente por acabar con el analfabetismo adulto. En 1977, por ejemplo, al sentirse frustrado por la incapacidad de varias de sus propuestas educacionales para disminuir el nivel de analfabetismo entre los adultos, declaró el día del Conocimiento para persuadir a los iraquíes de que participaran en cursos de ámbito nacional para aprender a leer y escribir. Para asegurarse de que todo el mundo se inscribiera, amenazó con encarcelar a quienes se negaran a asistir. El sistema tuvo un éxito tal que la Unesco concedió a Saddam el premio Kropeska por promover su campaña para acabar con el analfabetismo.[14]

El país todavía dependía mucho de los ingresos de la venta del petróleo, y Saddam también estaba involucrado con los intentos del Baas para diversificar la economía y hacer al país más autosuficiente. Desde 1975, el gobierno preparó presupuestos de inversiones cuyo objetivo era desarrollar el núcleo de las industrias pesadas, como las del carbón, el petróleo y las instalaciones petroquímicas. La oficina de Saddam estaba íntimamente vinculada al desarrollo de la planta química, de acero y fertilizantes de Al-Zubair con una inversión de 45 billones de dólares, y el enorme complejo petroquímico de Basora. Saddam reclamó el mérito por la construcción de una red nacional de oleoductos que permitía al gobierno tener terminales petroleras en Siria, Turquía y Basora. Como parte del programa de desarrollo, la electricidad llegó a los pueblos más remotos. Los baasíes regalaban televisores y frigoríficos a las familias pobres, especialmente entre las comunidades chiitas del sur del país. Como parte de su política de liberalización social, los baasíes se comprometieron con la emancipación de las mujeres, y dictaron leyes que aseguraban la igualdad de salario y prohibían la discriminación laboral por razones de sexo. La ley de familia, conocida como Código de Situación Personal, fue revisada. Se hizo que la poligamia fuera más difícil de practicar, se permitió que las mujeres pudieran elegir libremente a su futuro esposo, en vez de que fuera la familia quien lo eligiera, y se les permitió el divorcio. En un tiempo en que, en la vecina Arabia Saudí, las mujeres ni siquiera podían estar solas en público, las mujeres iraquíes incluso podían alistarse en las fuerzas armadas y en el Ejército Popular.

Naturalmente, este ambicioso proyecto de desarrollo, que constituía una auténtica revolución social y económica, centró la atención sobre los responsables de su realización, y Saddam, que ya había descubierto la importancia del culto a la personalidad, fue el principal beneficiario. Las fotos de él y su familia se volvieron aún más frecuentes en la prensa iraquí, y la historia de su elevación al poder desde sus humildes orígenes en Tikrit se convirtió en leyenda. A los recién nacidos les ponían su nombre, y se dijo que miembros jóvenes del partido imitaban sus andares, su ropa e incluso su manera de hablar. Saddam aparecía continuamente en la televisión iraquí ofreciendo largos y deshilvanados monólogos que podían durar hasta cuatro horas y versar sobre una amplia gama de temas, desde la educación hasta la planificación familiar. El contenido quizá no fuera para quedarse extasiado, pero sus continuas apariciones en la televisión fortalecieron la impresión entre el pueblo acerca de quién estaba gobernando el país realmente. Además, Saddam merecía una buena parte del reconocimiento por los cambios progresistas que estaban ocurriendo en la sociedad iraquí. Para asegurarse de que todos los objetivos se cumplieran, organizaba «reuniones productivas» por todo el territorio, y hacía visitas personalmente para asegurarse de que las metas que había fijado en Bagdad estuvieran llegando a buen término.

La nacionalización de la industria petrolera y el tratado con Moscú provocaron un gran aumento de confianza en el Baas, y les permitió enfrentarse a los otros problemas políticos pendientes. El principal entre ellos eran los kurdos y las preocupantes relaciones que habían establecido con Irán, la pesadilla perenne de los baasíes. Para quedar bien con los soviéticos, a principios de los años setenta Bakr y Saddam, con bastante cinismo, habían introducido en el gobierno los restos del perseguido partido comunista, formando para ello el Frente Nacional Patriótico. Aunque Bakr y Saddam no tenían ninguna intención de dejar que los líderes comunistas iraquíes participaran en el gobierno, ese gesto de reconciliación agradó a los soviéticos, que respondieron intentando presionar a los kurdos para que cesaran sus protestas contra el Baas. Las relaciones ente los kurdos y el Baas ya eran muy tensas debido al intento de asesinato de Barzani en 1971, y se deterioraron aún más después de la nacionalización de la IPC, porque los kurdos afirmaban que los baasíes se habían apoderado del control de los campos petrolíferos de Kirkuk, lo que según ellos era una contravención evidente del Manifiesto de Marzo de 1970. Para presionar a los baasíes, Barzani flirteó con Estados Unidos, que no estaba nada contento con la nueva alianza estratégica entre Bagdad y Moscú y aún seguía furioso por la pérdida de la IPC. Barzani les aseguró que permitiría a compañías estadounidenses explotar los campos petrolíferos de Kirkuk si Estados Unidos apoyaba a los kurdos en su lucha por la autonomía. La amenaza que representaban los kurdos para la hegemonía baasí aumentó debido a que el sah, también preocupado por la nueva alianza entre Bagdad y Moscú y quien estaba siendo armado por Estados Unidos, estaba proporcionando a los líderes kurdos apoyo logístico y militar.

Para Saddam, la amenaza de los kurdos sólo era un intento por parte de «los agentes del imperialismo» de destruir todos los logros de la revolución baasí.[15] A Saddam le preocupaba que, lejos de buscar la solución en una autonomía, Barzani no se conformara con menos que la independencia total. El Kurdistán se aliaría entonces con países hostiles a Iraq, como Irán, Israel y Estados Unidos. Con ambas partes en posiciones tan encontradas, era inevitable una escalada del conflicto. Y finalmente las hostilidades comenzaron en la primavera de 1974, cuando los kurdos se rebelaron contra un intento de Bagdad de imponer el plan autonómico de Saddam, que había sido rechazado por Barzani. Inicialmente, las fuerzas armadas iraquíes se desenvolvieron bien, pero a finales de año fueron forzadas a ponerse a la defensiva para luchar contra las tácticas de guerrilla de los kurdos, bien armados e implacables. El intento iraquí fue entorpecido aún más por la negativa de los soviéticos, su principal proveedor de armas, de venderles armas y municiones nuevas. Moscú vio la oportunidad de castigar a los baasíes por las purgas contra los comunistas iraquíes. Con los norteamericanos apoyando a Barzani y los soviéticos negándose a ayudar a Iraq, una extraña alianza entre Estados Unidos y los soviéticos en medio de la guerra fría amenazaba el gobierno baasí. La posición iraquí se deterioró aún más cuando Irán entró en el conflicto del lado de los kurdos, incluso desplegando dos regimientos dentro del territorio iraquí.

Después de los triunfos diplomáticos de 1972, la guerra con el Kurdistán estaba convirtiéndose en la peor amenaza a que los baasíes se enfrentaban desde la toma del poder en 1968. Saddam, como el arquitecto del acuerdo que supuestamente iba a resolver el problema kurdo, era vulnerable, especialmente porque las pérdidas iraquíes seguían aumentando sin que hubiera ninguna señal de que se lograra nada. Saddam trató de ponerle buena cara al mal tiempo cuando en febrero de 1975 declaró que «la situación política y militar en las regiones del norte nunca ha sido mejor».[16] Pero las más de sesenta mil víctimas y el coste del conflicto amenazaba con llevar a la bancarrota la economía de Iraq; se necesitaba adoptar medidas drásticas si los baasíes no querían perder el poder.

La solución de Saddam fue entablar un diálogo con el sah; si podía persuadirlo de que los iraníes se desentendieran del conflicto, estaba seguro de que sus fuerzas serían capaces de acabar con la resistencia kurda. Sin embargo, dialogar con el sah no era tarea fácil. Las autoridades de Teherán estaban al corriente de las brutales tácticas empleadas por los baasíes para mantenerse en el poder, y el sah había denunciado públicamente el régimen de Bagdad como «un grupo de salvajes enloquecidos y sedientos de sangre». Además, el sah comprendía perfectamente la posición de poder en la que se encontraba, y estaba decidido a extraer todo lo posible del supuesto acuerdo. Durante mucho tiempo había deseado un tratado por el que Iraq reconociera formalmente el control iraní sobre el Shatt al-Arab, la ruta fluvial estratégicamente más importante en el extremo del Golfo. Iraq se había resistido vigorosamente a la demanda iraní, aduciendo que tal concesión pondría en peligro la capacidad de Iraq para exportar su petróleo. Es un indicio de la peligrosa posición en que se encontraba Saddam a principios de 1975 el hecho de que aceptara entrar en negociaciones con el sah sobre el Shatt al-Arab y otros territorios en disputa, durante una reunión con los ministros para el Petróleo en Argel. Las negociaciones fueron un éxito, al menos desde el punto de vista del sah, y el 6 de marzo de 1975, Saddam y el líder iraní firmaron el Acuerdo de Argel. A cambio de que Iraq concediera a Irán el control sobre el Shatt al-Arab, los iraníes aceptaban retirar su apoyo a los kurdos.

En el contexto inmediato del conflicto kurdo, la jugada de Saddam dio buenos resultados. Dos días después de firmar el Acuerdo de Argel, Irán retiró sus fuerzas del Kurdistán, y al cabo de dos semanas la rebelión kurda había sido aplastada. Saddam incluso recibió las alabanzas del sah, quien, después de acabadas las negociaciones, afirmó: «Saddam Hussein me ha impresionado favorablemente. Es joven y tiene ideas valientes.»[17] En todos los demás aspectos, el Acuerdo de Argel significaba una humillación nacional para Saddam y los baasíes, porque daba a Irán el control sobre la minúscula costa iraquí en el Golfo, el único acceso de la nación al mar. Con toda claridad, eso representaba una posición insostenible para Iraq, y una que finalmente desembocaría en el conflicto más sangriento de Oriente Medio. El ministro de Exteriores iraquí, Saadun Hammadi, resumió acertadamente los auténticos sentimientos de Bagdad sobre la capitulación en el asunto de Shatt al-Arab: «Era o eso o perder el norte del país.» Pero para Saddam el acuerdo era necesario porque, aparte de acabar con la rebelión kurda, había salvado su carrera política. Era bien sabido en Bagdad que Saddam había asumido personalmente la responsabilidad de resolver la cuestión kurda, y un fallo en este proyecto, especialmente después de la rebelión de 1974, habría acabado con su carrera. Ante la alternativa de sacrificar el interés nacional o su propia carrera, se decidió por la opción que aseguraba su supervivencia.

A pesar de todos sus fallos, Saddam consiguió convertir el acuerdo con el sah en un triunfo personal, otra corona de laureles que añadir a las que había cosechado con la nacionalización de la IPC y el importantísimo pacto de cooperación con Moscú. En muchos aspectos, 1975 es el año en que puede decirse que su inexorable marcha hacia el palacio presidencial comenzó en serio.

Aparte de poder presumir de esos triunfos diplomáticos, sus conocidos enemigos en la rama militar y civil del Baas habían sido neutralizados, y sus fuerzas de seguridad estaban por todas partes. Como el delegado oficial de Bakr, le consultaban en todos los asuntos políticos, tanto domésticos como exteriores. Aun así, Saddam calculó que era demasiado pronto para intentar llegar al palacio presidencial.

Esto no quiere decir que la idea no se le hubiera pasado por la cabeza. Como más tarde explicó a uno de sus biógrafos oficiales: «Es cierto que muchas cosas se habrían conseguido antes si yo hubiera sido presidente de la república cinco años antes. Eso también era lo que opinaba el presidente Bakr. Pero yo le contradecía porque no quería que dejara su cargo.»[18] El motivo de Saddam para no arrebatarle el trono a Bakr en 1975 era que, si lo hubiera hecho, podría haberse considerado un cínico oportunismo, aunque él mismo creía que habría sido lo correcto. «Si no me hubiera comportado con tanta moral, ¿qué podría haberle dicho al pueblo? Mi situación habría sido exactamente la misma que cualquier otra situación revolucionaria en el mundo o en un país árabe, sin una diferencia moral bien marcada. Si el que es mejor le arrebata el puesto al amigo y sólo persigue su propia recompensa, entonces habríamos sido como tantos otros movimientos revolucionarios, lo que se halla muy lejos de la verdad.»[19] Esos comentarios, realizados poco después de su proclamación como presidente, no se pueden tomar literalmente a la vista del tratamiento que sufrió Bakr con posterioridad. La verdad es que en ese momento de su trayectoria, Saddam no se sentía suficientemente seguro en su posición como para derrocar a Bakr. Uno de los rasgos más sorprendentes de la personalidad de Saddam es su innata cautela.

Su gradual ascenso a mediados de los años setenta estuvo acompañado por una mejoría paralela en la trayectoria del partido Baas. El Ejército Popular, la milicia del partido Baas que controlaba Izzat Duri, el delegado de Saddam en el RCC y uno de sus más devotos seguidores, aumentó el número de sus miembros hasta alcanzar unos ciento cincuenta mil. El partido Baas, que sólo tenía cinco mil miembros cuando se alzó con el poder en 1968, atraía a un número récord de nuevos militantes, ciudadanos comunes que veían su pertenencia al Baas como una forma de mejorar sus circunstancias. A finales de los setenta, el número de miembros del partido superó el millón, una cifra impresionante en un país con sólo doce millones de habitantes.[20]

Una vez fortalecida su posición dentro del partido y con los militares, Saddam sabía que para conseguir su ambición final de convertirse en presidente necesitaba el auténtico apoyo de pueblo iraquí en su totalidad. Una curiosa muestra de cómo pensaba en ese momento de su carrera la aporta un periodista británico que visitó Bagdad en 1975 y al que su intérprete del gobierno le dijo que «el hermanastro de Saddam y jefe de Inteligencia, Barzan al-Tikriti, le había pedido que consiguiera libros sobre la Alemania nazi. Creía que el mismo Saddam estaba interesado en ese tema, y no por ninguna razón relacionada con el racismo o el antisemitismo, sino como un ejemplo de la satisfactoria organización de toda una sociedad por el Estado para el logro de los objetivos nacionales».[21] Después de imitar el ejemplo de Stalin para crear un régimen totalitario, Saddam estaba mirando hacia Hitler para aprender a mejorar su popularidad.

Para preparar el camino de su ascensión final, creía que aún necesitaba colocar en su lugar varias piezas más; así, cuando llegara el momento de realizar su jugada, la oposición que pudiera encontrar sería inoperante. Su primer intento significativo de debilitar la posición de Bakr ocurrió en enero de 1977, cuando consiguió que diez nuevos miembros fueran elegidos para el Mando Regional del partido Baas, con los que Saddam contaría con una confortable mayoría de catorce de entre los veintiún miembros. Siete meses después, todos esos recién llegados serían nombrados miembros del RCC, y Saddam ya pudo contar con una mayoría decisiva en el órgano más influyente del Estado. Entre los que debutaban en la élite dominante del partido estaba uno de los pocos activistas baasíes cristianos, Tariq Aziz. Después de estudiar en la Universidad de Bagdad, donde obtuvo un máster en literatura inglesa, Aziz había iniciado su carrera profesional como maestro de escuela. En la década de los sesenta se había unido al partido Baas y luego lo había abandonado para volver a afiliarse en 1968. Era un hombre educado y culto que había conseguido apartarse de la violencia y el derramamiento de sangre que había llegado a caracterizar al partido Baas. Sentía un profundo interés por la política internacional y tenía la reputación de ser, al igual que Saddam, un ferviente anticomunista y convencido nacionalista árabe. En 1969, Aziz fue nombrado editor del periódico del partido, *Al-Thawra*, y en noviembre de 1974 pasó a ser ministro de Información. Durante su tiempo de editor se había mostrado como un aliado de Saddam, escribiendo editoriales en apoyo de su política. En 1976, por ejemplo, durante una de las eternas rencillas de Saddam con los comunistas, Aziz escribió simplemente: «No hay lugar para el comunismo en nuestro país.»[22] Cuando unos años después nació el hijo de Tariq Aziz, homenajeó a su mentor poniéndole su nombre.

Una vez arreglada la rama civil del partido, Saddam volvió su atención hacia la rama militar para asegurarse de que no representaba ninguna amenaza. Eso lo consiguió en octubre de 1977 al organizar el ascenso de su primo favorito, Adnan Jairallah, a ministro de Defensa. Adnan ya había sido elegido, al igual que Tariq Aziz, miembro del Mando Regional el mes de enero anterior, y de todos los planes urdidos por Saddam para aumentar su poder de base el nombramiento de Adnan fue sin duda el más significativo. Saddam había admirado a Adnan desde que había seguido su ejemplo y conseguido entrar a la fuerza en el sistema escolar iraquí. Después de que Saddam fuera a vivir a casa de su tío Jairallah en Tikrit, él y Adnan habían crecido juntos como si fueran hermanos. Se habían trasladado juntos a Bagdad, aunque Adnan, que tenía mejores calificaciones académicas, había cumplido la aspiración de cualquier escolar iraquí de inscribirse en la Academia Militar de Bagdad, mientras que Saddam había tenido que contentarse con una carrera en el mucho menos clamoroso partido Baas. Saddam se había casado con la hermana de Adnan, Sajida, mientras que Adnan, a instancias de su padre y de Saddam, lo había hecho con una de las hijas de Bakr. Es difícil imaginar un arreglo más incestuoso dominando la elite dirigente de una república moderna. En 1978, los lazos de familia y clan triunfaron, y Adnan se unió a Saddam en el gobierno. El nombramiento no debió de resultarle fácil a Adnan, que de hecho estaba minando la posición de su suegro. Hasta el nombramiento de Adnan, Bakr había mantenido la cartera de Defensa en sus manos, junto con otras muchas posiciones gubernamentales. La promoción de Adnan despojó a su suegro de una función ejecutiva crucial. También significaba que, en adelante, las fuerzas armadas estarían bajo el control de Saddam.

La promoción de Adnan a ministro de Defensa fue uno de

los muchos nombramientos que hizo Saddam para que los miembros de su familia y de su clan Tikriti gradualmente fueran tomando el control de la infraestructura de seguridad y defensa. Barzan, su hermanastro, ya era jefe de Inteligencia desde el asunto de Kazzar, y se había hecho cargo de algunos otros departamentos de seguridad. La Oficina de Seguridad Nacional estaba dirigida por el amigo de Saddam, Saadun Shakir —que ayudó a Saddam a escapar de la cárcel en 1966 y había sido miembro de su banda de matones, los *Saddameen*— y estaba bajo las órdenes directas de Saddam. Los otros dos hermanastros de Saddam, Watban y Sabaui, habían sido nombrados gobernador de la recientemente ampliada provincia de Tikrit y jefe adjunto de policía, respectivamente. Y Jairallah Tulfah, el padre del nuevo ministro de Defensa, era el alcalde de Bagdad. Cuanto más crecía el poder de Saddam, una mayor parte del gobierno era controlada por una camarilla íntima de Tikritis.

Con Adnan firmemente colocado al frente de las fuerzas armadas, se llevaron a cabo otra serie de purgas para erradicar los últimos vestigios del sentimiento antibaasí entre los oficiales militares. En el verano de 1978, Adnan dirigió su propia «operación de limpieza»; docenas de oficiales fueron purgados, incluyendo el jefe de la fuerza aérea y varios jefes de división, y más de sesenta miembros del personal militar fueron ejecutados.[23] En julio de 1978, el RCC promulgó un decreto que convertía en ilegal, bajo pena de muerte, cualquier actividad política no baasí en el seno de las fuerzas armadas. Al mismo tiempo que las fuerzas armadas sufrían una purga, Saddam estaba financiando un considerable aumento de la fuerza militar, sobre todo para contrarrestar la amenaza que suponía el beligerante sah. Saddam probablemente había pensado hacer algo para mejorar el ejército iraquí en el pasado, pero no lo había llevado a cabo porque no podía confiar enteramente en el estamento militar: al armarlos, el cauto Saddam habría considerado estar fortaleciendo a sus rivales políticos. A pesar de su fracaso personal de no ser admitido en la Academia Militar de Bagdad, Saddam había conseguido persuadir a Bakr, en 1976, de que le concediera el rango de teniente general (que insistía en tener de forma retroactiva desde 1972), el equivalente a jefe del Estado Mayor. Poco después de su toma de posesión como presidente, Saddam se nombraría mariscal de campo.

El nombramiento de Adnan en el Ministerio de Defensa significaba que Saddam tenía un mayor control sobre el ejército. Consecuentemente, entre 1977 y 1979 Iraq se embarcó en un desenfrenado gasto militar gracias al cual las fuerzas armadas adquirieron algunos de los sistemas de armamento más avanzados de los soviéticos, incluyendo 450 tanques T-52, una docena de cañones autopropulsados de 122 y 152 mm, bombarderos Tu-22, helicópteros Mi-24 y aviones de transporte II-76. Pero Saddam había aprendido la lección durante el conflicto kurdo sobre confiar excesivamente en los soviéticos para su equipo militar, y decidió buscar nuevos mercados. La alternativa más lógica a los soviéticos eran los franceses, que también les habían apoyado moralmente durante la crisis del petróleo. Así pues, las fuerzas aéreas iraquíes adquirieron cuarenta cazas Mirage-F1 de primera clase, y el potencial antitanque recibió un significante refuerzo con la compra de sesenta helicópteros Gazelle.[24] La mayoría de las compras las negoció un comité de tres personas que Saddam había establecido en 1974, y cuyo objetivo a largo plazo era garantizar la independencia de los suministros militares de Iraq. Presidido por Saddam, los otros miembros del comité eran su primo Adnan Jairallah y Adnan Hamdani, el viceprimer ministro, que iba a desempeñar un papel clave en la construcción del arsenal de armas de destrucción masiva. La toma del ejército por parte de Saddam y Adnan redujo significativamente el poder y la influencia del presidente Bakr, que cada vez más quedaba reducido a poco más que a una figura ornamental, de tal manera que a finales de los años setenta, los iraquíes llamaban abiertamente al palacio presidencial la «tumba del soldado conocido».

En 1977, la posición de Saddam era casi inexpugnable. Oficialmente, el país estaba gobernado por un triunvirato formado por Bakr, Saddam y Adnan, con su intrincada red de lazos tribales y familiares. Tanto es así, que la preponderancia de Tikritis en los puestos prominentes había impulsado al gobierno, en 1976, a calificar de ofensa que las figuras públicas usaran un nombre que indicara la tribu a la que pertenecían. Desde 1974, una combinación de mala salud y tragedias familiares convirtió a Bakr, como ya se ha visto, en una figura periférica, y la oficina de Saddam se transformó en el foco central del poder y de la toma de decisiones. La extensa organización del partido Baas, que alcanzaba a todos los pueblos y ciudades; la estructura de inteligencia, y los ministerios clave, que según la constitución debían su lealtad a Bakr, estaban a las órdenes de la oficina de Saddam.[25] Éste no ignoraba la importancia de su posición, y aparte de insistir en que siempre le llamaran «señor delegado», exigía una observancia estricta del protocolo en sus obligaciones públicas. Cuando, por ejemplo, estaba esperando fuera del despacho de Bakr, insistía en que uno de los ayudantes de Bakr invitara formalmente al «señor delegado» a entrar en el despacho presidencial. Ya sólo era una cuestión de tiempo antes de que convirtiera ese despacho en el suyo propio.

6. El terrorista

Después de Iraq, el mundo. Si Saddam podía dominar el escenario iraquí, entonces no veía razón que le impidiese convertirse en una figura dominante en el ámbito internacional. Incluso mientras esperaba a que llegara su momento como lugarteniente de Bakr, Saddam había adquirido el gusto por la diplomacia y, armado con la nueva riqueza petrolífera, estaba convencido de que el destino de Iraq era convertirse en una fuerza prominente de la política de Oriente Medio. Cuanto más poder adquiría en Iraq, más convencido estaba de que se lo debía tomar en serio como líder internacional. Había demostrado su habilidad como negociador en los acuerdos firmados con los soviéticos, los iraníes y los kurdos, aunque en los tres casos finalmente renegase de lo pactado. Saddam se veía como el heredero natural de Nasser, una poderosa figura capaz de liderar todo el mundo árabe. Pero si quería conseguir la gloria duradera que tanto ansiaba, iba a necesitar algo más que su habilidad en la mesa de negociaciones. Para competir con superpotencias como Estados Unidos y la Unión Soviética era esencial que Iraq desarrollara su poder militar. Y desde su punto de vista, eso significaba adquirir un arsenal de armas nucleares, químicas y biológicas.

La facilidad con que Saddam pudo fortalecer la capacidad militar no convencional de Iraq en los años setenta se debió en gran medida a la indulgente actitud que mostró Occidente hacia el régimen baasí, especialmente después de que la nacionalización del petróleo dio como resultado que varios ministerios de Bagdad nadaran en *petrodólares*. Iraq era un país rico, y las compañías occidentales, incluyendo los contratistas de defensa, hacían cola para establecer relaciones comerciales con Bagdad. El impacto de la nueva riqueza petrolífera iraquí se muestra en el espectacular incremento de los gastos militares, de quinientos millones en 1970 a 4,5 billones en 1975. Las compañías occidentales saltaron ante la oportunidad de explotar el nuevo mercado de armamento iraquí, especialmente después de que Saddam llegó a la conclusión de que su alianza estratégica con Moscú, que se había mostrado crucial a la hora de nacionalizar la IPC, ya no le era útil. Saddam estaba decidido a evitar lo que veía como la paralizante dependencia iraquí de la Unión Soviética para conseguir armas, y desde mediados de los setenta, controlaba el comité de tres miembros responsable de diversificar los mercados de armas para Iraq. Cuando Andrey Gromyko, el ministro de Exteriores soviético, se quejó de los nuevos métodos de compra de armas de Iraq, Saddam replicó sinceramente: «No me importa de dónde vengan mis armas. Lo que cuenta es que servirán para mis propósitos.»[1] Ese comentario resumía a la perfección su filosofía, y no sólo con respecto a la compra de armas.

Nadie parecía preocuparse demasiado por el brutal desprecio que el régimen mostraba hacia los derechos humanos, y a finales de los setenta, Iraq compraba armas a Francia, Italia, Alemania Occidental, Bélgica, España, Portugal, Yugoslavia y Brasil. Mientras que la Unión Soviética seguía siendo su principal proveedor, su porcentaje respecto a la adquisición total de armas bajó desde más de un 95 por ciento en 1972, cuando Saddam negoció el pacto de cooperación, a un 63 por ciento antes del inicio de la guerra con Iraq en 1980. Francia, que había sido el primer país occidental en hacer gestos conciliatorios a Bagdad después de la nacionalización de la IPC, fue el mayor beneficiario de ese cambio y se convirtió en el segundo proveedor de Iraq. En el verano de 1977, Iraq firmó su primera compra de armas con Francia, para que lo proveyera con cazas Mirage-F1, y al año siguiente pactaron la compra de helicópteros de ataque Alouette, misiles tierra-aire Crotale-I y equipo electrónico.

Desde el principio del desarrollo militar iraquí, Saddam dejó claro que no estaba sólo interesado en armas convencionales, y de mediados de los años setenta en adelante dedicó un importante esfuerzo en desarrollar las capacidades militares no convencionales de Iraq. Los primeros intentos de adquirir armas químicas y biológicas pueden situarse en 1974, junto con la creación del Comité de Planificación Estratégica, encargado de alcanzar ese objetivo y presidido por el propio Saddam. Los miembros de este comité eran los mismos que los del comité encargado de la compra de armas, Adnan Jairallah y Adnan al-Hamdani, un abogado que se convirtió en el pagador de Saddam y principal negociador. Hamdani había sido un protegido de Abdul Karim al-Shaijly, el antiguo ministro de Exteriores, a quien Saddam había enviado al exilio a la ONU en Nueva York en 1971 por negarse a casarse con su hermana Siham, como ya se ha visto en el capítulo 4. Saddam había entrado en contacto con Hamdani cuando éste trabajaba en uno de los comités de planificación e, impresionado por su agudeza mental y su habilidad técnica, lo promovió hasta convertirlo en su ayudante.

La primera iniciativa de Hamdani fue establecer contacto con una compañía de Beirut, regentada por dos empresarios palestinos, llamada Proyectos y Desarrollos Árabes (APD) y especializada en buscarle trabajo a árabes bien cualificados. Se estima que el número de científicos árabes reclutados por los iraquíes oscila entre varios cientos y cuatro mil. Egipcios, marroquíes, palestinos, argelinos, sirios y otros fueron persuadidos para que abandonaran buenos puestos de trabajo en Estados Unidos, Inglaterra, Canadá, Brasil y una docena más de países, y llevaran a Iraq sus conocimientos especializados. La mayoría fueron empleados en proyectos petroquímicos o de infraestructura, pero inevitablemente algunos se encontraron trabajando en proyectos científicos más delicados. La otra contribución clave que hizo la APD al desarrollo de Iraq fue su ayuda en la creación del sistema de educación universitaria, que reportaría a Saddam sus propios científicos para trabajar en los diversos proyectos armamentistas.

El interés inicial de Saddam por las armas biológicas se centró en la variedad bacteriológica, que era barata, relativamente sencilla de fabricar y potencialmente infalible. Un simple tubo de ántrax, por ejemplo, vaciado en el suministro de agua de una ciudad es suficiente, en las condiciones adecuadas, para provocar una epidemia a gran escala. Ésa era una arma terrorista, allá donde las haya. A petición de Saddam, Izzat al-Duri, un oficial baasí de alto rango que servía en el Consejo del Mando Revolucionario como ministro de Agricultura, viajó a París en noviembre de 1974 para firmar un contrato con el Institut Merieux, que se encargaría de montar el primer laboratorio bacteriológico de Iraq. La falaz justificación que ofrecieron los iraquíes para requerir tal instalación era la necesidad de manufacturar grandes cantidades de vacunas para desarrollar la producción agrícola y ganadera. La agencia oficial iraquí que hacía el pedido llevaba por nombre Dirección General de Servicios Veterinarios.[2] Nadie en Francia parecía preocupado en absoluto. Duri fue recompensado a su vuelta con una promoción, y pronto fue nombrado ministro del Interior, conservando su responsabilidad especial en materia de desarrollo «agrícola».

Una vez puestos los cimientos del programa de armas bacteriológicas, en 1975 el comité de Saddam decidió su siguiente paso: la adquisición de gas venenoso. En la reunión, Adnan Jairallah sostuvo que las armas químicas eran una «fuerza múltiple». A diferencia de los sofisticados sistemas electrónicos que estaban desarrollando las superpotencias, la tecnología de las armas químicas estaba al alcance de una nación en vías de desarrollo como Iraq. El comité decidió dedicar todos sus esfuerzos a la adquisición de la tecnología que les permitiera producir varios tipos de gases venenosos, entre los que se incluían agentes asfixiantes como el gas mostaza, y agentes nerviosos, como los más sofisticados gases tabún y sarín. El tabún había sido descubierto en 1937 por científicos que trabajaban para la compañía alemana I. G. Farben, de triste notoriedad durante la segunda guerra mundial por producir el gas que usaban los nazis en los campos de exterminio. Los científicos descubrieron que ciertos compuestos fosforosos orgánicos, fácilmente obtenibles, podían transformarse en un gas mortal que atacaba el sistema nervioso central. El Tercer Reich comenzó a producir grandes cantidades de ese nuevo agente nervioso, pero Hitler nunca se decidió a usarlo. Después de la guerra, I. G. Farben patentó el compuesto y lo llamó tabún.

El tabún y su primo hermano el sarín tienen una composición casi idéntica al fosfato orgánico paratión, un insecticida conocido y muy peligroso. El tabún y el sarín son tan mortales que una sola gota es suficiente para matar a un hombre. El gas nervioso también tiene la ventaja de ser inodoro e incoloro. Es fácil de producir y fácil de rociar, y mata de forma sencilla y eficaz. Ambos agentes pueden obtenerse partiendo de compuestos de fosfatos orgánicos, que a su vez derivan de diferentes tipos de fosfatos minerales. Para alegría de Saddam, Iraq tenía grandes depósitos de fosfatos en el desierto occidental, cerca de la frontera con Siria.

Para poner en práctica el plan de armas químicas, a finales de 1975 Saddam trasladó a Adnan al-Hamdani al todopoderoso Ministerio de Planificación, donde podría supervisar todo el desarrollo industrial de Iraq. El trabajo de Hamdani consistía en colar proyectos de armas estratégicas entre los grandes contratos que aparentemente tenían como objetivo desarrollar la industria civil y la agricultura. Para esa tarea contaba con la ayuda de dos miembros del Consejo del Mando Revolucionario, Izzat al-Duri, el nuevo ministro del Interior, y Taha al-Jazrawi, el ministro de Industria y Minería. Hamdani camufló astutamente el proyecto de armas estratégicas en el Segundo Plan Quinquenal de Iraq. Bajo el epígrafe «Desarrollo agrícola» escribió una breve nota pidiendo «la creación de seis laboratorios para el análisis químico, fisiológico y biológico». Para operar los laboratorios, el plan recomendaba la formación de cinco mil técnicos de compañías extranjeras. Bajo el epígrafe «Industrias químicas», el plan proponía la construcción de una planta de pesticidas en Samarra capaz de producir mil toneladas al año de compuestos de fosfatos orgánicos.[3] Desde hacía años, la mayoría de los países occidentales habían dejado de usar esos compuestos para controlar las plagas a causa de su elevada toxicidad. Los mismos materiales de fosfatos orgánicos forman la base de los gases nerviosos como el sarín y el tabún.

Aunque la APD había sido de gran ayuda para reclutar técnicos expertos, los iraquíes se dieron cuenta de que necesitarían asistencia exterior para conseguir su objetivo de ser autosuficientes en la manufactura de armas químicas y biológicas. Con este fin, Saddam creó el Instituto Al-Haythem en el distrito Masbah de Bagdad. Aunque el instituto estaba bajo las órdenes de Saddam, la dirección diaria le fue encargada a Saadun Shakir y al Mujabarat. El instituto estableció estrechos lazos con varios grupos disidentes palestinos como el Frente Popular para la Liberación de Palestina

(PFLP), que ayudaron a los iraquíes a adquirir material especial de países como Alemania Oriental.[4]

Se enviaron a Europa y Estados Unidos a los hombres responsables de la adquisición, disfrazados de representantes comerciales de diversas compañías. Lo más cerca que llegaron de engañar a un país para que les construyera una planta de gas venenoso fue cuando establecieron contacto, por medio de intermediarios franceses, con la Pfaulder Company, de Rochester (Nueva York), que se especializaba en la manufactura de equipo para mezclar productos químicos tóxicos. Creyendo que le pedían que montaran una planta para fabricar pesticidas, la Pfaulder envió dos ingenieros a Bagdad para reunirse con un equipo de funcionarios del Ministerio de Agricultura. Un amable funcionario iraquí les dio una detallada explicación de cómo los intentos de Iraq para desarrollar la productividad agrícola fracasaban ante la incapacidad de los agricultores de proteger sus campos contra de las langostas del desierto y otros insectos. «Un pesticida moderno podría arreglar eso», concluyó el funcionario. Los norteamericanos estaban impresionados, pero conscientes de las dificultades de producir pesticidas de alta toxicidad en el Tercer Mundo, propusieron construir una planta piloto para formar a los trabajadores locales e identificar las posibles áreas problemáticas.

Para ello, a finales de enero de 1976, la Pfaulder presentó la propuesta de una planta piloto. Aparte de contener detalladas especificaciones de diseño, indicaba el tipo de equipo necesario para mezclar productos tóxicos. Los iraquíes no querían construir una planta piloto, querían empezar la producción inmediatamente. La impaciencia de los iraquíes preocupó a los dos ingenieros, al igual que su insistencia en que, en cuanto la planta fuera operativa, querrían producir cuatro compuestos orgánicos de gran toxicidad: amitón, demetón, paraoxón y paratión. Esos cuatro compuestos son primos hermanos de los gases nerviosos y pueden transformarse fácilmente en armas letales. La gota que colmó el vaso para los norteamericanos llegó cuando los iraquíes les indicaron que querían construir cadenas de producción suficientemente grandes para conseguir mil doscientas toneladas anuales de esos productos. En una turbulenta reunión a mediados de 1976 en el hotel Waldorf-Astoria de Nueva York, los iraquíes dijeron que querían una planta operativa inmediatamente, y cuando los norteamericanos siguieron insistiendo en construir primero una planta piloto, los iraquíes se retiraron de las negociaciones.[5] De todas formas, no se fueron con las manos vacías. Los planos y especificaciones del proyecto piloto que les había entregado la Pfaulder eran suficientes para permitirles construir su propia planta.

Luego los iraquíes volvieron su atención hacia Europa. Saddam estaba convencido de que, si Iraq conseguía desarrollar la producción de armas químicas, podría lograr una independencia total de sus proveedores de armamento. A finales de 1976, se pusieron en contacto con dos compañías británicas, la Imperial Chemical Industries (ICI) y Babcock and Wilcox. De nuevo la tapadera iraquí era su interés en construir una planta de pesticidas capaz de producir amitón, demetón, paraoxón y paratión. Los iraquíes incluso les mostraron los planos proporcionados por la Pfaulder el año anterior, donde se mostraban los recipientes de reacción anticorrosión, los conductos y las bombas hidráulicas necesarias para producir los gases. Los dirigentes de la ICI sospecharon inmediatamente y rehusaron la oferta «debido a la delicada naturaleza de los materiales y el riesgo de darles un uso erróneo». Al mismo tiempo, la ICI informó al servicio secreto de inteligencia en Londres. Al haber fracasado en Inglaterra, los iraquíes visitaron dos compañías italianas, la gigantesca firma Montedison y la empresa de ingeniería Technipetrole. Ambas compañías han negado que ayudaran a los iraquíes a producir armas químicas, aunque han sido consignadas en las listas de proveedores de armas a Iraq redactada por el Comité de Relaciones Exteriores del Senado norteamericano. Aun desesperados por equipo y expertos, los iraquíes volvieron finalmente su atención hacia Alemania, la cuna espiritual del gas venenoso.

Durante una entrevista con Karl Heinz Lohs, el director del Instituto de Productos Químicos Venenosos de Leipzig, en Alemania Oriental, los iraquíes no tuvieron ningún reparo en expresar sus verdaderas intenciones: «Vosotros, los alemanes, tenéis mucha experiencia matando judíos con gas. Esto nos interesa por la misma razón. ¿Cómo puede usarse vuestra experiencia para destruir a Israel?» Lohs visitó varias veces Iraq para dar conferencias sobre los terribles efectos del uso de las armas químicas, aunque después reveló que sus visitas servían a las autoridades de Alemania Oriental como tapadera a efectos de introducir a sus expertos en Bagdad para ayudar al desarrollo del programa iraquí de armas químicas.[6]

La última pieza en el rompecabezas de las armas químicas tuvo que ver con la explotación de los depósitos de fosfatos en la región occidental de Iraq, que los iraquíes querían utilizar para la producción de gas nervioso. La compañía belga de ingeniería Syberta ya estaba contratada para construir una enorme mina de fosfato en Akashat. La extracción del fosfato en sí misma es una empresa totalmente aceptable para que la llevase a cabo un país como Iraq, y había muchos países, como Marruecos, que se habían convertido en importantes exportadores de fertilizantes, en el caso de Marruecos, fabricado a partir de depósitos de fosfatos situados en el Sahara. Después de que se hubo iniciado el trabajo en la mina, los iraquíes firmaron un segundo contrato para construir una planta de fertilizantes a 150 kilómetros, en Al-Qaim. Para trasladar la materia prima desde Akashat hasta Al-Qaim se contrató a una compañía brasileña para que construyera una línea ferroviaria. No se escatimó ningún gasto en el proyecto favorito de Saddam. Ninguna de las compañías extranjeras involucradas parecía preocuparse por las extrañas especificaciones que exigían los iraquíes, tales como fortificaciones de hormigón reforzado alrededor de ciertos edificios. Compañías británicas, francesas, norteamericanas, austríacas, alemanas, suizas, danesas y suecas contribuyeron con ayuda experta al proyecto de Akashat / Al-Qaim, todas creyendo que estaban ayudando a la construcción de una planta de fertilizantes. Pero el proyecto resultó un claro ejemplo de tecnología de uso dual. Agentes de inteligencia norteamericanos y británicos han confirmado posteriormente que la primera planta de gas nervioso iraquí se construyó en Akashat, con un coste estimado de cuarenta millones de dólares, y que una instalación diferente se erigió en Al-Qaim.

La construcción de la planta finalizó más o menos por la época en que Saddam se convertía en presidente, y durante los diez años siguientes éste pudo aprovecharse de los conocimientos especializados de varias compañías extranjeras para conseguir que Iraq produjera una cantidad importante de armas químicas, incluyendo una forma refinada de gas mostaza destilado, al igual que el agente nervioso tabún y el aún más potente VX. La fabricación de armas biológicas también aumentó considerablemente, hasta el punto de que Iraq pudo producir agentes tales como el ántrax, el tifus y el cólera. Resultó irónico como constataron los equipos de inspectores de las Naciones Unidas que tuvieron la misión de desmantelar las armas de destrucción masiva de Saddam después de la guerra del Golfo— que la mayoría de los elementos a los que intentaban seguir la pista provinieran de Europa o de Estados Unidos.

De todos los planes para desarrollar armas no convencionales, el predilecto de Saddam tenía que ver con el esfuerzo por adquirir un arsenal nuclear. Desde mediados de los setenta, Saddam y otros baasíes prominentes habían sermoneado sobre la necesidad de aprovechar al máximo los últimos descubrimientos científicos si querían convertirse en una nación moderna. «Para la nación árabe, la necesidad de avance científico es equivalente a la necesidad de vivir, porque es imposible que una nación tenga una existencia digna sin el respeto hacia la ciencia y un papel definido en su exploración y explotación», declaró Saddam. La ciencia jugaba un papel clave en el amplio campo de actividades económicas del Iraq de Saddam, desde el desarrollo de la industria petroquímica hasta el ambicioso programa de reconstrucción de carreteras, hogares e instalaciones públicas. Pero el área de la ciencia que más fascinaba a Saddam era la tecnología nuclear. En 1980, a uno de sus biógrafos oficiales se le ofreció la oportunidad de conocer a su familia. Durante la visita a la casa familiar, conoció a Uday, el hijo mayor de Saddam, y por entonces un precoz chico de dieciséis años. Uday le dijo al entrevistador que le gustaba la física y la química, y que quería ir a la universidad y estudiar física nuclear. La razón que dio para escoger esa carrera fue que «Iraq necesitará científicos en esa área una vez haya entrado en el club nuclear».[7]

En una reunión especial de su comité para la adquisición de armas, en 1975, Saddam había establecido el objetivo de conseguir armas nucleares antes de que pasaran diez años, por tanto, para 1985. Aparte del reconocimiento que confiere tener armas nucleares, había muchas otras razones por las que estaba tan empeñado en ese tipo de arsenal. Para empezar, en el mundo árabe existía la determinación de igualar la capacidad nuclear que, según todos creían, Israel había desarrollado después de comprar a Francia el reactor nuclear Dimona en los años cincuenta. También sería un elemento disuasorio contra cualquier amenaza futura por parte de Irán, un país tres veces mayor que Iraq. Saddam sabía que al unirse a Estados Unidos, Gran Bretaña, Francia, China y la Unión Soviética en la élite del «club nuclear», la posición de Iraq como indiscutible paladín del mundo árabe estaría asegurada.

Las autoridades iraquíes iniciaron su búsqueda de tecnología nuclear ya a finales de los años sesenta, cuando el gobierno de Arif compró un reactor experimental de investigación a la Unión Soviética. Los iraquíes construyeron su primer centro de investigación nuclear en el desierto, cerca de Thuwaitha, a unos doscientos cincuenta kilómetros al sur de Bagdad, para albergar el reactor de agua ligera IRT 200, que tenía un tamaño modesto. Después, los soviéticos mejoraron el reactor y formaron al menos a cien físicos nucleares iraquíes. Pero cuando, en abril de 1975, los iraquíes quisieron comprarles más tecnología punta, Brézhnev y Kosygin cortésmente rehusaron. Según el escritor palestino Said Aburish, que admite abiertamente haber ayudado a Saddam en su escalada armamentista en la década de los setenta, Saddam autorizó personalmente a sus agentes para que realizaran una búsqueda por todo el mundo de equipamiento adecuado: el mismo Aburish recibió instrucciones de ponerse en contacto con Energía Atómica de Canadá, con la que no tuvo éxito.[8] En su búsqueda de armas de destrucción masiva, Saddam fácilmente pudo ser asistido por oportunistas como Aburish quienes, aparte de conseguir sustanciosas comisiones, experimentaban «un sentimiento de júbilo especial» al ser parte del esfuerzo para crear «un equilibrio del terror» entre israelíes y árabes.[9] Sin embargo, los esfuerzos de Aburish y sus colegas no dieron grandes frutos.

Frustrado en sus intenciones por los rusos y por todos los demás con quienes estableció contacto, Saddam finalmente consiguió lo que buscaba cuando volvió su atención hacia su aliado internacional preferido, Francia. Saddam ya había establecido un fuerte entendimiento personal con Jacques Chirac, el primer ministro francés. Aunque había seguido fielmente el ejemplo de Stalin para instaurar un régimen totalitario en Iraq, en el fondo Saddam seguía siendo el nacionalista que su tío Jairallah le había enseñado a ser.

Por tanto, no resultó sorprendente que se sintiera atraído hacia un gaullista convencido como Chirac. El general De Gaulle, que había apartado a Francia de la estructura del mando militar integrado de la OTAN para no poner las armas nucleares francesas bajo el control de esta organización, era un hombre muy del gusto de Saddam. Los gaullistas predicaban que la soberanía nacional era sagrada, al igual que hacía la rama de Saddam dentro del partido Baas, y la tecnología nuclear, como Chirac y sus asesores aseguraban, era sobre todo un asunto de soberanía.

Saddam y Chirac habían consolidado un buen entendimiento durante las largas negociaciones que habían tenido lugar en 1975, cuando Iraq compró los nuevos caza Mirage-F1, una versión mejorada del aparato que Israel había usado para derrotar a los árabes en 1973. Durante una visita a París, en setiembre de 1975, para firmar la compra de los cazas, Chirac llevó a Saddam a recorrer la Provenza. De camino a la corrida de toros de Les Baux, el grupo se desvió de su ruta para permitir a Saddam visitar la central de investigación nuclear de Cadarache, al norte de Marsella. El Commissariat à l'Énergie Atomique (CEA) acababa de instalar el primer reactor experimental de reproducción rápida, al que llamaban Rapsodie. El principio básico de un reactor de reproducción rápida es «reproducir» más combustible nuclear del que consume. En el proceso, transforma importantes cantidades de uranio en plutonio, que entonces se puede procesar para fabricar armas nucleares. El motivo del interés iraquí en el reactor de reproducción rápida era evidente: obtener plutonio para fabricar bombas.

Al igual que con sus intentos de adquirir armas químicas y biológicas, los iraquíes aseguraban que querían utilizar la tecnología nuclear para fines pacíficos. A pesar de poseer las segundas reservas de petróleo más importantes del mundo, Iraq decía estar interesado en desarrollar una industria nuclear interna. Los franceses en principio aceptaron las explicaciones de Saddam, y se ofrecieron a venderle un reactor experimental Osiris y un modelo a escala llamado Isis, ambos capaces de reproducir pequeñas cantidades de plutonio apto para bombas. Saddam aceptó comprarlos con una condición: Francia tenía que comprometerse a entregar, en el momento de la puesta en marcha, el suministro de combustible necesario para el funcionamiento del reactor durante un año. Si se procesaba correctamente, ese combustible podría producir suficiente material para fabricar varias bombas del tamaño de la de Hiroshima.

El reactor era similar al que los franceses habían vendido a los israelíes en 1956. Como los socialistas franceses habían sido los responsables de proporcionar a Israel su reactor nuclear experimental Dimona, Chirac calculó que su partido gaullista tenía todo el derecho de proveer a los árabes de una tecnología similar. Mientras el resto del mundo intentaba mantener Oriente Medio como una región desnuclearizada, los franceses, a su inimitable manera, estaban concluyendo despreocupadamente la entrega a países mutuamente hostiles la capacidad de bombardearse hasta la extinción. Con el característico cinismo galo, el único interés de Chirac al vender un sofisticado reactor a Saddam «para aplicaciones pacíficas» era comercial; el reactor era el pago para conseguir que los franceses pudieran negociar con Bagdad en términos especialmente favorables, incluyendo concesiones petroleras, importaciones de coches franceses, y el entendimiento de que Iraq concluiría favorablemente la compra de una nueva generación de cazas Mirage. Nadie en el gobierno francés parecía preocuparse por la contradicción existente en el hecho de que un país rico en petróleo como Iraq quisiera convertirse en una potencia nuclear. Y Saddam no escondió sus intenciones. Entrevistado por el semanario libanés *Al Usbu al-Arabi* en setiembre de 1975, poco después de firmar el acuerdo sobre el reactor, declaró orgullosamente: «El acuerdo con Francia es el primer paso concreto hacia la producción de la primera bomba atómica árabe.»

Al principio, los iraquíes llamaron al reactor Osirak, pero luego lo bautizaron como Tammuz I y Tammuz II, el nombre del mes en que el partido Baas se alzó con el poder. Se dice que este cambio se hizo a petición del gobierno francés después de que la prensa satírica francesa hizo rimar Osirak con el nombre del primer ministro francés («O'Chirac»). Cuando el grupo regresó a París después de visitar la Provenza, Saddam insistió en celebrar el acuerdo preparando una fiesta especial para su aliado francés. El año anterior, durante una visita de Chirac a Bagdad, éste demostró un gusto especial por un pescado iraquí de río llamado *masguf*. Saddam ordenó a su cocinero que volara hasta Bagdad en el avión presidencial y volviera con una tonelada y media de ese pescado. Cuando el cocinero regresó, Saddam pidió al maître del hotel Marigny Palace, donde la delegación iraquí se alojaba, que preparara una barbacoa especial para Chirac, y mientras los guardias de seguridad de Saddam patrullaban por la cocina con sus metralletas, los cocineros pusieron manos a la obra para asar las enormes carpas a la brasa. Chirac, que tuvo que sufrir la humillación de que las cámaras de la televisión francesa lo filmaran comiendo golosamente el pescado, que se servía sobre papel de aluminio, al estilo de Bagdad, comentó más tarde a uno de sus ayudantes que la delegación iraquí había armado una buena en el Marigny Palace. «Todo el lugar apestaba a pescado quemado. Fue divertido, pero un verdadero lío.»[10]

Como resultado de la visita de Saddam, los negocios franceses vivieron una bonanza que potencialmente valía millones de dólares. Sólo la compra del reactor nuclear, que se firmó en Bagdad en noviembre de 1975, reportaba tres billones de dólares, a los que había que añadir los contratos de las plantas petroquímicas, las plantas de desalinización, un nuevo aeropuerto e incluso un servicio de metro para Bagdad; todo esto, además de las grandes ventas de armas que ya se habían negociado. La comunidad financiera francesa estaba tan apabullada por la abundancia que generaban las relaciones de Chirac con Saddam que lo llamaron «señor Iraq».

Mientras Saddam se preparaba para partir, Chirac pronunció un elocuente discurso. La política francesa, afirmó, «no está dictada únicamente por el interés, sino también por el corazón. Francia considera necesario establecer relaciones entre los productores y los consumidores en los términos que mejor se adecuen a los intereses de ambas partes».[11] El texto completo del Tratado de Cooperación Nuclear Francoiraní no se hizo público hasta pasados ocho meses. Una de las estipulaciones del tratado establecía que «cualquier persona de raza judía o religión mosaica» sería excluida de la participación en el programa, tanto en Iraq como en Francia. Según el tratado, Francia también se comprometía a formar seiscientos técnicos nucleares iraquíes, más que suficientes para un programa de fabricación de bombas.

Jidhin Hamza, uno de los científicos iraquíes que trabajó en el proyecto nuclear desde su inicio y que consiguió pasarse a Occidente en 1994, reveló que nunca hubo ninguna duda sobre las intenciones iraquíes. Según Hamza, desde mediados de los setenta, Saddam se hizo cargo personalmente de la Comisión de Energía Atómica de Iraq (AEC) después de haber conseguido reunir un equipo de científicos para fabricar la bomba.[12] La mayoría de los científicos iraquíes asignados a los proyectos de armas habían cursado estudios en Gran Bretaña, Estados Unidos y Canadá, y sus esfuerzos fueron facilitados gracias a la generosidad de la Comisión de Energía Atómica de Estados Unidos que, dentro del programa Átomos para la Paz, en 1956 había donado a la AEC una copia completa de los informes del proyecto Manhattan, el responsable de la fabricación de la primera bomba atómica en 1945. Hamza explicó que los iraquíes decidieron imitar a Israel, que había comprado un pequeño reactor nuclear y luego, clandestinamente, había cambiado su uso.

Sin duda, Saddam fue la fuerza principal tras el proyecto nuclear iraquí. Presidía las reuniones de la AEC con el mismo celo con que había presidido los otros comités gubernamentales que se ocupaban de la modernización de Iraq. Exigía a los científicos informes detallados sobre qué se iba a hacer para desarrollar la bomba. Leía los informes cuidadosamente y asimilaba por entero la información para luego, al reunirse con los científicos, hacerles preguntas pertinentes y penetrantes. Fue gracias a la iniciativa personal de Saddam que Iraq se aseguró una posición entre los miembros del consejo en la Agencia Internacional de la Energía Atómica (IAEA), el organismo responsable de controlar la industria nuclear. Saddam calculó que la IAEA sospecharía menos de sus «investigaciones» nucleares si Iraq jugaba un papel constructivo dentro de la organización. Saddam rechazó la propuesta de sus científicos de construir una «ciudad atómica» porque consideró que concentrar todos los recursos de la investigación nuclear en un solo punto lo convertiría en un blanco fácil para cualquier enemigo. Al igual que con el proyecto de armas químicas, quería repartir los recursos en varias localizaciones secretas en diversos puntos del país para protegerlos de un eventual ataque.

Después de conseguir el acuerdo para la compra de un reactor francés, Saddam envió a Hamza y a un pequeño grupo de especialistas iraquíes a Saclay, el cuartel general de la agencia francesa de la energía atómica, a las afueras de París, para resolver los detalles técnicos. Cuando los científicos iraquíes fueron incapaces de ofrecer una explicación convincente a sus colegas franceses de para qué necesitaban un reactor nuclear, los franceses respondieron doblando el precio. Pero aunque los franceses no veían nada malo con el pacto nuclear, en cuanto éste se dio a conocer públicamente les llovieron las protestas internacionales, especialmente de Israel, Gran Bretaña, Arabia Saudí y Siria. Como una concesión a sus críticos, el presidente Giscard d'Estaing ordenó a la agencia atómica francesa que produjera un combustible «limpio» para el reactor Tammuz, lo suficiente para hacerlo funcionar pero inútil para la producción de armas. Saddam se enfureció, y amenazó con cancelar todas las demás transacciones comerciales si los franceses no cumplían los términos del tratado original. Finalmente se llegó a un compromiso y los franceses aceptaron suministrar el material original, pero en remesas más pequeñas. Para prevenir problemas futuros con los franceses, en 1979 Saddam negoció secretamente un tratado de cooperación nuclear de diez años con Brasil, que comprometía a los brasileños a suministrar a Iraq grandes cantidades de uranio natural y poco enriquecido, tecnologías de reactor, equipamiento y formación. Además, agentes de inteligencia estadounidenses han afirmado que Saddam firmó acuerdos nucleares secretos con China e India, aunque no se ha publicado ningún detalle. La única pieza de equipamiento que le faltaba a Saddam para completar su aventura nuclear era un laboratorio de reprocesamiento, necesario para extraer el plutonio del combustible usado por el reactor. Solucionó ese detalle en abril de 1979, cuando la compañía italiana Snia Techint, una subsidiara del grupo Fiat, accedió a vender cuatro laboratorios nucleares a la Comisión de Energía Atómica Iraquí. El acuerdo italiano proporcionaría a los iraquíes suficiente plutonio en un año para fabricar una bomba, y el proyecto estaría preparado para ponerse en marcha a finales de 1981.[13]

El esfuerzo para conseguir la bomba iraquí siguió durante todos los años setenta, mientras los agentes de seguridad de Saddam inspeccionaban y vigilaban estrechamente a los científicos implicados en el proyecto. En una ocasión, Saddam llegó al centro principal de investigación para hablar a los científicos sobre la necesidad de realizar su tarea en absoluto secreto. «Un científico debe ser consciente de la seguridad o de lo contrario es inútil —afirmó Saddam—, y no lo queremos. La seguridad debe ser lo más importante para vosotros y puede adoptar muchas formas. Una manera es pretender que no sabéis demasiado.»[14] La insistencia de Saddam en que los científicos trabajaran en completo secreto obstaculizó el ritmo del proyecto, porque los científicos estaban aislados de sus colegas en el extranjero y de los últimos desarrollos y controversias científicas. Las posibilidades de éxito del proyecto no mejoraron cuando, en abril de 1979, los núcleos de los reactores iraquíes fueron seriamente dañados en un acto de sabotaje realizado por agentes israelíes en la planta de Seyne-sur-Mer, cerca de Toulon, donde los estaban montando. El ataque recibió el nombre de operación Big Lift, y los israelíes colocaron cuidadosamente los explosivos para causar el máximo daño al núcleo de los reactores sin dañar el resto del complejo.

El otro obstáculo que encontró el proyecto fue que no todos los científicos sabían que estaban trabajando para fabricar una bomba. Eso se hizo evidente a finales de 1979, cuando Saddam, poco después de convertirse en presidente, hizo una visita sorpresa a la oficina central de la AEC, situada en un complejo militar al sur de Bagdad. Los científicos se percataron de la inminente llegada de Saddam cuando, de repente, aparecieron guardias armados que cerraron las puertas y se apostaron en las entradas; luego recorrieron el lugar con pastores alemanes entrenados para detectar explosivos en busca de cualquier artefacto. Finalmente, un cortejo de Mercedes negros, cargados con agentes de paisano y armados con ametralladoras, se detuvo junto al complejo. Saddam entró en el edificio, se dirigió a la oficina del director de la AEC, Abdul Razzaq al-Hashimi, y le ordenó que reuniera al personal más importante. Cuando estuvieron reunidos, Saddam se saltó los preliminares y fue directo al grano. «¿Cuándo entregaréis el plutonio para la bomba?», preguntó. El plutonio era crucial para el éxito del proyecto, y los reactores franceses se habían comprado para que los iraquíes dispusiesen de su propio suministro de ese material restringido internacionalmente. La responsabilidad de producirlo —una tarea científica arduo complicada— se le había otorgado a

Hussein al-Shahristani, un brillante científico iraquí experto en la activación de los neutrones. Pero mientras que Shahristani estaba a cargo de la extracción de plutonio, nadie le había dicho que estaba trabajando en la fabricación de una bomba atómica. «Bomba, no podemos hacer una bomba», respondió el sorprendido científico. Entonces empezó a explicarle a Saddam que sería imposible obtener de los reactores franceses plutonio para armas porque «están bajo el tratado de no proliferación nuclear, y contravendremos nuestras obligaciones internacionales». Saddam miró al desgraciado científico con desprecio. «Los tratados son asunto de nuestra incumbencia —replicó—. Ustedes, como científicos, no deben preocuparse de esas cosas. Debería estar haciendo su trabajo y no poner esa clase de excusas.» Entonces Saddam inclinó la cabeza, una señal para que sus hombres se llevaran a Shahristani. Mientras sacaban al tembloroso científico de la sala, Saddam se volvió de espaldas.[15] Llevaron a Shahristani al cuartel central del Mujabarat, el servicio de inteligencia interior, en el distrito de Mansur en Bagdad, donde lo torturaron tanto que sus hijos no reconocieron su rostro hinchado cuando se les permitió visitarlo. Finalmente fue sometido a un juicio pantomima por un tribunal especial de seguridad y encarcelado de por vida.

La principal motivación de Saddam para la adquisición de armas de destrucción masiva era su deseo de que Iraq fuera autosuficiente en armamento y una fuerza dominante tanto en la política regional como internacional. Las armas químicas y biológicas reducirían la dependencia de los proveedores de armas extranjeros y le permitirían defenderse en caso de ataque; las armas nucleares convertirían a Iraq en la primera superpotencia árabe, capaz de dominar a sus vecinos y, con el tiempo, de cumplir el viejo sueño baasí de crear una república árabe unida, liderada, naturalmente, por Saddam Hussein. Durante la segunda mitad de los años setenta, el principal interés de Saddam todavía era consolidar la revolución baasí en Iraq, pero, de todas formas, tenía ganas de implementar la doctrina baasí fuera de las fronteras de Iraq bajo sus auspicios. «La gloria de los árabes parte de la gloria de Iraq —declaró en una ocasión—. A largo de la historia, siempre que Iraq fue

poderoso y floreciente, también lo fue la nación árabe. Por eso estamos empeñados en construir un Iraq poderoso, formidable, capaz
y desarrollado, y en esa empresa no escatimaremos ningún esfuerzo para mejorar su bienestar e iluminar la gloria de los iraquíes.»
Saddam continuó acariciando la idea de heredar el sitial de Nasser como líder árabe radical, pero reconocía las limitaciones de su
país, especialmente cuando se trataba de enfrentarse a Israel. De
momento, Saddam se contentaba con un enfoque pragmático;
como admitía públicamente, la liberación de Palestina por medios
militares no era factible antes de construir un «Iraq científica,
económica y militarmente fuerte».[16]

En su deseo de dominar el panorama árabe, resultaba inevitable que Saddam finalmente se viera envuelto en las intrigas del
conflicto árabe-israelí. Hasta ese momento, Iraq no contaba con
un historial distinguido de intervenciones en las diferentes guerras contra Israel. La fuerza que envió para ayudar a los árabes palestinos en la lucha contra el establecimiento del Estado de Israel, en
1948, tuvo tan pésimo desempeño que el gobierno acabó siendo
acusado de estar en colusión con los británicos para entregar Palestina a los judíos. En 1967, una fuerza expedicionaria iraquí fue
incapaz de impedir que los israelíes infligieran un severo bombardeo a los árabes. Y en 1973, en la guerra del Yom Kippur, no
mejoraron demasiado. Iraq envió treinta mil soldados y una división acorazada para ayudar a los sirios, que estaban combatiendo
para expulsar a los israelíes de los Altos del Golán, pero la falta de
medios de transporte para tanques hizo que éstos llegaran demasiado tarde. Los sirios, que habían comenzado las hostilidades sin
informar a los iraquíes de sus planes, recibieron con frialdad a los
refuerzos iraquíes. Ni siquiera les dieron mapas, sólo vagas indicaciones de la situación del frente. Los iraquíes fueron un blanco fácil
cuando los israelíes atacaron. Perdieron más de cien tanques y tuvieron un número muy elevado de victimas. Saddam se quejó de
que, durante la batalla, tuvo que seguir las noticias por la radio para
poder averiguar la suerte de los iraquíes. En cuanto la lucha acabó, retiró enfadado sus tropas de Siria.

Sin embargo, la liberación de Palestina del control sionista
continuó siendo el asunto más apremiante. Al no poder contar con
la opción militar, en los años setenta los estados árabes habían adop-

tado otra forma más barata y efectiva de hacer la guerra: el terrorismo. Al igual que ocurría con las armas químicas, las células terroristas eran baratas de organizar y terriblemente perjudiciales para el enemigo. Aunque los movimientos extremistas palestinos habían estado involucrados en el terrorismo internacional desde finales de los sesenta, la participación de Iraq había sido, como mucho, periférica; por ejemplo, la falta de apoyo de Iraq al movimiento Al-Fatah de Yasser Arafat durante el Setiembre Negro de 1970 en Jordania no había sido olvidada por el dirigente de la OLP. El otro factor en contra de los intentos de Iraq de implicarse directamente en la lucha por la liberación era que, a diferencia de Jordania, Siria, Líbano y Egipto, no tiene ninguna frontera común con Israel, y a los grupos palestinos les resultaba complicado dirigir sus operaciones desde Bagdad, porque había que pasar a través de un país intermedio para alcanzar el blanco israelí.

El momento decisivo para Saddam llegó en el período siguiente de la guerra del Yom Kippur, en 1973, cuando la famosa diplomacia de Kissinger, el secretario de Estado, consiguió persuadir a Anuar el Sadat, el nuevo presidente egipcio, a participar en conversaciones de paz con Israel, un proceso que daría como resultado el tratado de paz de Camp David. Arafat también parecía respaldar la iniciativa egipcia. Ansioso por aislar a los egipcios y presentarse como un régimen verdaderamente radical, el gobierno iraquí intentó forjar su propia alianza con los palestinos. Para ello, los iraquíes llegaron a invitar a Arafat a unirse a su gabinete con el cargo de ministro para asuntos palestinos. Los iraquíes también prometieron a los palestinos una ayuda financiera importante. Arafat, que todavía estaba enfadado con los baasíes por no respaldarlo durante el Setiembre Negro, y que no estaba interesado en que los iraquíes tomaran el liderazgo de la causa palestina, declinó la oferta. Saddam se puso furioso. Ordenó el cierre de las oficinas de Arafat en Bagdad y comenzó a apoyar a varios grupos radicales palestinos que se oponían totalmente a cualquier acuerdo con los israelíes y que también estaban en contra de la organización Al-Fatah de Arafat.

Ésta fue la primera intervención de Saddam en el mundo del terrorismo internacional. Hasta ese momento, las tácticas de terror de Saddam se habían limitado a su propio país y su propia gente, y en las ocasiones que sus operativos se habían aventurado allende las fronteras de Iraq, generalmente era para localizar a disidentes iraquíes, como pasó con los asesinatos del depuesto general Hardan al-Tikriti en Kuwait y del general Mahdi Salé al-Samurrai en Beirut, ambos en 1971. Pero con su mecenazgo del famoso terrorista palestino Sabri al-Banna, también conocido como Abu Nidal («padre de la lucha»), Saddam estaba financiando una sofisticada red de terroristas fanáticos. Incluso para lo que es habitual en el terrorismo de Oriente Medio, Abu Nidal había adquirido una fama casi legendaria por sus hazañas, como los ataques con bombas contra los mostradores de la compañía aérea israelí El Al en los aeropuertos de Roma y Viena en diciembre de 1985, que acabaron con la vida de dieciocho personas e hirieron a ciento diez, muchos de ellos turistas norteamericanos. También se lo consideraba responsable del asesinato de los diplomáticos británicos Ken Whitty y Percy Norris en Atenas y Bombay, respectivamente, a finales de 1984, y del brutal asesinato en 1986 del periodista británico Alec Collett, cuya ejecución enviaron grabada en una cinta de vídeo a su familia, como venganza por el bombardeo norteamericano sobre Libia.[17]

Abu Nidal se había trasladado a Bagdad por primera vez en 1970, como el principal representante de Al-Fatah, la fuerza dominante en la OLP. Al principio tenía más relación con Bakr que con Saddam, pero como el poder de éste iba aumentando, los dos se vieron obligados a trabajar juntos. Su relación siempre fue tensa, sobre todo porque ambos sabían que compartían la misma despiadada ambición. Abu Nidal también se relacionaba con Tariq Aziz y Saadun Shakir, el primo de Saddam y jefe de los servicios de inteligencia. Es sabido que Shakir, que recibía órdenes directas de Saddam, trabajó en estrecha relación con Abu Nidal desde mediados de los años setenta, cuando éste se concentraba principalmente en asesinar a sus oponentes dentro del movimiento palestino. Apoyado por Saddam, Abu Nidal pasó los últimos años setenta luchando contra la OLP, tanto en Europa como en Oriente Medio. El representante de la OLP en Londres, Said Hammadi, uno de los principales defensores de las conversaciones de paz con Israel, fue asesinado en 1978, y otros delegados de la OLP corrieron la misma suerte en París y Kuwait. Por si acaso, Abu Nidal, que describió sus relaciones con Bagdad como una «estrecha alianza», también llevó a cabo una serie de ataques terroristas contra el régimen baasí de Siria, enemigo jurado de Saddam. Hubo dos intentos de acabar con la vida del ministro de Exteriores sirio, Abdul Kalim Jadda, y en 1976 un grupo de terroristas de Abu Nidal voló por los aires el hotel Semiramis de Damasco.

Otro importante terrorista palestino al que Saddam dio asilo durante ese período fue el doctor Wadi Haddad, uno de los miembros fundadores del Frente Popular para la Liberación de Palestina (PFLP), el grupo de la OLP responsable de convertir la causa palestina en un vehículo para el terrorismo internacional a principios de los años setenta. Junto con el doctor Geroge Habash, el otro fundador del grupo, el PFLP fue responsable del secuestro múltiple de tres aviones en el aeropuerto Dawson de Jordania y de la masacre de veintiséis personas en el aeropuerto Lod de Israel. Las actividades del grupo eran tan salvajes que se ganaron la condena tanto de la Unión Soviética como de China, y se los consideró responsables de la decisión del rey Hussein de Jordania de expulsar a la OLP de su país durante el Setiembre Negro. El PFLP se trasladó a Damasco, pero cuando Habash decidió oponerse a la política de los ataques terroristas internacionales, en 1972 Haddad se desplazó a Bagdad, donde formó el escindido Grupo de Operaciones Especiales. Fue desde ahí que organizó el secuestro de los ministros del Petróleo de la OPEP durante la reunión en Viena en diciembre de 1975, y el secuestro de un avión israelí, que dirigió a Entebbe, Uganda. Uno de los colaboradores más próximos a Haddad durante esa época fue el legendario terrorista venezolano Carlos *el Chacal*. Además de organizar sus propias operaciones terroristas, la organización de Haddad se relacionó con grupos terroristas europeos, entre ellos el alemán Baader-Meinhof, y con el Ejército Rojo japonés. En 1977, cuando Saddam estaba realmente gobernando Iraq, Haddad fue descrito como «la araña en la red de todos los grupos terroristas del mundo». Cuando Haddad falleció de muerte natural en 1978, fue enterrado en Bagdad con todos los honores militares. Según un desertor iraquí, un antiguo miembro del servicio de seguridad iraquí encargado de entrenar grupos terroristas extranjeros que escapó de Bagdad a finales del año 2000, al menos quince miembros del PFLP siguieron residiendo en Iraq hasta los años noventa, y hacían uso con frecuencia de las instalaciones de entrenamiento del Mujabarat.[18]

Las relaciones de Iraq con grupos terroristas como los dirigidos por Abu Nidal y Wadi Hadda corrían a cargo de la oficina personal de Saddam. Y fue por su apoyo a esos grupos terroristas internacionalmente condenados que, en los años setenta, el Departamento de Estado incluyó a Iraq en la lista de los países acusados de financiar el terrorismo. David Mark, oficial político en la sección de intereses de la embajada estadounidense en Bagdad a finales de los años setenta, dice que los iraquíes no hacían ningún esfuerzo por ocultar su relación con los diferentes grupos terroristas. «Todos sabíamos exactamente dónde estaba la casa de Abu Nidal, aunque, naturalmente, no se nos permitía ir allí —explica—. A Saddam le gustaba mantener esos grupos para lucirse.»[19]

Lo más cerca que Saddam estuvo de admitir en público su apoyo a los terroristas palestinos fue durante una entrevista para *Newsweek*, en julio de 1978. Cuando le preguntaron por qué Bagdad se había convertido en un refugio tanto para los grupos terroristas palestinos como europeos, respondió: «Con respecto a los palestinos, no es ningún secreto: Iraq está abierto a ellos y tienen libertad para entrenar y planificar [ataques terroristas] aquí.»[20] En el verano de 1978, casi no pasaba una semana sin que algún grupo terrorista relacionado con Bagdad cometiera alguna atrocidad, ya fuera en París, Londres o Islamabad. Un antiguo agente de la CIA que se especializó en Iraq durante los años setenta, dijo que los agentes norteamericanos nunca dudaron de que Saddam ordenaba personalmente los ataques terroristas. «Desde mediados de los setenta, Saddam lo controlaba todo en Bagdad. Y si Saddam le proporcionaba un refugio seguro a esos grupos, esperaba algo a cambio. Para Saddam no existe lo de alojamiento y comida gratis.» Ciertamente, a finales de los setenta, la reputación de Saddam de ser un generoso mecenas había impulsado a muchos grupos disidentes a situar su base en Iraq: el movimiento kurdo de línea dura PKK, miembros de la Hermandad Musulmana de Siria, incluso el *ayatollah* Jomeini, que representaba la mayor amenaza para el sah de Irán. Todos contaban con el apoyo de Saddam. «A Saddam le gusta usar esos grupos porque le permiten una gran flexibilidad de maniobra.»[21] El grupo de Abu Nidal era uno de los que de tanto en tanto solía perder el favor de Saddam, especialmente debido a la insistencia de éste en que los terroristas palestinos siguieran atacando Siria. Abu Nidal, que se consideraba una pieza importante en la escena política palestina, se negaba a veces a obedecer las instrucciones de Saddam. Como resultado, Nidal solía cerrar temporalmente sus oficinas en Bagdad y trasladarse a Trípoli, en Libia, donde encontraba menos molestas las interferencias del general Gaddafi. Al final, Saddam y Abu Nidal solían reconciliarse y los palestinos volvían a Bagdad.

No todas las actividades terroristas de Saddam durante esta época se limitaron a los *freelancers* pagados por los servicios iraquíes de inteligencia. El doctor Ayad Allaui, un antiguo miembro del Baas que huyó a Londres en protesta por la brutalización del país por parte de Saddam, se despertó una noche en su casa de Epsom junto a su esposa y se encontró cara a cara con un esbirro de Saddam armado con una hacha. «Ambos sufrimos un horrendo ataque a manos de ese enmascarado —recuerda el doctor Allaui, que se convirtió en el principal opositor iraquí en la campaña para derrocar a Saddam—. Nos golpeó varias veces y nos dio por muertos. Afortunadamente, cuando se marchó, fui capaz de arrastrarme hasta el teléfono y pedir ayuda.»[22] Abdul Razzak Nayif, el ex primer ministro iraquí que ayudó a los baasíes a alzarse con el poder en 1968, no tuvo tanta suerte. En julio de 1978 fue abatido cuando salía del hotel Intercontinental de Londres. Su asesino le disparó dos balas en la cabeza a quemarropa. Posteriormente, la policía arrestó a dos iraquíes, a quienes se culpó del crimen. Más tarde se descubrió que eran miembros del Estijaral, el equivalente iraquí a las fuerzas de elite SAS británicas, los comandos responsables de las operaciones en el extranjero. El asesinato produjo una disputa diplomática entre Bagdad y Londres, especialmente porque el gobierno británico estaba intentando albergar la última ronda de las conversaciones de paz entre Israel y Egipto. Gran Bretaña expulsó a ocho agentes de inteligencia iraquíes e impidió la entrada al país de otros tres, aduciendo «una creciente preocupación ante la amenaza que representan las actividades terroristas en Londres, especialmente contra ciudadanos árabes. La presencia en Londres de varios agentes de inteligencia iraquíes nos ha llevado a la conclusión de que sería mejor que abandonaran el país».[23] Los iraquíes no se tomaron la expulsión con espíritu deportivo. Un número similar de diplomáticos británicos fue expulsado de Bagdad, y hombres de negocios británicos que trabajaban en Iraq bajo contrato fueron arrestados, acusados y sentenciados, por falsos cargos de espionaje, a largas condenas en prisión. Saddam también publicó una directiva ordenando a los ministerios y organizaciones estatales no mantener tratos comerciales con Gran Bretaña, y se impuso un embargo total sobre los productos británicos.

Cuando los canales diplomáticos se restablecieron entre Londres y Bagdad, y los diplomáticos británicos exigieron que se liberara a los hombres de negocios encarcelados, los iraquíes dejaron claro que no habría trato hasta que Gran Bretaña liberarse a los dos agentes de inteligencia condenados por el asesinato de Nayif. «Recibimos a varias delegaciones iraquíes en Londres y no podían entender por qué no queríamos liberar a los asesinos —recuerda un diplomático británico que estuvo en las negociaciones—. Consideraban que era un simple asunto de intercambio. Pero no era posible que el gobierno británico interfiriera con la justicia.»[24] Pasados más de veinte años, los dos asesinos seguían en prisiones británicas, cumpliendo sus cadenas perpetuas.

El primer coqueteo de Saddam con el mundo del terrorismo internacional llegó a un final gradual en 1978. La firma de los Acuerdos de Camp David, en setiembre de 1978, entre el presidente egipcio Anuar el Sadat y el primer ministro israelí Menajem Begin, fue un momento decisivo en la historia de la diplomacia en Oriente Medio. Mientras que la mayoría del mundo aplaudía el tratado de paz, Saddam vio en él la oportunidad de colocar a Iraq a la cabeza de la oposición árabe contra Israel, una posición que tiempo atrás había ocupado Nasser. El año anterior, Saddam había concedido una rara entrevista a una revista norteamericana y había afirmado su oposición al tratado de paz que estaba preparando la administración Carter. El mensaje más importante que se desprendía de la entrevista era la antipatía personal de Saddam hacia la existencia del Estado de Israel. Mientras insistía que personalmente no tenía nada contra los judíos, declaró ser un antisionista convencido. «Nunca reconoceremos el derecho de Israel a existir como un estado sionista independiente»,[25] declaró. Un año más tarde, Saddam consideró la «traición» de Sadat como una oportunidad de afirmar su propio poder, y con ese fin organizó una cumbre en Bagdad a finales de 1978 para mejorar las relaciones con Arabia Saudí y los estados del Golfo, y para hacer aperturas hacia el presidente Asad de Siria, en un intento de que olvidara el cisma baasí que había envenenado las relaciones de ambos países durante los años setenta. También le interesaba arreglar las relaciones con Arafat, que seguía siendo el líder indiscutible de la causa palestina. Arafat, naturalmente, se sentía traicionado por el resultado de las negociaciones de Camp David, ya que le habían hecho creer que la cuestión palestina se resolvería durante las conversaciones de paz, y luego descubrió que Sadat había optado por un pacto de paz unilateral con Israel. Mientras se celebraba la cumbre de Bagdad, Saddam llamó a Arafat a su oficina para resumirle su nueva política. Prometió retirar su apoyo a Abu Nidal, que todavía seguía asesinando a importantes agentes de Arafat, si éste a cambio prometía apoyar la iniciativa iraquí contra Sadat. «Le puedo decir que no autorizaremos ninguna operación más contra usted organizada desde Bagdad —le aseguró Saddam—. No seguiremos asumiendo la responsabilidad por sus actos [los de Abu Nidal] y le hemos informado de ello.»[26]

La decisión de Saddam de reducir su relación con los grupos terroristas le proporcionaba la oportunidad de resituar la posición internacional de Iraq. La rencilla diplomática con Gran Bretaña durante el verano de 1978 había significado que Bagdad se enfrentaba al aislamiento por parte de dos poderes occidentales clave, porque ya había roto sus relaciones con Estados Unidos después de la guerra de los Seis Días. Desde mediados de los años setenta, sin embargo, se habían percibido señales de un cambio en la orientación diplomática de Bagdad. Saddam, que fue el responsable de negociar con los soviéticos en 1972, se había sentido cada vez más escéptico sobre la necesidad de mantener buenas relaciones con Moscú, especialmente después de que los soviéticos le hubieron fallado durante su ofensiva contra los kurdos en 1974 y 1975. Un indicio temprano de la suavización de Bagdad hacia Estados Unidos se tuvo en abril de 1975, cuando Saddam aceptó ser entrevistado por el reputado corresponsal del *New York Times* C. L. Sulzberger. Aunque la posición oficial iraquí continuaba siendo incondicionalmente antinorteamericana debido al apoyo de Washington a

Israel, Saddam estaba muy interesado en enviar mensajes menos duros, porque quería contar con la mejor tecnología occidental, especialmente la de Estados Unidos, en su plan maestro para la modernización de Iraq. Incluso sin relaciones diplomáticas formales, el comercio con Estados Unidos se había multiplicado por diez entre 1971 y 1975. Saddam no veía ninguna contradicción entre que Iraq mantuviera su posición como un feroz crítico de la política estadounidense y ser uno de los mayores consumidores de bienes norteamericanos en Oriente Medio. «La política norteamericana tal como se lleva a cabo es nuestra enemiga —dijo a Sulzberger—. Pero los árabes, de los que formamos parte, no están contra el estado norteamericano o el pueblo norteamericano; sólo contra la política norteamericana. Rechazamos su intervención en nuestros asuntos internos y en su política en Oriente Medio. Si esto cambia, responderemos inmediatamente.»[27] Saddam volvió a tocar el tema durante su entrevista con *Newsweek* en 1978. Cuando le preguntaron por la posibilidad de una reanudación de los lazos diplomáticos entre Bagdad y Washington, Saddam insistió de nuevo en que Estados Unidos debía disminuir su compromiso con Israel. «Existen otros asuntos importantes, como el de su apoyo completo a la entidad sionista [Israel] y su deliberada estrategia de dividir el mundo árabe, que obstaculizan las relaciones normales.»[28] Como diplomático norteamericano responsable de analizar e interpretar los coqueteos de Bagdad con Washington, a Davis Mack le resultó difícil decidir hasta qué punto se podía tomar en serio a Saddam. «Por un lado apoyaban a todos esos grupos terroristas que iban por ahí plantando bombas en Europa y nunca perdían la oportunidad de reprendernos por nuestra política con Israel. Pero por el otro estaban muy interesados en hacer negocios con Estados Unidos. Sin embargo, nuestro problema básico en aquel momento era el apoyo de Bagdad a los grupos terroristas. Hasta que no aclararan eso no pensábamos jugar con ellos, y se lo dejamos perfectamente claro.»[29] Ciertamente, las relaciones entre Washington y Bagdad no se acabarían de arreglar hasta el verano de 1984, cuando el ruinoso efecto de la guerra Irán-Iraq obligaría a Saddam a abandonar su oposición a la política pro israelí de Washington.

A finales de los años setenta, la posición de Saddam como «hombre fuerte de Bagdad» había conseguido aceptación general en el mundo, y cualquier diplomático o periodista occidental que quisiera entrevistarse con la cúpula del Baas era conducido hacia Saddam, no hacia Bakr. Para entonces, Saddam tenía control absoluto sobre la política exterior, como iba a dejar muy claro en sus cada vez más tensas relaciones con Moscú. Saddam estaba decidido a rescatar a Iraq de su dependencia de la ayuda soviética, y en mayo de 1978 le asestó otro golpe a Moscú al ejecutar a veintiún oficiales comunistas que habían languidecido en prisión en Bagdad desde 1975. El Baas ya había prohibido toda clase de actividad política en el ejército, salvo la actividad baasí. Aunque los comunistas habían sido arrestados antes de que esa prohibición fuera anunciada, en su caso, Saddam decidió aplicar las sanciones de forma retroactiva, y los oficiales fueron fusilados. El embajador soviético se enfureció y visitó personalmente a Saddam para protestar. Como consecuencia de su visita, diez oficiales más fueron fusilados. Los soviéticos ordenaron a los diplomáticos del bloque oriental que pidieran clemencia. A éstos tampoco los escucharon y los cinco prisioneros que quedaban acabaron ante el pelotón de fusilamiento. No contento con la humillación infligida a los soviéticos, Saddam prohibió a los aviones de transporte soviéticos que usaran el espacio aéreo iraquí para llevar equipo militar a Etiopía, a quien Moscú apoyaba en su lucha contra los rebeldes de Eritrea. Además, Saddam apoyó la campaña eritrea y permitió que grupos rebeldes se entrenasen en Bagdad. Finalmente, exigió que los rusos trasladaran su embajada, que estaba situada puerta con puerta con el palacio presidencial. Saddam sospechaba, sin duda correctamente, que el KGB escuchaba sus conversaciones en el palacio y en la sede central del partido Baas. Cuando los soviéticos se negaron a trasladar su embajada a otro lugar, Saddam reaccionó cortándoles el suministro de agua y electricidad. Unos días después, los rusos anunciaron que, después de todo, se cambiarían a otros locales.

Las relaciones cada vez peores con Moscú fueron uno de los principales temas cuando Saddam accedió a ser entrevistado en el aniversario de la revolución del 17 de julio, exactamente un año antes de que le arrebatara el poder a Bakr. Cuando le preguntaron si los oficiales iraquíes habían sido ejecutados como una advertencia hacia Moscú para que se mantuviera al margen de los asuntos internos de Iraq, Saddam contestó sin dudarlo: «Sí, así es.» Luego, dejando escapar su odio visceral hacia el comunismo —característica principal de su carrera en el Baas—, afirmó: «Ellos [los soviéticos] no estarán satisfechos hasta que todo el mundo se convierta al comunismo.» Y cuando le preguntaron, a la vista de la hostilidad incuestionable de Bagdad hacia Israel, si creía que la guerra era la única solución, Saddam respondió: «Correcto.» También predijo que dentro de diez años, es decir para 1988, los estados árabes serían suficientemente fuertes para derrotar a Israel. «Los árabes no siempre serán débiles. Su fuerza crece día a día. Dentro de diez años habrá una situación completamente diferente.»[30] Era una clara referencia al proyecto de desarrollar su propio arsenal nuclear, proyecto del que el mundo exterior casi no sabía nada.

Mientras que el tratado de Camp David incitó a los iraquíes a llevar a cabo una revisión de su objetivos en política exterior, las vicisitudes que atravesaba el sah y el vecino Irán fueron el factor decisivo para que Saddam decidiera que había llegado el momento de arrebatarle el cargo al presidente Bakr. Saddam consideró que el envejecido Bakr sería incapaz de enfrentarse a la amenaza que planteaba el nuevo gobierno radical islámico de Teherán. Todas las reformas que los baasíes habían llevado a cabo durante los años setenta buscaban transformar Iraq en un estado moderno y secular, por mucho que estuviera gobernado por una autarquía. La perspectiva de una revolución islámica en el vecino Irán preocupaba profundamente a los baasíes iraquíes. Al ser la nación musulmana chiita más grande del mundo, un régimen islámico en Teherán desestabilizaría inevitablemente a las grandes comunidades chiitas del sur de Iraq, que se sentían lejanas al régimen baasí, musulmán, sunita y secular, de Bagdad. A pesar de los cínicos intentos de los baasí para sobornarlos con televisores y frigoríficos, los Chiitas, como los kurdos y los comunistas, eran una espina perpetuamente clavada en el costado del régimen. En 1977 estallaron sangrientos disturbios en la ciudad santa chiita de Najaf, por entonces hogar del exiliado líder islámico iraní, el *ayatollah* Jomeini. Los enfrentamientos entre los chiitas y el gobierno provocaron el arresto de ocho religiosos, que fueron juzgados en un tribunal revolucionario y ejecutados. Más de dos mil chiitas fueron arrestados, y Saddam expulsó del país a unos doscientos mil bajo el pretexto de que no eran iraquíes. En octubre de 1978, los iraquíes, a petición del sah, expulsaron al *ayatollah* Jomeini, que había vivido exiliado en el sur de Iraq desde los años sesenta. En un intento de mostrar su apoyo al sah, Saddam recibió a la emperatriz Farah en Bagdad, en medio de una gran pompa. Aunque el sah no siempre había estado bien dispuesto hacia el régimen baasí de Iraq, había firmado, junto con Saddam, el Acuerdo de Argel sobre la disputa del Shatt al-Arab, y Saddam creía que mantener el acuerdo, y por tanto mantener al sah en el poder, era crucial para su propia supervivencia.

Pero todos esos gestos de apoyo ya no servían de nada, y pronto se vio que la dinastía Pahlavi estaba condenada. En febrero de 1979, Jomeini volvió triunfante a Teherán, lo que señaló el principio de la revolución que iba a convertir a Irán en uno de los regímenes islámicos más inflexibles. El desafío representado tanto por el tratado de Camp David como por el surgimiento de un gobierno islámico radical en Irán persuadió a Saddam de que ya no podía permitirse gobernar el país desde su posición de «señor delegado». Los desafíos que se avecinaban requerirían un gobierno firme, y Bakr ya no era capaz de ofrecer el liderazgo necesario. Debido a la gradual erosión en su autoridad llevada a cabo por Saddam, Bark había sido reducido a una figura patética que se limitaba a firmar los papeles que Saddam le ponía delante. Bakr se había vuelto tan inoperante que Saddam llegó a quejarse de que ni siquiera merecía los emolumentos que recibía como presidente. Una muestra del desprecio que Saddam sentía por Bakr hacia el final de su relación la ofrece uno de sus biógrafos: «El presidente pasa su tiempo ocupado en cosas que no tienen nada que ver con los asuntos del Estado. Se levanta temprano por la mañana y se va al jardín; riega las plantas y poda los setos. Cuando se cansa, reposa un rato en compañía de sus nietos. Vive de sus recuerdos.»[31]

7. El señor presidente

Toda la paciencia, todo el trabajo duro, todos los planes y complots, todas las traiciones, asesinatos, ejecuciones y muertes finalmente tuvieron su recompensa en julio de 1979, cuando Saddam se convirtió en presidente de Iraq. El anuncio fue hecho, en el momento preciso, por el presidente saliente, Ahmad Hassan Al-Bakr, en la víspera de la celebración anual de la revolución del 17 de julio. Saddam había elegido cuidadosamente la fecha para simbolizar la continuidad de la revolución, y fue la culminación de meses de preparación cuidadosa y ponderada. Saddam mantuvo en secreto los detalles concretos de su ascensión; el desconfiado «señor delegado» sabía que un contratiempo de último momento podría arruinarlo todo. El golpe maestro de Saddam, sin embargo, fue persuadir a Bakr no sólo de que aceptara el traspaso de poder, sino de que apareciera en la televisión iraquí y mostrara su propia purga como si fuera una natural transición del mando. «Durante mucho tiempo —dijo el presidente de sesenta y cinco años a sus oyentes— he estado hablando con mis camaradas en el Mando, y con mi especialmente querido camarada Saddam Hussein, sobre mi salud, que no me permite seguir asumiendo las responsabilidades con que el Mando me ha honrado. Mi salud ha llegado a un punto en que no puedo seguir cumpliendo con mis obligaciones de una forma que satisfaga a mi conciencia.» Con voz temblorosa por la emoción, Bark nominó a Saddam como «el hombre mejor cualificado para asumir el liderazgo». Antes de desaparecer de la vida pública, Bakr le hizo un último tributo a Saddam, su protegido de siempre.

«Durante los duros años de lucha antes de la revolución, el camarada Saddam Hussein fue un luchador leal y valiente que gozaba del respeto y la confianza de los luchadores del partido. En la víspera de la revolución, estuvo a la cabeza de los valerosos hombres que asaltaron los bastiones de la dictadura y la reacción. Durante la marcha de la revolución, ha sido un líder brillante, capaz de enfrentarse a todas las dificultades y asumir todas las responsabilidades.»[1]

A la edad aproximada de cuarenta y dos años, Saddam había tomado el control de uno de los países más ricos de Oriente Medio. Fortalecido por la riqueza petrolífera, Iraq estaba convirtiéndose rápidamente en uno de los poderes dominantes de la región, política, militar y económicamente. El gobierno podía presumir de unas reservas de treinta y cinco billones de divisas, y la riqueza petrolera comenzaba a impregnar todos los aspectos de la vida iraquí. Las fuerzas armadas crecían rápidamente y empezaban a beneficiarse del nuevo y sofisticado equipo comprado en países como España y Francia. Los baasíes habían creado el primer estado de bienestar del mundo árabe, con educación gratuita desde la escuela preescolar hasta la universidad y un sistema nacional de salud pública gratuita. Las condiciones de vida de los iraquíes comunes habían mejorado gradualmente; los alimentos básicos eran baratos y abundantes. Para quienes no desafiaban el sistema baasí, nunca había habido una época mejor. El éxito de los baasíes para canalizar la nueva riqueza petrolera hacia la construcción de una nación moderna e industrial, una nación sólidamente amalgamada política y militarmente, había hecho que varios comentaristas describieran Iraq como la Prusia del mundo árabe. Saddam no podía haber escogido un momento mejor para asumir el poder. Sin embargo, a diferencia de su predecesor, no tenía ninguna intención de compartirlo. La suya iba a ser una dictadura absolutista. Además de su posición como presidente de la república, se reservó para sí los principales cargos: era presidente del Consejo del Mando Revolucionario, secretario general del Mando Regional del partido Baas, primer ministro y comandante en jefe de las fuerzas armadas. Siguiendo el modelo de Stalin, se había convertido en el líder supremo de Iraq.

La forma precisa en que Saddam consiguió que Bakr dimitiera

siempre ha sido un misterio. La mala salud de Bakr, razón oficial de su «jubilación», no puede descartarse. Constantemente circulaban rumores entre la chismosa comunidad diplomática de Bagdad sobre el estado de Bakr. Ya en 1971 fue hospitalizado por lo que los medios de comunicación iraquíes calificaron de «pequeña indisposición». En 1974 corrió el rumor de que había sufrido una hemorragia cerebral, que le impidió asistir al funeral de su esposa.[2] Su indisposición tampoco le permitió recibir al primer ministro francés, Jacques Chirac, cuando éste visitó Bagdad; Saddam, el gran francófilo, cubrió el vacío sin ningún esfuerzo. En mayo de 1977, un distinguido equipo médico de la Universidad George Washington voló en secreto a Bagdad para tratar a «un alto funcionario iraquí», que se supuso era Bakr.[3] Además de su mala salud, Bakr también tenía que luchar contra tragedias personales como la muerte de su esposa, su hijo y su yerno.

Incluso así, es poco probable que Bakr hubiera dimitido sumisamente de su puesto, y, según un antiguo miembro del Baas entrevistado por primera vez por este autor, la reunión en que se persuadió a Bakr para que dimitiera fue bastante enconada. Después de decidir que su ascenso al poder sería en el aniversario de la revolución, Saddam, junto con su primo Adnan, el ministro de Defensa, y su tío Jairallah Tulfah, fue a ver a Bakr a su despacho del palacio presidencial la tarde del 16 de julio de 1979. «Esencialmente le presentaron un hecho consumado —recuerda el antiguo miembro del Baas—. Le dijeron: "Si dimites voluntariamente no te pasará nada. Pero si nos vemos obligados a tomar alguna clase de medida, la situación puede ponerse muy desagradable."» En ese momento, el hijo de Bakr, Haytham, que estaba en la sala con su padre, sacó su pistola y disparó al aire como advertencia para Saddam y su grupo, a los que llamó traidores. Pero rápidamente fue reducido y desarmado, y Saddam y sus seguidores pudieron salirse con la suya.[4] Al día siguiente, Saddam asumió la presidencia y Bakr hizo un digno discurso de dimisión.

Bakr debería haber previsto la jugada de Saddam. Había recibido muchas advertencias sobre la ambición de Saddam de hacerse con su cargo y, previamente, ese mismo año, había reavivado la idea de unir a los partidos Baas iraquí y sirio, un plan pensado para minar a Saddam, que era totalmente antisirio. Aparte de poner a

Saddam en su sitio, el otro motivo más apremiante para la propuesta de unión era el deseo de los regímenes de Bagdad y Damasco de presentar un frente árabe unido que pudiera desafiar el histórico acuerdo de paz entre Egipto e Israel, negociados en Camp David el año anterior. Iraq y Siria, que eran ideológica y vehementemente opuestos a la existencia de Israel, consideraban los Acuerdos de Camp David como una capitulación, y aún más porque la cuestión palestina seguía sin resolverse. Como Egipto ya no era un aliado en la lucha contra Israel, en octubre de 1978 los partidos Baas de Siria e Iraq accedieron a dejar de lado sus diferencias ideológicas de toda la vida para firmar «una declaración conjunta de acción nacional» contra Israel.

A Saddam se le asignó la responsabilidad personal de negociar el acuerdo con el presidente sirio Asad, y en enero Saddam se convirtió en el primer alto cargo iraquí que visitaba Damasco en diez años. En esa visita firmó un pacto para unir los ministerios de Asuntos Exteriores, Defensa e Información de ambos países. Esto se consideró el primer paso hacia la unión total, que estaba programada para el abril siguiente. Aparte del desafío que representaba el acuerdo de Camp David, Iraq también estaba interesado en cimentar sus relaciones con Siria como un medio para protegerse de la nueva amenaza que representaba la revolución islámica de Irán, después de que el *ayatollah* Jomeini se hizo con el poder en febrero de 1979. Poco después de la ascensión de Jomeini, Saddam habló con entusiasmo de la propuesta unión de Iraq y Siria, y declaró: «Esta unidad no es una medida política, sino el elemento principal de toda la revolución árabe.» También hizo gestos conciliatorios hacia el nuevo régimen de Teherán, diciendo que «Iraq apoyará lo que decida el pueblo iraní».[5] La revolución iraní sin duda había inquietado a los baasíes, y hasta Saddam estaba dispuesto a dejar a un lado sus habituales declaraciones antisirias para construir un frente unido contra los extremistas islámicos que se habían hecho con el poder en Teherán.

Aunque Saddam fue el responsable de negociar la unión entre Iraq y Siria, fue incapaz de superar sus reservas hacia tal empresa, que se fueron haciendo más marcadas cuanto más tiempo duraban las negociaciones. Su principal preocupación fue que una unión con Siria limitaría su poder. Por tanto, Saddam se propuso minar la propuesta, al mismo tiempo que aparentaba estar totalmente entregado al proyecto de unión. Por ejemplo, cuando el presidente Asad visitó Bagdad el 16 de junio de 1979, para discutir las últimas propuestas, Saddam le hizo un desaire al no acudir al aeropuerto a recibirlo. En su lugar fue Bakr, y después de tres días de conversaciones, Bakr y Asad anunciaron una declaración bajo la cual los gobiernos de ambos países se unirían para poder enfrentarse «al ataque sionista, imperialista y de Sadat».[6] Según los términos de la propuesta, Siria e Iraq se convertirían en una federación, con Bakr a la cabeza, Asad como segundo y Saddam como tercero. Ese arreglo resultaba inaceptable para Saddam. Tal como estaban las cosas en Bagdad, Saddam ya era de hecho el número uno, y la perspectiva de ser relegado a la posición de número tres en la nueva nación unida no le gustaba en absoluto, especialmente porque sabía que, dada la mala salud de Bakr, Asad se convertiría en el principal hombre de la nueva unión, de la misma manera que Saddam se había convertido en el hombre indiscutible de un Iraq independiente. Si la unión se llevaba a cabo, además, Asad se libraría de Saddam de la misma forma en que éste se había deshecho de sus rivales. La única forma que tenía Saddam de evitar la federación y anular las amenazas sobre su carrera era tomar el poder directamente. Por mucho que Bakr pudiera desear la unión de Siria e Iraq, la iniciativa había llegado demasiado tarde; desde mediados de los setenta, Saddam había gobernado el país a todos los efectos, y su gran ambición no iba a ser perjudicada por los nuevos arreglos constitucionales propuestos por colegas baasíes. El escritor sirio Patrick Seale escribió que, poco antes de que Saddam se hiciera con el poder, Bakr envió un mensaje a Asad pidiéndole que apresurara la unión entre Iraq y Siria porque «existe aquí una corriente ansiosa por matar la unión en el capullo antes de que dé ningún fruto».[7] No resultaba muy difícil adivinar cuál era la identidad de la «corriente».

La triste verdad del asunto fue que, en verano de 1979, Bakr era impotente para reclamar la autoridad que gradualmente le había ido pasando a Saddam durante la última década. Antiguos miembros del Baas insisten en que el apoyo que, en su carrera hacia el poder supremo, Saddam recibió de Jairallah Tulfah y su primo Adnan fue un factor decisivo para persuadir a Bakr de renunciar.

Presionaron a Bakr para que dimitiera «por el bien del clan».[8] El 11 de julio de 1979 se convocó una reunión especial a puerta cerrada del Consejo del Mando Revolucionario, en la que se decidió reemplazar a Bakr a la semana siguiente, y que todos sus poderes y la mayoría de sus títulos pasaran a Saddam Hussein. La humillación de Bakr no finalizó con su deposición del cargo. Tres meses después, Bakr perdió su último título, el de secretario general delegado del partido Baas, que se le había concedido de forma honoraria después de ser depuesto como presidente; era el mismo cargo que él le había dado al joven Saddam a finales de los sesenta. Bakr murió al cabo de tres años, en 1982, durante uno de los momentos más sombríos de la guerra Irán-Iraq y en medio de rumores de que debía reinstaurársele en el poder. Según una información inédita, obtenida por el autor, Bakr fue asesinado por un grupo de médicos a las órdenes del sistema de seguridad de Saddam, que fueron enviados para «tratarlo» cuando empezaron a circular rumores de su regreso. Aparte de sufrir del corazón, se sabía que Bakr padecía también de diabetes, hipertensión y problemas de riñón. Se prohibió a sus médicos de siempre que lo trataran durante un mes. En ese período, el equipo enviado por Saddam inyectó a Bakr grandes cantidades de insulina, que le provocaron un coma. Nunca recobró la conciencia, y los médicos de Saddam se quedaron a su lado hasta que estuvieron seguros de su muerte.[9] Así pagó Saddam la generosidad, el apoyo y el ánimo del mentor y pariente que había sido la principal influencia en su vida y su carrera.

Si la ascensión de Saddam a la presidencia no tuvo ningún fallo, eso no quiere decir que no encontrara oposición. Durante la reunión especial del RCC, en la que se decidió reemplazar a Bakr, Muhie Abdul Hussein Mashhadi, el secretario general del RCC, reunió el coraje suficiente para protestar por la autopromoción de Saddam. Durante la discusión, Mashhadi «se levantó de repente y pidió que votaran sobre la cuestión del traspaso de las responsabilidades del presidente Bakr con el partido y con el Estado a Saddam Hussein. Insistió en que la decisión debía ser unánime. "Es inconcebible que te retires —le dijo a Bakr—. Si estás enfermo, ¿por qué no te tomas un descanso?"»[10] Ese tipo de oposición debía ser eliminado, y Saddam actuó con rapidez. El 15 de julio, el día antes de que Bakr dimitiera, se anunció que Mashhadi había sido relevado de su puesto en el RCC.

Incluso comparado con las grandes purgas de Stalin en los años treinta, los métodos con que Saddam se deshizo metódicamente de cualquier rival baasí superviviente después de su ascensión a la presidencia dieron una nueva dimensión al concepto de terror de estado. Mashhadi no había sido el único en oponerse a la ascensión de Saddam y muchos baasíes relevantes habían apoyado los intentos de Bakr de revivir la unión con Siria como un medio de frustrar los planes de Saddam, con independencia de sus opiniones sobre los Acuerdos de Camp David. Le habían rogado a Bakr que les consiguiera el tiempo necesario para planificar una estrategia que pudiera contrarrestar la, al parecer, imparable marcha de Saddam hacia la presidencia, pero Bakr estaba demasiado viejo, débil y cansado para resistir un enfrentamiento con su segundo. Este último intento del partido Baas para detener a Saddam sólo consiguió que el futuro presidente se diera cuenta de que su popularidad no se extendía a todas las esferas del Baas.

Muy en línea con su carácter, Saddam decidió no mostrar ninguna piedad con sus enemigos, y la forma en que se dedicó a purgar el partido demostró no sólo su maestría en el terror psicológico, sino también sus formidables capacidades organizativas. Su primera jugada fue destituir a Mashhadi como secretario general del RCC. La eliminación de Mashhadi fue astuta, porque era el único baasí opuesto a Saddam que tenía autoridad para convocar al RCC para discutir la sucesión de Bakr. Con Mashhadi fuera de juego, la capacidad del partido para desafiar a Saddam quedaba severamente limitada. Mashhadi, además, fue sujeto al acostumbrado interrogatorio por tortura que, en 1979, se había vuelto más sofisticado. La familia de Mashhadi fue llevada a una habitación donde se hallaba sentado el depuesto secretario general del Consejo del Mando Revolucionario. A Mashhadi le dieron dos opciones: o cooperaba con Saddam y le porporcionaba la lista de los nombres que quería, o sus interrogadores violarían a su mujer y a sus hijas ante sus ojos antes de matarlas. Luego Mashhadi sería ejecutado como espía israelí. Mashhadi se decidió por lo primero. No sólo lo persuadieron de que confesara su participación en supuestos complots y conspiraciones, sino que tuvo que nombrar a sus cómplices, que, convenientemente para el nuevo presidente, eran justo aquellas personas que se oponían a su nombramiento.[11]

Así, el escenario quedó preparado para que Saddam presentara su clase maestra sobre persecución estatal. Saddam estaba encantado con los arreglos que había hecho para la Gran Purga, tanto que ordenó que todo el proceso fuera filmado para la posteridad, tanto como advertencia para futuros opositores como para demostrar su completo dominio sobre el régimen político y las estructuras de seguridad. La localización que escogió para la purga más brutal y extensa de toda su carrera fue el centro de conferencias Al-Khuld, en el centro de Bagdad, que se parecía a un gran cine y estaba situado justo frente al palacio presidencial. El 22 de julio, cinco días después de su toma de posesión, Saddam convocó una conferencia extraordinaria de los miembros prominentes y delegados del partido Baas. Más del millar de delegados que viajaron desde todos los puntos del país para asistir a esa reunión histórica debían de ser ligeramente conscientes de que en las altas esferas del partido se había dado otro brote de luchas internas, pero ninguno podría haber imaginado los dramáticos acontecimientos que sobrevendrían.

La película de la conferencia, que se filmó especialmente para Saddam, comienza con éste sentado despreocupadamente en una silla a un lado del estrado, la personificación de un ánimo relajado. En los prolegómenos de la reunión fuma, como absorto, un gran puro cubano. El acto comienza con un discurso de Taha Yassin Ramadan, un estrecho colaborador de Saddam, recién nombrado vicepresidente y jefe de la milicia del partido, el Ejército Popular. Otros colaboradores leales clave también se ven en el estrado, entre los que se encuentran Izzat al-Douri, el lugarteniente de Saddam en el Baas y vicedelegado general del RCC; Tariq Aziz, el nuevo ministro de Exteriores, y el general Adnan Jairallah, jefe del Estado Mayor y el primo con quien Saddam había crecido en casa de su tío en Tikrit.

Mientras Saddam observa, con el rostro casi oculto por el humo del puro, Ramadan anuncia el descubrimiento de un «plan cruel y atroz». Ramadan habla con voz triste y melancólica, intentando aparentar que la traición de algunos miembros prominentes del partido le ha causado un hondo dolor. El absorto público se queda sorprendido cuando Ramadan informa de que todos los conspiradores se hallan presentes en la sala y que se los ha invitado a la reunión sin que supieran que iban a ser denunciados como traidores. Tras una pausa para conseguir un efecto dramático, Ramadan invita a Saddam a dirigirse a la audiencia. Dejando el puro a un lado, éste sube al estrado. Vestido con un elegante traje hecho a medida y una corbata con un nudo impecable, permanece en pie y tranquilo mientras se dirige al público. Su voz es mesurada y sus maneras rezuman seguridad en sí mismo. Habla despacio, sin inflexiones, con largas pausas entre cada frase para aumentar el efecto. En el pasado, dice, siempre ha sido capaz de confiar en su sexto sentido para detectar dónde se estaban incubando los problemas. Sin embargo, en esta ocasión, aunque consciente de que el partido estaba en peligro —a causa de la planeada unión con Siria—, había esperado el momento adecuado para enfrentarse a sus enemigos. «Solíamos ser capaces de presentir una conspiración con nuestros corazones antes de encontrar las pruebas —dice—. Sin embargo, éramos pacientes y algunos de nuestros camaradas nos acusaron de no actuar.»[12] Pero ahora cree tener pruebas suficientes para denunciar a los traidores. En ese momento invita a Mashhadi, a quien han traído desde la cárcel para asistir a la reunión, a subir al estrado y narrar los detalles del «horrible crimen». Mashhadi, un hombre de mediana edad con pelo cano y bigote, también viste elegantemente y habla en tono mesurado mientras explica los detalles del complot, moviendo el dedo de vez en cuando para añadir énfasis.

Con toda probabilidad, Saddam le había prometido que le perdonaría la vida a cambio de acceder a hablar en la conferencia y denunciar a sus antiguos colegas. Seguramente, si hubiera sabido el verdadero destino que le aguardaba no habría sido capaz de realizar una actuación tan convincente. Mientras Mashhadi habla, la cámara muestra a Saddam de vuelta en su silla, fumando su puro y con aspecto bastante aburrido, como si lo hubiera oído todo antes.

El discurso de Mashhadi está bien ensayado. Proporciona todos los detalles de la conspiración: fechas, lugares de encuentro y, lo más sorprendente, los nombres de los participantes. Mashhadi, un chiita que había sido miembro del partido durante veinte años, revela cómo él, desde 1975, ha formado parte de un plan sirio para derrocar a Saddam y a Bakr, para preparar el camino a la unión sirioiraquí. Cuando los conspiradores se dieron cuenta de que Bakr estaba a punto de dimitir en favor de su segundo, explica Mashhadi, intentaron convencerlo de que cambiara de opinión, sabiendo que si Saddam era nombrado para el cargo, las posibilidades de una unión con Siria desaparecerían. Se suponía que el mismo presidente Asad había mantenido varias reuniones con los conspiradores para aconsejarles sobre qué hacer con Saddam.

Cuando Mashhadi termina su testimonio, Saddam regresa al estrado. Explica a los presentes lo mucho que se sorprendió al descubrir que había sido traicionado por sus colegas más cercanos. «Después del arresto de los criminales —dice—, los visité para intentar comprender el motivo de su comportamiento. "¿Qué discrepancias políticas hay entre vosotros y yo?", les pregunté. "¿Os faltaba poder o dinero? Si teníais una opinión diferente, ¿por qué no la sometisteis al partido, ya que sois sus líderes?" Pero no tenían nada que decir en su defensa, sólo admitieron su culpabilidad.» Finalmente, Saddam termina su discurso anunciando: «Las personas cuyos nombres se van a leer a continuación deben repetir la consigna del partido y abandonar la sala.»[13] Luego saca una lista, y uno de los agentes de seguridad la lee. El terror se apodera del auditorio cuando el primer supuesto conspirador es escoltado fuera por miembros armados, especialmente elegidos, del órgano de seguridad del partido Baas. La operación es supervisada por Barzan al-Tikriti, el hermanastro de Saddam, que ha trabajado codo con codo con él para preparar la purga. Uno a uno, los delegados denunciados abandonan la sala escoltados por los guardias de Barzan, mientras Saddam observa desde su silla en el estrado, dando de vez en cuando caladas a su puro.

Un total de sesenta y seis personas, entre los que se encuentran algunos de los colegas más próximos a Saddam en el partido, son denunciadas. Antes de dejar la sala, los condenados son obligados a recitar el juramento del partido: «¡Una nación árabe con un mensaje santo! ¡Unidad, libertad y socialismo!» El único momento en que Saddam adquiere interés en el asunto es cuando uno de los acusados intenta denunciar la injusticia de que están siendo objeto. Sin alzar la voz, Saddam lo interrumpe y, refiriéndose al discurso de Mashhadi, dice: «El testigo acaba de darnos la información sobre los líderes de la organización. Los líderes de la conspiración hicieron confesiones similares.» Luego, con un claro tono de amenaza en la voz, simplemente dice: «*Itla, itla*» («¡Sal, sal!»).

Mientras continúa el grotesco ritual, los restantes asistentes comienzan a entender el significado de lo que están presenciando: la brutal muestra del poder ilimitado de su nuevo líder. Iraq se está moviendo inexorablemente de una dictadura militar hacia un régimen totalitario donde la voluntad del líder supremo será lo primordial. Mientras sus colegas baasíes denunciados son sacados por la fuerza de la sala, el resto se pone en pie para aclamar al líder indiscutible del país. «¡Larga vida a Saddam! —gritan—. ¡Que dios salve a Saddam de los conspiradores! ¡Larga vida al padre de Uday!» Algunos delegados, embargados por la emoción, prorrumpen en sollozos. Saddam también parece conmovido por la súbita avalancha de lealtad, y se lo puede ver cogiendo un pañuelo de papel para secarse una lágrima mientras con la otra mano sujeta su puro.

Cuando acaban de sacar de la sala a los supuestos conspiradores, Saddam invita a los asistentes a comentar los acontecimientos del día, que es la entrada para que los miembros más aduladores se congracien con él. Un delegado afirma: «Saddam Hussein es demasiado indulgente... Ha habido un problema en el partido desde hace mucho tiempo... Hay una línea que divide la duda del terror, una democracia sin equilibrio. Es necesario que el problema de la excesiva indulgencia sea tratado por el partido.» Ante esto, Saddam se permite una sonrisa sardónica. Otro de los que hablan es uno de los primos de Saddam, Alí Hassan al-Majid, que más tarde se ganaría el mote de Alí *el Químico* por usar armas químicas contra los kurdos en 1988: «Todo lo que has hecho en el pasado era bueno y todo lo que harás en el futuro será bueno. Digo esto desde mi fe en el partido y en tu liderazgo.»[14] Después de algunas intervenciones más, en las que los delegados piden que sean desenmascarados otros «traidores», Saddam concluye la reunión declarando: «No necesitamos métodos estalinistas para tratar a los traidores, necesitamos métodos baasíes.» Y, como gesto de camaradería, baja del estrado y se sienta entre los miembros supervivientes del RCC. Como guinda final, los invita a que ayuden a formar los pelotones de fusilamiento que ejecutarán a los conspiradores.

Entre los que fueron denunciados ese día tristemente inolvidable de la historia de Iraq se encontraban varios importantes miembros del partido, algunos de los cuales habían sido colaboradores de Saddam durante mucho tiempo y lo habían ayudado a ir ganando poder. Cinco de los veintiún miembros del RCC, por ejemplo, fueron implicados en el complot, incluyendo a Mashhadi.[15] Murtada al-Hadithi, el antiguo ministro para el Petróleo que hizo el trabajo preliminar para la nacionalización de la IPC en 1972, también estaba entre las víctimas. El nombre más sorprendente que apareció en la lista fue el de Adnan Hussein al-Hamdani, a quien Saddam había nombrado su viceprimer ministro y jefe de la oficina presidencial sólo cinco días antes. Hamdani, un miembro del Baas dedicado y trabajador, debía su ascensión hasta la cumbre del partido a los auspicios de Saddam. Después de la purga del Baas ocurrida en 1973, como consecuencia del asunto de Kazzar, Hamdani se había hecho cargo de la oficina personal de Saddam y trabajaba en varios asuntos clave, incluso en el programa de armas no convencionales. Según uno de los antiguos colegas de Hamdani, Saddam lo consideraba su principal mediador. «Hamdani era el hombre de los apaños de Saddam. Si Saddam necesitaba que alguien le resolviera un problema, se dirigía a Hamdani. Sabía más sobre cómo funcionaba el país que el propio Saddam.»[16] Hamdani había sido un sirviente ejemplar de Saddam y merecía su confianza hasta el punto de que él y su esposa solían cenar regularmente con Saddam y Sajida.

Como muchos otros competentes miembros del Baas, cuantos más éxitos lograba Hamdani, más sospechas levantaba en Saddam. Se han planteado varias teorías para explicar por qué fue condenado un hombre que había desempeñado un papel tan importante en el régimen durante los años setenta, especialmente diseñando el plan maestro de Saddam, el programa de armas de destrucción masiva. Una de esas teorías es que Hamdani llegó a corromperse demasiado debido a su trato con muchos oscuros comerciantes de armas; otra dice que, como uno de los pocos chiitas cercanos a Saddam, se sospechaba que secretamente sentía simpatía por sus rebeldes correligionarios.[17] Por qué Saddam ascendió a Hamdani sólo unos días antes de denunciarlo es otro misterio. Los agentes de Saddam afirmaron que conocían la existencia del supuesto «complot» sirio mucho antes de actuar, así que Saddam debía de saber que estaba a punto de acabar con Hamdani cuando le asignó su nuevo cargo. La explicación más plausible es que Saddam no quería levantar sospechas sobre el macabro espectáculo que estaba preparando para reafirmar su completo dominio del Baas. Uno de los antiguos colegas de Hamdani dijo que dos de los parientes más próximos de Saddam eran la causa de la caída de Hamdani. «Creo que la principal razón por la que sufrió la purga es que se enfadó con Barzan al-Tikriti y Adnan Jairallah. Simplemente no les caía bien, y no les gustaba el poder que tenía. Así que hicieron que fuese denunciado.»[18] Hamdani, que creía que podía decirle a Saddam lo que pensaba, también podría haber expresado ciertas reservas sobre el plan para defenestrar a Bakr. Hamdani estaba a favor de la unión con Siria, y temía que el ascenso de Saddam pudiera hacer fracasar el proyecto. Pero ni Hamdani ni su familia tenían la menor idea de que habían ofendido mortalmente a Saddam. El día de la ejecución de Hamdani, su esposa se encontraba en París de compras con Sajida Hussein.

El mismo día que Saddam denunció el «complot», se reunió un tribunal especial, compuesto por siete miembros del RCC, bajo la presidencia del viceprimer ministro Naim Haddad. Cincuenta y cinco baasíes fueron acusados de estar involucrados en la conspiración, de los cuales veintidós fueron condenados a morir en «ejecuciones democráticas». Saddam había concebido esa forma de pena capital para la ocasión, y requería que los baasíes leales participaran en la ejecución de sus antiguos colegas. Las ejecuciones se fijaron para el 8 de agosto, y las asociaciones regionales baasíes fueron invitadas a enviar un delegado para que participara en ellas. Tuvieron lugar en el patio del mismo edificio en que los condenados presuntamente habían urdido su traición. A todos los participantes Saddam les dio personalmente una pistola, y los dirigió cuando comenzaron los disparos.

El vídeo que Saddam hizo público luego sobre la denuncia de sus colegas contiene metraje sobre las ejecuciones. La cámara muestra a los condenados arrodillados, con los ojos vendados y las muñecas atadas a la espalda. La cámara se centra en un primer plano de una mano sujetando una pistola, que dispara a una sien. Las víctimas se sacuden y caen, la sangre que les mana de la cabeza tiñe el suelo. En algunos casos, los disparos son imprecisos y los ajusticiados no mueren. Como muchos de los verdugos no eran pistoleros profesionales, les falló el valor o la puntería en el último momento. En esos casos, la cámara muestra a un verdugo profesional dando el tiro de gracia en la cabeza. Más tarde se informó de que la ejecución de Hamdani fue una de estas chapuzas, y que quedó retorciéndose en el suelo después de que la primera bala no acabó con él. Barzan al-Tikriti, el hermanastro de Saddam y responsable de la denuncia de Hamdani, lo remató de dos tiros en la cabeza.[19]

La idea de invitar a la cúpula del Baas a participar en las «ejecuciones democráticas» fue un astuto plan de Saddam, con el que convertía la matanza en una gloriosa reunión de fortalecimiento de los lazos tribales. En un país donde las rencillas sangrientas entre clanes están muy enraizadas, aunque se las considerase supuestas ejecuciones legales, Saddam había implicado a la jerarquía del Baas en la limpieza del partido y, por tanto, los había obligado a entregarle su total e indivisible lealtad. Por ejemplo, al hacer que Naim Haddad, uno de los principales chiitas en el nuevo gobierno, juzgara a dos prominentes chiitas del Baas, Mohammed Ayesh y Hamdani, Saddam se aseguraba de que su propia comunidad condenara a Haddad al ostracismo y, por tanto, aumentara la dependencia de éste respecto del nuevo presidente. Esa táctica se volvería característica del mandato de Saddam: al obligar a los oficiales y los funcionarios a participar en actos de barbarie, conseguía manchar su reputación irremediablemente y sellar su destino al del régimen.

Después de acabar con el último de sus rivales, Saddam se dedicó a convertir lo ocurrido en un golpe de efecto propagandístico. Copias del vídeo de la reunión especial empezaron a circular entre los miembros del Baas por todo el país. Los detalles del «complot» no se hicieron públicos hasta el día de las ejecuciones, cuando se emitió un anuncio oficial en la radio gubernamental. Las ejecuciones, según se informó, en las que participaron cientos de delegados, el presidente y el RCC al completo, habían sido «un acontecimiento sin precedentes en la historia del partido». Habían tenido lugar «entre las aclamaciones de larga vida al partido y a la revolución, y al líder presidente, al luchador Saddam Hussein».[20] Después de pasar la mañana participando en las ejecuciones, por la tarde, un relajado Saddam Hussein se dirigió a la nación

Suba Tulfah, madre de Saddam.

Una vista de Tikrit en 1930, la ciudad en la que Saddam pasó los primeros años de su vida.

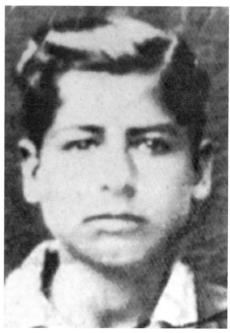

Foto de carné de Saddam a los doce años.   Saddam a los dieciséis años.

El coche del general Qassem, acribillado tras el intento de asesinato. (Archivo del autor.)

Después de su intento de asesinar a Abdul Karim al-Qassem en 1959, Saddam quemó todas sus fotografías antes de escapar a Siria. Las autoridades encontraron esta foto suya en la Escuela Secundaria de Al-Karkh y la enviaron a los centros de seguridad de todo el país, ofreciendo una recompensa por su detención.

Detalle del coche del general Qassem. (Archivo del autor.)

Saddam junto al Nilo en 1960, durante su exilio.

Saddam en Egipto, 1960.

Saddam (arriba, segundo por la derecha) y sus camaradas posan para una foto de recuerdo antes de salir de prisión. Abdul Karin al-Shaijly, su compañero conspirador, está abajo a la derecha. Casi todos los otros prisioneros, incluyendo a Shaijly, murieron más tarde por orden de Saddam.

Saddam en prisión (último por la izquierda en ambas fotos) en 1965.

La primera foto que muestra a Saddam con su esposa Sajida, con la que se casó al volver de El Cairo después de la revolución de febrero de 1963.

Saddam en la sala de su casa con su esposa Sajida, sus dos hijos Uday y Qusay y sus tres hijas, Hala (la pequeña), Rana y Ragda (la mayor).

Saddam Hussein, vicepresidente, lleva a su familia a visitar a una familia de campesinos
en los suburbios de Bagdad. Otras familias se unieron cuando la noticia de su presencia se difundió.

Ejecuciones de judíos en Bagdad poco después de que el Baas llegara al poder en 1969. (Archivo del autor.)

Saddam (con visera blanca) nada en el Tigris en Salauddin, cerca de Tikrit. La agencia oficial iraquí de noticias dijo que Saddam cruzó a nado «el inmortal Tigris» tres veces para animar a la participación en un campeonato nacional de natación. El hombre detrás es su guardaespaldas.

Saddam fumando un puro durante la funesta reunión de 1979 del Consejo del Mando Revolucionario del Baas, en la que miembros claves del partido fueron denunciados y luego ejecutados. (Archivo del autor.)

Saddam orando en Kuwait después de la invasión de 1990, publicada en la portada del *Babel*, un periódico dirigido por su hijo Uday.

Saddam durante la guerra del Golfo en 1990 con Stuart Lockwood, un rehén británico de siete años. (Archivo del autor.)

Saddam (sentado) con su familia, incluyendo a sus yernos, el general Hussein Kamel Hassan (último por la izquierda) y el hermano de Hassan, coronel Saddam Kamel (segundo por la izquierda). El general Hassan y su hermano fueron abatidos a tiros en Bagdad el 23 de febrero de 1996 por parientes que querían lavar el honor de la familia.

Saddam en un pueblo cercano a Bagdad, donde celebró el último día del Eid al-Fitr, la festividad que marca el final del mes de ayuno del Ramadán.

Saddam flanqueado por sus dos hijos, Uday Hussein (izquierda) y Qusay Hussein, en una foto publicada por el gobierno iraquí el 13 de diciembre de 1996. Uday fue herido durante un ataque mientras conducía en el elegante distrito de al-Mansour, en Bagdad, el 12 de diciembre. Éste fue el primer atentado contra la vida de Uday.

Un cuadro mostrando a Saddam liberando Jerusalén, expuesto en Bagdad.

para explicar la conspiración. Toda la antigua paranoia de los baasíes estaba presente en su discurso. Haber desenmascarado el «complot» no sólo era un gran logro de la revolución baasí, también era una derrota humillante para las «fuerzas extranjeras» que lo habían apoyado. «Compadecemos a los traidores y conspiradores que se hallan fuera de Iraq —dijo a la enorme muchedumbre que se había reunido en los jardines del palacio presidencial—, que se han esforzado durante más de cinco años y todo lo que han conseguido es engañar a cincuenta y cinco individuos.»[21] Al igual que los soviéticos después de la revolución de 1917, Saddam buscaba deliberadamente arrastrar a la gente tras su liderazgo avivando el fuego de la xenofobia.

En Damasco, el presidente Asad, una figura baasí formidable por derecho propio, estaba muy preocupado ante el nuevo entendimiento entre Siria e Iraq en aras de la insaciable ambición de Saddam. Después de que éste pronunció su discurso acusando a Asad de ser el cerebro de la conspiración contra el Baas iraquí, Asad protestó furiosamente y exigió pruebas. Envió a su ministro de Exteriores, Abdul Halim Jaddam, y a su jefe de gabinete a Bagdad para asegurarle a Saddam que si Iraq tenía alguna prueba de la ofensa siria, los responsables serían castigados. Todo lo que consiguieron fue una cinta grabada de la desmadejada confesión de Mashhadi. Saddam rehusó la sugerencia de Asad de que un comité de la Liga Árabe examinara las acusaciones de Iraq. Seguramente Siria no era totalmente inocente de lo que Saddam le imputaba y Asad, sin duda, hubiera preferido tener a alguien más dócil, como el presidente Bakr, al frente del vecino régimen baasí, no al implacable Saddam. Pero una vez éste había consolidado su hegemonía en Bagdad, la opción más diplomática hubiese sido que el nuevo líder iraquí olvidara el pasado y explotara el deseo de Siria de mejorar las relaciones. Sin embargo, la insistencia de Saddam en desairar a Damasco destruyó el entendimiento y fue la causa principal de que Asad se aliase con el *ayatollah* Jomeini, una alianza que le causaría muchos problemas a Saddam en los años venideros.

La purga del Consejo del Mando Revolucionario que acompañó la ascensión de Saddam a la presidencia en 1979 fue sólo el comienzo de una purga a escala nacional de miembros de partido y militares. Desde el inicio de su mandato, Saddam estaba decidido a asegurarse de que el partido y las fuerzas armadas no le representaran ninguna amenaza. Aunque no hay datos precisos, se calcula que cientos de afiliados al partido y oficiales del ejército sufrieron purga; algunos fueron torturados y ejecutados, y mucho fueron condenados a largas penas de prisión. Como las fuerzas de seguridad ya habían realizado una amplia purga del partido Baas y de los militares en los primeros años setenta, fue todo un logro que Saddam fuera capaz de hallar nuevos elementos que valiera la pena purgar. La diferencia fundamental entre las purgas de 1969 y las de 1979 es que las primeras iban contra los enemigos del Baas, mientras que las de 1979 iban contra cualquier sospechoso de oponerse a Saddam Hussein.

Su ascensión al poder supremo le dio a Saddam la oportunidad de saldar viejas cuentas. Así, envió a sus matones a asesinar a su viejo amigo y colaborador Abdul Karim al-Shaijly, que había abandonado la política activa en 1971, cuando fue destacado en Naciones Unidas. Incluso en Nueva York, Shaijly no prestó atención a las lecciones que debió de aprender mientras se dedicaba a vivir como un *playboy* en Bagdad, a principios de los setenta. Debería haber sabido que todo lo que decía, tanto en público como en privado, era grabado por los agentes de seguridad de Saddam, incluso en la distante Nueva York. Pero Shaijly siguió siendo un modelo de indiscreción y nunca dudó en expresar su opinión sobre en qué se había convertido el Baas bajo Saddam. Quizá creía que la íntima amistad que le había unido a Saddam lo protegería. Finalmente, a finales de 1978, la paciencia de Saddam se agotó, y Shaijly recibió órdenes de regresar a Bagdad. Incluso esa ominosa orden no alteró la compostura de Shaijly, que obedeció. Al llegar, fue arrestado y encarcelado. Como aún contaba con un fuerte apoyo dentro del partido, el gobierno decidió que, en vez de someterlo a un juicio farsesco en un tribunal militar especial, lo procesarían en un juicio lo más normal posible. Cuando el juicio finalmente se inició, al público iraquí se le ofreció el sorprendente espectáculo de un abogado haciendo una defensa creíble ante un tribunal. Pasados diez días, en los que el acusado llamó a una sucesión de testigos para que hablaran en su favor, el juicio parecía empantanado y las probabilidades de Shaijly de ser declarado inocente aumentaban. En ese momento, las autoridades intervinieron y, en una nota secreta dirigida al juez, le ordenaron que el tribunal emitiera su veredicto inmediatamente. Shaijly fue debidamente condenado por criticar ilegalmente al gobierno y condenado a seis años de prisión. Pero un año después, cuando Saddam llegó a la presidencia, fue liberado. Pensando que sus problemas con Saddam eran cosa del pasado, Shaijly intentó reintegrarse a la vida civil normal. Unas semanas después de su liberación, fue con su mujer, que estaba embarazada, a pagar la factura del teléfono. Cuando salió de su coche, dos esbirros de Saddam lo abatieron a tiros.

Otros antiguos altos cargos del Baas recibieron un trato similar. Murtada Saad Abdul Baqi al-Hadithi, que había sido hasta poco antes embajador en la URSS a pesar de perder su calidad de miembro del RCC en 1974, fue ejecutado en Bagdad en junio de 1980. Al igual que Shaijly, hicieron regresar a Hadithi de Moscú en julio de 1979, fue arrestado y encarcelado. Saddam había decidido que su presidencia se basaría en el terror absoluto, una política que cumplía con encomiable celo. Ninguna discrepancia era demasiado trivial o nimia para Saddam. Cualquier indicio de oposición a su voluntad debía ser aplastado sin misericordia y con la mayor brutalidad.

Salim Shakir, el ex oficial del ejército que se convirtió en un héroe nacional por su papel en la guerra del Yom Kippur en 1973, fue uno de los pocos supervivientes de las purgas políticas de 1979. Shakir había sido un miembro activo del Baas desde finales de los años cincuenta, y había trabajado junto a Saddam para que el partido llegara al poder. Era un oficial de carrera y había mandado una de las unidades de tanques que se enviaron para luchar contra Israel durante la guerra del Yom Kippur, Después de la guerra, sirvió en el extranjero como agregado militar, y en 1979 fue nombrado embajador en Senegal. Inmediatamente después de la ascensión de Saddam, de repente se encontró acusado de traición, al igual que, según sus cálculos, miles de oficiales y funcionarios. Como muchos otros embajadores iraquíes en ese momento, Shakir recibió orden de regresar a Bagdad para «consultas». Shakir creyó que regresaba simplemente para que le informaran de los nuevos objetivos diplomáticos del gobierno, pero en cuanto aterrizó en Bagdad, fue arrestado e interrogado. Cuando este autor lo entrevistó, muchos años después, Shakir, un hombre bajo y amable, vestido con elegancia y con una pasión por el *tweed* inglés, sufría de sordera parcial y zumbidos en los oídos como consecuencia de las palizas que recibió en uno de los centros de detención de Saddam. «Es difícil describir el horror de ese lugar. Todos los que entraban eran torturados de una forma u otra. Para Saddam, la tortura era casi una forma de vida. Creo que a mí sólo me golpearon porque era un héroe de guerra, e incluso esa gente me tenía un poco de respeto.»

Shakir fue acusado de conspirar contra Saddam y se lo llevó ante el tribunal revolucionario especial presidido por Naim Haddad. El juicio fue sumario, tanto que a Shakir ni siquiera le permitieron ver su propia confesión, la cual, naturalmente, no recordaba haber hecho. «No tuve la menor oportunidad de defenderme —explicó—. El tribunal ya había decidido qué hacer con mi caso. Me habían denunciado como traidor, y eso era prueba suficiente para ellos.» Se le sentenció a siete años de prisión con trabajos forzados. A Shakir nunca le dieron detalles específicos sobre sus crímenes, y aún no sabe qué hizo para ofender a Saddam. «Él siempre me había dicho lo orgulloso que estaba de mi servicio como militar y de mi papel en la guerra de 1973 —recordaba—. Quizá también tuviera envidia de mí. Le afectaba mucho el hecho de que él no hubiera servido en el ejército, y bien podría ser que mi historial lo hiciera sentirse avergonzado de sí mismo.» La única explicación que Shakir pudo dar del tratamiento que recibió fue una reunión que había mantenido con Saddam en 1969, cuando le dijeron que presentara una lista de nombres de oficiales dignos de un ascenso. Saddam se enfadó por uno de los nombres que Shakir había puesto en la lista, porque, según él, ese oficial simpatizaba con los sirios. Shakir intentó defender la reputación del oficial, pero Saddam lo interrumpió, diciendo: «El problema entre Siria y nosotros no es político, económico o filosófico. Es un asunto de vida o muerte.» Shakir supuso que Saddam podía estar resentido con él desde aquel episodio. «Debe recordar que Saddam no tenía ningún auténtico amigo. Sólo toda esa gente aterrorizada a su alrededor. Cualquiera que estuviera cerca de Saddam tenía que demostrar constantemente su lealtad hacia él.» Según Shakir, una de las afirmaciones favoritas de Saddam era: «Simplemente con mirar a alguien a los ojos sé si es leal o un traidor.» Saddam también era dado a las demostraciones emocionales, como ponerse a llorar si uno de sus hijos se hacía daño. «Tenía una especie de doble personalidad. Podía estar llorando por sus hijos mientras firmaba la condena de muerte de cincuenta personas.» En una ocasión, Shakir le preguntó cómo se sentiría si por error ejecutara al hombre equivocado. «Es mejor matar a un inocente que dejar que un culpable escape», fue su rotunda respuesta.[22]

Las purgas eliminaron cualquier tipo de oposición y Saddam se dedicó a reorganizar el gobierno para fortalecer aún más su poder de base. El primer paso consistió en aumentar el poder del gabinete al mismo tiempo que reducía su composición a un puñado de ministros leales. Muchos ministerios se refundieron, y el día de su toma de posesión Saddam creó el puesto de primer viceprimer ministro y cinco puestos de primer delegado. Taha Yassin Ramadan fue nombrado para el primer cargo nuevo, y los cinco restantes fueron para Adnan Jairallah, que ocupaba la cartera de Defensa; Tariq Aziz, en la de Exteriores; Naim Haddad; Saadun Ghaydan y el desgraciado Hamdani. La reestructuración del gabinete, que se reuniría regularmente bajo la presidencia de Saddam, tenía como objetivo reducir la autoridad del RCC, del que Saddam continuaba desconfiando, a pesar de haberse deshecho de todos sus enemigos.

En marzo de 1980, Saddam realizó otro importante cambio constitucional al restablecer la Asamblea Nacional, el órgano legislativo que había estado suspendido desde la caída de la monarquía en 1958. La nueva ley creaba una asamblea de 250 miembros que serían elegidos para cuatro años mediante voto secreto. Si la asamblea causaba la impresión, sobre todo para el mundo exterior, de que el nuevo régimen iraquí tenía pretensiones democráticas, la realidad era muy diferente. El proceso de selección de los candidatos estaba sometido a condiciones muy estrictas. Sólo se permitía una lista electoral por cada distrito, por lo que se eliminaba cualquier competencia entre partidos o grupos. Todos los candidatos, que debían satisfacer varios criterios antes de ser aceptados, tenían que proclamar su adhesión a los principios de la revolución de julio de 1968 y someterse al examen de una comisión antes de recibir el permiso para presentarse. Para asegurar que el electorado no tuviera ninguna duda sobre cómo votar, Saddam declaró: «Debemos asegurarnos de que los trece millones y medio [el número de electores iraquíes] toman el mismo camino. Aquel que elija el camino torcido se encontrará con la espada.»[23] Las elecciones se celebraron el 20 de junio de 1980. Pocos votantes optaron por «el camino torcido», y la asamblea se llenó de miembros designados por el Baas. El comentario sardónico de Saddam sobre el proceso fue que el triunfo electoral de su partido era una señal de que el pueblo iraquí había refrendado unánimemente tanto a los candidatos baasíes como a los principios del partido.

La ascensión al poder de Saddam estuvo acompañada de un importante aumento en las actividades de los servicios de seguridad. Se puso en marcha una sutil remodelación de las operaciones de seguridad, con la creación del Amn al-Jass, o seguridad especial, que se convirtió en el brazo todopoderoso del Estado. El Amn al-Jass sustituyó al Mujabarat, que vio tanto su tamaño como su autoridad sustancialmente reducidos. De hecho, el Amn al-Jass se convirtió en la fuerza de seguridad personal de Saddam, bajo las órdenes directas de la oficina presidencial, que a su vez se amplió para absorber las responsabilidades del nuevo presidente, que se extendían a todas las áreas. A finales de los años setenta, se consideraba que el Departamento de Asuntos Presidenciales, que incluía al Amn al-Jass, tenía casi cincuenta mil funcionarios en nómina.[24] Se construyeron nuevas prisiones y se idearon nuevas técnicas de tortura para que el régimen de terror funcionara con eficacia. Técnicamente, la tortura estaba prohibida en Iraq por el artículo 22 de la Constitución y el Código de Procedimiento Penal. Sin embargo, cuando Saddam llegó al poder, se estima que el régimen había perfeccionado ciento siete métodos de tortura. La tortura manual consistía en palizas, tirones de cabello, golpes de bastón en la planta de los pies y la torsión de los miembros hasta romperlos. Las descargas eléctricas se aplicaban con frecuencia para conseguir confesiones, lo mismo que un amplio muestrario de torturas psicológicas. La forma más común de tortura era dejar a la víctima en confinamiento solitario durante largos períodos. A algunos prisioneros los dejaban en celdas frías hasta que se les congelaban los miembros, mientras que en otras ocasiones se les quemaba parte del cuerpo. Otra especialidad iraquí era violar a los parientes de los detenidos, hombres y mujeres, mientras se los obligaba a mirar. Los torturadores de Saddam también tenían una variedad de aparatos para arrancar miembros humanos, desde dedos hasta piernas.

En un informe publicado en 1981, Amnistía Internacional recoge el testimonio de quince iraquíes exiliados, doce hombres y tres mujeres, que fueron torturados por los agentes de seguridad de Saddam. Todos habían sido posteriormente examinados por médicos de Londres que concluyeron que en cada caso «las torturas descritas coincidían con los síntomas y las señales hallados durante la revisión». El informe de Amnistía ofrece una espantosa descripción del sufrimiento infligido a un hombre: «Durante los dos primeros días lo llevaron a diferentes salas y lo golpearon con puños, varas y un látigo. En una sala se le acarició y toqueteó sexualmente antes de darle golpes y patadas. Luego la tortura se volvió más sistemática, y las sesiones se realizaban cada una o dos horas. Le azotaron y golpearon la cabeza con tal fuerza que perdió el conocimiento. Después de volver en sí, en una ocasión se dio cuenta de que le habían quitado los pantalones y lo habían violado. Entonces lo hicieron sentar sobre un objeto frío parecido a una botella que le metieron por el recto. También le quemaron con un objeto duro del tamaño de un lápiz.»[25]

Al mismo tiempo que el sistema de tortura institucional se extendía, los agentes de Saddam fueron discriminando cada vez menos en la elección de sus víctimas. Otra investigación de Amnistía detalló el caso de una madre iraquí que fue al depósito de cadáveres de Bagdad en 1982 a recoger el cuerpo de su hijo. El muchacho había sido arrestado en diciembre de 1981 y retenido sin cargos ni juicio, y sin que su familia supiera su paradero. Cuando la mujer entró, no dio crédito a sus ojos. «Había nueve cuerpos tendidos en el suelo junto al suyo... pero mi hijo estaba en una postura como si estuviera sentado, no tumbado. Tenía sangre por todas partes y su cuerpo era un amasijo sangrante. Miré los otros cuerpos que estaban en el suelo a su lado... todos quemados, no sé con qué... Otro cuerpo mostraba marcas de una plancha doméstica desde la cabeza hasta los pies.»[26] La detención de mujeres y niños era un método usual de las fuerzas de seguridad, especialmente cuando no podían capturar a los hombres de la familia. Hay casos documentados de mujeres torturadas ante sus familias, o de maridos y niños torturados ante sus esposas y madres. Una periodista iraquí fue arrestada, y sus torturadores le negaron la comida a su bebé para presionarla. Otra mujer superviviente de las cámaras de torturas de Saddam ha explicado cómo la tortura sexual se aplicaba frecuentemente en mujeres y niños, y habló de niños encerrados en sacos junto con gatos hambrientos.[27]

A mediados de los años ochenta, las autoridades iraquíes establecieron un total de veinticuatro delitos que comportaban la pena de muerte: diez en cuanto a delitos contra la seguridad externa del Estado, diez contra la seguridad interna y los cuatro restantes por «constituir un peligro para el pueblo». La definición de esos delitos capitales era deliberadamente vaga, de forma que cualquier revelación no autorizada de información podía ser considerada traición. El artículo 177 del Código Penal iraquí, por ejemplo, autoriza la pena de muerte si un funcionario público «da a conocer un secreto de estado en tiempo de guerra o para favorecer los intereses de un Estado extranjero». Casi toda la información iraquí sobre el gobierno, la economía y la sociedad era considerada secreto de Estado, y revelar casi cualquier información a un diplomático o a un periodista extranjero podía ser considerado traición. El antisionismo del régimen también se refleja en el artículo 201 del Código Penal, donde se establece la pena de muerte para «cualquier persona que propague principios sionistas o masónicos o que se una o apoye a instituciones sionistas o masónicas». Además, la pena de muerte también se aplicaba a una serie de crímenes civiles, como el asesinato, la violación, el incendio premeditado, el robo con armas y la sodomía. En los años noventa, cualquier iraquí al que se le diagnosticara el virus del Sida era ejecutado sumariamente.

Había muy pocas oportunidades de que los acusados de delitos capitales pudieran recibir un juicio justo. Pese a que la estructura de los tribunales religiosos, civiles, penales y militares permanecía intacta, sólo se les permitía ocuparse de los casos más triviales. Cualquier caso que tuviera una dimensión política solía enviarse al Tribunal Revolucionario de Bagdad, que había sido establecido en 1969 y se componía de tres jueces militares y tres civiles. Las sentencias dictadas por ese tribunal no se podían recurrir. Luego estaban los tribunales especiales temporales, que se dirigían directamente desde la oficina presidencial. Esos tribunales no requerían los servicios de profesionales del derecho, sino que sus miembros salían del Consejo del Mando Revolucionario. Fueron tribunales como ésos los que se reunieron para juzgar a los implicados en los diferentes intentos de golpe de Estado, y Saddam nunca tuvo dificultad para conseguir el veredicto requerido.[28] Amnistía Internacional reunió los nombres de 520 personas ejecutadas por delitos políticos entre 1979 y 1981, y en 1982 hubo más de trescientas ejecuciones.

En los casos en que, por una razón u otra, las fuerzas de seguridad no podían someter a juicio a los oponentes políticos, usaban veneno. El preferido era el talio, porque es inodoro, incoloro e insípido. Desde 1980 hubo numerosos informes de activistas iraquíes envenenados con talio. En mayo de 1980, dos disidentes que habían estado detenidos en Iraq consiguieron llegar a Londres. Los médicos británicos les diagnosticaron envenenamiento por talio. Uno de ellos, Majidi Jehad, poco antes de morir testificó que creía que el veneno se lo habían dado en un refresco de naranja que le ofrecieron en una comisaría de policía cuando fue a buscar su pasaporte.[29]

Con los medios de comunicación bajo el férreo control del gobierno, la libertad de expresión no existía. Desde 1968, el Baas se había marcado el objetivo de controlar los medios de comunicación y usarlos para propagar la ideología baasí. Pero en un informe publicado en 1974, el partido admitía que aún no había alcanzado ese objetivo y lamentaba que aún hubiera tantos «elementos reaccionarios» acechando en los medios de comunicación y tan pocos «periodistas competentes y revolucionarios». A finales de los setenta, esos fallos se rectificaron, y la pertenencia a las juventudes del partido Baas pasó a ser un requisito necesario para entrar en la escuela de periodismo. Finalmente, en 1980 Saddam fundó la Federación de Académicos y Escritores, y todos los periodistas, escritores y artistas fueron obligados a afiliarse, y todas las organizaciones culturales o literarias independientes que aún quedaban fueron abolidas. Saddam colocó toda la producción artística, incluida la música, bajo un control estricto y la sujetó a censura gubernamental. «Para aquellos que se conforman —escribió un activista por los derechos humanos en 1981—, hay grandes recompensas... Por primera vez en la historia del país, se puede hallar poetas entre los escasos ricos.» Sin embargo, el precio de la conformidad era «escribir versos para acontecimientos y festividades oficiales, alabando al partido Baas y sus líderes, y ensalzando las virtudes de Saddam Hussein». Por contrariar la voluntad de Saddam, cientos de escritores e intelectuales iraquíes conocieron la prisión y la tortura, que habitualmente acababa en la muerte.[30] Una petición firmada por intelectuales árabes y publicada en el periódico libanés *As Safir* en diciembre de 1986, afirmaba que en Iraq «más de quinientos escritores y pensadores han sido interrogados y torturados para arrancarles confesiones o para obligarles a retractarse de sus opiniones».[31]

Con el sistema jurídico y los medios de comunicación controlados por el gobierno, la única manera de que disponían los iraquíes para encontrar resarcimiento era por medio del partido Baas. Pero con las fuerzas de seguridad controlando toda actividad, no se toleraba ninguna crítica, sólo la glorificación de los logros de los líderes iraquíes. El Baas estaba organizado sobre los principios clásicos del marxismo-leninismo de jerarquía y disciplina, y cuando Saddam llegó al poder, se había convertido en un estado dentro del Estado. Tenía sus propias instalaciones de formación, o «escuelas preparatorias», donde los jóvenes estudiaban ideología, economía y política. El partido mantenía «agencias» que fiscalizaban los departamentos gubernamentales para asegurarse la conformidad y la lealtad a los principios baasíes. Otras agencias se encargaban de organizar y adoctrinar a sectores clave, como los militares, los obreros, los agricultores y los profesionales. Junto con los militares, los profesores eran el objetivo principal de las agencias del partido Baas, que estaba decidido a conseguir el adoctrinamiento continuo de la juventud iraquí. En 1979, todos los profesores fueron obligados a afiliarse al partido, y los que se negaron o fueron considerados no gratos fueron despedidos. El partido tenía su propia milicia, el Ejército Popular, para contrarrestar al estamento militar, al que, a pesar de todas las purgas padecidas durante años, los baasíes todavía consideraban sospechoso. Saddam se sentía especialmente atraído por el concepto del Ejército Popular, y durante el primer año de su presidencia, su contingente pasó de cien mil hombres a doscientos cincuenta mil.

La situación en Iraq bajo la presidencia de Saddam fue resumida por un grupo de escritores opositores moderados, que desde su exilio escribieron un memorando para Naciones Unidas: «La dictadura de Saddam Hussein es uno de los regímenes más despóticos, despiadados e inescrupulosos del mundo. Es un sistema totalitario, de partido único basado en el culto a la personalidad de Saddam Hussein. Este hombre, su familia y sus parientes tienen el control del ejército regular, el Ejército Popular, la policía y los servicios de seguridad. Todos los medios de comunicación están bajo el estricto control del régimen y no hay lugar para la libertad de expresión. Las organizaciones políticas se limitan al partido Baas y a un numero insignificante de organizaciones serviles. Los sindicatos no existen. La pertenencia a cualquier grupo de oposición se castiga con la muerte. Cualquier crítica al presidente también se puede castigar con la muerte. Los servicios de seguridad son omnipotentes, omnipresentes y disfrutan de poderes ilimitados.»

En 1980, todas las instituciones de Iraq, todos los departamentos gubernamentales, todos los aspectos de los objetivos públicos, privados e individuales existían sólo para glorificar los éxitos de Saddam Hussein. Su intento de crearse un culto a la personalidad en todo el país había comenzado a mitad de los años setenta. Pero después de instalarse en el palacio presidencial, el culto a Saddam adquirió vida propia. El culto al líder bajo el régimen de Saddam sobrepasa todo lo visto en el mundo árabe, o, con la posible excepción de Corea del Norte, en cualquier otro sitio. Su glorificación se convirtió en una de las principales tareas de la prensa, la radio y la televisión, y se desarrolló una próspera industria de pósters, fotografías y otro tipo de representaciones del «padre» de la revolución. Los periodistas extranjeros que fueron invitados a cubrir las «elecciones» de 1980 para la Asamblea Nacional se quedaron sorprendidos ante el número de pósters y fotografías de Saddam que adornaban las oficinas de incluso los funcionarios más cosmopolitas de Iraq. Todos los días, los periódicos publicaban en portada fotografías del presidente, hubiera o no una noticia que las acompañara. A principios de los ochenta se habían escrito unas doscientas canciones alabando a Saddam. Todas las noches, las últimas noticias comenzaban con lo que los iraquíes llamaban la «canción de Saddam», interpretada sobre un fondo de imágenes de soldados victoriosos y brillantes fuegos artificiales, por una figura sonriente que cantaba:

> Oh, Saddam, victorioso.
> Oh, Saddam, nuestro amado;
> llevas el amanecer de la nación
> en tus ojos...
> Oh, Saddam, contigo
> todo es bueno...
> Alá, Alá, somos felices;
> Saddam alumbra nuestros días...

Para los que osaban oponerse a Saddam, existía el terror institucional y las cámaras de tortura; para los que lo reverenciaban, la promesa de compartir la gloria y el éxito del Iraq de Saddam. Todas las acciones llevadas a cabo por el gobierno se hacían públicas como una iniciativa personal de Saddam. Astutamente, éste ideó varios incentivos materiales para aumentar su popularidad, como conceder aumento de sueldo a grupos seleccionados de obreros, incluyendo a las fuerzas armadas. Con frecuencia, Saddam hacía visitas sorpresa a las fábricas, las escuelas, los hospitales y las granjas, y todo era filmado y mostrado en la televisión. Muchos lugares públicos llevaban su nombre, y fue en esta época cuando se escribieron sus biografías autorizadas, en las que se prestaba particular atención a la glorificación de los hechos de su juventud, como su participación en el fallido intento de asesinato del general Qassem en 1959. Incluso en este momento inicial de su presidencia, Saddam tenía un agudo sentido de su propio destino. A uno de sus biógrafos le dijo que no le importaba tanto lo que la gente pensara de él en ese momento, sino «lo que la gente dirá de nosotros dentro de quinientos años».[32] Una edición especial del periódico de Bagdad *Al-Jamhuriyya* se dedicó exclusivamente a la historia de su vida, y en Bagdad se abrió una exposición permanente dedicada a su vida. Mucho se habló en la prensa iraquí de la devoción de Saddam por su familia y su dedicación diaria a sus hijos. Los iraquíes se enteraron de sus aficiones, como la pesca y la jardinería. En todo lo que hacía y decía, Saddam se presentaba a sí mismo como el modelo para todas las familias iraquíes. La *saddammanía* llegó incluso a Estados Unidos, cuando sus jefes de propaganda, para celebrar su primer año como presidente, pusieron un anuncio en el *New York Times* del 17 de julio de 1980. El anunció decía que, bajo el liderazgo de Saddam, Iraq se disponía a revivir sus «pasadas glorias», y comparaba a Saddam con los grandes señores de la guerra de los primeros tiempos del islamismo, los califas abásidas Al-Mansur y Harun al-Rashid.

El adoctrinamiento funcionó. Los diplomáticos occidentales destinados a Iraq durante ese período informaban de que, aunque la mayoría de los iraquíes no desconocían los implacables métodos de las fuerzas de seguridad, Saddam era verdaderamente un líder popular. «A nivel de las bases, Saddam cuenta con mucho apoyo popular —recuerda un antiguo embajador en Bagdad—. Hace visitas sorpresa a las nuevas ciudades en construcción por todo Iraq. El nivel de vida de mucha gente ha mejorado sensiblemente. Hay escuelas, hospitales, carreteras, agua y electricidad, y eso le dio una gran popularidad entre los campesinos. Superficialmente, todo parece magnífico, y la gente aprecia lo que Saddam ha hecho por ellos.»[33] Los iraquíes que querían demostrar su reconocimiento al gran líder durante esas visitas sorpresa debían estar preparados, porque en cuanto se convirtió en presidente, la guardia personal de Saddam empezó a usar porras y varas eléctricas para apartar a la gente que se acercaba demasiado al hombre que la prensa iraquí calificaba de «paladín, líder, luchador e hijo del pueblo».

El continuo desarrollo del culto a la personalidad de Saddam y el limitado tiempo que un hombre con tantas responsabilidades puede razonablemente dedicar a visitar a su gente desembocaron en una de las características más extravagantes de su presidencia: contrataba a dobles. Un exiliado iraquí que se hacía llamar Mijael Ramadan declaró que había actuado como el doble de Saddam durante más de diez años antes de escapar aOccidente. Proporcionó un intrigante relato: poco después de que Saddam se convirtió en presidente, agentes de seguridad se lo llevaron a Bagdad desde su pueblo en el sur de Iraq después de notar su parecido con el líder. Al parecer, lo llevaron ante Saddam en su casa de Bagdad y, cuando éste lo vio, se quedó tan impresionado con el parecido que incluso le preguntó bromeando si su propio padre no habría tenido alguna relación ilícita con la madre de Ramadan.

Luego le preguntó si estaría dispuesto a suplantarlo en algunos de los compromisos presidenciales más rutinarios. «Sé que la gente de Iraq idolatra a su presidente, pero mis responsabilidades son tantas que no tengo tanto tiempo como me gustaría para pasar con mi gente... ¿Me harás a mí y, naturalmente, al gran pueblo de Iraq, un enorme servicio ocupando mi lugar en alguna ocasión?»[34] Ramadan aceptó y durante meses lo prepararon, estudiando vídeos de las apariciones públicas de Saddam en compromisos de relativa importancia.

La calidad de vida había mejorado extraordinariamente para Saddam y su familia. Los Hussein ocupaban el palacio presidencial y se estaban acostumbrando a la parafernalia del cargo. Saddam todavía trabajaba entre dieciséis y diecisiete horas diarias en un pequeño despacho que se había reservado en los terrenos del palacio. Saddam vestía bien, con trajes hechos a medida por sus sastres favoritos de Bagdad y Ginebra, y había algo de dandy en su apariencia. Uno de sus antiguos colegas del Baas afirmó que tenía más de cuatrocientos cinturones. A pesar de su gusto por una vida lujosa, Saddam seguía siendo un tanto puritano con respecto a su forma de trabajo. Mahmoud Othman, un político kurdo que negoció con Saddam durante siete años, recordaba cuando lo visitó poco después de que se trasladó al palacio presidencial. La reunión estaba programada para las siete de la mañana, y cuando el kurdo llegó, encontró a Saddam todavía en pijama. Se había pasado la noche trabajando en su pequeño despacho, y Othman se sorprendió al ver un pequeño camastro militar en una esquina de la habitación donde el presidente iraquí había dormido. Junto al camastro había doce pares de zapatos caros, y el resto del abarrotado despacho contenía una pequeña estantería de libros sobre Stalin. Al verlos, Othman comentó: «Veo que le gusta mucho Stalin», a lo que Saddam respondió: «Sí, me gusta la forma en que gobernó su país.» Othman, quizá forzando su suerte, le preguntó si era comunista, a lo que Saddam contestó: «¿Stalin, comunista?», de lo que Othman dedujo que el iraquí consideraba al georgiano más un nacionalista que un comunista.

En 1980, los dos hijos de Saddam, Uday y Qusay, tenían dieciséis y catorce años respectivamente y asistían a la Escuela Superior de Jarj, el alma mater de Saddam, que había estado dirigida por la esposa de Saddam, Sajida, antes de que él se convirtiera en presidente. Antiguos compañeros de clase cuentan que Uday era vocinglero y vulgar, mientras que Qusay era tranquilo y calculador. Ambos muchachos recibían un trato especial en la escuela y no estaban obligados, al contrario de los otros chicos, a obedecer las normas. Uday, en concreto, parece que fue un completo desmandado. Los dos muchachos, naturalmente, iban siempre acompañados de guardias de seguridad, y Uday a menudo se aprovechaba de su presencia para bravuconear y armar escándalo. Antiguos alumnos recuerdan que con frecuencia aparecía en la escuela llevando un cinturón con municiones. Estaba obsesionado con los coches y solía ordenar a sus guardias que cogieran los coches de las familias de sus compañeros si les gustaban. Una vez se rompió una pierna, y todos los alumnos de su clase tuvieron que trasladarse a una aula en la planta baja. Comenzó a imitar la costumbre de su padre de fumar puros. Su legendario interés en el sexo opuesto, al parecer, también empezó en sus días escolares, y se ha dicho que las chicas se le ofrecían gustosas.

Sajida Hussein, que se había mantenido a la sombra durante los diez años de ascensión de su esposo a la presidencia, había adquirido el gusto por el lujo. En 1981, la antigua y tímida maestra hacía uso personal del avión presidencial para hacer viajes de compras al extranjero. Realizó un viaje secreto a Londres con un séquito de veinte amigas, donde pasó la mayor parte del tiempo en Hermès de Bond Street (los exiliados iraquíes afirman que su factura alcanzó el millón de libras). Unos meses después, Sajida voló a Nueva York en un Boeing 747 que pertenecía al gobierno iraquí en compañía de su primo y futuro yerno, Hussein Kamel al-Majid, y un séquito de treinta personas. En esta ocasión, quedó fascinada con los almacenes Bloomingdale, donde se gastó una pequeña fortuna para renovar su guardarropa. Todos los días de su estancia en Nueva York, Saddam, el marido devoto, le telefoneaba para ver cómo estaba y cómo le iba.

8. El señor de la guerra

El 22 de setiembre de 1980, al amanecer, varios escuadrones de aviones iraquíes atacaron diez bases aéreas iraníes, entre ellas el enclave militar del aeropuerto internacional de Teherán. Su objetivo era destruir el ejército del aire iraní en tierra y preparar el terreno para que el ejército iraquí invadiese el país. Dicha táctica había sido muy efectiva para los israelíes durante la guerra de los Seis Días de 1967 y Saddam Hussein, que acababa de nombrarse a sí mismo mariscal de campo, estaba convencido de que con ella su propio ejército obtendría un triunfo glorioso. Los pilotos iraquíes se pasaron el día disparando con los Mirage franceses recién adquiridos. Los aeródromos y las estaciones de radar iraníes resultaron devastadas. Los iraníes, a los que en un primer momento el ataque cogió por sorpresa, no tardaron en contraatacar. Ordenaron a sus cazas F-4 de origen norteamericano que llevaran a cabo ataques de represalia contra los iraquíes. Bombardearon dos campos de aviación iraquíes y destruyeron cuatro buques con misiles que se hallaban en el Golfo. También atacaron una planta iraquí productora de gasolina y una serie de instalaciones petrolíferas ubicadas cerca de la frontera Iraq-Irán. Sin inmutarse por el enérgico contraataque iraní, al día siguiente Saddam ordenó a sus carros de combate que llevaran a cabo la invasión de Irán por tierra. Seis divisiones mecanizadas se adentraron en Irán, y provocaron uno de los enfrentamientos más sangrientos, largos y costosos desde la segunda guerra mundial. Ocho años más tarde, cuando la guerra terminó, más de un millón de personas habían perecido y la economía de dos de los países más ricos en petróleo estaba completamente arruinada.

La responsabilidad última de la decisión de invadir Irán, que implicaba acabar con todos los progresos que los baasíes habían hecho para modernizar Iraq, corresponde exclusivamente a Saddam. Las relaciones entre los dos Estados cada vez estaban más cerca del enfrentamiento, sobre todo desde la llegada al poder del *ayatollah* Jomeini. A partir de abril de 1980, justo después de que Jomeini pidió públicamente a los musulmanes chiítas que se sublevaran y derrocaran el régimen baasí, comenzaron a producirse distintas escaramuzas a lo largo de los 1 600 kilómetros de frontera que ambos países comparten. La causa oficial de la escalada de tensiones era el antiguo conflicto sobre la vía fluvial de Shatt al-Arab. El Acuerdo de Argel negociado entre Saddam y el sah en 1975 había tratado de resolver el problema, pero Saddam siempre había pensado que Iraq, que en ese momento no estaba en situación de desafiar a su más poderoso vecino, había salido menos beneficiado con el trato. Cuando se produjo el cambio de régimen en Teherán, Saddam vio la oportunidad de revisar el acuerdo en favor de Iraq, cambio al que Irán se resistió con firmeza. Las relaciones entre ambos países siguieron deteriorándose hasta el punto de que el 17 de setiembre de 1980 Saddam convocó una sesión de emergencia de la recién reinstaurada Asamblea Nacional, en la que declaró unilateralmente nulo e inválido el Acuerdo de Argel aduciendo las «frecuentes y flagrantes violaciones iraníes de la soberanía iraquí». Saddam, que hablaba despacio y de vez en cuando agitaba el dedo para enfatizar a sus palabras, dejó muy claras sus intenciones. «Este río —declaró— debe recuperar la identidad árabe-iraquí que tuvo a lo largo de la historia.»[1] Cinco días más tarde, Iraq estaba en guerra con Irán.

A pesar de los muchos éxitos cosechados en su despiadada ascensión al poder a través del partido Baas, Saddam no estaba en absoluto capacitado para ser un estratega militar. De hecho, pese a todos los uniformes, títulos y rangos honoríficos que se había concedido —entre ellos, el de mariscal de campo—, no tenía la menor experiencia militar, no había leído ningún libro al respecto y no había considerado jamás aspectos tan sutiles como la estrategia y la táctica. Tampoco había participado nunca en un conflicto armado. Además, este estudiante que había sido incapaz de obtener las calificaciones requeridas para entrar en la Academia Militar de Bagdad, sentía una profunda desconfianza, alimentada por los celos, hacia los oficiales militares triunfadores, hecho que mancillaría sus relaciones con los comandantes iraquíes durante toda la guerra. Para compensar sus obvios defectos como líder militar, su maquinaria propagandística se puso a funcionar a toda marcha y lo presentó a los iraquíes como un sagaz comandante en jefe.

La estrategia de Saddam consistía básicamente en adentrarse profundamente en Irán y apoderarse del territorio necesario para tener una baza con la que negociar un acuerdo mejor sobre Shatt al-Arab. A Saddam, al que aconsejaban una serie de generales del sah exiliados en Bagdad, le habían dicho que el nuevo régimen iraní se hallaba en un estado tal de caos que podía esperar una rápida victoria, posiblemente dentro de dos o tres semanas. El plan invasor se basaba en un ejercicio militar llevado a cabo por los instructores militares británicos en la Academia Militar de Bagdad ya en 1941.[2] Saddam quería asegurarse la orilla oriental del Shatt al-Arab, pero además pretendía conquistar la región deshabitada de Juzistán porque confiaba en que eso desencadenaría la sublevación de otras facciones no persas. Si conseguía dichos objetivos, tenía muchas posibilidades de precipitar la caída del régimen de Jomeini.

Durante las primeras semanas de la campaña parecía que los iraquíes estaban logrando sus objetivos bélicos. A causa del caos engendrado por la revolución iraní, tal como había previsto Saddam, el aparato militar del país no estaba preparado para la guerra ni, por supuesto, para rechazar una invasión a gran escala. Los iraquíes avanzaron rápidamente, tomaron varias ciudades iraníes clave a lo largo de la frontera central y bombardearon repetidamente la ciudad de Dezful, ubicada en los yacimientos petrolíferos del norte de Irán y punto de transporte clave entre Teherán y el sur. En el sur, las fuerzas iraquíes cruzaron el río Karun, avanzaron hacia Abadán y, después de una encarnizada batalla en la que se produjeron combates casa por casa y un gran número de bajas en ambos bandos, tomaron Jorramshar a finales de octubre. La defensa iraní, dotada únicamente con armas ligeras y cócteles molotov, luchó con gran fervor y tenacidad, y ambos bandos sufrieron cerca de siete mil bajas entre muertos y heridos graves. Los iraquíes, además, perdieron más de cien tanques y vehículos blindados. Una vez se hicieron con Jorramshar, concretamente el 24 de octubre, ambos bandos se referían a esta ciudad como «Junistán», es decir, «ciudad sangrienta». Iraq ocupaba ahora una franja de territorio iraní de seiscientos kilómetros cuya anchura iba de los diez kilómetros en el norte a los cuarenta en el sur. La falta de experiencia militar de Saddam no impidió que asumiera el control directo de las operaciones. A imagen y semejanza de Hitler, señalaba a sus generales cuáles eran sus objetivos y cuándo debían atacar. Desde el comienzo de las hostilidades se desplazó al frente y dirigió operaciones desde cuarteles avanzados. Siempre que se aventuraba cerca de la primera línea de fuego filmaban todos y cada uno de sus movimientos, y esa misma noche la televisión iraquí emitía las imágenes.

Aunque es cierto que Saddam podría afirmar que la fase inicial de la guerra fue todo un éxito, ya existían signos preocupantes de que la ofensiva no alcanzaría las metas deseadas. Los ataques de las fuerzas aéreas iraquíes habían conseguido muy poco y la mayor parte del ejército iraní seguía operativo y respondía con ataques contra Iraq. Los iraquíes descubrieron rápidamente que sus sistemas de defensa antiaérea eran ineficaces. El ejército iraní no se hallaba en situación de luchar, pero la feroz resistencia mostrada por la población local desconcertó a los invasores. Las numerosas bajas sufridas en el asalto de Jorramshar provocaron que los iraquíes fueran incapaces de tomar Abadán, quince kilómetros al sur. Fue un importante revés, ya que no poder hacerse con Abadán significaba que no habían conseguido uno de sus objetivos principales: ocupar la orilla oriental del Shatt al-Arab y así asegurarse el control de la estratégica vía fluvial.

Llegados a este punto, Saddam puso fin a la ofensiva y ordenó al ejército que adoptara una actitud defensiva. Fue el primero de los numerosos errores de cálculo que acabarían por volverse en su contra. Al atrincherarse en sus posiciones, los iraquíes estaban demostrando a los iraníes que no estaban interesados en seguir adelante con las hostilidades. Saddam decidió que ya había ocupado suficiente territorio como para obligar a los iraníes a sentarse en la mesa de negociaciones. Alentado por los logros conseguidos, quizá incluso llegó a creer que la caída del régimen de Jomeini era inminente. Pero Saddam había malinterpretado completamente la situación. Los iraquíes no habían logrado hacerse con Dezful ni con Abadán y eso significaba que las líneas de comunicación de los iraníes permanecían intactas, por lo que podían reagruparse sin problemas. A pesar de haber sufrido bajas masivas, la moral del ejército regular iraní y de la Guardia Revolucionaria seguía alta. En vez de debilitar el régimen de Jomeini, la ofensiva iraquí había proporcionado a las facciones más combativas de Teherán la oportunidad de hacerse con el control del sistema político.

Saddam no tardó en tener que hacer frente a los defectos de su estrategia. Sorprendentemente, en alguien que rara vez mostraba respeto por la vida humana, la elevada cifra de bajas iraquíes sufridas en la primera ofensiva —unas cuarenta y cinco mil durante los dos primeros meses de la guerra— lo convencieron de que no debía seguir atacando Abadán. La moral del ejército iraquí era una incógnita y, dado que muchas de las tropas eran chiítas, no había garantía de lealtad si se les ordenaba atacar a los chiítas de Irán. Muchos iraquíes se oponían a la guerra y creían que los objetivos de Saddam podían conseguirse por otros medios. A medida que la guerra se alargaba, Saddam empezó a darse cuenta de lo mucho que había subestimado la envergadura del desafío con que se enfrentaba tratándose de un país tres veces mayor que Iraq. La capacidad de Iraq para mantener las difíciles líneas de comunicación —algo que el hecho de penetrar en Irán habría exigido— y asimilar sus cuantiosas pérdidas era más que discutible. Los analistas militares de Occidente han sugerido que la insistencia de Saddam en ejercer un control centralizado desde Bagdad pudo haber paralizado la capacidad de actuación de los comandantes locales, contribuyendo así a su incapacidad de avanzar y mantenerse firmes. Las limitaciones estratégicas de Iraq resultaron importantes especialmente en la guerra aérea. Con excepción de las instalaciones militares de Juzistán, las fuerzas aéreas iraquíes tenían que cruzar cientos de kilómetros de territorio iraní para alcanzar los principales objetivos de Irán. En cambio, las fuerzas aéreas iraníes tenían que desplazarse menos de ciento cincuenta kilómetros para llegar a los principales objetivos en Iraq. Después de seis meses en guerra, finalmente Saddam asimiló las implicaciones estratégicas al declarar: «La geografía es nuestra enemiga.»

Un juicio más realista acerca de por qué Saddam no consiguió sus objetivos bélicos sería que la ofensiva fue poco entusiasta y falta de objetivos claros. Tan sólo la mitad del ejército iraquí —seis de doce divisiones— estaba involucrada en la invasión propiamente dicha, y desde el comienzo Saddam pretendía limitar la guerra restringiendo las metas, los medios y los objetivos de su ejército. Trataba de impedir la muerte indiscriminada de civiles iraníes, sobre todo porque confiaba en que la invasión de algún modo haría que el pueblo iraní se sublevara y derrocara el régimen de Jomeini. De hecho, la verdadera motivación de Saddam parece haber sido derrocar a Jomeini antes de que Jomeini lo derrocara a él. Saddam había declarado la guerra a Irán y al mismo tiempo trataba de mostrar a los iraníes que no deseaba una guerra total con su país. Tariq Aziz, que en ese momento era viceprimer ministro de Saddam, resumió en pocas palabras la postura iraquí: «Nuestra estrategia militar refleja nuestros objetivos políticos. No queremos destruir Irán ni ocuparlo permanentemente, porque dicho país es un vecino con el que permaneceremos unidos tanto por lazos geográficos y políticos como por intereses comunes. Por tanto, estamos decididos a evitar cualquier acto irrevocable.»[3] No es de extrañar que los iraníes se sintieran confundidos ante los objetivos iraquíes y permanecieran leales a su propio gobierno.

Otro factor que pudo haber contribuido al fracaso iraquí es que, según parece, los iraníes tuvieron en sus manos el plan bélico iraquí por lo menos dos meses antes de que la ofensiva tuviese lugar. Según Abolhassan Bani-Sadr, ex presidente iraní, que fue nombrado presidente del Consejo Superior de Defensa poco después de la invasión iraquí, el plan iraquí estaba incluido en un documento que el ministro de Asuntos Exteriores iraní había comprado en Latinoamérica por doscientos mil dólares. Los detalles del plan de batalla fueron suministrados a intermediarios latinoamericanos por los soviéticos, que creían que Estados Unidos había dado luz verde a Iraq para invadir Irán. «Todo ocurrió tal como se expone en este documento. Hubo una reunión en París. En dicha reunión había norteamericanos, israelíes, monárquicos iraníes; fue allí donde se preparó el plan de ataque.»[4]

Las consecuencias económicas de la guerra fueron considerables para ambos bandos, pero mayores para Iraq. La refinería iraní de Abadán había sufrido grandes destrozos, al igual que otras muchas instalaciones de Bandar Abbas. Las estaciones de bombeo de crudo iraquíes de Kirkuk y Mosul mostraban grandes daños, al igual que el gigantesco complejo petroquímico que Saddam había construido en Basora. Como consecuencia, ambos países tuvieron que interrumpir sus exportaciones de petróleo, y cuando pudieron reanudarlas fue a un nivel muy inferior al de antes de la guerra. Por lo que se refiere a las exportaciones petrolíferas durante la guerra, no obstante, Irán disponía de una gran ventaja estratégica con respecto a Iraq. Los miles de kilómetros de costa que poseía tanto en el golfo Pérsico como en el océano Índico. Iraq, por su parte, no tenía acceso al mar. Al no capturar Abadán, había perdido su única posibilidad de acceder a él.

Al año siguiente las cosas iban a empeorar para Saddam. En mayo de 1981, los iraníes finalmente lanzaron su contraofensiva en el frente central y norte, y obligaron a las fuerzas iraquíes a retirarse hacia Jorramshar. En octubre los iraníes lograron que retrocedieran hasta el río Karun. En noviembre lanzaron otra ofensiva, pero en esta ocasión emplearon una estrategia devastadora que produjo un efecto aterrador en los soldados iraquíes. Miles y miles de voluntarios de la Guardia Revolucionaria, individuos mal entrenados y escasamente armados pero imbuidos de un intenso fervor religioso, se unieron a la lucha. Sus clérigos los habían inducido a combatir, por lo que los voluntarios no tenían miedo a la muerte. Su régimen les había enseñado que el cielo era la recompensa de los mártires (esa misma táctica fue utilizada más tarde por los militantes islámicos en los territorios palestinos durante la segunda intifada para convencer a los adolescentes árabes de que se convirtieran en bombarderos suicidas). Los soldados iraquíes no podían competir con ese ejército de voluntarios suicidas. Más tarde, un oficial iraquí relataría a un observador militar británico que «se abalanzaron sobre nosotros como una multitud que sale de una mezquita un viernes. Al poco estábamos disparando contra hombres muertos, algunos colgados de las alambradas y otros amontonados en el suelo, porque habían pisado las minas».[5] Otro comandante iraquí contó el efecto desmoralizador que las tácticas iraníes ejercieron en sus propios soldados: «Mis hombres tienen dieciocho, diecinueve años, no más que estos críos. Los he visto llorar, y algunas veces los oficiales han tenido que obligarlos a coger las armas. En una ocasión un puñado de críos iraníes vinieron hacia nosotros en bicicleta, y mis hombres empezaron a reír. Entonces esos críos empezaron a lanzar granadas de mano, así que dejamos de reír y empezamos a disparar.»[6] La táctica funcionó y los iraquíes fueron obligados a retroceder cada vez más. En diciembre, los iraníes se hicieron con una encrucijada clave, la única carretera que unía todo el sector sur. Los esfuerzos iraquíes por recuperar dicha confluencia, que se prolongaron todo el mes de febrero, fracasaron. Y eso a pesar de que el propio Saddam se desplazó hasta el frente para dirigir el contraataque. A finales de marzo de 1982, los iraníes lograron otra victoria dramática con la que hicieron retroceder cincuenta kilómetros al ejército iraquí y consiguieron quince mil prisioneros. Pero el mayor éxito de Irán se produjo en mayo de 1982 cuando, en una campaña de un mes de duración, desalojaron a los iraquíes de las posiciones restantes, reconquistaron la ciudad de Jorramshar y tomaron veintidós mil prisioneros.

En Bagdad circulaba el rumor generalizado de que durante la ofensiva de marzo el propio Saddam había estado a punto de ser capturado por los iraníes. Mientras dirigía desde la retaguardia de la batalla, cerca de la frontera iraquí, el convoy de Saddam fue asediado por tropas iraníes que no sabían que Saddam estaba presente. La única fuerza iraquí que estaba suficientemente cerca como para socorrer a Saddam se encontraba al mando del general Maher Abdul Rashid, un Tikriti y uno de los militares más competentes de Iraq. Rashid, sin embargo, no se hablaba con Saddam porque unos años atrás éste había ordenado a su clan matar al tío del general durante una de sus purgas. Antes de rescatarlo, Rashid hizo que Saddam le suplicara ayuda y reconociera bajo juramento el nombre del familiar asesinado. Sometido a un intenso fuego y con todos sus guardias personales rodeándolo para protegerlo, Saddam accedió a las exigencias del general. Entonces Rashid socorrió al asediado presidente. Y aunque más adelante su hija se casó con Qusay, hijo de Saddam, ambos hombres siguieron profesándose mutua antipatía. Antes de que la guerra terminara, Saddam ordenó el arresto domiciliario de Rashid, en su granja cercana a Tikrit, donde permaneció durante muchos años.[7]

El plan bélico de Saddam se deshinchaba rápidamente. A menos que hallara la forma de parar esos contratiempos, acabaría enfrentándose con la perspectiva de que los iraníes organizaran una ofensiva para derrocarlo. El verano de 1982 sería uno de los períodos más críticos en la trayectoria de Saddam. Desde el comienzo del conflicto, el incesante redoble de su maquinaria propagandística había dejado claro que era la guerra de Saddam: si salía victorioso, la victoria sería suya; si se perdía la guerra, la derrota también sería responsabilidad suya. Pero los iraníes no habían respondido a la agresión de la forma que Saddam esperaba, y eso era una fuente de frustración para el líder iraquí. Saddam lamentaba que el mando iraní, contra toda lógica, hubiese rehusado seguir las reglas habituales de una guerra. «A pesar de la derrota militar de 1980, el régimen de Teherán insistió en sus actitudes agresivas y sus tendencias expansionistas», declaró.[8] En junio de 1982 Saddam respondió a dichos contratiempos declarando un alto el fuego unilateral. El motivo teórico, más que dudoso, era que Iraq había logrado su objetivo de destruir el aparato militar de Irán. Pero no engañó a nadie ni dentro ni fuera de Iraq, y mucho menos a los iraníes, que amenazaron con llevar la guerra a Iraq con el objetivo de derrocar a Saddam y el régimen baasí, y reemplazarlo por una república islámica fundamentalista, de líneas parecidas a las establecidas en Teherán por el *ayatollah* Jomeini. En ese momento Saddam debió de desear no haber invadido jamás Irán, especialmente porque ahora el conflicto degeneraría en una sangrienta guerra de desgaste, muy parecida a la guerra de trincheras de la primera conflagración mundial, en la que ambos bandos sufrirían grandes pérdidas a cambio de logros poco tangibles.

En muchos aspectos, la guerra Irán-Iraq puede ser considerada otro episodio más en la eterna enemistad entre persas y árabes a causa del dominio del Golfo. Los orígenes del conflicto pueden remontarse a la conquista islámico-árabe de Persia en el siglo VII, y éste ha seguido desde entonces con distintos grados de intensidad. En el siglo XX, el descubrimiento de las vastas reservas de petróleo de la región sirvió únicamente para intensificar el rencor. Además de las diferencias culturales entre los dos pueblos —persas y árabes tienen su propia lengua y tradición literaria—, ambos deben enfrentarse asimismo con la fuerte rivalidad de sus conflictivas tradiciones islámicas. Los iraníes son chiítas y poseen un estricto sentido de la jerarquía religiosa, razón por la que los *ayatollah*, los líderes del islam chiíta, son omnipotentes. Los árabes, por su parte, son predominantemente sunitas, ponen mayor énfasis en el Corán y la ley religiosa, y disfrutan de una estructura religiosa más democrática. Uno de los defectos constantes de la composición del Iraq moderno es que la mayor parte de la población es chiíta, mientras que la clase gobernante, desde la monarquía en adelante, ha estado compuesta por camarillas sunitas, tales como la Tikritis de Saddam.

Desde el inicio del conflicto, la maquinaria propagandística de Saddam se apresuró a explotar la rica vena histórica surgida de siglos de conflictos. Saddam estableció paralelismos entre la lucha moderna con Irán y la batalla de Qadisiya del año 635, en la que un ejército árabe numéricamente inferior había infligido una derrota humillante a los persas y los había obligado a abrazar el islam. Saddam, que afirmaba haber nacido en el mismo lugar que Saladino, el gran guerrero kurdo que desalojó a los cruzados de Tierra Santa, se veía ahora siguiendo la tradición de Saad ibn-Abi Waqqad, el jefe árabe que derrotó a los persas. La guerra con Irán fue denominada «segunda Qadisiya». Los medios de comunicación iraquíes, con monótona insistencia, se referían al conflicto como «la nueva Qadisiya de Saddam Hussein». Éste alentaba las comparaciones entre él y otras figuras legendarias de la historia, incluso aquellas anteriores a la era islámica. El gran imperio de Mesopotamia había estado ubicado en la zona que hoy ocupa Iraq, y Saddam sentía un afecto especial por Nabucodonosor, el rey babilonio que había conquistado Jerusalén en el año 587 a. J.C., destruido el templo judío y obligado a los judíos a exiliarse por los ríos de Babilonia.

La culpa del inicio de la guerra, por supuesto, era de Saddam. Calculó erróneamente que con Irán paralizado por el fervor islámico podría aprovecharse de la debilidad de Teherán y fortalecer la reivindicación de Iraq de ser una fuerza militar significativa tanto en Oriente Medio como en el Golfo. Pero si Saddam es culpable de haber sucumbido al orgullo desmesurado, también podría aducirse que una vez el *ayatollah* Jomeini se había hecho con el poder en Irán, en parte el conflicto era inevitable. Desde la fundación de Iraq, la comunidad musulmana chiíta, mayoritaria, había creído que merecía tener más voz y voto en el funcionamiento del país, y hacían campaña constantemente para mejorar su situación. La aparición de un régimen exclusivamente musulmán y chiíta en Irán intensificó la agitación de los clérigos iraquíes, la mayoría de los cuales habían sido acólitos de Jomeini durante los quince años que estuvo exiliado en Iraq, y ahora pedían abiertamente el establecimiento de una república islámica en Bagdad. No es de extrañar que Saddam acabara viendo a Jomeini como una amenaza para el régimen baasí y como una amenaza mortal para sí mismo. Básicamente, la disputa entre Saddam y Jomeini era tanto un enfrentamiento de ideologías como de personalidades, con los iraquíes abogando por el nacionalismo secular árabe e Irán predicando la revolución islámica, y Saddam y Jomeini exigiendo el derrocamiento el uno del otro.

Oficialmente, la principal causa de la guerra fue la disputa por el Shatt al-Arab, pero lo que hizo que Saddam entrara en acción fue el incumplimiento por parte de Irán de otras cláusulas del Acuerdo de Argel de 1975. Según sus términos, ambos países debían seguir una política de no intervención en los asuntos internos del otro y realizar un refuerzo riguroso de los controles fronterizos. Tras la revolución de Jomeini, los iraníes dejaron de respetar ambas condiciones. La ausencia de un control adecuado de la frontera permitió que los rebeldes kurdos se rearmaran en el norte de Iraq, y en julio de 1979 los iraníes permitieron a los principales líderes kurdos, que habían estado en el exilio, regresar a Kurdistán. Los líderes kurdos del norte de Iraq se unieron entonces a los clérigos chiítas del sur en su exigencia de derrocar el régimen baasí. Como represalia, el gobierno iraquí restableció su apoyo a los grupos árabes disidentes de la provincia de Juzistán, al este de Irán.

Para ser justos con Saddam, hay que decir que se esforzó en mostrarse conciliador con el nuevo gobierno iraní cuando éste subió al poder. Al poco tiempo de asumir la presidencia había reiterado su interés por establecer buenas relaciones con Irán «basadas en el respeto mutuo y la no intervención en los asuntos internos». A pesar de que su declaración recibió una respuesta despectiva por parte de Teherán, Saddam mantuvo su retórica optimista. Declaró que la revolución islámica, o cualquier otra revolución que pretendiera ser islámica, «debe ser partidaria de la revolución árabe» (es decir, la revolución que los baasíes habían llevado a cabo en Bagdad). Laico por naturaleza, Saddam empezó a orar con mayor frecuencia, acontecimiento que fue retransmitido, como cabía esperar, por la televisión iraquí. Saddam llevó a cabo una serie de iniciativas pro islámicas que pretendían apaciguar a los chiítas iraquíes y a los *ayatollah:* pidieron a Radio Bagdad que retransmitiera extractos del Corán; Saddam visitó tanto los lugares sagrados chiítas como los sunitas; el aniversario del imán Alí, fundador de la tradición chiíta, fue convertido en una fiesta pública; los símbolos islámicos se utilizaron con más frecuencia. Saddam incluso se comprometió a «combatir la injusticia con las espadas de los imanes», mientras al mismo tiempo exigía «un resurgimiento de los valores celestiales».[9] Saddam el laicista se convirtió en Saddam el musulmán.

Los *mullah,* sin embargo, siguieron intratables. Incluso antes de que Saddam se convirtiera en presidente, los clérigos islámicos más antiguos lo identificaban como el principal objetivo que había que batir. Ya en 1978, Jomeini, exiliado en París, fue entrevistado y le pidieron que hiciese una lista de sus enemigos. El líder espiritual de Irán declaró: «Primero el sah, luego el satán norteamericano, después Saddam Hussein y su infiel partido Baas.»[10] En cuanto los *ayatollah* se hicieron con el poder, un miembro del nuevo mando, Hujjat al-Islam Sadeq Jaljali, afirmó que Saddam era un obstáculo en sus esfuerzos por exportar la revolución. «Hemos optado por la vía del verdadero islam y nuestro objetivo de derrotar a Saddam Hussein se basa en que lo consideramos el principal obstáculo para el avance del islam en la región.» Desde junio de 1979, Teherán estaba instando a los iraquíes —especialmente a los chiítas, que constituían el 60 por ciento de la población iraquí— a sublevarse y derrocar «el régimen saddamita».

La campaña contra Saddam siguió en otoño. El principal aliado de Jomeini en Iraq era Mohammed Bakr al-Sadr, jefe del llamado partido Dawa musulmán chiíta de Iraq, con quien había entablado amistad durante su exilio en Najaf. Sadr había sido una espina constante para el gobierno baasí y había sido encarcelado en varias ocasiones, la última vez durante los sangrientos disturbios chiítas de 1977 (véase cap. 6). En el pasado, el problema para

los baasíes había sido siempre que, cada vez que arrestaban a Sadr
—tal como habían hecho en 1972, 1974 y 1977—, lo único que
conseguían era aumentar su popularidad. Pero ahora Sadr se había
pasado de la raya. Anunció que aceptaba a Jomeini como líder indiscutible de los chiítas, y que actuaba como representante oficial
del *ayatollah* iraní. Los actos traidores de Sadr, junto con las cada
vez más frecuentes manifestaciones antibaasí en Najaf, constituían un desafío que Saddam no podía ignorar. El enfrentamiento entre Saddam y Sadr alcanzó un punto crítico en abril de 1980,
cuando miembros del partido Dawa de Sadr, que habían asesinado ya a una veintena de representantes gubernamentales en 1979,
intentaron asesinar a Tariq Aziz, viceprimer ministro de Saddam
y uno de los miembros destacados del RCC. Aziz sólo sufrió algunos rasguños pero se produjo un número indeterminado de muertos y heridos. Pocos días después, los terroristas Dawa demostraron su fanatismo al atacar el cortejo fúnebre de los muertos en el
atentado fallido contra Aziz, en el que todavía provocaron más
muertes.

La respuesta de Saddam, como cabía esperar, fue brutal e inflexible. La época de realizar propuestas islámicas a los *ayatollah* había
terminado. «Nuestra gente está dispuesta a luchar para proteger
su honor y su soberanía, así como para mantener la paz entre las
naciones árabes», declaró. Estableció que pertenecer al partido Dawa
era un delito que podía ser castigado con la muerte. Pero Saddam
todavía fue más lejos y ejecutó a cientos de militantes islámicos iraquíes. Envió sus fuerzas especiales a Najaf, donde arrestaron a Sadr
y a su hermana. Obedeciendo sus órdenes de disparar a matar, acabaron con la guardia de Sadr y llevaron a los prisioneros de vuelta a Bagdad. Parece claro que el clérigo y su hermana fueron torturados por el hermanastro de Saddam, Barzan al-Tikriti, jefe del
servicio de inteligencia, antes de ser ahorcados en secreto después
de un proceso sumario; nunca se ha presentado acta alguna del proceso. Cuando la noticia de los ahorcamientos llegó a la zona chiíta del sur de Iraq, se produjeron disturbios generalizados que las
fuerzas de seguridad de Saddam reprimieron brutalmente. Mataron a cientos y arrestaron a miles, que jamás volvieron a ser vistos.
Saddam restituyó el programa de expulsiones masivas llevado a
cabo en 1977. Según las estimaciones, obligó a unos treinta y cin-

co mil chiítas iraquíes a abandonar sus casas y los deportó a Irán. Jomeini reaccionó con furia al enterarse de la ejecución de su amigo y colega. «La guerra que el Baas iraquí quiere poner en marcha es una guerra contra el islam... El pueblo y el ejército de Iraq deben dar la espalda al régimen baasí. Y derrocarlo... porque el régimen está atacando a Irán, atacando al islam y el Corán.»[11] A partir de ese momento se produjo una escalada de escaramuzas fronterizas, y quedó claro que los dos países iban camino de un enfrentamiento que llevaría inevitablemente a la guerra.

La polémica no se limitaba únicamente a Bagdad y Teherán. La revolución iraní tuvo un impacto dramático a nivel internacional, especialmente desde que los revolucionarios iraníes fueron considerados responsables de incidentes tales como el asalto a la embajada norteamericana en Teherán el 17 de diciembre de 1979, en el que la Guardia Revolucionaria tomó como rehenes a sesenta y seis diplomáticos norteamericanos. Al año siguiente, las tensiones crecientes entre Irán e Iraq alcanzaron las calles de Londres. En mayo, un grupo de seis rebeldes pro iraquíes de Jorramshar, en la provincia iraní árabe de Juzistán, se hicieron con el control de la embajada iraní y tomaron como rehenes a todo el personal. Una unidad de élite del SAS británico puso fin al asedio asaltando la embajada después de que los terroristas hubieron matado a un rehén. Cinco terroristas murieron durante la operación y uno sobrevivió. Cuando el superviviente fue procesado en 1981 en Londres, Jorramshar se hallaba bajo control iraquí. Fue declarado culpable de las acusaciones de terrorismo y condenado a cadena perpetua. Con el tiempo se supo que toda la operación había sido ideada por el servicio de inteligencia iraquí, y que los asaltantes se habían entrenado en Iraq; los iraquíes les habían proporcionado asimismo pasaportes falsos.

Las situaciones desesperadas a veces requieren soluciones desesperadas. Y puesto que la guerra cada vez más desastrosa con Irán no parecía tener un final cercano, Saddam se embarcó en una apuesta brutal con la que confiaba convencer finalmente a las superpotencias para que intervinieran y pusieran fin a las hostilidades. En verano de 1982, el gobierno de Begin en Israel estaba

impaciente por lanzar una ofensiva contra el Líbano, cuyo propósito era destruir la Organización para la Liberación de Palestina
(OLP). Como lo sabía, la OLP se había portado mejor que nunca y había hecho todo lo posible por no dar a los israelíes un pretexto para llevar a cabo el ataque. Pero la tarde del 3 de junio de
1982 trataron de asesinar a Shlomo Argov, el embajador israelí en
Londres, cuando salía del hotel Dorchester tras dar una conferencia acerca de la situación actual en Oriente Medio. Argov resultó
herido de gravedad, pero las autoridades británicas consiguieron
atrapar a los agresores. Las investigaciones realizadas por los británicos demostraron que los tres hombres que habían participado en
el tiroteo eran miembros de la organización terrorista de Abu Nidal,
cuya base seguía estando en Bagdad. Uno de ellos era pariente del
propio Abu Nidal, y el organizador del atentado había sido un coronel del servicio de inteligencia iraquí. También se descubrió que
las armas utilizadas en la operación provenían de la oficina del agregado militar de la embajada iraquí en Londres.[12]

Era inconcebible pensar que el atentado pudiera haberse realizado sin el conocimiento de Saddam, por supuesto; Abu Nidal
mantenía todavía contacto habitual con la oficina privada de Saddam y confiaba plenamente en el apoyo de éste. Y tanto Saddam
como Abu Nidal sabían muy bien cuáles podían ser las consecuencias de tratar de matar al embajador israelí. Ni Menajen Begin,
primer ministro israelí, ni Ariel Sharon, su ministro de Defensa,
eran la clase de persona que se sienta a esperar mientras las autoridades británicas tratan de averiguar quién fue el responsable de
los disparos. Para ellos, los sospechosos tenían que estar relacionados con la OLP de un modo u otro, y el intento de asesinato les
dio el pretexto que habían estado buscando. El 6 de junio de 1982,
Begin ordenó al ejército israelí que invadiera el Líbano. El 10 de
junio Saddam declaró un alto el fuego unilateral con Irán y ordenó a sus tropas que se retiraran de los pequeños enclaves de territorio iraní que todavía ocupaban. Propuso que tanto Irán como
Iraq debían utilizar el alto el fuego para destinar sus recursos a ayudar a los palestinos a defenderse del ataque israelí. A pesar de que
Saddam había logrado iniciar una nueva guerra en Oriente Medio
en su desesperación por escapar del conflicto con Irán, la estratagema acabó en un miserable fracaso. El 14 de julio, el *ayatollah*

Jomeini rechazó su propuesta de alto el fuego y lanzó una nueva ofensiva. Para Jomeini, se trataba de una guerra a muerte.

El intento de asesinato de Argov no fue la única medida desesperada que Saddam estaba dispuesto a tomar para poner fin a la guerra. En cuanto estuvo claro que derrotar a Irán no iba a ser fácil, Saddam estuvo más dispuesto que nunca a utilizar sus distintas armas no convencionales. Como de costumbre, lo que más le interesaba era el proyecto de investigación nuclear. Antes de que la guerra empezara, habían prometido a Saddam que el reactor estaría listo para producir material armamentístico en julio de 1981. Los franceses, obligados por la presión internacional, seguían dando largas a Saddam en cuanto al suministro del uranio enriquecido necesario para propulsar el reactor Tammuz, pero en julio de 1980 llegaron los primeros cargamentos a Al-Tuwaitha, a las afueras de Bagdad, donde estaban construyendo el centro de investigación nuclear. Iraq estaba, asimismo, buscando uranio por el resto del mundo. En 1980 adquirieron 120 toneladas en Portugal y otras 200 en Níger. Está claro que Saddam confiaba en que podría disponer de una bomba atómica a finales de 1981 o principios de 1982. Y si los científicos hubiesen llevado a cabo con éxito su misión, no cabe duda de que la hubiese utilizado contra Irán. Cuando a finales de los ochenta Saddam renovó sus esfuerzos por conseguir un potencial nuclear, el servicio secreto británico afirmó que si los iraquíes lograban producir una arma nuclear, lo más probable es que Saddam la utilizara para terminar rápidamente la guerra con Irán.[13]

No obstante, los israelíes, que habrían sido uno de los primeros objetivos en la lista de Saddam si los científicos iraquíes hubiesen logrado desarrollar una bomba atómica propia, se encargaron de frustrar las esperanzas de Saddam de conseguir un arsenal nuclear. En 1979, agentes israelíes habían dañado seriamente los núcleos del reactor, por lo que en junio de 1980 se los acusó del asesinato en un hotel de París de Yahya al-Meshad, de un científico nuclear nacido en Egipto y reclutado para trabajar en el programa nuclear iraquí. Saddam no se dejó intimidar por dichos contratiempos e insistió en que el desarrollo de los reactores Tammuz siguiera adelante: «Cualquiera que se oponga a nosotros debe saber que la nación a la que se opone hoy será distinta dentro de cinco años.»[14] El siguiente golpe al proyecto preferido de Saddam se produjo tres meses más tarde, el 30 de setiembre, poco después de que Saddam invadiera Irán y los franceses le hubiesen entregado el primer envío de uranio enriquecido, cuando los iraníes lanzaron un ataque aéreo contra Al-Tuwaitha. El ataque fracasó, pero el 7 de junio de 1981, los israelíes completaron lo que los iraníes no habían conseguido llevar a cabo. Las fuerzas aéreas israelíes bombardearon la planta, justo un mes antes de que entrara en funcionamiento. El reactor resultó totalmente destruido, aunque la mayor parte del uranio enriquecido, que se hallaba almacenado en un profundo canal subterráneo, quedó intacto; eso permitiría a Saddam reiniciar más adelante su amado proyecto de armamento nuclear.

Ni siquiera después de este desastroso revés, Saddam cambió de idea. Siguió decidido a conseguir un arsenal de armas de destrucción masiva. En su discurso anual para festejar la revolución baasí, durante el mes de julio, declaró: «No sucumbiremos a la agresión sionista ni nos desviaremos de la guerra que hemos escogido.»[15] También aprovechó la oportunidad que le brindaba una extraña entrevista televisiva concedida a Barbara Walters, de la cadena estadounidense ABC News, para afirmar que Israel quería «mantener a los árabes en un estado de subdesarrollo para poder dominarlos y perseguirlos». El proyecto nuclear tuvo que ser archivado. Pero Saddam tuvo bastante más suerte en sus tentativas de conseguir armas químicas y biológicas. Su obsesión era adquirir armas de «alcance estratégico» que pudiesen infligir un golpe devastador a enemigos como Irán o Israel. Muchos de los proyectos de plantas de armamento químico —camuflados en el plan quinquenal iraquí por Adnan al-Hamdani— habían quedado sin realizarse. Después de que los israelíes bombardearon los reactores Tammuz, Saddam resucitó estos proyectos y ordenó a sus científicos que redoblaran esfuerzos para desarrollar armas químicas y biológicas. Esta vez, una serie de compañías de Alemania Occidental los ayudaron enormemente. Durante los años que siguieron, dichas compañías trabajaron codo a codo con químicos, ingenieros balísticos y científicos nucleares iraquíes para desarrollar uno de los arsenales más diversificados de armas no convencionales de todo el mundo. El senador estadounidense Jesse Helms, cuyos ayudantes se pasaron meses tratando de localizarlo, denominaba a estas compañías y sus cohortes «legión extranjera de Saddam».[16] Y fue esta «legión extranjera» de compañías alemanas la principal responsable de la construcción del complejo militar Salman Pak en Suwaira, localidad ubicada treinta kilómetros al sur de Bagdad, cerca del antiguo emplazamiento de Ctesiphon. Los trabajos de construcción de la planta se iniciaron a finales de 1981 y, a pesar de que Iraq aseguraba que era un proyecto «universitario», cuando se terminó dos años más tarde se convirtió en la primera fábrica de gas nervioso de Saddam.[17] También fue una compañía alemana la que se encargó de construir la otra gran planta de armamento químico iraquí, en Samarra. La explicación oficial fue que la planta había sido encargada por una entidad iraquí recién creada, la Agencia para la Producción de Pesticidas (SEPP), cuyo objetivo era mejorar la producción agrícola del país. Aunque sabían que eso era falso, los alemanes ayudaron a los iraquíes a construir seis complejos de producción de armas químicas independientes en Samarra, llamados Ahmed, Ani, Mohammed, Iesa, Meda y Ghasi. El primero fue finalizado en 1983; el último, en 1986. Estas plantas producían de todo, desde gas mostaza y ácido prúsico hasta componentes del gas nervioso tales como sarín y tabún. Gracias a la eficacia propia de los alemanes, la planta estaba diseñada para que los productos tóxicos fueran canalizados desde los «reactores» de producción hasta una planta envasadora subterránea, donde se colocaban en proyectiles de artillería, cohetes y otro tipo de munición. Cuando el complejo quedó finalmente terminado, Iraq podía alardear de tener una de las plantas productoras de armamento químico más grandes del mundo.[18] Por si acaso, se construyó una tercera planta de armamento químico en el desierto de Rutbah, cerca de la frontera Siria.

Los iraquíes no perdieron el tiempo y, en abril de 1983, el alto mando iraquí, del que Saddam era comandante en jefe, advirtió explícitamente a los iraníes que Iraq disponía de «armas modernas que iban a ser utilizadas por primera vez en una guerra», y que «no se habían utilizado en ataques anteriores por razones humanitarias y éticas». En un intento desesperado por protegerse de nuevos ataques iraníes, la advertencia seguía diciendo que «si acatáis las órdenes del régimen de Jomeini... dad por seguro que moriréis, porque esta vez utilizaremos armas que destruirán cualquier criatura que se mueva en el frente».[19]

Alemania no era el único país occidental que apoyaba a Saddam en la guerra contra el *ayatollah*. Los franceses se sintieron ultrajados por el ataque aéreo israelí contra los reactores Tammuz y prometieron reconstruirlos de inmediato. El nuevo presidente francés, François Mitterrand, se había rodeado de ministros pro árabes que querían remediar lo que ellos consideraban el apoyo «tendencioso» de Norteamérica a Israel. El primer grupo de cazabombarderos Mirage F1 que Saddam había adquirido durante las negociaciones con Jacques Chirac llegó a Bagdad en febrero de 1981. Desde ese momento, los nuevos Mirage siguieron llegando a Bagdad en una proporción de dos al mes. La mayor parte de la flota aérea iraní era de construcción norteamericana y estaba en tierra a causa del embargo de armas estadounidense contra Teherán, de modo que los nuevos cazabombarderos constituían una contribución importante al esfuerzo bélico iraquí. En febrero de 1982, Mitterrand puso fin al nuevo acuerdo de 2,6 billones de dólares que Francia tenía con Bagdad. Para no quedarse fuera, en setiembre de 1980, sólo unos días antes de que Iraq invadiera Irán, los italianos firmaron un acuerdo de 2,6 billones de dólares para proporcionar a Saddam una flota nueva, casi fabricada especialmente para él.

Los nuevos acuerdos armamentísticos reflejan la determinación de Saddam de no depender de un único proveedor, una filosofía que provenía de las dificultades que había tenido con los soviéticos cuando éstos eran el principal abastecedor de armas de Iraq, a principios de los setenta. Cuando empezaron las hostilidades con Irán, los soviéticos habían demostrado una vez más su informalidad como aliados de Bagdad, suspendiendo todos los envíos de armas. La posición oficial de Moscú era que quería mantener su neutralidad en el conflicto, pero extraoficialmente Leonid Brézhnev quería castigar a Saddam por el trato horroroso que seguía dando a los comunistas iraquíes.[20] En Moscú había preocupación por los intentos de Saddam de acercarse a Occidente, cambio que los rusos interpretaban como una amenaza a sus planes de extender su influencia a la región del Golfo. Eso podría explicar la afirmación de que los soviéticos habían vendido secretamente a los iraníes el plan de invasión de Iraq. Abolhassan Bani-Sadr, el anterior presidente iraní que había supervisado los primeros años del esfuerzo bélico iraní, insistió en que los soviéticos se habían encargado de que Teherán recibiera detalles acerca del plan de invasión después de descubrir que Saddam había establecido un diálogo secreto con Washington.[21]

Oficialmente, Estados Unidos e Inglaterra mantuvieron una política de neutralidad hacia los beligerantes, pero había claros indicios de que tanto Londres como Washington se mostraban más a favor de Bagdad que de Teherán. El presidente Carter, concretamente, necesitaba encontrar un aliado que lo ayudara a salir de la situación política causada por la crisis de los rehenes de la embajada en Teherán, que amenazaba seriamente sus perspectivas de ser reelegido en otoño de 1980. Aunque Washington seguía teniendo a Iraq en su lista de países que apoyaban el terrorismo y ambos países no tenían relaciones diplomáticas plenas desde la guerra de los Seis Días árabe-israelí de 1967, a mediados de los ochenta se produjo un cambio en la administración Carter, que empezó a considerar a Saddam como un contrapeso potencial contra los *ayatollah* y como un aliado capaz de proporcionar un baluarte contra el expansionismo soviético en el Golfo. Según el presidente Bani-Sadr y el *New York Times*, el deseo de Carter de estudiar la posibilidad de una alianza clandestina con Saddam dio como resultado un encuentro altamente secreto que tuvo lugar en Ammán, Jordania, durante la primera semana de julio de 1980, entre Zbigniew Brzezinski, consejero de seguridad nacional de Carter, y Saddam Hussein. Según el *Times*, el objetivo de la reunión era discutir las posibles vías con que Estados Unidos e Iraq podrían coordinar sus actividades para «luchar contra la política temeraria de Irán».[22] Brzezinski y sus anteriores ayudantes siempre negaron que hubiese existido una reunión cara a cara, aunque Brzezinski se reunió con el rey Hussein de Jordania, cuyo propio instinto de supervivencia le había hecho ver que debía entablar amistad con su vecino y tocayo dictatorial. Es posible que un emisario iraquí de alto nivel también estuviera presente. Como ocurriría con la invasión iraquí de Kuwait diez años más tarde, varios antiguos representantes de la administración Carter, entre ellos Gary Sick, antiguo consejero de seguridad nacional, han afirmado que los norteamericanos llevaron a Saddam a suponer que le daban luz verde para invadir Irán en el verano de 1980. Lo que está claro es que desde ese momento se produjo una clara distensión en las relaciones de Estados Unidos con Bagdad. El Senado estadounidense seguía bloqueando cualquier intento de exportar equipamiento militar a Bagdad, pero en julio Carter aprobó la venta de cinco aviones Boeing a la compañía aérea nacional iraquí, el primer contrato comercial significativo de Estados Unidos con Iraq desde que los baasíes subieron al poder.

En el verano de 1982, la gloria que Saddam pensaba haber adquirido gracias a la «segunda Qadisiya» se estaba convirtiendo rápidamente en un recuerdo lejano. El brutal cambio de rumbo de la suerte de Iraq en una guerra que según Saddam iba a durar dos o tres semanas estaba dando lugar, al acercarse el final de su segundo año, a una crisis para el líder iraquí. La continuidad de Saddam, con una cantidad estimada de cien mil iraquíes muertos, miles más de heridos y el resto de sus fuerzas invasoras pudriéndose en campos de prisioneros iraníes, empezaba a cuestionarse seriamente por primera vez durante su mandato.

El primer signo de que la popularidad de Saddam empezaba a decaer se hizo patente en abril, cuando el ministro de Información, Latif Jasim, sufrió un intento de asesinato. Los que dispararon eran miembros del Dawa, el grupo chiíta militante de Iraq, aunque el intento de asesinato propiamente dicho había surgido más de un deseo de vengar la ejecución de su líder Sadr y su hermana. Saddam respondió como de costumbre, capturando a cientos de chiítas, muchos de los cuales jamás volverían a ser vistos. Unos meses más tarde, el Dawa llevó a cabo un intento serio de asesinar al propio Saddam mientras visitaba el pueblo de Dujail, a unos sesenta y cinco kilómetros de Bagdad en dirección noreste. En la emboscada, que duró más de dos horas, varios miembros del Baas fueron atrapados y el ejército tuvo que rescatarlos. Muchos compañeros de Saddam murieron durante la refriega, así como ocho de los atacantes. Éstos denominaban a la operación *Um al-Hada*, nombre de la hermana del *ayatollah* Sadr ejecutada por Saddam. Unos días después, los habitantes de Dujail tuvieron que desalojar sus casas y marcharse a otra localidad mientras el ejército se encargaba de destruir el pueblo. Según una crónica, varios heli-

cópteros lanzaron napalm sobre el lugar. Luego enviaron excavadoras que convirtieron el pueblo en terreno de cultivo. El intento
de asesinato frustrado dejaría una huella duradera en el comportamiento de Saddam. Hasta entonces solía realizar apariciones
improvisadas por el país como parte de su campaña habitual de
promocionarse como un líder populista. A partir de ese día no hizo
más apariciones improvisadas.

Desde el inicio de la guerra, Saddam se había esforzado por
aislar a la población iraquí de la realidad del frente. Los iraquíes
recibían una dosis constante y repetitiva de propaganda pro Saddam. Cuando echaban un vistazo al periódico de la mañana, de
camino al trabajo, o cuando la familia se reunía frente al televisor,
estaban expuestos ineludiblemente a la presencia destacada del «presidente combativo». Lo veían posando con un lanzacohetes en
primera línea o abrazando paternalmente a niños pequeños; como
un estadista reunido con otros jefes de Estado y como líder militar discutiendo planes bélicos. Se representaba a Saddam como
un burócrata eficiente con un traje moderno y como un campesino corriente, ayudando a los granjeros con la cosecha, guadaña en
mano. Sus retratos impregnaron el país hasta tal punto que un chiste popular decía que Iraq tenía una población de veintiséis millones de habitantes: trece millones de iraquíes y trece millones de
fotos de Saddam.[23]

Además de mantener un chorro constante de propaganda en
los medios de comunicación estatales alabando a las fuerzas armadas y al líder del país, Saddam utilizó la abundancia de petróleo
para mantener un nivel de vida alto. Al inicio de las hostilidades
se dijo muchas veces que Saddam había afirmado que Iraq tenía
productos de primera necesidad suficientes para dos años.[24] En
lugar de concentrar la mayor parte de los recursos en la campaña
militar y, como Irán, subrayar la virtud del sacrificio, el presidente iraquí pretendía demostrar a su gente que podía llevar a cabo
una guerra y al mismo tiempo mantener la rutina habitual. Ambi-
ciosos planes de desarrollo anteriores a la guerra siguieron adelante, y el gasto público aumentó de 21 billones de dólares en 1980
a 29,5 billones de dólares en 1982. La mayor parte de este dilata-
do presupuesto se dedicó a adquirir productos de importación, para
evitar la escasez de artículos de consumo. Gracias a dicha política,

la mayoría de los iraquíes eran relativamente ajenos a la tremenda guerra que se estaba librando en el campo de batalla. El país bullía para deleite de los contratistas extranjeros. Proyectos de construcción de todo tipo, iniciados antes de la guerra, continuaron a toda marcha. Bagdad se estaba transformando a paso febril de ciudad medieval en ciudad moderna. En la capital, la vida diaria apenas se vio afectada por la guerra. Los apagones impuestos al inicio del enfrentamiento terminaron en seguida, tan pronto se comprobó que las menguantes fuerzas aéreas iraníes, con aparatos de construcción norteamericana para los que no lograban piezas de recambio a causa del embargo estadounidense, no podían extender la guerra hacia el interior de Iraq. Se disponía de la mayor parte de productos alimenticios, y el negro del luto no se dejaba ver demasiado en las calles de Bagdad.

Saddam extendió, pues, un escudo protector sobre la población civil, pero además se tomó muchas molestias en cuidar de aquellos que estaban directamente implicados en el enfrentamiento o afectados por la guerra. Las autoridades iraquíes se vieron obligadas a admitir que se producían unas mil doscientas bajas al mes, y Saddam procuró que todos los participantes fueran generosamente recompensados. El nivel de vida de los cuerpos de oficiales, que ya era alto, mejoró todavía más, y los miembros de las fuerzas armadas tenían prioridad a la hora de comprar un coche o una casa. Los oficiales que habían realizado algún acto heroico recibían un reloj Rolex, por supuesto con el rostro de Saddam en la esfera. Las familias de los caídos, por su parte, eran indemnizadas con un coche gratis, una parcela de terreno gratis y un préstamo sin intereses para construir una casa. Saddam quería estar seguro de que los baasíes se identificaban claramente con el esfuerzo bélico, de modo que ordenó a todos los representantes del partido que prescindieran de los trajes de confección y se pusieran uniformes de campaña verde oliva, que de inmediato se convirtieron en uno de los rasgos distintivos de los mítines televisados del Baas.

Otro ejemplo de los intentos de Saddam por mantener una fachada de normalidad fue lo mucho que insistió e hizo por ser el anfitrión de la Conferencia de Naciones No Alineadas que debía celebrarse en Bagdad en otoño de 1982. El interés de Saddam por el movimiento No Alineado, creado en los años cincuenta para representar los intereses de países en vías de desarrollo que querían conservar su independencia con respecto a las superpotencias, se remontaba a 1978, año en que asistió a la conferencia cuatrienal que tuvo lugar en La Habana. A pesar del odio que sentía por el comunismo, parece que Saddam trabó amistad con Fidel Castro y se aficionó a los exquisitos puros habanos, que desde entonces se exportaban a Bagdad con regularidad. Dado su deseo de evitar que Iraq quedara sometido al ámbito de influencia de una u otra superpotencia, era natural que Saddam dirigiera su atención hacia el movimiento de los No Alineados. Confiaba en que, si la conferencia de 1982 se celebraba en Bagdad, podría convencer a los miembros de que lo escogieran a él como líder del movimiento; sería el sucesor de Castro cuando éste terminara su mandato. La mayor parte de la frenética actividad constructora que tuvo lugar en Bagdad a principios de los ochenta consistió en erigir hoteles y centros de convenciones destinados a la conferencia prevista. Se gastaron millones, si no billones, de dólares en diversos proyectos arquitectónicos, y se renovaron de forma sustancial edificios e instalaciones ya existentes.

A mediados de 1982, sin embargo, cuando Irán inició su campaña en Iraq, la política de «miel y armas», principal puntal de la moral nacional iraquí, se desplomó. Irán logró atacar y destruir muchas de las instalaciones petrolíferas iraquíes cercanas a Basora. Ésa fue una de las razones que impidieron que las reservas económicas del país pudiesen seguir financiando la guerra por un lado y una economía doméstica próspera por otro. Otra razón fue que los baasíes de Damasco, rivales de Bagdad, ordenaron el cierre del oleoducto que iba a Banias, en el Mediterráneo, que pasaba por Siria. El presidente Asad llevaba tiempo deseando vengar la purga y ejecución de baasíes pro sirios llevada a cabo por Saddam al asumir la presidencia en 1979. Y de hecho, durante todo el tiempo que duró la guerra, Damasco resultó ser uno de los aliados de Teherán más leales. Las reservas internacionales iraquíes se desplomaron de los 35 billones de dólares de antes de la guerra a los tres billones de dólares a finales de 1983, de modo que Saddam tuvo que reducir de forma radical todos los gastos realizados en productos no básicos. Como resultado, las importaciones civiles a Iraq bajaron de 21,5 billones de dólares en 1982, cifra máxima alcanzada, a 12,2 billones de dólares en 1983, y a unos diez u once billones entre 1984 y 1987. Saddam se vio incluso obligado a cancelar algunos proyectos destinados a la conferencia del Movimiento de No Alineados en Bagdad; la conferencia finalmente se celebró en Nueva Delhi. Estando Saddam ausente, Indira Gandhi asumió el liderazgo de los países no alineados durante los cuatro años siguientes.

La mala suerte de Iraq en la guerra se unió a su dramático deterioro económico, y por primera vez surgieron serias dudas acerca de la capacidad de liderazgo de Saddam. Los contratiempos sufridos después de la contraofensiva iraní hicieron que la gente culpara del fracaso de las fuerzas armadas directamente a Saddam. También lo culpaban por haber demostrado muy poco juicio político al declarar la guerra a Irán. Había insistido tanto en dirigir personalmente las operaciones que no le quedaba otra alternativa que aceptar su responsabilidad en los reveses militares. Desde el comienzo de las hostilidades había dejado claro que el mando militar debía someterse al control del partido Baas. Durante las primeras semanas del conflicto, Saddam había supervisado personalmente las operaciones desde un búnker ubicado debajo del palacio presidencial de Bagdad. Todas las órdenes debían pasar por Bagdad y Saddam trataba de involucrarse en todas las decisiones militares, tanto si se trataba de una acción a nivel de sección como si hacía referencia al bombardeo de los objetivos principales. Incluso Adnan Jairallah, su primo y cuñado, que era jefe del Estado Mayor, debía consultar los asuntos más insignificantes con el mariscal de campo Saddam.

A medida que el conflicto se desarrollaba, Saddam transformó el Consejo del Mando Revolucionario (RCC) en su cuartel general personal, lo que le permitía controlar muy de cerca todas las operaciones bélicas. El resultado fue una falta de flexibilidad e iniciativa en los altos mandos militares, cuya capacidad de responder rápida y eficazmente ante cualquier táctica nueva que los iraníes desplegaran se veía seriamente perjudicada. La insistencia de Saddam, por razones políticas, en que sus jefes militares consiguieran que las bajas iraquíes fueran mínimas es otro ejemplo de cómo su intromisión inexperta limitaba la eficacia de sus comandantes. Las intromisiones de Saddam, que a menudo eran diametralmente opuestas a las de los militares de carrera, no sólo no disminuían el número de víctimas, sino que además tenían consecuencias devastadoras. Los iraquíes, incapaces de aprovechar sus éxitos iniciales en el sur de Irán, fueron obligados a enviar tropas en malas condiciones mientras los iraníes fortalecían sus defensas, lo que provocó miles de bajas iraquíes innecesarias. El dominio de Saddam sobre los militares era tan grande que, por muy equivocado que estuviese, ni siquiera los oficiales más expertos eran capaces de tomar decisiones independientes por miedo a contrariar a su comandante en jefe. En vez de eso enviaban las decisiones al cuartel general de la división o cuerpo, que a su vez las dirigía al mando más alto de Bagdad. Tampoco debemos olvidar que los comisarios políticos designados por el Baas para vigilar de cerca a los altos mandos militares estaban presentes constantemente, y mandaban informes acerca de la actuación de cada oficial al RCC.

Saddam era muy consciente de que su popularidad era superficial entre la mayor parte de la población iraquí y, fiel a su carácter, se encargó de que se tomaran las medidas preventivas necesarias para mantenerse en el poder. Se cree que los organismos de seguridad empleaban por entonces unos doscientos ocho mil hombres, un 15 por ciento de los empleados gubernamentales.[25] El servicio de seguridad presidencial especial, Amn al-Jass, seguía bajo el control del vengativo hermanastro de Saddam, Barzan al-Tikriti. A pesar de las responsabilidades de la guerra, los verdugos de Saddam no solían desatender sus tareas; se cree que entre 1981 y 1982 más de tres mil civiles fueron asesinados, además de los ejecutados por crímenes puramente políticos.

El clima de desconfianza creciente que impregnaba el sanctasanctórum interno del gobierno baasí queda reflejado en el incidente infame que tuvo lugar en marzo de 1982, cuando Saddam mató a uno de sus propios ministros durante la reunión semanal del gabinete. El gobierno dijo luego que el ministro había sido ajusticiado por un delito castigado con la pena de muerte, pero la verdadera razón de la acción de Saddam fue que Riyad Ibrahim Hussein, ministro de Salud, había tenido la osadía de sugerir que Saddam debía dimitir en favor del anterior presidente Ahmad Asan al-Bakr, para que pudiera negociarse un alto el fuego con Irán. A esas alturas de las hostilidades, la guerra se había convertido en una lucha titánica entre los egos envanecidos de Saddam y Jomeini. Eliminando a Saddam de la primera línea, los iraquíes podrían haber estado en mejor posición para lograr un armisticio. Cuando el ministro hizo tal sugerencia, Saddam no mostró el menor signo de irritación. Se limitó a interrumpir la reunión del gabinete y pidió al ministro que lo acompañara afuera. «Vayamos a la otra habitación y discutamos el asunto más a fondo», dijo Saddam. El ministro asintió y ambos salieron de la estancia. Al instante se oyó un disparo y Saddam regresó solo a la reunión como si nada hubiese ocurrido.[26] Cuando la agencia de noticias iraquí comunicó la ejecución del ministro de Salud, declaró que había sido castigado por importar medicinas que habían matado a iraquíes inocentes, y que por tanto era un «traidor». La mujer del ministro pidió que le devolvieran el cuerpo de su marido, y se lo entregaron, pero cortado en pedacitos. Inmediatamente después de este incidente, Saddam mandó un equipo de médicos que trabajaban para sus fuerzas de seguridad para que se encargasen de que su achacoso predecesor, el ex presidente Bakr, no le causara más problemas en el futuro (véase cap. 7).

La insistencia de Saddam por mantener el control directo de la campaña militar hizo que tuviera que encargarse personalmente de los primeros murmullos de descontento dentro de las fuerzas armadas. La guerra nunca había sido especialmente popular, sobre todo porque el cuerpo de oficiales iraquí instruido en Sandhurst se mostraba escéptico acerca de lanzar una ofensiva sin unos objetivos claramente marcados. Existían informes intermitentes de oficiales que eran ejecutados por oponerse abiertamente a los propósitos bélicos de Saddam. Las cosas alcanzaron su punto crítico en el verano de 1982, cuando un grupo de oficiales intentó articular lo que ellos consideraban una crítica constructiva para mejorar el esfuerzo bélico. Saddam, que seguía alimentando su complejo de inferioridad con respecto a los militares de carrera, no lo vio de este modo. Alrededor de trescientos oficiales de alto rango fueron ejecutados, y también un pequeño número de funcionarios del partido que habían apoyado el punto de vista de los oficiales. Saddam no mostraba ninguna piedad con aquellos que sospechaba que no cumplían con sus obligaciones en el frente. En una ocasión se informó que el propio Saddam había ejecutado a un oficial que había ordenado una retirada táctica. El oficial fue conducido ante Saddam, que tranquilamente sacó la pistola y le disparó en la cabeza.[27]

Los baasíes tenían que vérselas con un número creciente de desertores, aunque las fuerzas de seguridad podían hacer frente fácilmente a este problema concreto. Al principio los desertores que tenían la mala suerte de ser capturados eran devueltos a su casa, donde se los ejecutaba. Más adelante eran llevados a la prisión de Abu Ghraib, a las afueras de Bagdad, que pronto se ganó la reputación de ser la Lubianka de Saddam. Según un prisionero que sobrevivió a los horrores de esta prisión, que había reemplazado al palacio del Fin convirtiéndose en el principal centro de interrogatorios baasí, «la sección de Abu Ghraib reservada para los condenados a muerte es un vestíbulo rodeado de celdas de quince metros cuadrados en las que se apretujan entre quince y veinte reclusos. Tienen que hacer sus necesidades y tirar la basura allí mismo. El sol nunca entra en esas celdas. Una proporción muy pequeña de estos prisioneros son criminales comunes, pero la mayoría son militares, hombres que se han opuesto a la guerra entre Iraq e Irán».[28] Otros presos describieron una sección de la prisión destinada a «condenas especiales», una categoría que incluía a todos los miembros de la oposición, pero especialmente a los del Dawa y los del partido comunista. Muchas de estas personas permanecían encerradas en mazmorras subterráneas, y sólo se les permitía salir para hacer un poco de ejercicio una vez al mes.

En junio, en un intento de paliar su responsabilidad con respecto al fracaso bélico de Iraq, Saddam tomó una serie de medidas cuyo fin era lograr que el escalafón dirigente del Baas aceptara su parte de culpa y de paso eliminar a aquellos que opinaban que él ya no servía. Empezó convocando reuniones del RCC en las que se invitaba a los miembros a sugerir ideas para que los iraníes aceptaran un alto el fuego. Los iraníes, tal como estaba previsto, lo rechazaron, demostrando que el hecho de destituir a Saddam no bastaba para poner fin a la guerra. En la siguiente reunión, Saddam organizó una mini purga del RCC, y ocho de sus dieciséis miembros fueron destituidos. El cambio más simbólico fue la destitución del general Saadun Ghaydan, el último superviviente de los oficiales que habían llevado al Baas al poder en 1968. Otro signo de que durante el verano de 1982 Saddam se sentía muy sanguinario tiene que ver con un incidente al parecer ocurrido durante una reunión de la Asamblea Nacional. Saddam se estaba dirigiendo a la asamblea y vio que un hombre le pasaba una nota a otro. Sin pensarlo dos veces, sacó su pistola y mató a ambos hombres. Saddam dio por sentado que estaban maquinando su asesinato. Cuando examinaron la nota, resultó que el presidente estaba en lo cierto. Sea cierta o apócrifa, la cuestión es que esta historia circulaba por todas las cafeterías de Bagdad y fortalecía la idea de que el presidente iraquí no era un hombre con el que conviniese meterse.

El desafío más serio al que Saddam tuvo que enfrentarse surgió de su propia familia, un año más tarde. Se vio obligado a ordenar el arresto domiciliario de sus tres hermanastros, Barzan, Watban y Sabaui. Nunca se ha explicado exactamente la causa de dicho altercado familiar. Se ha sugerido que Barzan estaba involucrado en un intento de golpe de estado; un grupo de oficiales militares le habría ofrecido la presidencia a cambio de que apoyara un golpe contra Saddam. Otra versión echa la culpa a Barzan, jefe de seguridad, por no haber detectado un complot contra Saddam, lo cual resultaba irónico, ya que un año antes Barzan había publicado un libro titulado *Intentos de asesinar a Saddam Hussein*, en el que proporcionaba detalles sobre siete presuntos complots, algunos anteriores a que Saddam se convirtiera en líder, y acusaba a fuerzas tan dispares como Siria, Israel y Estados Unidos de ser los cerebros de dichos planes.

Una explicación más probable es que Saddam y sus hermanastros se vieron envueltos en una disputa familiar. Qué coincidencia que dichas tensiones tuvieran lugar al poco tiempo de morir la querida madre de Saddam, en agosto de 1983; ella había protegido con uñas y dientes a los hijos de su segundo matrimonio. La rivalidad entre los Al-Majid, parientes consanguíneos por parte de su padre biológico, y los Al-Ibrahim, parientes por parte del segundo matrimonio de su madre, sería uno de los motivos clave de las tensiones existentes dentro del régimen. A lo largo de su vida, Suba Tulfah había promovido los intereses de todos sus hijos. El hecho de que los tres hermanastros de Saddam ocuparan cargos tan destacados en el gobierno se debió tanto a la habilidad persuasiva de Suba como a la tendencia de Saddam de conceder los cargos clave a familiares y miembros Tikriti. La explicación más probable acerca del altercado entre Saddam y sus hermanastros quizá sea el novio que Saddam eligió para su hija mayor, Raghda. A pesar de toda la propaganda acerca de la emancipación de la mujer realizada por el Baas, en la familia de Saddam prevalecían las costumbres tribales tradicionales, y era deber del padre escoger un yerno apropiado. En este caso Saddam había optado por Hussein Kamel al-Majid, uno de sus primos. Hussein, un oficial de talento limitado, había conseguido congraciarse tanto con Saddam como con Sajida. Había acompañado a Sajida en sus viajes a Nueva York para realizar compras. Y, gracias a sus relaciones familiares, ocupó diversos cargos clave en el cuerpo de seguridad de Saddam. La elección de Saddam, no obstante, ofendió enormemente a Barzan, que esperaba que su propio hijo fuese el prometido de Raghda. La noticia de que Saddam hubiese optado por Hussein Kamel indignó tanto a Barzan que, siguiendo una costumbre típicamente Tikriti, amenazó con matar a Hussein antes de permitir que éste privara a su hijo de la novia escogida. Así pues, un país inmerso en medio de una guerra cruenta y que estaba desarrollando un arsenal de armas químicas, biológicas y nucleares, de repente se encontró paralizado por una disputa familiar acerca de acuerdos matrimoniales tribales.

Unos días después de que los hermanastros fueron puestos bajo arresto domiciliario, quedó claro que la razón de la disputa tenía más de tribal que de conspiradora. Saddam hizo una declaración pública en favor de la lealtad de Barzan, algo que no habría hecho de haber existido la menor prueba de que uno de los tres hermanos estaba implicado en un complot contra Saddam. Si se hubiera descubierto dicha evidencia, él o ellos habrían corrido la misma suerte que cualquier otro conspirador: uno de los pelotones de fusilamiento de Saddam habría acabado con su vida. Cuando los ánimos se hubieron calmado, el recalcitrante Barzan fue tratado como otros baasíes de alto rango anteriores que, por una razón u otra, habían tenido roces con la jerarquía baasí. Barzan fue enviado al exilio como embajador, en su caso en el dudoso papel de representante oficial de Iraq en la Unesco, en Ginebra. Los otros dos hermanastros fueron rehabilitados dos años más tarde. Sabaui ocupó el cargo que anteriormente desempeñaba Barzan, como jefe del Amn al-Jass, y Watban fue nombrado jefe de la Seguridad Interna del Estado. La primera crisis significativa de Saddam con su familia se había resuelto sin tener que recurrir al derramamiento de sangre. No siempre se seguiría este ejemplo en los años turbulentos que estaban por venir.

9. El vencedor

La guerra empezaba a hacer mella en Saddam. Los reveses militares de 1982, más las incipientes muestras de inquietud popular, influyeron en sus planteamientos. Siempre había sospechado que Bagdad estaba llena de intrigas y conspiraciones, pero las presiones de aquella guerra que no parecía aplacarse no hicieron sino acentuar su profunda paranoia. Los despreocupados tiempos en que podía entretener a su pueblo con visitas por sorpresa, como había hecho muchas veces durante los primeros años de su presidencia, habían desaparecido hacía mucho. No podía confiar en ninguna persona, en ninguna institución, ni siquiera en su propia familia. Se creó un complejo y sólido cordón de seguridad para proteger al presidente de los múltiples terroristas extranjeros y nacionales que estaba convencido de que querían matarlo. Siempre que iba a alguna parte, se hacían simulacros con caravanas de limusinas blindadas de cristales ahumados, rodeadas por un fuerte aparato de seguridad, para incitar a los presuntos terroristas a salir de su guarida. Puesto que él mismo había tramado y perpetrado atentados, sabía cómo piensa un terrorista, y para él era como una segunda naturaleza el querer derrotar a los terroristas en su propio juego.

Paralelamente, los dignatarios que solicitaban verlo tenían que someterse a una larga investigación antes de ser admitidos. Nadie, ni siquiera sus colaboradores más cercanos, podían decir con certeza dónde iba a estar en un momento dado. En las raras ocasiones en que los cazabombarderos iraníes llegaban a Bagdad, Saddam estaba seguro de que lanzaban las bombas directamente contra él. En consecuencia, el presidente acabó por dormir en diversas «casas de seguridad» de las afueras de Bagdad, vieja costumbre que había practicado ya en los años sesenta, cuando era organizador clandestino del Baas, y a la que volvería muchas veces en años posteriores, cada vez que creyera que su seguridad personal estaba en peligro. La creciente paranoia de Saddam se manifestaba del modo más extravagante. Cuando se ponía su atuendo de caza predilecto, el sombrero iba forrado con Kevlar, un material antibalas. Desde finales de los años setenta se servía de sus propios cocineros, pero éstos acabaron siendo sustituidos por catadores personales, que lo acompañaban cuando se arriesgaba a salir de Bagdad. En vez de consultar sus dolencias con médicos iraquíes, que podían ser sobornados fácilmente por sus enemigos, llamó a multitud de médicos extranjeros. Antiguos funcionarios han afirmado que cada vez empleaba más dobles para que lo representaran en las ceremonias oficiales, y se dice que uno de estos dobles fue muerto a tiros en 1984, confundido con el Saddam auténtico. Llegó a decirse que incluso el hijo mayor de Saddam, Uday, tenía un doble propio. El general Wafic al-Samurrai, que durante un tiempo, en los años ochenta, fue el militar de máxima confianza de Saddam, incluso amigo personal suyo, ha confirmado que vio dobles del presidente cumpliendo en varias ocasiones funciones oficiales menores.

Saddam tenía ya un servicio de espionaje propio, el Amn al-Jass, y en 1984 acentuó las medidas de seguridad creando un ejército particular, una versión remozada de la Guardia Republicana que se había organizado en los años sesenta. El Baas se enorgullecía de tener sus propias fuerzas armadas, el Ejército Popular, que al comienzo de las hostilidades contaba con unos doscientos cincuenta mil hombres. Durante los primeros años de la guerra, el Ejército Popular, que en realidad era poco más que un puñado de aficionados entusiastas del Baas, había cumplido misiones de defensa civil; en ningún momento se arriesgó a participar en un combate de verdad. En 1984, Saddam decidió reemplazar las milicias del Baas por una unidad militar propia que jurase ser leal únicamente al presidente. La Guardia Republicana comenzó teniendo sólo dos brigadas, pero pronto creció y se convirtió en un ejército dentro del ejército. Estaba dotada con el mejor equipo disponible: carros de combate T72, T62 y T55, de fabricación soviética, cañones de 155 mm, de fabricación francesa, y misiles tierra-aire de diseño avanzado. Los miembros de la guardia, procedentes, como Saddam, del campesinado sunita, eran físicamente impresionantes. Recibían adiestramiento especial y mejor paga que los demás soldados, y su existencia dependía totalmente de Saddam. Si los iraníes se acercaban alguna vez a Bagdad, se esperaba que la Guardia Republicana, como la pretoriana de los tiempos romanos, defendiera al presidente con su propia vida. En las fuerzas armadas se impuso un complejo sistema de seguridad para impedir los atentados y los golpes de estado. No habría unidades militares a menos de ciento cincuenta kilómetros de Bagdad, y cuando se trasladaran lo harían sin municiones. Los comisarios políticos y agentes de seguridad informaban directamente a Saddam del comportamiento de los mandos militares, que con frecuencia eran trasladados de una unidad a otra para impedir que confraternizaran demasiado con los soldados.

El ataque aéreo israelí que el año anterior había destruido el plan de armas nucleares de Iraq había supuesto un duro golpe para Saddam, y para protegerse de futuros ataques, a sí mismo y al régimen, puso en marcha un costoso plan para construir una red de refugios subterráneos donde esconder los recursos estratégicos del país y esconderse él también. Aunque Saddam afirmó que el plan se había encargado por el bien de la seguridad nacional, hubo más de una insinuación en el sentido de que detrás de su interés por aquel proyecto estaba su «mentalidad de búnker». Ciertas empresas británicas le entregaron planos de refugios subterráneos con capacidad para albergar 48 000 soldados. Uno de los refugios personales de Saddam se construyó debajo de un cine del sótano del complejo administrativo Al-Sijood, situado cerca del palacio presidencial. Aunque pequeño para lo que era habitual en Saddam (cien metros cuadrados), contenía, sin embargo, material electrónico —ordenadores, teletipos, cables de fibra óptica— suficiente para que Saddam mantuviera la comunicación con sus tropas por todo el país.

Otro búnker de Saddam se construyó cerca del nuevo palacio presidencial que había empezado a edificarse. Este refugio, construido por una compañía alemana, estaba a unos cien metros por debajo del río Tigris. Las paredes eran de hormigón armado, de unos sesenta o setenta centímetros de grosor, y toda la estructura se apoyaba en grandes muelles de sesenta centímetros de diámetro, sobre un colchón de caucho endurecido y adaptado. En el caso de que estallara una bomba como la de Hiroshima a medio kilómetro del refugio, «Saddam sólo sentiría una sacudida». El búnker tenía dos puertas estratégicas, además de un ascensor a prueba de terremotos. Las dos entradas de este refugio de fantasía al estilo de James Bond estaban vigiladas por nidos de ametralladoras controladas automáticamente.[1] Saddam ordenó que se incluyeran medidas especiales de seguridad en la sala de espera de personalidades del Aeropuerto Internacional Saddam, que estaba construyéndose por entonces. Indicó a los contratistas franceses que hicieran un salida subterránea y una carretera de acceso aparte. «Si el aeropuerto sufría un ataque —contó uno de los ingenieros franceses—, Saddam podría escapar por un túnel de quince kilómetros que había por debajo de la sala de espera de personalidades y que conducía a un helipuerto secreto del desierto.»[2]

Algunos miembros de la familia inmediata de Saddam tenían ya edad suficiente para ocupar puestos de responsabilidad en el gobierno. Entre los déspotas árabes civiles es costumbre preparar a sus hijos para que sean sus herederos políticos; Bashir Asad fue presidente de Siria al morir su padre y tanto el presidente egipcio Mubarak como el coronel libio Gaddafi dieron a sus hijos cargos gubernamentales privilegiados, con la esperanza de que demostraran su capacidad como sucesores. Saddam no fue diferente en esto y cuando Uday, su hijo mayor, se licenció en ingeniería por la Universidad de Bagdad, en 1984, lo recompensó nombrándolo director del Comité Olímpico de Iraq. Incluso el aficionado a los deportes más enterado tendría que estrujarse mucho la cabeza para recordar cuándo se calificó por última vez a un atleta iraquí para participar en una competición olímpica, pero el Comité Olímpico fue un vehículo que permitió a Uday, ya con veintiún años, aprender el arte de gobernar. En realidad, casi todas las competencias de Uday afectaban a la formación juvenil, una misión para la que estaba singularmente incapacitado, habida cuenta del comportamiento indisciplinado, egoísta y bravucón de que había hecho gala en el instituto y en la universidad. Uday había terminado la carrera con una nota media de 98,5, una puntuación inverosímil si tenemos en cuenta que prefería los clubes nocturnos a las aulas, como todo el mundo sabía. Se ha dicho también que los tutores que no se avinieron a darle las notas más altas fueron torturados y perdieron el empleo.[3]

Cuando los dos hijos estuvieron en edad de casarse, Saddam vio una oportunidad para ampliar las ambiciones dinásticas de la familia. A finales de 1984 dispuso que Uday se casara con su prima Saja, hija de Barzan, hermanastro de Saddam. Como había demostrado el ejemplo del mismo Saddam al casarse con su prima carnal, no era raro que los iraquíes se casaran con parientes cercanas. Aunque el Baas había hecho un esfuerzo heroico por modernizar las estructuras socioeconómicas en los dieciséis años que llevaba en el poder, los lazos familiares y tribales se mantenían intactos, y concertar matrimonios seguía siendo la norma. Barzan continuaba exiliado en Ginebra después de la reyerta familiar que había estallado el año anterior porque Saddam se había negado a que el hijo de Barzan se casara con Ragda, la hija mayor de Saddam. Al permitir que una hija de Barzan se casara con su hijo mayor, era evidente que Saddam esperaba hacer las paces y convencer a Barzan de que volviera para darle el apoyo moral que tanto necesitaba durante los oscuros días de la guerra.

El enlace entre Uday y Saja se celebró como estaba previsto, y todo parecía preparado para que se produjera la reconciliación formal de Saddam y su hermanastro. Pero Saddam desconocía los extremos a que llegaba la ingobernabilidad de Uday, incluso después de su mayoría de edad. Ninguno de sus hijos había sabido lo que era la disciplina en la infancia, y en los cafés y bazares de Bagdad solían comentarse las últimas imprudencias de Uday y Qusay. Su punto de encuentro favorito era la discoteca de la azotea del hotel Meliá Mansur, y se decía que Qusay, que era bastante más quisquilloso a la hora de elegir compañía, importaba rubias de la península escandinava para su entretenimiento personal. Aunque los dos hermanos aspiraban a vivir como *playboys*, el fracaso del matrimonio de Uday antes de que se cumplieran tres meses de la boda fue realmente escandaloso, incluso medido por el bajo rasero moral del clan Hussein. El motivo exacto del descalabro conyugal nunca se ha explicado de un modo satisfactorio, aunque en la sociedad iraquí ha acabado por aceptarse que la causa principal de la separación fue la impotencia de Uday.[4] A pesar de su pasión por los coches veloces y los puticlubes, no dejaba de rumorearse que pocas veces llegaba a la plenitud sexual, causa psicológica subyacente de su carácter violento. Cuando la desconsolada Saja volvió a la casa ginebrina de su padre, se daba por hecho que el matrimonio no se había consumado. Volvió llena de cortes y magulladuras, resultado de la salvaje paliza que le había propinado su marido como regalo de despedida. Frustrado por su incapacidad, los estallidos violentos habían acabado por ser uno de los rasgos que definían el carácter de Uday. Barzan, mientras tanto, estaba menos dispuesto que nunca a pensar en reconciliarse con su hermanastro.

Saddam acertó más en la preparación del matrimonio de su otro hijo, Qusay, que era de carácter más tranquilo y más aplicado que su hermano mayor. Por una vez se permitió a un descendiente de Saddam que se casara fuera de la familia, aunque no fuera del clan Tikriti. Qusay se casó con Sahar, hija de uno de los pocos héroes de verdad de la guerra con Irán, el general Maher Abdul Rashid, que según se decía había impedido que los iraníes capturasen a Saddam en 1982. Aunque Saddam y Rashid tenían sus diferencias (véase cap. 8), al fin y al cabo, Rashid era un Tikriti, y un enlace con una de las más respetables familias militares iraquíes elevaba indiscutiblemente la posición social de los Hussein, un factor que era tan importante para Saddam como para su mujer, Sajida. El enlace de Qusay, en 1985, al parecer fue una cuestión política y dinástica en la que el componente romántico estuvo totalmente ausente. En cuanto tuvieron dos hijos, el matrimonio se fue a pique. Es posible que la disolución de este matrimonio tuviera algo que ver con el hecho de que, al final de la guerra, Saddam, que se resentía absurdamente del éxito de cualquiera de sus mandos militares, había puesto al suegro de su hijo bajo arresto domiciliario. El rompecabezas dinástico de Saddam se completó el mismo año en que Rana, su hija segundogénita, se casó con otro primo carnal de Saddam, Saddam Kamel al-Majid. Estrechando los lazos de la familia gobernante con los Al-Majid, parientes del padre natural de Saddam, éste acentuaba el extrañamiento de los Al-Ibrahim, la familia de su padrastro, dado que sus tres hermanastros habían abrigado esperanzas de que sus hijos acabaran prometiéndose a alguna hija del presidente.

La preocupación de Saddam por poner plumas al nido de su familia mientras el resto del país sufría las amargas privaciones de la guerra contribuyó poco a mejorar su imagen ante los iraquíes. Las anécdotas sobre la corrupción del clan Hussein, y en particular sobre su interés por adquirir propiedades, eran moneda corriente. En 1985, para satisfacer las necesidades de su creciente familia, se dice que confiscó todo un pueblo a orillas del Éufrates. Los propietarios de aquellas tierras y fincas recibieron a cambio unas cantidades determinadas, no por su valor en el mercado, sino por la familia de Saddam. Cuando éste se enteró de que los propietarios desahuciados no estaban en absoluto conformes con la compensación recibida, replicó: «Estaban sin chaqueta y descalzos ante mí.»[5] Alrededor de la familia de Saddam empezaba a forjarse una serie de leyendas escabrosas. Así por ejemplo, todo el mundo creía, aunque no llegó a confirmarse, que un joven enamorado de Hala, la hija menor de Saddam, favorita de éste y único miembro de su prole que permanecía célibe, había sido enterrado hasta el cuello y muerto a pedradas. Y aunque Saddam había dictado leyes draconianas contra la corrupción, para impedir que los iraquíes especularan con los contratos extranjeros, su círculo más íntimo no parecía tener empacho en hacer ostentación de su riqueza. Adnan Jairallah, cuñado de Saddam y ministro de Defensa, tenía una nutrida colección de coches caros. Importaba una docena de Mercedes a la vez y tenía un chófer para cada uno. La avidez de Adnan causó una profunda impresión en sus sobrinos, Uday y Qusay, que empezaron a reunir su propia colección, aunque les dio más por los coches deportivos. En opinión de Saddam, la riqueza que estaba acumulando su familia era ni más ni menos lo que se merecía. «Nos hemos asido a los rayos del sol —declaró en cierto momento—, y no vamos a soltarnos.»[6] Desde su punto de vista, la inmensa riqueza del petróleo de Iraq era propiedad exclusiva de su familia.

El derroche de la cúpula gobernante de Saddam contrastaba radicalmente con los sacrificios exigidos a los iraquíes de a pie para financiar la guerra. Por ejemplo, en 1983, cuando las exportaciones de crudo iraquí estaban en su momento más bajo, Saddam llamó a los civiles iraquíes a donar a la nación sus joyas y sus ahorros, «para que las mujeres y los ancianos participen también en la batalla por la patria, según sus posibilidades». Taha Yassin Ramadan, vicepresidente del gobierno iraquí, lo expresó más claramente: «Es un referéndum en favor del partido [...] en favor de la revolución y de la jefatura de Saddam Hussein.» La respuesta fue abrumadora, tanto de los agricultores que entregaban los ahorros de toda una vida como de las señoras elegantes de Bagdad que llevaban sus joyeros de tafilete a los centros de recaudación. El ministro de Hacienda estaba tan impresionado por el resultado de la colecta que afirmó que «el oro acumulado será una reserva extra para fortalecer la moneda iraquí». En teoría, todo el dinero y los objetos de valor entregados eran únicamente un préstamo en vigor mientras durase la guerra, a cuyo término tendrían que devolverse. En la mayoría de los casos, sin embargo, los iraquíes no recibieron nada a cambio de su generosidad.

La mayor hazaña de Saddam a mediados de los años ochenta fue sacar provecho para sí y para la nación de la desastrosa actuación de Iraq en la guerra contra Irán. La «retirada estratégica» de Iraq de territorio iraní en el verano de 1982, como llamó el régimen a la derrota sufrida ante los iraníes, no había engañado a nadie, y menos a la población iraquí. La «segunda Qadisiya» se conoce hoy más con el nombre de «guerra de Saddam», y él fue personalmente responsable de la incapacidad general de los militares iraquíes para conseguir uno solo de los objetivos declarados de la guerra. Los reveses, sin embargo, no hacían más que reforzar la determinación de Saddam de imponerse como señor indiscutible del pueblo iraquí y de su futuro. Las purgas de los mandos militares más antiguos durante el catastrófico verano de 1982, junto con la reorganización del Consejo del Mando Revolucionario, habían consolidado la posición de Saddam como dirigente supremo del país. A finales de 1982 convocó una reunión especial del Mando Regional del Baas en la que pidió y obtuvo la confirmación de su control absoluto sobre el aparato de gobierno. El informe final del IX Congreso del partido afirmaba inequívocamente que «Saddam Hussein es el símbolo de la libertad, la independencia, la dignidad, la integridad y la esperanza de un futuro mejor para Iraq y el pueblo árabe». Pero con el poder absoluto iba la responsabilidad absoluta, y la responsabilidad de la peligrosa situación en que estaba Iraq frente a los *ayatollah* pesaba directamente sobre los hombros de Saddam.

Desde el verano de 1982, el principal empuje de la contraofensiva iraní se dirigió contra Basora, la segunda ciudad más importante de Iraq y capital de la comunidad chiita del país. El objetivo de los iraníes era cortar la decisiva autopista Bagdad-Basora y apoderarse de los núcleos chiitas. Los iraquíes, sin embargo, resultaron mejores defensores que atacantes, y no sólo rechazaron los ataques iraníes, sino que les causaron muchas bajas. Desde aquel momento el conflicto quedó en tablas, ya que ningún bando avanzó de manera significativa. Los ingenieros iraquíes estuvieron muy ocupados construyendo una compleja red de posiciones defensivas que no se diferenciaban mucho de las construidas en el norte de Francia durante la primera guerra mundial. Bien atrincherado, con municiones de sobra y otras dos líneas defensivas para proteger el interior del país en previsión de una penetración de los iraníes, la idea de Saddam era obligar a los iraníes a desistir. Los iraníes repitieron la táctica con que habían conseguido expulsar a los iraquíes de Jorramshar. Los *basij*, los jóvenes suicidas dispuestos a cruzar los campos de minas para reclamar su lugar en el cielo, repitieron sus ataques en masa contra las posiciones iraquíes. Pero los iraquíes habían aprendido la lección durante la humillante retirada de Jorramshar, y neutralizaron con facilidad aquellas tácticas *kamikazes*. Las raras ocasiones en que los iraníes conseguían romper la primera línea enemiga, los iraquíes recuperaban la iniciativa avisando a los helicópteros de combate y a los cazas.

Saddam dio muestras de mucha habilidad política en aquel período, sacando partido de la contraofensiva iraní. En cierto modo, los intentos de Irán de conquistar territorio iraquí permitieron al gobierno de Iraq conseguir algo que no había logrado durante los primeros años de guerra: unir el país. Con la espalda contra la pared, luchando por su territorio y para impedir la invasión de los iraníes, la población iraquí sufrió una transformación. No sólo el ejército combatió con mayor tenacidad, sino que hubo además una notable reducción de la disidencia. Como dijo un diplomático occidental que estaba por entonces en Bagdad, la explicación era que los iraquíes temían más a los iraníes que a Saddam. «Los iraquíes sabían muy bien que Saddam era un dictador que no se andaba con miramientos con quienes se cruzaban en su camino, pero los asustaba más la perspectiva de que la revolución iraní se exportara a Iraq. Querían que Saddam fuese fuerte y querían que venciera.»[7]

El ataque desde tres frentes contra Basora a finales del verano de 1982 marcó la pauta de las decenas de ofensivas que vendrían después. Los iraníes ganaron terreno —en este caso, unos seis kilómetros—, pero al final se detuvieron y retrocedieron, y perdieron muchos hombres en la operación. Bien protegidos en sus fortificaciones, los iraquíes dieron muestras de un valor renovado y combatieron con habilidad y determinación, porque estaban defendiendo su patria y no manteniendo una posición confusa y antinatural en el interior de Irán. Saddam obtuvo un resultado excelente al presentar como una gran victoria la capacidad de su ejército para contener aquellas ofensivas iraníes. En Bagdad y en todos los pueblos y aldeas del país hubo manifestaciones y celebraciones. Los discursos de Saddam y de la cúpula baasí se preocuparon por subrayar que la culpa de la ruptura de hostilidades en 1980 había sido de Irán. Las demandas planteadas al comienzo del conflicto, como el adelantamiento de la frontera hasta Shatt al-Arab y la satisfacción de las reclamaciones iraquíes de ciertos territorios iraníes, se pasaron por alto con toda tranquilidad. Lo único que Saddam quería ahora era volver a la situación anterior a 1980.

Pero la capacidad iraquí para rechazar los ataques de masas humanas iraníes impresionaron poco a los *ayatollah* de Teherán. El principal objetivo iraní siguió siendo la toma de Basora y el derrocamiento de Saddam Hussein. Su estrategia era sitiar la ciudad y destruir su guarnición u obligarla a rendirse, o rodearla y avanzar hacia el oeste, partiendo en dos el territorio iraquí. Los iraníes pensaban que, apoderándose de un buen pedazo de territorio del Iraq meridional, el núcleo chiita, estarían en situación de proclamar un gobierno provisional alrededor del cual podría cerrar filas la oposición a Saddam. El miedo a que los iraníes trataran de hacer algo parecido durante las secuelas de la operación Tormenta del

Desierto de 1991 fue uno de los motivos por los que los aliados se negaron a apoyar la revuelta chiita contra Saddam.

Los iraníes estaban decididos a tomar Basora, aunque eran incapaces de hacer avances significativos. Se lanzaron ataques en diferentes sectores y con todos se consiguieron unos palmos de terreno fronterizo. Los *ayatollah* no tenían intención de renunciar a su objetivo, por grande que fuera el sacrificio. En consecuencia, las bajas sufridas por ambos bandos alcanzaron cifras espeluznantes. En 1984, las bajas de Iraq eran al menos de sesenta y cinco mil muertos, cinco veces más de heridos y entre cincuenta y sesenta mil prisioneros. Por su parte, Irán había tenido ciento ochenta mil muertos y al menos medio millón de heridos.[8] Iraq no había sufrido tantas bajas desde su independencia y apenas había en todo el país una sola familia que no hubiera perdido a alguien. La situación de los recursos humanos era tan catastrófica en 1984 que el gobierno tuvo que recurrir a la militarización de los jóvenes de diecisiete años. Saddam trató de aplacar el descontento causado por aquel espantoso derroche de vidas en el frente concediendo generosos servicios y bonificaciones a las familias y viudas afectadas. Aun así, la inquietud pública en Iraq por la cantidad de bajas fue en aumento, y desde 1984 Saddam ordenó un cambio de táctica para que las bajas del frente se redujeran. Los iraquíes se apoyaron más en la artillería pesada y en las incursiones aéreas para rechazar los frecuentes ataques de masas humanas que lanzaban los iraníes. Y hostigaron a los iraníes efectuando incursiones profundas en territorio enemigo, esperando poner de manifiesto la incompetencia de las autoridades de Teherán para proteger a su pueblo.

El único avance significativo que hicieron los iraníes durante la guerra de desgaste, como acabó llamándose a aquel período del conflicto, se produjo a comienzos de 1984, cuando los iraníes ocuparon las islas Majnun, dos estrechas franjas de territorio, saturadas de crudo, que dominaban los accesos septentrionales a Basora. La operación iraní se ejecutó con brillantez. Un comando iraní cruzó de noche las marismas de Howeiza en botes de fibra vítrea, que le permitieron acercarse en silencio, y redujo sin problemas a la pequeña guarnición iraquí que vigilaba los embarcaderos. Al amanecer, los iraníes controlaban totalmente las dos islas, la septentrional y la meridional, y estaban bien atrincherados en ellas.

Construyeron un pontón para facilitar la llegada de vituallas y más tropas. Al cabo de unos días, la cabeza de puente contaba con unos treinta mil hombres y con una calzada de tierra que unía las islas Majnun con la orilla iraní. Los iraquíes contraatacaron una y otra vez, tratando de arrojar a los iraníes a los pantanos y de recuperar la frontera. Pero aquellos pantanos llenos de juncos fueron la tumba de sus mejores elementos. La espesa vegetación se enredaba en las hélices de los tanques anfibios iraquíes, convirtiéndolos en blanco fácil de los artilleros iraníes. Saddam, furioso ante la incapacidad de sus hombres para expulsar a los tenaces iraníes, llegó a la conclusión de que sólo podía hacer una cosa: emplear el gas tóxico que se fabricaba ya en las recientes plantas de armas químicas que estaban en servicio en Salman Pak y Samarra.

Los pilotos iraquíes arrojaban los botes desde helicópteros de fabricación soviética, alemana y francesa. Una pequeña válvula eléctrica situada dentro de los cilindros se activaba con el impacto y dispersaba en el aire la mezcla mortal. En otros ataques, los helicópteros rociaban a los iraníes con un grasiento líquido amarillo que llenaba la zona de olor a ajo. Los iraníes, que no llevaban prendas de protección, se ponían enfermos inmediatamente. Al cabo de unos minutos vomitaban líquido amarillo y la piel se les enrojecía. Cuando los enfermeros llegaban a la zona, algunos soldados habían muerto ya, con la cara horriblemente ennegrecida por el gas. Otros estaban cubiertos de ampollas de color ambarino y respiraban con dificultades.[9]

Los iraquíes, como es lógico, negaron categóricamente que estuvieran utilizando armas químicas, pero en marzo de 1984 un grupo de expertos de la ONU fue a Irán a investigar las acusaciones. Este equipo llegó a la conclusión de que Iraq había empleado gas mostaza y tabún, el gas nervioso inventado por los nazis y que ahora se estaba fabricando en el complejo militar de Salman Pak, en Suwaira, construido en colaboración con diversas compañías alemanas. Aunque el tabún lo habían inventado los nazis, ni siquiera Hitler se había atrevido a emplearlo en el campo de batalla. Saddam no tuvo tantos escrúpulos.

El uso de armas químicas contra los iraníes le costó caro a Saddam. En primer lugar, no era tan efectivo. Aunque el primer lanzamiento pilló por sorpresa a los iraníes y les ocasionó muchas bajas, las condiciones climáticas raras veces aconsejaban su empleo, y cuando el viento cambiaba de dirección lo enviaba contra las tropas iraquíes. «A los iraquíes no les gustaba el uso del gas tóxico —decía un agregado militar occidental que vivía en Iraq por entonces—. Era difícil de usar y tan peligroso para ellos como para el enemigo.»[10] Los iraníes, por otro lado, supieron cambiar de táctica para afrontar la nueva amenaza. Cuando los iraquíes volvieron a utilizar el gas al año siguiente, los soldados iraníes en el frente iban equipados con máscaras de Alemania Occidental y ampollas de atropina, un producto de acción rápida que se utiliza contra el gas nervioso. Cuando los inspectores de la ONU confirmaron que Iraq estaba empleando armas químicas contra Irán, casi todos los países occidentales se replantearon el apoyo que venían ofreciendo a Iraq.

Antes de que estallara el escándalo por el empleo iraquí del gas nervioso en el campo de batalla, Saddam había mostrado en el extranjero la misma habilidad que en su patria para rentabilizar el conflicto bélico. Al comienzo de la guerra, Henry Kissinger, ex secretario de Estado norteamericano, había expresado la opinión general de los no implicados directamente en el conflicto diciendo que lamentaba que ninguno de los dos bandos pudiera perder. Sin embargo, gracias a la notable habilidad propagandística de Saddam, en 1984 casi todas las potencias occidentales y casi todos los países árabes estaban contribuyendo a la guerra iraquí. Convendría recordar que al comienzo de la guerra entre los dos países pocas personas ajenas al reducido círculo de la diplomacia internacional habían oído hablar de Saddam, a pesar de su obsesión por la propaganda y la autopromoción. En cambio, casi todo el mundo, a comienzos de los ochenta, estaba al tanto de la revolución iraní y del fanatismo de la Guardia Revolucionaria de Jomeini. El asedio de la embajada norteamericana en Teherán y la desastrosa operación militar norteamericana para liberar a los rehenes a finales de 1980 habían acabado con la presidencia de Jimmy Carter. Las intentonas de los iraníes de exportar su revolución a los estados del Golfo y al Líbano, donde la formación de la milicia Hezbolá, financiada, equipada y entrenada por la Guardia Revolucionaria iraní, representó una amenaza directa contra los intereses occidentales en el Mediterráneo oriental, habían convertido a Irán en un estado proscrito. Aunque el responsable de provocar la guerra había sido Saddam, a principios de 1983 los iraquíes podían afirmar, y con bastante razón, que los iraníes eran los únicos responsables de la continuación del conflicto.

Al margen de lo desagradable que pudiera parecerle al mundo exterior el régimen totalitario de Saddam, Bagdad contó con una ecléctica muchedumbre de partidarios para quienes Iraq era un baluarte fundamental frente a la creciente ola del fanatismo islámico representado por los *ayatollah* de Teherán. El primer éxito de Saddam fue con los soviéticos, por tradición uno de los principales abastecedores militares de Bagdad, que habían respondido a la invasión iraquí de Irán declarándose neutrales e imponiendo un embargo de armas. Las relaciones entre Moscú y Bagdad ya eran tensas antes de la guerra, a causa del creciente malestar soviético por la persecución de que era víctima el partido comunista iraquí. Pero el anticomunismo de Saddam era un mal menor en comparación con la furiosa retórica anticomunista y antisoviética que emanaba de Teherán y que culminó en 1983, cuando los *ayatollah* ejecutaron a los dirigentes del partido Tudah, el partido comunista iraní. Los soviéticos habían reanudado moderadamente los envíos de armas a Bagdad en 1981, y en 1983 Moscú ya estaba dispuesto a vender a los iraquíes equipo de máximo alcance, como los misiles balísticos SS-12, que, con un alcance de ochocientos kilómetros, podían golpear muy dentro del territorio iraní. Además, los soviéticos enviaron a mil doscientos consejeros militares para que colaboraran en la guerra iraquí.

Las relaciones con Egipto, deterioradas tras el acuerdo de paz de Camp David, recuperaron la normalidad a raíz del atentado que acabó con la vida del presidente Anuar el Sadat en 1981. Hosni Mubarak, el siguiente presidente egipcio, que procuraba contener a sus propios agitadores islámicos, accedió a suministrar a Iraq accesorios para sus armas de procedencia soviética, así como carros de combate y otro material. Los franceses, que habían mantenido un lucrativo comercio de armas con Bagdad desde mediados de los años setenta, negociaron un préstamo para que los iraquíes tuvieran cinco aviones Super Étendard, equipados con misiles de infrarrojos y sistemas de teledirección, que se utilizarían sobre todo contra los barcos del Golfo.

Desde 1983, Iraq recibió un apoyo considerable de los estados del Golfo deseosos de frenar la amenaza planteada por la revolución iraní. Los ingresos iraquíes del petróleo se habían hundido porque Siria había cerrado el extremo mediterráneo del oleoducto e Iraq no podía exportarlo por el golfo Pérsico. Los ingresos iraníes, por el contrario, en alza porque los puertos meridionales de Irán habían salido relativamente indemnes durante las primeras etapas de la guerra, casi se triplicaron entre 1981 y 1983.[11] La guerra le costaba a Iraq alrededor de mil millones de dólares al mes, de modo que las ayudas proporcionadas por los estados del Golfo fueron cruciales para mantener a flote su economía, incluso después del recorte del presupuesto para bienes de consumo que realizó Saddam en 1982. Si los iraníes conseguían romper las líneas iraquíes, los indefensos estados del Golfo sabían muy bien que estaban en el punto de mira de los *ayatollah*. En consecuencia, Iraq recibió, para sufragar el coste de su guerra, donaciones por valor de veinticinco mil millones de dólares, la mayoría de los cuales se invirtió en el rearme del ejército.

Las potencias occidentales, con la singular excepción de Francia, se declararon públicamente partidarias de una política de neutralidad observadora, aunque en privado apoyaban a los iraquíes. Estaban de acuerdo en que la victoria iraní tendría consecuencias calamitosas para la estabilidad y la seguridad del golfo Pérsico. Puede que el movimiento diplomático más sorprendente de este período fuera el acercamiento entre Bagdad y Washington. El secretario de Estado norteamericano empezaba a ver con alarma lo que sucedía en el campo de batalla. Las esperanzas que había abrigado al principio el gobierno Carter de que la invasión iraquí podía frenar la difusión de la revolución iraní por todo Oriente Medio habían quedado en agua de borrajas. La verdad es que Washington tenía fundadas razones para esperar que Irán ganase la guerra, a no ser que Saddam recibiera ayuda. El primer paso para zanjar la hostilidad que venía enfrentando a Bagdad y Washington desde hacía quince años lo dio el Departamento de Estado en 1982, cuando borró a Iraq de la lista de los países sospechosos de apoyar el terrorismo internacional. Los países de la lista estaban sometidos a «controles de política exterior», de modo que, tachándolo, Estados Unidos tendría más libertad de movimientos para canalizar ayudas con destino a Bagdad. El cambio de política permitió que aquel mismo año el gobierno Reagan autorizara la venta de sesenta helicópteros Hughes, un modelo específicamente diseñado para la observación del campo de batalla. En 1983, poco después de que los helicópteros llegaron a Iraq, fueron adaptados para que pudieran disparar misiles anticarro Tow y se emplearon en operaciones ofensivas contra posiciones iraníes.

El sutil idilio diplomático de Washington y Bagdad prosiguió en verano de 1983 con la visita a Washington de Ismat Kittani, subsecretario iraquí de Asuntos Exteriores. La complementó en diciembre la visita a Bagdad de Donald Rumsfeld, que era a la sazón un enviado especial para Oriente Medio del presidente Ronald Reagan. Si tenemos en cuenta que Rumsfeld fue uno de los principales partidarios de lanzar una operación militar contra Saddam a raíz del ataque terrorista del 11 de setiembre de 2001, no deja de ser irónico que desempeñara un papel tan fundamental en ayudar a Iraq a salir del aislamiento diplomático en los años ochenta. Según David Mack, antiguo diplomático norteamericano que acompañó a Rumsfeld en su misión a Bagdad, el deseo norteamericano de reabrir las comunicaciones formales con Iraq reflejaba las prioridades geopolíticas de Estados Unidos frente a Oriente Medio en aquella época. «Queríamos que hubiera alguna presión sobre Siria y nos pareció buena idea zanjar nuestras diferencias con Bagdad.» El régimen sirio, que mantenía estrechas relaciones con Moscú, apoyaba por entonces a los grupos chiitas radicales del Líbano, como Hezbolá, que destruyó la embajada y las residencias de los marines de Estados Unidos en Beirut a principios de 1983. «La relaciones con Bagdad habían venido mejorando desde finales de los años setenta, pero era un proceso difícil y lento. Nos costaba mucho descifrar las señales que nos llegaban de Bagdad. Pero con la pésima situación de Saddam en la guerra y con los sirios castigándonos duramente en Beirut, pensamos que lo sensato era negociar con Saddam. Queríamos construir un eje El Cairo-Ammán-Bagdad que sacara de quicio al presidente Asad.»[12]

El bombardeo de la embajada y las residencias de los marines de Estados Unidos en Beirut fue en realidad un factor clave en la decisión norteamericana de entrar en relaciones con Bagdad. El bombardeo de la embajada, en abril de 1983, se había producido durante una reunión de los jefes de zona de la CIA en Oriente Medio. Los mejores expertos en Oriente Medio de la CIA desaparecieron de un plumazo. Unas semanas más tarde, las escuchas telefónicas por satélite confirmaron las sospechas norteamericanas: los terroristas responsables del bombardeo habían recibido órdenes de Teherán. Estados Unidos estaba ahora extraoficialmente en guerra con Irán. El gobierno norteamericano se movió con rapidez y el mes siguiente el secretario de Estado George Shultz se entrevistó en secreto con Tariq Aziz, su homólogo iraquí, durante un viaje a la capital de Francia. Shultz y Aziz comprendían la lógica de unir recursos en la lucha contra los *ayatollah*, pero Estados Unidos no acababa de creer en la normalización de las relaciones mientras Saddam siguiera dando asilo a Abu Nidal, que el año anterior había planeado acabar con la vida de Shlomo Argov, embajador israelí en Londres (véase cap. 8). Para que Washington accediera a normalizar las relaciones con Bagdad, Shultz dijo que Saddam tenía primero que deshacerse de Abu Nidal. El dirigente iraquí cumplió puntualmente la petición, pero del modo más raro que se pueda imaginar. Poco después de la entrevista de Shultz y Aziz, los medios informativos del gobierno iraquí anunciaron solemnemente que Abu Nidal había fallecido de un ataque al corazón. La noticia la confirmaron «fuentes» cercanas al terrorista palestino. Un mes después, cuando la noticia empezaba a adquirir visos de certeza para el espionaje internacional, el coronel Gaddafi anunció que Abu Nidal estaba vivo y en Trípoli, echando así por tierra el ingenuo truco de Saddam para lavarse las manos en el asunto de Abu Nidal.

El acercamiento norteamericano a Saddam se aceleró en diciembre de 1983, cuando Rumsfeld viajó a Bagdad. Allí se entrevistó con Saddam y le entregó una carta personal del presidente Reagan. La visita debió de ser un éxito, porque cuando Rumsfeld volvió a Washington, Estados Unidos empezó a presionar a sus aliados para que no abastecieran de armas a Irán. En noviembre de 1984 los lazos norteamericano-iraquíes se estrecharon con la plena reanudación de las relaciones diplomáticas y se estimuló a las empresas estadounidenses a participar en la construcción de oleoductos iraquíes en Jornadia y Arabia Saudí que permitieran a Bagdad dar salida a su producción de crudo. Saddam respondió enviando a su ministro de Asuntos Exteriores, Tariq Aziz, a Washington, donde entregó un mensaje de Saddam al presidente Reagan y otros miembros destacados del gobierno. Es posible que Estados Unidos tuviera secretamente una oficina de la CIA en Bagdad por lo menos desde 1979,[13] pero es innegable que la CIA estuvo activa en Bagdad desde 1984. Por entonces, Estados Unidos era todavía reacio a armar directamente a los iraquíes y mantenía una política de neutralidad, sin más excepción que los sesenta helicópteros Hughes que había vendido en 1982 «para uso agrícola». David Mack repetía que Washington no vendió armas a Iraq. «En ningún momento proporcionamos equipo militar a Iraq —dijo—. El único armamento norteamericano que enviamos a Bagdad fue un par de revólveres con cachas de nácar que Saddam solicitó expresamente para hacer un regalo. Eso fue todo. Nada más.»

La contribución más importante de Estados Unidos al coste iraquí de la guerra fue indudablemente la información de primer orden sobre la situación de las tropas iraníes que proporcionaron los satélites espía de la CIA. Poco después de la reanudación en firme de las relaciones diplomáticas, los norteamericanos enviaron a Bagdad a un equipo de enlace de la CIA para entregar fotos vía satélite y otra información recogida por los aviones de reconocimiento del AWACS (Sistema de Control y de Alarma Aérea), cuya base estaba en Arabia Saudí. El puente informativo entre Langley (Virginia), sede central de la CIA, y Bagdad comenzó a trabajar tan activamente que Saddam nombró a tres altos mandos del Estijbarat, el servicio de información militar iraquí, para que estuvieran en contacto directo con los norteamericanos. La ayuda norteamericana no tardó en dar frutos. Cuando en junio de 1984 los cazas de Arabia Saudí abatieron un F-4 iraní que trataba de atacar un objetivo en aguas territoriales saudíes, Washington admitió que esta escaramuza se había dirigido desde un avión «saudí» del AWACS, tripulado por personal norteamericano.

El general Wafic al-Samurrai, uno de los mandos iraquíes del servicio de enlace con Estados Unidos, contaría que la información fue de gran ayuda para la conducción iraquí de la guerra. Cuando preparaban un ataque, sus oficiales pedían información concreta a los norteamericanos, de manera rutinaria. «Yo decía, por ejemplo: "Dennos información sobre el sector de Basora."» Aunque los norteamericanos pasaban la información, Saddam desconfió siempre de aquellos contactos, tanto que ordenó a su organismo de seguridad Amn al-Jass que vigilara estrechamente a Samurrai. Saddam en persona aconsejaba a sus generales sobre la manera de obtener información de sus aliados de la CIA. Cuando Saddam quería datos sobre el sector de Basora, por ejemplo, le decía a Samurrai: «Pídales información sobre todo Iraq, porque si les decimos que nos interesa Basora, se lo contarán a los iraníes.» No dejaba de pedirle a Samurrai que le entregara informes sobre sus contactos con los norteamericanos y a veces se los devolvía con notas de advertencia al margen: «Sea cauto, los norteamericanos son unos intrigantes.»

Las sospechas de Saddam sobre el doble juego de la infraestructura informativa norteamericana se confirmaron en 1986, cuando salió a la luz el bochornoso escándalo de Irán y la Contra nicaragüense. Uno de los motivos por los que produjo tanta conmoción en Washington el que a finales de 1986 se denunciara públicamente que Estados Unidos había enviado en secreto misiles anticarro a Irán desde 1985, fue que la política norteamericana estaba orientada a apoyar a Iraq en la guerra con Irán. El escándalo Irangate, como acabó llamándose aquel plan urdido por el teniente coronel Oliver North, del Consejo de Seguridad Nacional, tenía por objeto comprar la liberación de los rehenes norteamericanos retenidos en el Líbano, pero la operación se abandonó cuando se hicieron públicos los detalles de la negociación. Algunas armas antitanque Tow facilitadas por Estados Unidos llegaron efectivamente a manos de los iraníes, que las aprovecharon para abrir una brecha estratégica en el frente de Basora.

A comienzos de los años ochenta, Gran Bretaña seguía tratando de mantener una postura neutral. Sir John Moberly, embajador del Reino Unido en Iraq entre 1982 y 1985, dijo que, a diferencia de Estados Unidos, Gran Bretaña no creía que Irán fuera a aplastar a Iraq. «Los norteamericanos estaban convencidos de que había un peligro real de que Irán derrotase a los iraquíes, de modo que tenían que hacer todo lo posible por fortalecer la posición de Iraq. Nosotros, sin embargo, éramos más escépticos.» A causa de la negativa británica a suministrar armas a Iraq, Moberly veía poco a Saddam, pero cuando lo veía salía de la entrevista muy impresionado. «Era un hombre con una personalidad muy fuerte y con un gran dominio de los acontecimientos. En Iraq todos sabían en qué situación estaban. Y eran muy conscientes de que si se desmandaban sería su fin. Casi todos los iraquíes admitían que necesitaban un dirigente enérgico que mantuviera la ley y el orden, así como la unidad del país. Saddam cumplía estos requisitos.» Moberly, sin embargo, estaba en contacto continuo con Tariq Aziz, ministro de Asuntos Exteriores iraquí, que no dejaba de hacer reproches al enviado británico por la actitud del gobierno Thatcher. «Aziz siempre se quejaba diciendo que los norteamericanos lo recibían mejor que los británicos y que, dado que habíamos sido un imperio colonial, deberíamos ser más comprensivos con el pueblo iraquí. Me decía: "Ustedes deberían comprendernos, pero en la práctica vemos que Estados Unidos está mucho más dispuesto a escucharnos que el Reino Unido."»[14]

La actitud británica de aquel período quedó resumida en las directrices sobre venta de armas, hoy de triste recuerdo, que Geoffrey Howe, ministro de Asuntos Exteriores, presentó en la Cámara de los Comunes en 1985, aduciendo que la negativa a suministrar «equipo de defensa destructivo» a los dos bandos formaba parte de la política británica «de hacer todo lo posible porque este trágico conflicto termine cuanto antes». A finales de 1984, a causa de los numerosos indicios de que los iraquíes utilizaban armas químicas para contrarrestar los ataques de masas humanas iraníes, una serie de organizaciones pro derechos humanos empezó a investigar los alegatos. La confirmación del empleo de armas químicas y el atroz informe sobre los derechos humanos en Iraq convencieron al gobierno Thatcher de que había que imponer serias restricciones al comercio británico con Saddam. Pese a todo, hubo acuerdos para vender a Bagdad material no destructivo, como radares electrónicos, que fueron aprobados por Londres. Hacia el final de la guerra, sin embargo, el gobierno Thatcher interpretó de un modo más liberal el concepto de material «no destructivo», y el permiso que concedió a la empresa británica Matrix-Churchill para enviar a Bagdad material técnico destinado a la construcción de armas especializadas acabó levantando el escándalo «Iraqgate».

Con la llegada de armas y dinero a Bagdad, en 1984 la guerra entró en una nueva fase. Para obligar a los iraníes a sentarse a la mesa de negociaciones, Saddam trató de socavar la moral de la población civil destruyendo la economía iraní. En febrero empezó a lanzar contra ciudades iraníes los misiles soviéticos recién importados, más o menos como cuando los alemanes se pusieron a lanzar las «bombas volantes» V-2 contra Gran Bretaña en la última etapa de la segunda guerra mundial. Esta situación dio lugar a lo que acabó conociéndose como primera Batalla de las Ciudades, ya que los iraníes no tardaron en replicar del mismo modo. La segunda Batalla de las Ciudades tuvo lugar en marzo y abril de 1985, y, desde el punto de vista de Saddam, comenzó a rendir frutos, porque el constante bombardeo de Teherán por misiles iraquíes dio lugar a numerosas manifestaciones contra el gobierno iraní.

Además de querer desmoralizar a los iraníes, el otro gran objetivo de Saddam desde mediados de los años ochenta fue la internacionalización del conflicto, con la esperanza de convencer a Occidente de que terminara la guerra por él. En marzo de 1984 ordenó que los aviones franceses Super Étendard que acababa de adquirir emprendieran ataques de largo alcance contra las terminales y barcos petroleros iraníes del golfo Pérsico. Al principio, los ataques se concentraron en los petroleros que se dirigían a los puertos iraníes, sobre todo a la terminal de la isla de Jarj. Durante los primeros meses, los Étendard alcanzaron a unos setenta buques con los eficacísimos misiles Exocet.

La guerra continuó de este modo hasta febrero de 1986, cuando los iraníes rompieron por sorpresa las líneas y se apoderaron de la península de Fao, al sur de Basora, lo cual puso a esta ciudad, la segunda en importancia de Iraq, en peligro de quedar en poder de Irán. Aunque la península de Fao en sí misma era militarmente insignificante, la penetración iraní supuso un fuerte revés político para Saddam, en un momento en que Iraq parecía hacer progresos en el frente de la guerra. Saddam replicó ordenando a sus generales que recuperasen Fao, aunque cuando dio la orden ya era tarde. Los iraníes estaban demasiado bien atrincherados para expulsarlos de allí. Obedeciendo las órdenes de Saddam, los generales iraquíes concentraron hombres y equipo en la península, y sufrieron numerosísimas bajas. Las pérdidas humanas de Iraq durante los primeros meses de 1986 se calcularon entre ocho mil y diez mil muertos, y el ejército iraquí se vio obligado a habilitar trenes especiales para transportar a los heridos; las pérdidas de Irán durante el mismo período fueron de veinte mil muertos.[15]

La imposibilidad de recuperar Fao hizo cometer a Saddam otro error estratégico. Desesperado por conseguir una victoria, ordenó al ejército que lanzara una ofensiva contra el frente central con objeto de tomar la población iraní de Mehran. La estrategia de Saddam era doble: quería demostrar al pueblo iraquí que sus fuerzas armadas todavía eran capaces de emprender acciones ofensivas, y quería capturar territorio iraní para tener una baza con que negociar la recuperación de Fao. Los iraquíes, que atacaron en mayo con cuatro divisiones, consiguieron tomar el pueblo, mal protegido por una dotación de cinco mil soldados iraníes que fue reducida rápidamente y sufrió muchas bajas durante la refriega. La victoria elevó ciertamente la moral de las fuerzas armadas y Saddam se apresuró a explotar su potencial propagandístico. Pero el triunfo duró poco. Los iraníes se negaron a devolver Fao a cambio de Mehran y a finales de junio lanzaron una contraofensiva que cogió por sorpresa a los ocupantes iraquíes. A comienzos de junio, Mehran estaba otra vez en manos iraníes y los iraquíes habían sufrido más bajas.

La pérdida de Fao y las numerosas bajas sufridas durante los inútiles intentos de recuperar el territorio representaron un duro golpe para Saddam. La experiencia de Mehran fue otro ejemplo de los problemas que ocasionaba el hecho de que los civiles se hicieran cargo de las operaciones militares. La insistencia de Saddam en dirigir personalmente la guerra había contribuido en no pequeña medida a la incapacidad de Iraq, militarmente superior, para responder debidamente el ataque inicial iraní. La caída de Fao provocó en el presidente iraquí una reacción que rayó lo irracional. Hizo un llamamiento a toda la población para que donara dinero y sangre y trabajase más horas. Cien mil hombres, mujeres y niños se concentraron para cortar juncos en las marismas del sur con objeto de facilitar las operaciones militares en la zona. En un intento de contrarrestar la tremenda superioridad demográfica de Irán, Saddam en persona promovió una campaña nacional para estimular la procreación. «Nuestro lema debe ser que cada familia tenga cinco hijos y que las familias que no tengan por lo menos cuatro reciban una seria reprimenda.» Aconsejó a las estudiantes que antepusieran la maternidad a los estudios. A causa de las terribles pérdidas sufridas durante los contraataques para recuperar Fao, las autoridades iraquíes recurrieron a medidas desesperadas como la donación obligatoria de sangre, trataron de reclutar en masa al personal de algunos hoteles turísticos de primer orden y obligaron a los taxis que subían vacíos desde Basora a transportar cadáveres en el interior o en la baca del techo.

En esta coyuntura, los mandos militares, hartos de la continua intromisión de Saddam en la conducción de la guerra, estuvieron muy cerca de protagonizar una sublevación. En invierno de 1986 pudo verse un ejemplo de la creciente decepción de los militares en el choque que se produjo entre Saddam y el general Maher Abdul Rashid, del VII Cuerpo de Ejército. Rashid, Tikriti como él y suegro de Qusay, el segundo hijo de Saddam, era uno de los militares iraquíes realmente competentes. Tenía fama de decir lo que pensaba y como consecuencia de las elevadas pérdidas de vidas iraquíes en Fao, que según él podrían haberse evitado, censuró públicamente la táctica de Saddam. En una entrevista publicada por la prensa kuwaití, Rashid dijo inequívocamente que la elevada cantidad de bajas iraquíes producida durante la batalla por la península de Fao había sido innecesaria. Saddam se indignó y ordenó a Rashid que se presentara en Bagdad para darle explicaciones. Conscientes de lo que significaba aquella orden, los oficiales de Rashid enviaron un aviso a Saddam, dándole a entender que se negarían a continuar la guerra si le ocurría algo indecoroso a su superior. Cuando llegó al palacio presidencial, Rashid fue condecorado por un sonriente Saddam, que pospuso la venganza para más tarde. Al finalizar la guerra, Rashid fue obligado a dimitir de su empleo y fue puesto bajo arresto domiciliario.

Es significativo que, a diferencia de lo ocurrido en anteriores golpes militares en Iraq, los oficiales no buscaran el poder político al enfrentarse con Saddam; lo único que querían era tener libertad para aplicar su propio criterio profesional en la guerra contra Irán. Y lo consiguieron, al menos por el momento. Porque durante el resto del conflicto los mandos militares pudieron decir que la guerra la dirigían ellos, no los políticos. Saddam comenzó a desaparecer de las reuniones del Consejo Supremo de Defensa, el organismo que supervisaba la conducción de la guerra, y aunque siguió visitando las posiciones del frente, saltaba a la vista que eran visitas para elevar la moral de las tropas, y la leyenda de que Saddam en persona dirigía las operaciones victoriosas se extinguió lentamente.

Los indicios de que Saddam se estaba comportando con una insensatez creciente desbordaban el ámbito militar. A mediados de los años ochenta se informó de que había despedido a Hamed al-Jubari, su ministro de Asuntos Exteriores, porque el infatigable Saddam lo había llamado dos veces a su despacho del ministerio y no lo había encontrado. Dando por sentado que el ministro llegaba tarde a la oficina, lo despidió en cuanto hizo acto de presencia. Cuando el ministro le explicó que tenía fundadas razones para no estar en aquel momento en su despacho, ya que había ido al aeropuerto de Bagdad a recibir a una delegación oficial, se negó a dar marcha atrás. A pesar de los abusos que cometía su propia familia, organizó una sonada campaña anticorrupción contra los iraquíes acusados de cobrar comisiones ilegales a cuenta de los contratos de la administración. Los baasíes venían considerando el cohecho como un delito grave desde los años setenta, pero durante el período de expansión económica de finales de esa década y comienzos de los ochenta, por lo general se había hecho la vista gorda con los contratistas iraquíes que acumulaban pequeñas fortunas con las comisiones percibidas por multitud de contratos con el extranjero. La austeridad de mediados de los ochenta hizo que Saddam volviera a poner en vigor buena parte de la legislación contra el cohecho, y el resultado fue que Abdul Wahab Mufti, alcalde de Bagdad, que había sustituido a Jairallah Tulfah, fue ahorcado por haber recibido sobornos de una compañía británica que suministraba a Bagdad camiones de basura y coches de bomberos.

El hundimiento de los ingresos del petróleo obligó a los iraquíes a retrasarse en los pagos por las armas que importaban. Hasta el estallido de la guerra con Irán, Bagdad tenía fama de pagar al contado y éste era uno de los principales motivos que habían llevado a los gobiernos occidentales a mostrarse tan proclives a negociar con los baasíes. A mediados de los ochenta, sin embargo, el dinero escaseaba y Saddam no podía pagar los envíos de armas que necesitaba para proseguir la guerra. Los franceses y los rusos eran los más afectados, aunque sus incesantes quejas de que no conseguían que los iraquíes zanjaran sus deudas despertaban pocas simpatías en los círculos diplomáticos de Bagdad. «Creo que todos pensábamos, en particular en relación con los franceses, que tenían lo que ellos mismos se habían buscado», comentó un antiguo diplomático occidental.[16]

Sabiendo que su posición era cada vez más insostenible, Saddam hizo otro intento de concertar la paz. Pero los *ayatollah* siguieron alegando que una de las condiciones fundamentales del alto el fuego era el derrocamiento de Saddam. Dado que la razón de ser de Saddam se resumía en su propia supervivencia, la petición iraní era inaceptable. Saddam respondió con una tremenda incursión aérea contra los principales núcleos de población iraníes —Teherán, Isfahan y Kermanshah— y reanudó la campaña contra la infraestructura económica de los *ayatollah*.

En agosto de 1986, la aviación iraquí protagonizó su primera incursión victoriosa contra la terminal petrolífera de la isla de Sirri, situada a 240 kilómetros al norte del estrecho de Ormuz, la puerta del Golfo, dando a entender de este modo a Teherán que ningún blanco estratégico de Irán estaba fuera del alcance operativo de Iraq. Extendiendo la guerra hasta el otro extremo del golfo Pérsico, Saddam se esforzaba por hinchar el conflicto de manera que invitara a la intervención de otros países. Esperaba en concreto provocar en los iraníes una reacción que pusiera en peligro la seguridad de la navegación en el Golfo y, en consecuencia, cerrase una de las más importantes arterias petrolíferas del mundo. Los iraníes, al menos al principio, no mordieron el anzuelo y el estrecho de Ormuz siguió abierto. Sin embargo, como Saddam siguiera castigando su infraestructura económica, llegaron a la conclusión de que no tenían otra salida que devolverle los golpes. A finales de 1986, los iraníes empezaron a intimidar a los kuwaitíes, que ayudaban a Iraq en las exportaciones de crudo, tanto que los kuwaitíes se dirigieron a las dos superpotencias en busca de protección. Los primeros en ofrecerles sus servicios fueron los soviéticos, y la perspectiva de que la marina soviética se responsabilizara del control del tráfico del Golfo obligó a Estados Unidos a intervenir en apoyo de Kuwait. A comienzos de 1987, las dos superpotencias y ciertos países occidentales como Gran Bretaña y Francia tenían ya en total alrededor de cincuenta buques de guerra en el Golfo. Saddam se había salido con la suya y conseguido enredar a las potencias en un conflicto que éstas habían querido evitar a toda costa. Además, Saddam tenía ahora a la marina de guerra del resto del mundo protegiéndolo de los ataques de Irán mientras él seguía castigando objetivos iraníes con relativa impunidad. La protección internacional no mermó ni siquiera cuando un Super Étendard iraquí disparó por error dos misiles Exocet contra la fragata estadounidense *Stark* y mató a treinta y siete marineros norteamericanos.

La intervención internacional para proteger el crudo iraquí y la continuidad de los ataques intensivos contra las ciudades iraníes minaron poco a poco la moral iraní y dieron al régimen de Teherán una creciente sensación de aislamiento. La cantidad de jóvenes voluntarios disminuyó radicalmente, sobre todo después del costoso e infructuoso intento de tomar Basora a finales de 1987. Los incesantes bombardeos iraquíes habían obligado a muchos iraníes a marcharse de las principales ciudades. El sector pacifista de Teherán multiplicó sus protestas conforme cambiaba el planteamiento de la guerra, que de ser una campaña defensiva para expulsar a los invasores iraquíes se había convertido en una operación ofensiva para conquistar territorio iraquí y derrocar a Saddam. Éste calculó acertadamente que una ofensiva contundente bastaría para obligar a los iraníes a sentarse a la mesa de negociaciones y en febrero de 1988 desató la campaña más terrible de toda la guerra. En el curso de los dos meses siguientes se lanzaron unos ciento cincuenta misiles y numerosos ataques aéreos contra los principales centros de población iraníes. En abril, los iraquíes protagonizaron la primera ofensiva terrestre de los últimos seis años y consiguieron recuperar la península de Fao. Aparte de la ayuda que les prestó el espionaje militar norteamericano, también recibieron apoyo militar directo de Estados Unidos, que envió equipos de consejeros militares para que asesoraran a los altos mandos iraquíes en las operaciones del frente. Ensoberbecidos por el triunfo, los iraquíes lanzaron más ofensivas en primavera y consiguieron expulsar a los iraníes de todo el territorio iraquí que venían ocupando desde 1982.

A comienzos de julio, expulsaron del Kurdistán a las fuerzas iraníes restantes, e incluso llegaron a conquistar una pequeña franja de territorio en la parte central de la frontera Iraq-Irán, la primera incursión iraquí en Irán desde los jubilosos días del comienzo del conflicto, en 1980.

Durante todo este período los iraníes fueron incapaces de responder con eficacia a los ataques iraquíes. La falta de voluntarios para el frente les impedía pensar en una ofensiva por tierra, y su aviación estaba en los hangares por falta de recambios. La única táctica que podían permitirse era atacar la marina iraquí, pero como Saddam había conseguido que hubiera un despliegue de barcos occidentales protegiendo la navegación en el Golfo, un mal movimiento iraní podía degenerar en una confrontación directa con Estados Unidos y sus aliados. Algunos destacamentos de la Guardia Revolucionaria consiguieron atacar unos cuantos barcos con embarcaciones pequeñas y rápidas y sembrar de minas las principales rutas de navegación. Estas tácticas hicieron que los iraníes parecieran la principal amenaza para los intereses occidentales, y el estado de alerta máxima en que se encontraban las fuerzas norteamericanas en previsión de un ataque dio lugar, a comienzos de julio, a que el *Vincennes* disparase accidentalmente contra un avión comercial iraní y causara más de trescientos muertos.[17]

La combinación de estos factores hizo que el grupo pacifista de Teherán finalmente consiguiera convencer al *ayatollah* Jomeini de la conveniencia de detener la guerra; el anciano *ayatollah*, muy a su pesar, se resignó a no ver derrocado a Saddam Hussein, su mortal enemigo. El 18 de julio de 1988, Irán aceptó la resolución 598 del Consejo de Seguridad de la ONU, relativa al alto el fuego en la guerra Irán-Iraq, y un mes más tarde los cañones emplazados a lo largo de la frontera común enmudecieron. Jomeini afirmó que admitir el fin de las hostilidades era como beber de una copa envenenada. Saddam, por su lado, se proclamó vencedor. Una guerra que había costado aproximadamente un millón de vidas humanas, que había deshecho la economía iraquí y había estado a punto de derribar a Saddam se presentaba ahora como un triunfo del pueblo iraquí. En muchos aspectos, la conclusión de la guerra fue una hazaña. A pesar del brutal totalitarismo de su régimen, Saddam se las había arreglado para convencer al mundo exterior de que era preferible un Iraq seglar y progresista a las hordas fanáticas de la revolución iraní. Se las había arreglado para conseguir el apoyo financiero y moral de sus vecinos del Golfo, e incluso para que las superpotencias compitieran entre sí por garantizarle el triunfo sobre Irán. Y en el interior había dejado claro que no le asustaba aplicar medidas represivas, ni siquiera en tiempos de guerra. Y que ningún sacrificio era demasiado costoso para que él siguiese en el poder.

La única mancha en aquella victoria era la propensión de Saddam a emplear armas no convencionales en una guerra convencional. Durante todo el conflicto, Saddam utilizó con moderación las armas químicas por miedo a que la opinión internacional se volviera contra él. Las utilizó, pues, contra los iraníes en ocasiones aisladas, por ejemplo, cuando los iraquíes tuvieron que enfrentarse a los ataques masivos de voluntarios suicidas o cuando pretendían expulsar a los iraníes de objetivos estratégicamente importantes, como las islas Majnun. Aparte del informe de la ONU de 1984 sobre el uso del gas mostaza y el gas nervioso tabún, los inspectores de la ONU acusaron a los iraquíes de utilizar armas químicas en 1986 y 1987. La conclusión de los inspectores fue que «las fuerzas iraquíes han vuelto a emplear armas químicas contra las fuerzas iraníes y han causado muchas bajas». Aun así, Saddam se contuvo sólo hasta cierto punto en el empleo de armas no convencionales, lo suficiente para ganarse el apoyo de la mayoría de las potencias occidentales, que hicieron la vista gorda ante las pruebas condenatorias aportadas por los equipos de inspección de la ONU.

Si Saddam estuvo comedido en el uso de armas químicas contra los iraníes, no lo estuvo tanto en lo que se refiere a su propio pueblo. Durante todo el conflicto, los kurdos estuvieron esperando la oportunidad de aprovechar la situación para conseguir la independencia total. Saddam se irritó tanto con ellos en cierto momento que, en connivencia con Turquía y Estados Unidos, permitió una ofensiva turca contra el territorio kurdo. Desde 1983, los iraníes, conscientes de la vulnerabilidad de las fuerzas de Saddam en el Kurdistán, concentraron parte de sus esfuerzos en abrir una brecha por allí. Saddam, al principio, respondió a la maniobra repitiendo que estaba dispuesto a conceder una autonomía limitada a los kurdos. Éstos rechazaron la oferta y Saddam replicó con una feroz campaña para someter la zona. El ataque lo dirigió el general Alí Hassan al-Majid, primo de Saddam, a quien acabaron llamando Alí *el Químico,* por su preferencia por las armas no convencionales. Al-Majid, primo hermano de Saddam por parte de padre, había estado al frente del Mujbarat, el aparato de seguridad del Estado, desde que Saddam se había distanciado de Barzan al-Tikriti y de la rama Ibrahim de la familia. Al deteriorarse las relaciones con los kurdos, Saddam nombró a Al-Majid «virrey» del norte y le ordenó que empleara cualquier medio que estimara necesario para resolver el problema kurdo.

La campaña comenzó con la ejecución de ocho mil presos kurdos, capturados y retenidos desde 1983. El gobierno trató, además, de reactivar su política de desarraigo de la población rebelde trasladándola a zonas donde era menos peligrosa para Bagdad. Al final de la guerra, en 1988, se calculaba que se había arrasado más de la mitad de los pueblos y aldeas del Kurdistán, cuya población había sido trasladada a las ciudades principales o, en su defecto, a campos de concentración del desierto suroccidental iraquí.

De los primeros ataques con armas químicas se tuvo noticia en mayo de 1987, cuando fueron gaseadas unas veinte aldeas kurdas para disuadir a sus habitantes de que colaborasen con las fuerzas iraníes que se acercaban. La agresión más abyecta se produjo, sin embargo, en marzo de 1988, cuando Saddam, alarmado por la posibilidad de que los iraníes abrieran una brecha por el Kurdistán, empleó armas químicas a una escala sin precedentes contra la aldea kurda de Halabja. Cuando la espesa nube del gas lanzado por los aviones iraquíes se dispersó en el cielo, los iraníes llevaron inmediatamente a la aldea a los equipos de la televisión occidental y el mundo pudo ver la magnitud de la matanza. Aquel día murieron cinco mil personas —hombres, mujeres, niños, recién nacidos— y cerca de diez mil resultaron heridas. Los habían gaseado con cianuro de hidrógeno, que los iraquíes, con ayuda de sus asesores alemanes, habían fabricado en su nueva planta de armas químicas de Samarra.[18] Aquel producto mortal se parecía muchísimo al gas empleado por los nazis para exterminar a los judíos más de cuarenta años antes. El ataque contra Halabja hizo ganar a Saddam otro dudoso récord en la desdichada historia de la guerra química. Tras haber sido el primer jefe militar en autorizar el empleo de gas nervioso en el campo de batalla (durante los combates por las islas Majnun), ahora podía arrogarse el mérito de haber sido el primer jefe de Estado que empleaba armas químicas contra su pueblo. El mundo exterior no tenía más remedio que afrontar la realidad de lo que era el Iraq de Saddam Hussein.

A pesar de las agotadoras obligaciones de la guerra, Saddam tuvo tiempo para incluir en su apretada agenda la eliminación de sus enemigos. Contra los chiitas había adoptado salvajes medidas que habían destruido su capacidad para oponerse a su régimen, pero aun así estaba preocupado por las actividades del *ayatollah* Sayyed Mahdi al-Hakim, un respetadísimo e influyente personaje de la iglesia chiita que vivía en Londres con su esposa y sus cuatro hijos. Hakim estaba exiliado en Gran Bretaña desde 1969, cuando había sido acusado de espía por los baasíes y se había visto obligado a huir. El gobierno de Saddam había ejecutado a diecisiete miembros de su familia, hombres y mujeres, jóvenes y ancianos. Durante la guerra había hecho gestiones para unir la oposición iraquí con objeto de intensificar sus esfuerzos destinados a la expulsión de Saddam. Sus actividades llamaron pronto la atención de los infatigables servicios de seguridad del presidente iraquí. A finales de 1987, Hakim recibió una invitación para hablar sobre islamismo en Sudán. Aceptó y llegó el 17 de enero de 1988. Mientras esperaba en el vestíbulo del hotel Hilton de Jartum, tres miembros de un comando terrorista iraquí se acercaron al distinguido personaje. Uno le disparó a quemarropa mientras los otros dos disparaban dos veces al aire. Acto seguido, los tres terroristas salieron tranquilamente del hotel y se dirigieron a un coche con matrícula del cuerpo diplomático, que los trasladó a la embajada iraquí en Jartum. Unos días después volvían a Bagdad.

10. El invasor

Saddam había ganado la guerra y para él eso era lo que contaba. El país estaba prácticamente en bancarrota, su infraestructura en ruinas y la población exhausta a causa de las exigencias del esfuerzo bélico. Pero a Saddam tan sólo le interesaba asegurarse que la victoria le favoreciera. El *arc de triomphe* de Saddam apareció en el centro de Bagdad poco después de que enmudecieron las armas en el frente. Estaba formado por dos pares de enormes espadas cruzadas, sostenidas por unos grandes puños de bronce incrustados en hormigón. Por si había alguna duda acerca de quién había conseguido el triunfo sobre Irán, para modelar los puños que sostenían los sables se utilizaron los del presidente iraquí.[1] A lo largo de la guerra, la maquinaria propagandística bélica de Saddam había tratado de comparar siempre las hazañas del presidente con las de figuras heroicas de la antigüedad. Una vez terminada la guerra, Saddam trató de rendir tributo a esos predecesores ilustres. Organizó ceremonias fúnebres oficiales dedicadas a los restos de los reyes babilonios y construyó nuevas tumbas en sus sepulcros. Al mismo tiempo ordenó una reconstrucción masiva del yacimiento de la antigua Babilonia. Las excavadoras arrasaron secciones completas de las ruinas antiguas, que se sustituyeron por paredes de ladrillos amarillos. Decenas de miles de los ladrillos utilizados llevaban una inscripción especial en la que se recordaba a las generaciones futuras que «la Babilonia de Nabucodonosor fue reconstruida en la era del líder presidente Saddam Hussein».

Pero a pesar de los intentos de Saddam por mostrarse triunfalista, había signos claros de que ocho años de conflicto incesante habían hecho verdadera mella en él. En el mejor de los casos, las paranoias de Saddam habían aumentado considerablemente, y las presiones que la guerra había añadido a su mandato le habían hecho todavía más desconfiado. Aparecía menos en público, y utilizaba a conciencia la red de búnkers y palacios que se había instalado para protegerse de posibles golpes de estado. Inmediatamente después de que se anunciara el alto el fuego, miles de iraquíes tomaron las calles de Bagdad para celebrar el fin de la guerra. Pero Saddam sabía muy bien que esa euforia sería pasajera, y que en breve la gente empezaría a preguntarse cosas acerca del criterio de su presidente, concretamente si los ocho años de sacrificio que acababan de soportar habían merecido la pena. Saddam sospechaba, con razón, que sus colegas políticos y militares tratarían de derrocarlo en breve. Algunos diplomáticos extranjeros que al final de la guerra se hallaban en Bagdad señalaron que Saddam se había vuelto más solitario. No disfrutaba de los frutos de la victoria; más bien se encerró lejos de la vida pública. Tal como comentó un antiguo diplomático: «Después de la guerra había muy pocas muestras triunfalistas en Bagdad.»[2]

Durante las últimas etapas del conflicto, Saddam se había habituado a trasladarse de un palacio presidencial a otro cada pocos días. Todos los palacios se parecían y disponían de su propio huerto, que garantizaba las provisiones. Se reforzaron especialmente los muros de todos para que resistieran un ataque con misiles. Cada uno disponía de su propia unidad de seguridad. No se sabe exactamente cuántos palacios se construyeron durante los años ochenta, pero se sabe que existían por lo menos quince en un radio de cincuenta kilómetros en el norte de Kurdistán, lo cual sirve para que nos hagamos una idea de su preponderancia. Un diplomático occidental que a finales de los ochenta viajó mucho por Iraq contó que prácticamente en todos los lugares que visitaba encontraba enormes fortalezas con elevados muros en construcción, incluso en las zonas más remotas del país. Todos mostraban un diseño parecido; preguntó a la gente de la zona qué eran y le dijeron que centros regionales del gobierno. El diplomático averiguó más tarde que las fortalezas eran en realidad los nuevos palacios de Saddam, lugares donde podía protegerse de sus enemigos. Estos palacios tan bien fortificados, además de servir de santuario al presidente proporcionaban un escondite muy conveniente para ocultar el equipo militar más valiosos de Iraq, especialmente el armamento no convencional. Cada palacio se hallaba unido a otros por medio de distintos sistemas de comunicación. Así, si un sistema fallaba, seguían quedando dos o tres más como mínimo, lo cual hacía posible que el presidente y sus hombres supieran en todo momento lo que estaba ocurriendo en cualquier punto del país.

La reunión de los directores generales de los ministerios clave que Saddam convocó a finales de los ochenta nos ofrece una muestra escalofriante de su estado mental en esa época. Se ordenó a los altos cargos que se reunieran en un lugar determinado a las ocho de la mañana. Al llegar los hicieron subir a un autobús que tenía las ventanillas pintadas de negro. El autobús dio varias vueltas por Bagdad. Cambiaron dos veces de autobús y volvieron a repetir la maniobra. Entonces los llevaron a un palacio situado a las afueras de la ciudad, donde los registraron y les pidieron que vaciaran los bolsillos. Metieron todas sus pertenencias en un sobre con su nombre. Volvieron a subir al autobús y los llevaron a otro palacio, donde volvieron a registrarlos y les hicieron lavarse las manos con desinfectante. Entonces los condujeron a una gran sala y les pidieron que se sentaran; allí sentados, esperaron durante tres horas. Era media tarde ya y no les habían dado nada de comer ni les habían dejado ir al baño. «Simplemente estábamos demasiado asustados como para preguntar —recordaba uno de los asistentes—. Pensábamos que Saddam iba a declarar una nueva guerra o algo así. Todos sus guardaespaldas estaban muy serios.»

Finalmente, alrededor de las seis de la tarde, Saddam entró en la sala, y los funcionarios, como era de esperar, se levantaron y empezaron a aplaudir. Desde una tarima, Saddam hizo un discurso breve y farragoso sobre el estado de la nación y lo importante que era que los miembros del gobierno cumplieran con su deber de forma eficaz. «No dijo nada interesante ni nuevo.» Transcurrida media hora, se fue. Acto seguido, pidieron a los aturdidos funcionarios que formaran una cola junto a la tarima. Mientras lo hacían se dieron cuenta de que a un lado del escenario, sobre una mesa, había grandes montones de dinares iraquíes. Los hicieron subir uno a uno a la tarima y les dieron varios fajos de dinares, cada uno de miles de dólares. Una vez recogido el «regalo» de Saddam, los llevaron a un jardín que había junto al salón, en el que se había intentado preparar un suntuoso festín. El único problema es que no se habían molestado demasiado en la presentación, y las tartas y las gelatinas estaban mezcladas con las piernas de cordero y los pollos rellenos, lo que hacía muy poco apetitoso el banquete. No obstante, los hambrientos funcionarios dieron buena cuenta de las viandas. Luego fueron escoltados hasta el autobús y devueltos al lugar de reunión original, eso sí, dando antes varios rodeos por el camino. «Naturalmente, todos conocíamos el país bastante bien, pero ninguno tenía ni la más remota idea de dónde habíamos estado —declaró uno de los asistentes a la reunión—. El único propósito de la maniobra era la intimidación; Saddam quería recordarnos quién era el jefe. Nos ofreció el dinero y el banquete para mostrarnos cómo seríamos recompensados si hacíamos lo que nos pedía.»[3]

En todo caso, una vez finalizada la guerra la seguridad personal de Saddam aumentó en vez de disminuir. Había calculado que mientras Iraq estuviese en guerra era poco probable que surgiera algún movimiento popular para derrocarlo. Por otro lado, estaba seguro de que habiendo matado al ministro de Salud había dejado claro a sus colaboradores directos que no debían tratar de derrocarlo. Una vez terminada la guerra, Saddam se convenció de que corría peligro, por lo que sus medidas de seguridad se intensificaron. Siguió con la existencia nómada que había emprendido durante el conflicto. El hecho de que los palacios se parecieran los unos a los otros resultaba una gran ventaja. Si concedía una entrevista televisiva, por ejemplo, resultaba imposible deducir su ubicación a partir del telón de fondo. En sus cada vez más escasas apariciones en público, los detalles del acontecimiento tan sólo aparecían en la prensa de Bagdad una vez había tenido lugar. Si sus enemigos querían deshacerse de él, primero debían encontrarlo.

De todos los problemas con que Saddam tuvo que enfrentarse al final de la guerra, el que le causó más quebraderos de cabeza fue la conducta de su propia familia. Durante los años de la guerra, Saddam había conseguido contener las rivalidades existentes entre los distintos clanes de la familia, que siempre estaban forcejeando para conseguir más poder e influencia dentro de la camarilla Tikriti dominante en el gobierno. Las relaciones entre los Ibrahim y los Majid no habían llegado al nivel de la de los Montesco y los Capuleto de *Romeo y Julieta*, pero a Saddam le costó lo suyo arreglar las desavenencias con sus tres hermanastros que la elección del novio para su hija mayor Raghda había provocado (véase cap. 8). Saddam había logrado reconciliarse con la rama Ibrahim de su familia hacia el final de la guerra, y sus tres hermanastros fueron rehabilitados y recibieron cargos de alto rango dentro del régimen. Sabaui ocupó el antiguo cargo de Barzan como jefe del Mujabarat, y Watban fue nombrado jefe de la Seguridad Interna del Estado. Barzan permaneció en Ginebra como embajador ante Naciones Unidas.

Sin embargo, Saddam no consiguió tener controlada a su familia durante mucho tiempo. La nueva disputa, que se produjo en octubre de 1988, sólo dos meses después de que se hubo negociado el alto el fuego con Irán, fue a causa de la supuesta infidelidad de Saddam a su mujer Sajida. Durante la guerra, los rumores acerca de las infidelidades de Saddam eran muy corrientes en Bagdad. Se decía que tenía debilidad por las mujeres rubias. Por eso a mediados de los ochenta, y en un intento por evitar que su marido se descarriara, Sajida se tiñó el pelo. Al parecer, Saddam tuvo una aventura con la mujer de un comerciante armenio que vivía en Bagdad, y se supone que otra de sus amantes era hija de un antiguo embajador iraquí. Pero el asunto que provocaría la crisis familiar más importante fue su relación con Samira Shahbandar, la esposa del director general de la compañía aérea iraquí.

No se sabe con certeza cuándo empezó su relación, aunque es posible que se remonte a 1986, período en el que Saddam se encontraba sumido en una lucha por el poder con sus jefes militares y en el que empezaron a manifestarse los primeros indicios de su inestabilidad mental. Samira cumplía todos los requisitos de una amante potencial: era alta, rubia, sabía expresarse, tenía treinta y tantos años y estaba casada. Muchos exiliados iraquíes por entonces estrechamente involucrados con el régimen han afirmado que desde mediados de los ochenta los flirteos de Saddam estaban tan consolidados que seguían un patrón establecido. «Disfrutaba sobre todo cuando tenía una aventura con una mujer casada, porque ésa era su forma de humillar al marido», comentó un oficial que trabajó en el palacio presidencial durante varios años.[4] Se llevaban a la mujer de su domicilio contra su voluntad mientras el marido estaba fuera y la conducían a una casa especial situada en el distrito de Mansur, en Bagdad, cerca del club de caza que había sido el lugar de alterne favorito de Saddam a principios de los setenta. Cuando Saddam había terminado con su cita secreta, la mujer era devuelta a su domicilio, esa misma noche.

Uno de sus guardaespaldas, Kamel Hana Geogeo, que llevaba casi veinte años trabajando para Saddam en un cargo u otro, era el que se encargaba de arreglar la mayoría de sus citas. Geogeo era hijo del chef personal de Saddam, y entre sus obligaciones estaba la de actuar como catador de comida presidencial; Saddam estaba seguro de que el cocinero no envenenaría deliberadamente a su propio hijo. Saddam conoció a Samira por medio de Geogeo. Pero a diferencia de las aventuras anteriores, en esta ocasión Saddam entabló una relación seria con Samira, quien provenía de una familia muy respetada de Bagdad. Sajida, madre de los cinco hijos de Saddam, sabía de los flirteos de su marido, pero sólo intervenía si una de las conquistas parecía amenazar su matrimonio. En tales ocasiones pedía a uno de los hermanastros de Saddam, bien a Barzan o bien a Sabaui, que dirigían las fuerzas de seguridad todopoderosas del país, que intervinieran. En una ocasión, por ejemplo, Barzan arrestó a una de las amantes de Saddam y la mandó al exilio en Turquía.

Cuando Sajida se enteró de que Saddam estaba empezando a encariñarse con Samira, decidió poner fin a la relación. Barzan se hallaba en Ginebra, así que Sajida cometió el error de implorar a su hijo mayor, Uday, que interviniera. Según una versión que circulaba de forma generalizada en esa época por Bagdad, Sajida estaba tan consumida por los celos que estuvo a punto de sufrir una crisis nerviosa. Le dijo a Uday que, a menos que actuara en seguida, Saddam se casaría con Samira y correría el riesgo de verse desheredado. Uday reaccionó como era de esperar. Se enteró de que Geogeo iba a asistir a una fiesta que daba uno de los vicepresidentes iraquíes en la «isla de los Cerdos», ubicada en el centro del Tigris, cerca del palacio presidencial, uno de los lugares preferidos por los habitantes de Bagdad para ir de pícnic. Era una fiesta en honor de la mujer del presidente egipcio Mubarak, una muestra de los intentos de Iraq por mejorar las relaciones con el mundo árabe después de la guerra con Irán. Uday llegó a la fiesta con su guardia personal y fue directo hacia Geogeo, a quien derribó con un solo golpe de garrote. Luego Uday siguió golpeando a la víctima, que yacía inconsciente en el suelo. Geogeo murió más tarde en el hospital.[5]

Hasta entonces Saddam había hecho la vista gorda ante los excesos de sus hijos. Durante la infancia ninguno de ellos había recibido excesiva disciplina. Uday, que en 1984 asumió el control del Comité Olímpico, no había hecho casi nada por ganarse la simpatía de los iraquíes, aunque, al menos para su padre, se estaba preparando para la sucesión. Su única contribución al esfuerzo bélico fue mantener la vida nocturna de Bagdad activa, mientras la mayor parte de los jóvenes iraquíes de su edad se hallaban en el frente. Con frecuencia se veía envuelto en reyertas entre borrachos en los clubes nocturnos. Además, ya se había visto implicado como mínimo en dos asesinatos antes de matar al catador de comida de su padre. Su primera víctima fue un coronel del ejército que se había opuesto a los intentos de Uday de seducir a su hija adolescente. La segunda fue un oficial del ejército que se había ofendido porque Uday intentaba ligar con su mujer en una discoteca de Bagdad.[6] Lo peor es que los anteriores crímenes de Uday habían sido aprobados por su padre, que parecía orgulloso de que su hijo y heredero se hubiese «manchado de sangre».

Saddam se había mostrado comprensivo con los excesos pasados de Uday, pero no estaba preparado para que su hijo se entrometiera en su propia vida amorosa. La muerte de Geogeo lo enfureció, y más tarde denunció públicamente a su hijo por televisión y ordenó que fuera procesado por asesinato. En la prensa árabe empezaron a aparecer artículos escabrosos en los que Saddam iba a casa de su hijo y le propinaba una paliza. Luego, cuando su mujer trataba de defender a su hijo, también le daba una paliza a ella.[7] Otra versión, de un hombre que actuaba como uno de los «dobles» de Uday, afirmaba que a éste le carcomían tanto los remordimientos que se tragó un frasco de somníferos y que lo llevaron al mismo hospital al que habían llevado al malogrado Geogeo. Los médicos le salvaron la vida y, mientras le hacían un lavado de estómago, Saddam entró en la sala de urgencias, apartó a los médicos, y lo abofeteó mientras gritaba: «Tu sangre correrá como la de mi amigo.»[8]

Dada la considerable presión política bajo la que se encontraba Saddam después de la desastrosa guerra contra Irán, el escándalo doméstico causado por el asesinato del degustador de comida presidencial sólo sirvió para hacerle perder aún más popularidad. Consciente de que debía actuar con firmeza si quería tener alguna opción de conservar la reputación de su familia, ordenó que tanto su mujer como Uday desaparecieran de la vida pública. Esto resultó especialmente embarazoso para Sajida, que estaba en Bagdad haciendo de anfitriona en varios actos oficiales en honor de la mujer del presidente Mubarak cuando se produjo el asesinato. Cuando la agasajada fue al aeropuerto de Bagdad para regresar a Egipto, el 21 de octubre, la primera dama iraquí curiosamente no estaba presente en las ceremonias de despedida. Un día después del asesinato, el nombre de Uday desapareció del periódico deportivo local, del que era nominalmente editor jefe. Unos días más tarde fue despojado de sus cargos oficiales de presidente del Comité Olímpico iraquí y de la federación iraquí de fútbol. En una breve nota se decía simplemente que había dimitido «por motivos personales». La dimisión fue especialmente embarazosa en el caso de la federación de fútbol, ya que acababa de ser reelegido por unanimidad por sus miembros —que pertenecían todos al partido Baas— por cuatro años más. También se le pidió que dimitiera del cargo recién adquirido de rector de la Universidad de Ciencias y Tecnología Saddam, de Bagdad.

En principio, Saddam trató de que el escándalo no trascendiera, pero la prensa extranjera empezó a publicar artículos y finalmente se vio obligado a hacerlo público. Uday fue encarcelado y se creó una comisión especial para investigar el crimen. Saddam declaró que, si la comisión demostraba la culpabilidad de Uday, éste debería someterse a un juicio por asesinato. La forma en que se constituyó el tribunal y la presión ambiental que se produjo para conseguir la liberación final de Uday revelan claramente la naturaleza de la política bizantina propia del régimen de Saddam. El juez nombrado para dirigir la investigación, Abdel Wahab Hussein al-Duri, era en realidad primo del vicepresidente del Consejo del Mando Revolucionario, Izzat Ibrahim al-Duri. La comisión lo tuvo fácil, ya que el padre de Geogeo, que después de todo era el cocinero personal de Saddam, pidió que se retiraran todos los cargos. Además, recurrió a la costumbre tribal de apelar a Saddam para que perdonara la vida a Uday. Saddam recibió muchas presiones a favor de Uday por parte de Sajida y de su cuñado, Adnan Jairallah, ministro de Defensa y primo carnal de Saddam. Sajida le recriminó que tuviera que castigar a Uday por haber matado al degustador de comida cuando no había hecho nada en sus asesinatos anteriores. «¿Por qué hay que arrestarlo? —preguntó a su marido—. Después de todo, no es la primera vez que mata a alguien. Ni tampoco es el único de esta familia que ha matado.»⁹ Este último comentario sin duda era una indirecta que hacía referencia a las propias tropelías cometidas por Saddam de joven.

La reticencia de la comisión judicial a disgustar al presidente, junto con la gran presión ejercida por los familiares de Uday, hizo que el caso se abandonara. Saddam siguió furioso con Uday por haber tenido el descaro de entrometerse en su vida amorosa. Mandó a su hijo mayor al exilio en Ginebra junto a su tío político, Barzan al-Tikriti, que seguía enfadado con Saddam porque no había permitido que su hijo se casara con una de sus hijas. El destierro de Uday a Suiza, país que se preciaba de ser civilizado, sin duda pretendía poner freno a sus instintos iracundos. Pero la esperanza de que Ginebra fuera una escuela para su errático hijo duró poco. Los informes sobre el comportamiento de Uday en Bagdad habían llamado la atención de las autoridades suizas. Cuando Barzan y Uday solicitaron sus permisos de residencia como diplomáticos, aprobaron el de Barzan pero postergaron su decisión acerca de Uday. Unas semanas más tarde los suizos solicitaron formalmente a Uday que abandonara el país. A pesar de que su petición para conseguir el estatus diplomático estaba pendiente, se las arregló para meterse en un altercado con un policía suizo y sacó un cuchillo durante una pelea en un restaurante de Ginebra. La partida de Uday fue tan repentina que su avión se cruzó con el de su madre, que no sabía nada de su expulsión y volaba a Suiza para verlo. Él regresó a Bagdad, donde se reconcilió con su padre. Uday recibió el perdón presidencial, fue reelegido unánimemente como presidente del Comité Olímpico iraquí y se le permitió reanudar muchas de sus actividades anteriores. Antiguos oficiales iraquíes que vivirían en el exilio después de la guerra del Golfo contarían que Uday se había convertido en el vivo retrato de su padre. «Es grosero y no siente respeto por nada. Es un fanfarrón y un pendenciero.»¹⁰

Saddam estaba preparado para perdonar a su hijo, pero no se puede decir lo mismo en el caso de su mujer. En primer lugar, Uday había asesinado a Geogeo empujado por los celos de Sajida. Como primera dama iraquí, la propia Sajida era prácticamente inmune a recibir un castigo. Sobre todo desde el instante en que la prensa dejó claro que el responsable del escándalo en último término era Saddam, no su mujer, porque era él quien había tenido una aventura. Como no podía vengarse directamente de su mujer, decidió castigarla tomando medidas contra el hermano de ésta y su amigo de la infancia, Adnan Jairallah.

En 1989, Saddam y Adnan, que habían crecido juntos en la casa de Jairallah Tulfah, en Tikrit, llevaban más de treinta años siendo amigos, compañeros y colegas. Adnan había sido un aliado clave para la ascensión al poder de Saddam. Su nombramiento como ministro de Defensa en 1977 había resultado decisivo para que Saddam pudiera hacerse con la presidencia, porque eso significaba que ya no tendría que vérselas con los mandos militares. Adnan había trabajado en estrecha colaboración con Saddam durante la guerra Irán-Iraq. Al igual que su padre, Jairallah Tulfah, no tenía escrúpulos en aprovecharse de su cargo para su lucro personal. Además de reunir una fortuna gracias a operaciones inmobiliarias junto a su padre, Adnan había estafado millones de dólares en concepto de comisiones en las ventas de armas que había negociado en nombre del gobierno. En 1989, mientras el resto del país sufría todavía la austeridad de los años de guerra, Adnan había adquirido unos quinientos coches para uso personal.

Antes de que el escándalo de Uday se hiciera público, las relaciones entre Saddam y Adnan ya se habían vuelto tensas. Como ministro de Defensa, Adnan había exigido parte de la gloria de la «victoria» sobre Irán, y cada vez veía más claro que él sería el heredero forzoso de Saddam. Pero éste siempre había desconfiado de aquellos colegas que se comportaban como si pudieran desafiarlo. A diferencia de Saddam, Adnan sí que había asistido de joven a la prestigiosa Academia Militar de Bagdad. Y se había ganado la reputación de ser un oficial altamente competente. Adnan, que pertenecía al partido Baas desde hacía mucho tiempo, era cortés y capaz de presentar sus ideas de forma profesional y militar. Antes de convertirse en ministro de Defensa había servido en la X Brigada acorazada iraquí, la «Brigada Dorada». Y a diferencia de la mayor parte de los miembros del régimen, no había estado involucrado en las atrocidades y torturas llevadas a cabo por los oficiales de seguridad de Saddam. Por consiguiente, era popular entre los demás oficiales. Durante la guerra contra Irán, los superiores conocimientos y capacidades militares de Adnan fueron fuente de constante fricción con Saddam. Así, por ejemplo, si un oficial iraquí se retiraba de una batalla, Adnan era capaz de comprender la razón táctica de dicha maniobra. Pero Saddam, que no tenía ninguna preparación militar, interpretaba cada retirada como un signo de cobardía, y pedía que se ejecutara al oficial responsable. Las relaciones entre Saddam y Adnan se habían vuelto tan tensas durante la guerra que Adnan llegó a pensar seriamente en dimitir de su cargo de ministro. Pero su padre, Jairallah Tulfah, que a pesar de estar viejo y débil siguió conservando el estatus de «padrino» extraoficial del régimen hasta que murió en los años noventa, lo convenció para que continuase.

Después de la guerra, a medida que las críticas a la capacidad de liderazgo de Saddam aumentaban, en la prensa árabe empezaron a aparecer artículos en que se sugería que Adnan podía sustituir a Saddam como presidente. El tema de los artículos era siempre parecido: Adnan tenía mejor preparación, era más profesional y más sensato que Saddam, y estaba más capacitado para gobernar el país. Además, Iraq era una nación en la que ya otros oficiales militares triunfadores se habían hecho con el control del gobierno. Los oficiales de inteligencia informaron detalladamente a Saddam sobre los artículos que aparecían en la prensa extranjera, y también del impacto que estaban teniendo en la élite dirigente de Bagdad. Los informes en que se decía que su amigo parecía conocer muy bien a los agentes de la CIA que habían estado en Bagdad durante la guerra y habían proporcionado a Iraq material de inteligencia crucial aumentaron sus sospechas acerca de Adnan.[11]

La gota que colmó el vaso fue la decisión de Adnan de apoyar públicamente a su hermana en la disputa provocada por la amante de su cuñado. Saddam sabía que Adnan, fiel a la tradición, siempre respaldaría a sus parientes sanguíneos. Por otra parte, Adnan, como ministro de Defensa, era también responsable de la protección personal de Saddam. En este sentido, no lo ayudó nada que Saddam tuviese que cancelar las celebraciones del Día de la Armada Iraquí, en enero de 1989 —el primero que se celebraba desde el fin de la guerra—, después de que sus siempre atentos agentes de seguridad descubrieron un complot para matarlo durante el desfile militar. Un grupo de oficiales disidentes, que sin duda seguían furiosos por las chapuzas de Saddam durante la guerra, había planeado atacarlo durante el desfile oficial. Incluso existían indicios de que pilotos rebeldes iban a ametrallar y bombardear el estrado. Aunque el complot se descubrió a tiempo, el hecho de que no se hubiera descubierto antes dejó la impresión de que Adnan no se estaba esforzando demasiado en el cumplimiento de su deber. Saddam no tardó en vengarse. Cuatro meses más tarde, Adnan murió en un accidente de helicóptero. La explicación oficial fue que Adnan, que pilotaba el helicóptero, se desorientó a causa de una tormenta de arena, perdió el control y se estrelló mientras volvía de una visita de inspección en Kurdistán.

Hussein Kamel al-Majid, primo carnal y yerno de Saddam, contó al cabo de unos años la verdad acerca de la muerte de Adnan. Según Hussein Kamel, Adnan había asistido a una reunión familiar cerca de Mosul, en el norte de Iraq, con Saddam y Sajida. Saddam había propuesto el encuentro para intentar subsanar las desavenencias familiares provocadas por el asunto de Uday. Durante la reunión, sin embargo, Saddam y Adnan empezaron a discutir, y Adnan decidió marcharse. Entonces Saddam pidió a Hussein Kamel que «se encargara del asunto». Hussein Kamel admitió haber puesto en el helicóptero de Adnan unos explosivos con temporizador para que explotaran cuando el aparato estuviera en el aire.[12]

El asesinato de Adnan señaló el fin de la relación entre Saddam y su primera mujer. Un poco antes de que Adnan subiera al helicóptero, Sajida tuvo una premonición. Creía que no era seguro que volviera a Bagdad, sobre todo porque estaba oscureciendo. Saddam había tratado de tranquilizarla aduciendo que Adnan debía cumplir con sus obligaciones; la consoló diciendo: «Debemos confiar en que Dios nos protegerá.» Cuando Adnan murió, Sajida sabía perfectamente quién era el responsable de su muerte y juró que jamás volvería a dirigirle la palabra a Saddam. Poco después se acordó la separación oficial de Saddam y Sajida, a la que se concedió el título oficial de «Dama de Damas». Por su parte, Samira, que poco después se convirtió en la segunda esposa de Saddam, adoptó el título de «Primera Dama».

Es indudable que los problemas domésticos de Saddam influyeron en la política que practicó inmediatamente después de la guerra. Para variar, estaba a la defensiva, consciente de que su posición podía sufrir desafíos políticos, tanto desde el seno de la élite dirigente como por parte de los militares. Entre el fin de la guerra contra Irán y 1990 se produjeron varios intentos de acabar con su vida. El primero tuvo lugar en noviembre de 1988 y, presuntamente, incluyó el plan de abatir el avión en el que viajaba a su regreso de una visita oficial a Egipto. El segundo sucedió durante el desfile del Día del Ejército Iraquí. Fue muy preocupante para Saddam, ya que incluyó a oficiales de la Guardia Republicana, la unidad exclusiva formada por sus guardias de seguridad personal. Durante las represalias ejecutaron a decenas, si no centenares, de militares. El tercer intento de golpe de estado fue abortado en setiembre de 1989, en la misma fecha en que el líder iraquí era aclamado como el nuevo Nabucodonosor en la fiesta nacional de la Babilonia reconstruida. En enero de 1990, mientras se desplazaba en coche por Bagdad, Saddam se libró por los pelos de otro intento de asesinato a manos de unos oficiales del ejército.

Consciente de que su popularidad estaba en horas bajas, Saddam inició una *perestroika* a la iraquí, un programa para liberalizar algunas instituciones estatales. Uno de los primeros pasos consistió en celebrar, en abril de 1989, elecciones a la Asamblea Nacional, la institución en mejores condiciones de ofrecer una plataforma realmente democrática de expresión política. Al igual que en comicios anteriores, los servicios de seguridad examinaron minuciosamente a los candidatos. Permitieron que los que no pertenecían al partido Baas se presentasen como «independientes»; un elevado número de los llamados candidatos independientes resultaron elegidos, si bien las autoridades no se mostraron tan dispuestas a dar a conocer el hecho de que habían impedido la participación de los candidatos considerados «peligrosos para el Estado», categoría que abarca una amplia definición. Además de organizar las elecciones, el régimen especificó que, en el futuro, toleraría cierto grado de críticas a los ministros y las políticas del gobierno, si bien recalcó que sólo podrían dirigirlas a los ministros, es decir, a los tecnócratas responsables de administrar el país. El presidente, su familia y otros integrantes del círculo dirigente estaban a salvo de las críticas, lo que fue oportuno a la vista de las bufonadas que algunos de los parientes más testarudos de Saddam realizaban por entonces.

En la Universidad de Bagdad se estableció el «Muro de la Libertad» y se alentó a los alumnos para que expresasen sus quejas. Los medios de comunicación, controlados por el Estado, publicaron una ingente cantidad de artículos que incluían detalles de quejas públicas sobre la vida cotidiana, lo que permitió que Latif Nusseif al-Jasim, ministro de Información y Cultura, declarase sin el menor atisbo de ironía de que «en Iraq no hay censura. A nadie se le pregunta qué escribe. Las únicas limitaciones tienen que ver con las cuestiones de seguridad nacional».[13] Con el fin de demostrar al resto del mundo los cambios que tenían lugar en Iraq, llevaron a un grupo de periodistas occidentales para que fueran testigos directos del «proceso democrático». Saddam también emprendió una ofensiva de seducción dirigida a la prensa árabe y, presumiblemente, los principales jefes de periódicos egipcios invitados a Bagdad recibieron «impresionantes y nuevos Mercedes Benz 230 de color rojo, blanco, azul y beige... Las figuras de menor categoría obtuvieron coches Toyota».[14]

Los intentos de Saddam por liberalizar las instituciones políticas estuvieron acompañados por las purgas sistemáticas de las fuerzas armadas. En 1988, Iraq tenía el cuarto ejército más grande del mundo. El incompetente manejo de la guerra por parte de Saddam y, en concreto, sus intervenciones intempestivas durante la crisis de la península de Fao, a finales de 1986, llevaron a que el alto mando militar pusiera freno a su poder político (véase cap. 9). Evaluado en retrospectiva, era el momento idóneo para que los militares diesen el paso contra Saddam pero, tras más de una década de estrecha supervisión por parte de los agentes de seguridad y por la eficaz red de comisarios del Baas, el estamento militar tenía prácticamente lavado el cerebro ante la posibilidad de mostrar ambiciones políticas. Saddam no había olvidado ni perdonado la humillación sufrida a manos de los mandos militares, pese a que las restricciones que le impusieron contribuyeron a que, a largo plazo, ganaran la guerra.

El descubrimiento de varias tramas militares que, entre 1988 y 1990, se propusieron derrocarlo permitió que Saddam reafirmase su autoridad sobre el estamento militar. Además de ejecutar a los sospechosos de haber participado en los intentos golpistas, otros oficiales perdieron la vida en extrañas circunstancias: en doce meses, más oficiales iraquíes perdieron la vida en accidentes de helicóptero que los que murieron durante los ocho años de guerra contra Irán. Saddam estaba decidido a poner fin a los lazos de camaradería forjados durante el período bélico porque estaba convencido de que, si no eran controlados, constituirían un peligroso desafío a su liderazgo. Por eso la purga de los militares fue brutal. Por ejemplo, el teniente general Omar al-Hazzaa fue condenado a muerte después de que lo sorprendieron criticando al presidente. Saddam ordenó que antes de ejecutarlo le cortaran la lengua; por las dudas, también mandó ejecutar a Faruq, el hijo de Hazzaa. Arrasaron las casas de Hazzaa, y su esposa e hijos acabaron en la calle.

Ni siquiera los oficiales nacidos en la misma provincia que Saddam o directamente relacionados por clan o por matrimonio con el círculo dirigente del presidente quedaron a salvo de la persecución. Valga como ejemplo el tratamiento que Saddam prodigó al general Maher Abdul al-Rashid. No sólo era oriundo de Tikrit, sino que su hija estaba casada con Qusay, el segundo hijo de Saddam. Sin embargo, Rashid había adquirido demasiado poder para el gusto de Saddam, por lo que decidió bajarle los humos. En primer lugar, el hermano de Rashid murió en un extraño accidente. A continuación Rashid se vio obligado a dejar su puesto y acabó prácticamente bajo arresto domiciliario en su finca de las afueras de Tikrit, desplazamiento que le impidió tener contacto con el numeroso grupo de oficiales que le eran leales. Aunque, como ya se ha dicho, Saddam tenía otros motivos para quitar de en medio a su primo Adnan Jairallah, su muerte en la primavera de 1989 en otro accidente de helicóptero encaja con el patrón de purgas que se practicaron en todos los cuerpos de las fuerzas armadas.

Pese a las dificultades que tenía con sus parientes y para meter a los militares en cintura, el mayor desafío de Saddam era, con mucho, el del frente económico. La guerra había causado estragos en la economía iraquí. Al comienzo, Iraq era uno de los países más prósperos del mundo y al terminar la contienda se había convertido en uno de los más arruinados; además de contraer deudas por valor de ochenta mil millones de dólares, se calculó que el coste de la reconstrucción ascendía a doscientos treinta mil millones de dólares. Los trece mil millones de dólares que Iraq ingresaba por el petróleo no cubrían los gastos nacionales y el régimen necesitaba diez mil millones adicionales por año simplemente para equilibrar el presupuesto.[15] Como el régimen de Saddam se apoyaba mucho en el patrocinio, la escasez de fondos en una sociedad orientada hacia el consumo provocó mucho resentimiento y llevó a que se acusara al gobierno de incompetencia. El alcance del endeudamiento de Iraq significó que Saddam tuvo que contar con la buena voluntad de los acreedores, posición que debilitó todavía más su imagen de líder todopoderoso.

En su intento de revivir la economía, Saddam puso en práctica una serie de medidas para acelerar el proceso de liberalización económica iniciado durante la guerra. Anularon el control de precios, fomentaron la actividad empresarial y privatizaron diversas fábricas estatales, así como otros bienes públicos de menor cuantía. La impresión general causada por esos cambios fue la de que Saddam estaba empeñado en desmantelar el amplio sector público iraquí.[16] Concedieron autorizaciones para llevar a cabo proyectos industriales privados, lo que condujo a que el sector privado respondiese de aproximadamente el veinticinco por ciento de las importaciones. El régimen se esforzó por atraer inversiones lucrativas de parte de sus vecinos, los estados del Golfo, ricos en petróleo. Lo único que esos cambios lograron fue la creación de un grupo reducido de empresarios acaudalados, la mayoría de los cuales estaba estrechamente relacionada con el régimen y supo aprovechar las oportunidades que la privatización ofreció.

En lo que se refiere a la mejora de la actividad económica, las reformas de Saddam ejercieron muy poca influencia. Las grandes expectativas despertadas por los cambios sólo estuvieron acompañadas de una inflación galopante, lo que obligó a reintroducir la intervención en los precios. En la primavera de 1989, intentó acusar a los ministros de la zozobra económica del país y defenestró a dos por incompetencia. Dado que el cincuenta por ciento de los ingresos por el petróleo se dedicaban a pagar deudas, la situación económica se deterioró aún más. Saddam se vio obligado a poner en práctica diversas medidas de austeridad, como la reducción de la plantilla de funcionarios y la desmovilización de miles de efectivos de las fuerzas armadas, lo que incrementó el desempleo y acrecentó la sensación de inquietud en el pueblo iraquí. A pesar de todo, los años posbélicos fueron un período de grandiosas ambiciones por parte del régimen baasí. En cierta ocasión, Saddam anunció que construiría en Bagdad una red de metro de categoría mundial, proyecto que ascendía a muchos miles de millones de dólares, y más adelante afirmó que a su alrededor crearía un sistema ferroviario con lo último en tecnología. El único impedimento al inicio de esos proyectos fantásticos fue la falta de fondos. Al fin y al cabo, el país estaba en bancarrota.

Según Saad al-Bazzaz, ex director del principal diario de Bagdad y jefe del ministerio que supervisa la totalidad de los programas de radio y televisión de Iraq, las medidas de liberalización planteadas por Saddam fueron, sobre todo, de cara a la galería. Por ejemplo, en 1989 a Saad lo convocaron repentinamente a presencia de Saddam. Los agentes de seguridad lo trasladaron en coche hasta una gran residencia situada a las afueras de Bagdad. Al llegar lo registraron y lo invitaron a sentarse, donde esperó media hora mientras la gente entraba y salía del despacho presidencial. Cuando le tocó el turno, le entregaron un bloc y un bolígrafo, le recordaron que sólo debía hablar si Saddam se dirigía directamente a él y lo hicieron pasar. Era mediodía y Saddam vestía de uniforme militar. Permaneció sentado ante el escritorio y no se acercó a Bazzaz ni le ofreció la mano. En primer lugar, Saddam se quejó de una comedia egipcia emitida por uno de los canales de televisión iraquíes. «Es absurda y no deberíamos ofrecérsela a nuestro pueblo», opinó. Como correspondía, Bazzaz tomó nota. Por fin Saddam abordó la cuestión que más le preocupaba.

Incluso en la nueva era de liberalización existía la práctica de que diariamente las emisoras de propiedad estatal transmitieran poemas y canciones de alabanza a Saddam. En su mayor parte se trataba de obras de aficionados, escritas por iraquíes cuya admiración por el presidente era notoriamente mayor que su habilidad con la pluma. Aunque esos versos aún se emitían, Bazzaz y los productores habían reducido la cantidad y se habían vuelto más rigurosos a la hora de seleccionarlos. Saddam había reparado en el cambio y comentó espontáneamente: «Tengo entendido que no permites que se emitan algunas canciones que incluyen mi nombre.» Repentinamente el terror paralizó a Bazzaz, que respondió: «Señor presidente, emitiremos las canciones, pero he excluido algunas porque están muy mal escritas. Son pésimas.» La explicación no impresionó a Saddam. El asustado director de programación, que pensaba que se lo llevarían y lo pasarían por las armas, recibió la siguiente respuesta: «Oye, tú no eres juez ni puedes impedir que el pueblo exprese lo que siente por mí.» Bazzaz se limitó a repetir: «Sí, señor», y anotó frenético cuanto el presidente dijo. Saddam continuó con su perorata y dio instrucciones sobre el modo de abordar la prensa y las artes. Horas después autorizaron a Bazzaz a regresar a su lugar de trabajo, donde en el acto anuló la política anterior. Esa misma noche hubo una emisión completa de poemas y canciones dedicados a Saddam.[17]

Inmediatamente después de la guerra contra Irán, otra de las prioridades de Saddam consistió en mejorar la posición internacional de Iraq, sobre todo en los países árabes que habían apoyado su esfuerzo bélico. En febrero de 1989 contribuyó a la creación del Consejo Árabe de Cooperación (ACC), formado por Egipto, Yemen del Norte, Jordania e Iraq. Además de fomentar la cooperación económica, el ACC se proponía presentar un bloque unificado que frenase las pretensiones expansionistas de Irán, fomentara la causa palestina y aislase a Siria, la enemiga jurada de Saddam. La formación del ACC fue bien recibida por Occidente, que percibió un cambio significativo en la posición de Bagdad, sobre todo en lo referente a la cuestión palestina. En este aspecto, la retórica de rechazo de Saddam, anterior a la guerra, disminuyó hasta el extremo de que le atribuyeron haber colaborado en el patrocinio de la histórica declaración de la OLP sobre el derecho a la existencia del Estado de Israel, hecha por Yasser Arafat en Ginebra en diciembre de 1988.

Hacia el final de la guerra con Irán, tanto Occidente como la Unión Soviética y los regímenes árabes más moderados habían apoyado a Iraq, y la amenaza planteada por los *ayatollah* de la línea dura de Teherán significaba que la mayoría de dichos países querían seguir respaldando a Iraq, aunque sólo fuera como bastión contra la expansión del fundamentalismo islámico por todo Oriente Medio. Pese a que casi todas las potencias occidentales estaban dispuestas a continuar los intercambios económicos con Iraq, dos cuestiones impidieron la normalización plena de las relaciones: el sobrecogedor historial de violación de los derechos humanos y el desarrollo ininterrumpido de armas de destrucción masiva.

Al igual que en 1975, cuando el pacto con el sah le permitió lanzar un ataque aplastante contra los kurdos, el alto el fuego de 1988 con Irán le permitió reanudar las hostilidades contra ellos. Un par de meses después del final de la guerra, alrededor de sesenta y cinco aldeas kurdas sufrieron la misma clase de ataque químico que el mes de marzo anterior había diezmado Halabja, ya que Saddam intentó imponer la «solución final» a la molesta cuestión de la independencia kurda. Se calcula que cinco mil personas murieron a causa de los ataques químicos, al tiempo que cien mil huyeron en dirección a las fronteras iraní y turca. En el otoño de 1989, la cantidad de refugiados kurdos en Irán y Turquía ascendía a doscientos cincuenta mil. La persecución de los kurdos provocó quejas internacionales. El comité de relaciones exteriores del Senado estadounidense envió a Peter Galbraith y a Christopher Van Hollen —dos de sus miembros— a examinar la situación del Kurdistán. Cuando en octubre de 1988 comunicaron que Iraq usaba armas químicas como parte de su política para despoblar la región, la reacción del Congreso norteamericano consistió en exigir sanciones. Danielle Mitterrand, esposa del presidente francés, defendió la causa de los kurdos con los auspicios de su asociación France-Libertés y organizó una conferencia sobre los kurdos que se celebró en París en octubre de 1989. Sir Geoffrey Howe, ministro de Exteriores británico, publicó una declaración en la que condenaba el tratamiento que Saddam prodigó a los kurdos.

La preocupación por la violación de los derechos humanos en Iraq se reflejó en las pruebas cada vez más numerosas de que, pese a la peligrosa situación en que se encontraban las finanzas del país, después de la guerra Saddam incrementó el desarrollo de la infraestructura militar en lugar de concentrar los recursos en la reconstrucción civil. En 1989, las importaciones militares iraquíes ascendieron a cinco mil millones de dólares, lo que equivale casi a la mitad de sus ingresos por petróleo. Al final de la guerra se creó un nuevo organismo, la Organización para la Industrialización Militar (MIO), con el fin de supervisar el desarrollo de la industria armamentística nacional. Hussein Kamel al-Majid —el responsable de colocar la bomba en el helicóptero en el que viajaba Adnan Jairallah— asumió la dirección de la MIO y su generoso presupuesto. Saddam sabía, por amarga experiencia, que en tiempos de crisis Iraq no podía confiar en los abastecedores de armas extranjeros, por lo que tomó la determinación de seguir adelante con su plan, concebido a mediados los años setenta, de ser autosuficientes en la fabricación de armas, sobre todo de armas de destrucción masiva.

Al parecer, en este aspecto tuvo mucho éxito, ya que en octubre de 1989 el Washington Institute for Near East Policy, fundación privada dedicada a la investigación, publicó un informe titulado «The Genie Unleashed» («El genio desatado»), que catalogaba la producción de armas químicas y biológicas en Iraq y daba a entender que era posible que Occidente ya hubiese perdido la batalla para frenar la proliferación de dicho armamento. El informe precisaba: «Es significativo que Iraq haya proseguido con sus esfuerzos e incluso los haya expandido desde el cese de los combates con Irán, en julio de 1988»; también añadía que los intentos internacionales de frenar el programa iraquí de armas químicas privándolo de materias primas era cada vez más inútil, pues Iraq estaba a punto de ser autosuficiente. «La disposición de Bagdad a invertir recursos considerables en los programas de armas biológicas y químicas apunta a que sus dirigentes están convencidos de que dichos programas seguirán teniendo una importancia estratégica decisiva.» También había indicios de que el programa de armas biológicas estaba muy avanzado y de que en las instalaciones de Salman Pak, situadas a unos treinta kilómetros al sureste de Bagdad, producían la toxina botulínica. Corría la voz de que en la otra planta biológica importante, la de Samarra, se investigaban las posibles aplicaciones militares de la fiebre tifoidea, el cólera, el ántrax, la tularemia y la encefalitis equina.

En esa fecha se prestó muy poca atención al programa nuclear de Saddam, principalmente porque la mayoría de los expertos creían que el ataque de Israel contra la fábrica de Osirak, en 1981, había destruido las ambiciones nucleares iraquíes. A finales de la década de los ochenta, los servicios de información estadounidenses y británicos llegaron a la conclusión de que Iraq avanzaba con el programa de investigación nuclear, lo que daría como resultado que, a comienzos de los noventa, Bagdad estuviera en condiciones de fabricar la bomba atómica. La confirmación de que Saddam seguía empeñado en que Iraq se convirtiera en la primera superpotencia nuclear del mundo árabe se produjo en 1989, cuando investigadores británicos y estadounidenses descubrieron un plan iraquí para conseguir *krytons*, interruptores de alto voltaje que se emplean como detonadores de armas nucleares.

Los avances del programa de fabricación de armas de destrucción masiva es equiparable al éxito iraquí en el desarrollo de sus propios sistemas de lanzamiento. Gracias a la ayuda egipcia, durante la guerra con Irán los iraquíes lograron desarrollar una versión mejorada del misil Scud-B, de construcción soviética, con un alcance de trescientos kilómetros, lo que le permitía llegar a Irán. Los iraquíes también trabajaban en el desarrollo del Badr-2000, un misil de seiscintos kilómetros de alcance, basado en el Cóndor-2 argentino. Para demostrar su capacidad técnica, en diciembre de 1989 Iraq anunció que había lanzado un cohete de tres fases capaz de colocar un satélite en el espacio, y puesto a prueba dos misiles con un alcance de dos mil kilómetros. El proyecto militar más interesante que emprendieron en ese momento fue el desarrollo de una «superarma» presuntamente capaz de lanzar cabezas de explosivos no convencionales a miles de kilómetros de distancia. El proyecto se interrumpió bruscamente en marzo de 1990 porque el doctor Gerald Bull, el canadiense experto en balística y responsable del diseño de la «superarma», fue asesinado en Bruselas. Se consideró que el Mossad, el servicio de inteligencia israelí, había sido el responsable del crimen, si bien no faltaron otros sospechosos. Varias semanas después, los agentes de aduana británicos confiscaron ocho tubos de acero de gran tamaño destinados a Bagdad y considerados el cañón de la «superarma», mientras que poco después localizaron en Grecia y Turquía otras partes del ingenioso proyecto.

Pese a las pruebas de que Iraq era culpable de graves violaciones de los derechos humanos y del desarrollo de armas de destrucción masiva, en esa coyuntura Occidente no llevó a cabo un intento serio de aislar a Saddam. Mientras los políticos pronunciaban declaraciones que condenaban la actitud de Iraq, los hombres de negocios occidentales recibían activamente estímulos para comerciar con Bagdad. Desde Washington, la administración Reagan siguió bloqueando los intentos del Congreso por emprender acciones contra Bagdad, mientras Tony Newton, ministro de Comercio británico, respondía a las críticas de la actitud de Saddam hacia los kurdos duplicando los créditos de exportaciones británicas a Iraq, que pasaron de 175 millones de libras esterlinas en 1988 a 340 millones en 1989. Cuando en abril de 1989 Saddam celebró una exposición comercial de armamento militar en Bagdad, organizada y presidida por su yerno Hussein Kamel, cientos de empresas occidentales enviaron allí a sus representantes con la esperanza de firmar lucrativos contratos.

Sir Harold Walker, que en febrero de 1991 fue nombrado embajador británico en Iraq, recuerda que recibió instrucciones de mantener en equilibrio las relaciones con Iraq para que las empresas británicas pudieran «hacer buenos negocios». Occidente seguía más preocupado con Irán que con Iraq, y existía la percepción creciente de que Iraq podría convertirse en el factor estabilizador del conflicto entre árabes e israelíes. «Sospecho que la cuestión de los derechos humanos acabó bajo la alfombra. La prioridad fundamental era el comercio», declaró sir Harold.[18] Sin embargo, no resultó fácil mantener contactos diplomáticos con el régimen. A partir de mediados de los ochenta, Saddam decidió no recibir a los embajadores extranjeros para que le presentasen las credenciales, aduciendo que estaba demasiado ocupado con la guerra. La práctica continuó a pesar del cese de las hostilidades y los nuevos embajadores tuvieron que presentarse ante Tariq Aziz, ministro de Asuntos Exteriores, en el palacio presidencial. Walker recuerda que a comienzos de 1991 acudió a palacio, mucho después de que rigiera el alto el fuego con Irán, y que se sorprendió por las medidas de seguridad. Tuvo que pasar varios controles y al llegar al último vio que los guardias llevaban máscaras antigás, como si esperasen que el palacio fuese a sufrir un ataque con armas químicas.

Saddam estaba muy frustrado porque en general tenía la prensa en contra, sobre todo en Occidente. En las contadas ocasiones en que fueron llamados a visitarlo, los embajadores occidentales recibieron una larga lista de quejas sobre el tratamiento informativo que los medios prodigaban a Iraq. El servicio en árabe de la BBC fue una fuente concreta de irritación y los sucesivos embajadores británicos escucharon largas peroratas sobre lo que el presidente consideraba la parcialidad de la BBC hacia Bagdad.[19] Tampoco entendía las protestas internacionales desatadas ante las pruebas de que Iraq empleaba armamento químico contra los kurdos. Descartó las críticas, las consideró una trama «sionista» para desacreditar la «gloriosa victoria» de Iraq sobre Irán e inició una campaña propagandística que pretendía representar el traslado de los kurdos como un acto humanitario. Al complejo persecutorio de Saddam no contribuyeron el derrocamiento y la brutal ejecución, en diciembre de 1989, del dictador rumano Ceausescu. Al igual que el iraquí, Ceausescu fue un déspota cuyo gobierno dependió de la incesante promoción del culto a la personalidad y de la eficacia del aparato de seguridad —la impresionante Securitate adiestrada en Alemania del Este— para mantenerse en el poder. Al igual que Saddam, el rumano se distanció cada vez más de su pueblo y se replegó en el santuario de sus palacios opulentos y fortificados para protegerse de la realidad de un pueblo empobrecido y descontento. Saddam quedó profundamente afectado por el derrocamiento de Ceausescu y ordenó a los jefes de seguridad que estudiasen los vídeos de su muerte para cerciorarse de que no sufría un destino parecido.

Toda esperanza que pudiera albergar de rehabilitarse ante Occidente resultó irrecuperablemente destruida por la forma en que trató a Farzad Bazoft, periodista británico detenido y acusado de espionaje cuando en setiembre de 1989 se dirigía al aeropuerto de Bagdad. Bazoft había nacido en Irán, trabajaba como periodista independiente para el diario londinense *Observer* e investigaba una misteriosa explosión que había tenido lugar en la fábrica militar de Al-Hillah, al sur de Bagdad. La explosión había sido tan violenta que se oyó incluso en la capital y, pese a que Saddam ordenó que la noticia del incidente se mantuviera en secreto, muy pronto se supo que había tenido lugar en una cadena de montaje de misiles.

La explosión mató a muchos técnicos egipcios que trabajaban en el proyecto de fabricación de misiles, considerado de máximo secreto, y Bazoft fue a investigar a Al-Hillah disfrazado de médico indio, con la esperanza de obtener una gran exclusiva. Nada más marcharse de allí, lo detuvieron cuando intentaba salir del país y lo acusaron de espionaje. En la posterior confesión televisiva, claramente realizada bajo coacción, Bazoft admitió que espiaba para Israel. Supuso que con esa confesión lo tratarían con indulgencia, pero Saddam no actúa así. A lo largo de su mandato ha aplicado la táctica de arrancar confesiones falsas con el propósito de justificar la purga de sus adversarios, como demostró en 1979, durante los primeros días de su presidencia, cuando llevó a cabo una purga generalizada en el partido Baas. El 15 de marzo de 1990, tras un día de juicio en el que la fiscalía no encontró pruebas condenatorias, Bazoft fue ejecutado ante un pelotón de fusilamiento.

De los ejemplos de brutalidad perpetrados bajo los auspicios de Saddam desde que los baasíes tomaron el poder en 1968, la ejecución sumaria de Farzad Bazoft fue la que, por fin, llamó la atención de Occidente y desencadenó el análisis profundo de la barbarie del régimen de Saddam. Ya se debiera a que su condición de periodista llamó la atención más que las restantes víctimas de Saddam o porque su ejecución tuvo lugar en un momento en que se expresaba la preocupación internacional por la violación de los derechos humanos y el desarrollo de armas de destrucción masiva por parte de Iraq, lo cierto es que su asesinato legal marcó un momento decisivo en las relaciones de Occidente con Bagdad. La primera ministra británica, Margaret Thatcher, sintetizó perfectamente en 1990 la opinión que Occidente tenía de Iraq bajo la presidencia de Saddam Hussein: «Iraq es un país que no sólo ha utilizado armas químicas en la guerra, sino también contra su pueblo. Saddam Hussein no es sólo un delincuente internacional, sino un perdedor que ha causado inmensos daños tanto a la causa palestina como a los árabes y que, durante más de ocho años, inútilmente ha incorporado una oleada tras otra de jóvenes iraquíes a la guerra contra Irán.»[20]

Con la economía arrasada, los intentos de comprar armas de destrucción masiva sometidos a sabotaje constante y el descubrimiento frecuente de nuevos intentos golpistas, en la primavera de

1990 Saddam estaba a la defensiva. Con la ejecución de Bazoft había calculado que, como en ocasiones pasadas, lanzaría una señal de desafío a sus enemigos potenciales, tanto interiores como extranjeros, en el sentido de que quienes conspiraban en su contra acabarían por pagar el precio más alto. En ese agudo estado paranoico, en el que se convenció realmente de que existía una conspiración internacional para acabar con su régimen, comenzó a evaluar una espectacular y novedosa iniciativa que le permitiría restablecer la economía del país y la confianza popular en su líder.

Durante el primer semestre de 1990, había incrementado la presión diplomática en los estados del Golfo, concretamente en Kuwait y Arabia Saudí, para que contribuyesen a paliar la difícil situación económica iraquí. Desde el final de la guerra con Irán, Iraq había insistido a los líderes del Golfo para que condonasen los cuarenta mil millones de dólares de ayuda financiera que habían prestado a Bagdad. El bajo precio del petróleo a finales de los años ochenta había representado una grave preocupación para los iraquíes, ya que el crudo representaba el 95 por ciento de sus ingresos estatales. En febrero de 1990, durante la cumbre del Consejo Árabe de Cooperación, celebrada en Ammán para conmemorar el primer aniversario de la organización, Saddam prácticamente exigió a los estados del Golfo que resolvieran sus dificultades económicas. Además de una moratoria inmediata sobre los préstamos de guerra, pretendía nuevos préstamos por valor de treinta mil millones de dólares para pagar los trabajos de reconstrucción. Declaró: «Que los estados del Golfo sepan que, si no me dan ese dinero, sabré cómo conseguirlo.»[21]

En la primavera de 1990 aumentaron las tensiones entre Iraq y los estados del Golfo, sobre todo después de que Saddam se convenció de que Israel, con apoyo estadounidense, pretendía atacar las fábricas de armas de destrucción masiva, como había hecho en Osirak en 1981. Los estados del Golfo no hicieron caso de las amenazas de Saddam y continuaron con la política de superar los cupos de producción petrolífera estipulados por la OPEP, lo que sólo sirvió para provocar la deflación del precio internacional del petróleo en el mismo momento en que Saddam no podía permitírselo. En la cumbre árabe reunida en Bagdad en mayo de 1990, presuntamente para evaluar el impacto que la reciente llegada de judíos soviéticos a Israel causaría en la región, Saddam lanzó un ataque directo contra los líderes del Golfo, sobre todo contra los kuwaitíes, que superaban deliberadamente los cupos de la OPEP. Saddam anunció que dicha política equivalía a una declaración de guerra contra Iraq. Los estados del Golfo no se dejaron intimidar. El emir de Kuwait insistió en que no reduciría la producción de petróleo, no condonaría los préstamos hechos a Iraq durante la guerra ni le concedería subvenciones adicionales.

Aunque dirigió sus iras contra los estados del Golfo productores de petróleo, Saddam estaba especialmente molesto con la posición de los kuwaitíes, que, en su opinión, tenían la obligación histórica de apoyar a Bagdad. Desde la creación de Iraq, los sucesivos regímenes se habían quejado de que Kuwait, que en la época otomana había formado parte del distrito administrativo de Basora, se había separado ilegítimamente. Dadas las limitaciones del litoral iraquí en el Golfo, la desarrollada costa kuwaití se miraba con envidia desde Bagdad, sobre todo después del descubrimiento y la explotación de los yacimientos petrolíferos de la región. La demarcación arbitraria de la frontera entre Iraq y Kuwait, trazada por sir Percy Cox en los años veinte, era otro motivo de queja, pues los iraquíes sostenían que permitía injustamente el acceso de los kuwaitíes al lucrativo yacimiento petrolífero de Rumaila.

En diversas ocasiones Iraq había amenazado con emprender acciones contra Kuwait. En 1937, el monarca iraquí Gazi I había desconcertado a los británicos al defender su anexión. En 1961, cuando Gran Bretaña concedió la independencia a Kuwait, el presidente Qassem insistió en que formaba parte inseparable de Iraq, e incluso anunció el nombramiento de un nuevo gobernador iraquí de la «provincia». A principios de los años setenta, la disputa entre Iraq y Kuwait por la islas kuwaitíes de Warbah y Bubiyan acabó en su ocupación por parte de las fuerzas armadas iraquíes. Las islas dominan el estuario que conduce al puerto de Umm Qasr, en el sur de Iraq, y su posesión habría incrementado el litoral iraquí en la costa del Golfo y le habría concedido la posibilidad de contar con un valioso puerto de gran calado en sus aguas. A raíz de la intervención de la Liga Árabe y de Arabia Saudí, finalmente las tropas iraquíes abandonaron las islas, pero Iraq no dejó de reclamarlas.

En su último intento de intimidar a los kuwaitíes, durante el mes de julio —el del vigésimo segundo aniversario de la revolución baasí—, Saddam entregó a Kuwait una lista de exigencias que incluían la estabilización del precio internacional del crudo, la moratoria de los préstamos concedidos a Iraq en tiempos de guerra y la formación de un plan árabe, semejante al plan Marshall, para contribuir al programa iraquí de reconstrucción. Advirtió que, si los kuwaitíes no colaboraban, «no tendremos más opción que recurrir a acciones eficaces con el fin de corregir la situación y garantizar la restitución de nuestros derechos».[22]

El doctor Gazi Algosaibi, diplomático saudí que durante la crisis del verano de 1990 cumplió la función de estrecho asesor del rey Fahd, declaró que el monarca estaba muy afectado por la actitud de Saddam hacia los kuwaitíes y sus restantes vecinos del Golfo. «El rey estaba preocupado por el estado de ánimo de Saddam. Tenía la convicción de que haría algo catastrófico.» Según Algosaibi, ni los saudíes ni los kuwaitíes albergaban esperanzas realistas de que los préstamos de guerra fueran devueltos, pero ambos países consideraban que sentarían un precedente negativo si anunciaban públicamente que los cancelaban. Sin embargo, los saudíes estaban dispuestos a hacer una excepción porque Saddam se mostraba belicoso y tenía a su disposición el ejército más considerable de Oriente Medio, por lo que apremiaron a los kuwaitíes para que siguiesen sus pasos. A lo largo del mes de julio, el rey Fahd estuvo en contacto telefónico continuo con el emir de Kuwait. Al final lo convenció de que aceptara las condiciones de Saddam. El monarca telefoneó a Saddam y le dijo: «Tengo una noticia increíble para ti. El emir ha aceptado todas tus condiciones.» El rey Fahd se llevó una sorpresa porque, en lugar de mostrarse aliviado por la resolución de la crisis, Saddam no pareció entusiasmado con la iniciativa saudí. «En ese momento, el monarca se percató de que Kuwait estaba condenado», declaró Algosaibi.[23]

Es probable que, antes del 18 de julio, fecha en que lanzó el ultimátum, Saddam ya hubiera tomado la decisión de invadir Kuwait. El día 21, tropas iraquíes, unos treinta mil efectivos, comenzaron a desplegarse en las proximidades de la frontera kuwaití. El único motivo que impidió que Iraq llevase a cabo una invasión total del emirato fue el deseo de Saddam de conseguir, como mínimo, el consentimiento tácito de Washington para su aventura. Estaba seguro de que, dado el desmembramiento de la Unión Soviética el año anterior, Estados Unidos era la única potencia capaz de frustrar sus planes. Incluso después de la ejecución de Bazoft, Washington seguía enviando a Bagdad señales contradictorias con respecto a su actitud. Mientras el Senado ejercía presiones para imponer sanciones, el presidente George Bush no dejaba de manifestar interés por cultivar las relaciones bilaterales con Bagdad. En junio, John Kelly, subsecretario de Estado para los asuntos de Oriente Medio, rechazó el intento que el Congreso realizó de imponer sanciones argumentando que esa actitud sería contraproducente para los intereses nacionales de Estados Unidos.

El 25 de julio Saddam convocó a April Glaspie, embajadora de Estados Unidos en Bagdad, para sostener una reunión en el palacio presidencial a la una de la madrugada. Quería ver cómo reaccionaba ante la aventura que pensaba emprender en Kuwait. El mes de febrero anterior, Glaspie ya se había visto involucrada en una confrontación diplomática con Saddam por una emisión de la Voz de América que la había llevado a establecer una comparación directa entre el Iraq de Saddam y la Rumania de Ceausescu: «El éxito del gobierno dictatorial y de la tiranía requiere la existencia de un gran contingente de policía secreta, mientras que el éxito de la democracia exige la abolición de dichas fuerzas.» Glaspie había respondido a las protestas de Saddam pidiendo disculpas y había recalcado que Estados Unidos no tenía intención de entrometerse en las «cuestiones internas del pueblo y el gobierno iraquíes».

En la reunión de julio Saddam dejó claro que la disputa con Kuwait podía desembocar en un conflicto. Acusó a Estados Unidos de apoyar «la guerra económica de Kuwait contra Iraq» en el mismo momento en que debería estar agradecido a Bagdad por haber contenido al Irán fundamentalista. También amenazó a Estados Unidos con represalias terroristas si proseguía con su política hostil hacia Iraq. «Si nos presionan haremos uso de presiones y de la fuerza —declaró Saddam—. No podemos ir a buscarlos a Estados Unidos, pero algunos árabes podrían llegar hasta ustedes.»

Según una transcripción de la conversación mantenida por Glaspie y Saddam, filtrada por los iraquíes y cuya veracidad el

Departamento de Estado jamás negó, en lugar de reaccionar ante la belicosidad de Saddam, la embajadora Glaspie se limitó a responder: «No tenemos opinión sobre los conflictos entre los árabes, sobre disputas como sus divergencias fronterizas con Kuwait.» A continuación felicitó a Saddam por sus «esfuerzos extraordinarios» para reconstruir Iraq después de la guerra contra Irán. Como Saddam insistió en que Estados Unidos apoyaba los intentos kuwaitíes de socavar la economía iraquí, la diplomática respondió: «El presidente Bush es un hombre inteligente y no declarará la guerra económica contra Iraq.» Por último Glaspie añadió que, «de acuerdo con el espíritu de amistad», había recibido instrucciones de averiguar las intenciones de Saddam con respecto a Kuwait, tema que, desde la perspectiva estadounidense, era el objetivo principal de la reunión. Saddam repitió la aseveración de que Kuwait era el agresor porque había reducido deliberadamente el precio del crudo, con lo que amenazaba el sustento de los iraquíes, «afectando incluso la leche que beben nuestros niños, la pensión de la viuda que perdió a su esposo durante la guerra y las de los huérfanos que han perdido a sus padres». Puso fin al encuentro declarando que, si no se llegaba a un acuerdo con Kuwait, «lo lógico es que Iraq no acepte la muerte».

Es evidente que Glaspie salió de la reunión convencida de que Saddam estaba cargado de bravatas y no tenía intención de invadir Kuwait. Cinco días después voló a Estados Unidos para celebrar consultas con el presidente Bush. Al cabo de tres días, Iraq invadió Kuwait. Cuando los iraquíes dieron a conocer en Bagdad los detalles del encuentro de Glaspie con Saddam, la diplomática de carrera —de cuarenta y ocho años y con amplia experiencia en el mundo árabe— fue acusada, en el mejor de los casos, de ingenua y, en el peor, de haber dado «luz verde» a Saddam para la invasión de Kuwait. Ella rechazó esta acusación tajantemente. En una entrevista publicada por el *New York Times* a finales de 1990, Glaspie aseguró: «Evidentemente no pensé, ni nadie imaginó, que los iraquíes invadirían la totalidad de Kuwait. También se equivocaron los kuwaitíes y los saudíes, así como los analistas del mundo occidental.»

Sir Harold Walker, por entonces embajador británico en Iraq, comprendió la posición de Glaspie. En su opinión, en ninguna de las misiones diplomáticas occidentales se tomaron en serio la posición de Saddam. Además, el presidente egipcio Mubarak aseguró personalmente a Washington y Londres que Saddam no tenía intenciones de invadir Kuwait y que la diplomacia árabe resolvería la crisis. «Por ese motivo consideramos que Saddam había emprendido una política arriesgada que acabaría súbitamente con un acuerdo y todos se comportarían como si no hubiera pasado nada», precisó Walker. Cuando Glaspie anunció que se iba de vacaciones, Walker siguió su ejemplo sin dudar un instante.[24]

De todas formas, el comentario de Glaspie, según el cual no creía que Saddam «invadiría la totalidad de Kuwait», resulta curioso. Antes de la invasión iraquí existía la expectativa general de que, si Saddam emprendía acciones militares, las limitaría al yacimiento petrolífero de Rumaila y las islas en litigio. Si hubiese restringido sus actividades a dichas zonas, es improbable que Naciones Unidas hubiera hecho algo más que imponer sanciones o que Estados Unidos hubiese enviado un solo soldado a la región. Pero esa evaluación subestimó totalmente los principios panárabes elementales de la ideología baasí, que aspiran a la erradicación definitiva de las fronteras coloniales impuestas a Oriente Medio a finales de la primera guerra mundial. La invasión de «la totalidad de Kuwait» por parte de Saddam fue un hecho plenamente coherente con la ideología baasí. También fue una política que, al principio, gozó de inmensa popularidad en el seno del pueblo iraquí.

11. El perdedor

A las dos de la madrugada del 2 de agosto de 1990, cien mil soldados iraquíes, respaldados por trescientos tanques, aplastaron a dieciséis mil efectivos del ejército kuwaití y tomaron el control del principado. A diferencia de lo que había ocurrido diez años antes, durante la invasión de Irán, los iraquíes apenas encontraron resistencia. No hallaron oposición en la frontera kuwaití y sólo cuando entraron en Kuwait capital se toparon con un puñado de valientes que intentaron impedirles el avance, pero fueron inmediatamente doblegados por la superior potencia de fuego iraquí. La fuerza aérea kuwaití alzó el vuelo, aunque sólo para trasladar sus cazas a la seguridad de Arabia Saudí, mientras la armada permanecía tranquilamente anclada.

El único contratiempo con que Saddam se topó consistió en que el emir kuwaití y sus ministros lograron escapar gracias a un plan minuciosamente trazado varios meses antes con la ayuda de la CIA. En cuanto entraron en Kuwait, una unidad de élite de la Guardia Republicana iraquí recibió órdenes de dirigirse directamente al palacio de Dasman y apresar a la familia real. Si ese objetivo se hubiera cumplido, al emir le habrían propuesto cooperar con los invasores y ordenar el fin de la resistencia, a cambio de lo cual le habrían perdonado la vida y lo habrían nombrado jefe de un gobierno colaboracionista dirigido desde Bagdad. Si, como se creía, se negaba a cooperar, el emir habría sido ejecutado en palacio. El único miembro de la familia real que permaneció en el país fue el jeque Fahd, hermano del emir y director del equipo kuwaití de fútbol. Permaneció con unos pocos guardias en lo alto de la escalinata de palacio mientras llegaban los primeros iraquíes, a los que intentó cerrar el paso con la pistola desenfundada. Un iraquí le quitó la vida sin darle demasiada importancia.

Al cabo de siete horas la invasión era completa y Kuwait estaba absolutamente bajo control iraquí. El gobierno había huido, al igual que —según se estima— trescientos mil ciudadanos; la resistencia armada había tocado a su fin y el aeropuerto se había cerrado. Saddam tuvo el beneficio añadido de capturar un avión de la British Airways que, sin saber lo que ocurría, aterrizó en Kuwait para repostar en el preciso momento en que comenzaba la invasión. Se trataba de un vuelo de Londres a Nueva Delhi y, pese a que los servicios de información occidentales sabían que Iraq estaba en pleno proceso de invadir Kuwait, a nadie se le ocurrió avisar a la compañía aérea. Cuando el aparato aterrizó en Kuwait, la tripulación y los pasajeros fueron hechos prisioneros y a los hombres se los trasladó a Bagdad con el fin de incorporarlos al escudo humano que Saddam había desplegado para proteger objetivos vitales.

Aunque en un primer momento se sintió eufórico por la toma de Kuwait, la alegría de Saddam fue efímera. Había calculado que, a pesar de que no podía pretender que aplaudieran su jugada, no se toparía con una gran resistencia. Las imágenes tomadas por los satélites espías estadounidenses poco después de la invasión muestran claramente las filas de tanques iraquíes desplegados en la frontera con Arabia Saudí, y uno de los grandes misterios de la invasión de Kuwait consiste en saber por qué Saddam detuvo su avance en el emirato en vez de seguir hacia el sur y tomar los yacimientos petrolíferos de los Emiratos Árabes Unidos. Tal como había demostrado en la guerra con Irán, Saddam no es tácticamente sagaz y la prudencia siempre templa sus actos. Estaba convencido de que April Glaspie le había dado «luz verde» para ocupar Kuwait; una vez cumplida la invasión decidió evaluar la reacción internacional antes de considerar la maniobra siguiente. Por ese motivo, las señales que Bagdad lanzó inmediatamente después de la ocupación resultaron confusas.

Al principio Saddam estableció un «gobierno revolucionario provisional» y dio la impresión de que se retiraría de Kuwait en cuanto satisficiera sus necesidades estratégicas con la anexión de las islas Warbah y Bubiyan y algunos territorios a lo largo de la frontera compartida, incluidos los yacimientos petrolíferos meridionales de Rumaila. De todos modos, es harto improbable que Saddam hubiera analizado realmente la posibilidad de dejar Kuwait capital; aunque hubiese creado un gobierno favorable a los intereses de Bagdad se habría mostrado reacio a abandonar la ciudad. Los apologistas árabes han apuntado que Saddam se habría retirado a tiempo de Kuwait, pero que la intransigente reacción internacional que provocó la invasión lo obligó a anexionarse el emirato. Claro que, dada su trayectoria, no es probable que lo hubieran convencido de que se retirase por su propia voluntad. Históricamente, los iraquíes consideran Kuwait como territorio propio, la «decimonovena» provincia del país, negada por la perfidia de los británicos que en los años veinte del siglo XX establecieron las fronteras de Iraq. En época otomana, Kuwait estuvo bajo el gobierno provincial de Basora y para los iraquíes el control de Kuwait es prácticamente un artículo de fe.

La invasión de Kuwait por parte de Saddam será recordada como uno de los grandes errores militares de la historia moderna. Fue un ataque sin provocación previa a un vecino desprevenido, y por eso recibió tantas condenas. Por su ferocidad despertó un rechazo internacional casi sin precedentes. A las pocas horas de la invasión, el presidente Bush impuso el embargo económico a Iraq y ordenó que el portaaviones *Independence* se trasladara del océano Índico al golfo Pérsico. Los bienes y las propiedades kuwaitíes e iraquíes en entidades bancarias y en empresas estadounidenses quedaron bloqueados y se interrumpieron los movimientos de mercancías y personas de y hacia Iraq. Margaret Thatcher, la primera ministra británica, que el día de la invasión asistía a una conferencia en Aspen (Colorado) encabezada por el presidente Bush, trazó un paralelismo inmediato entre la ocupación de Kuwait por Saddam y la de los Sudetes por Adolf Hitler en los años treinta; también insistió en que la reacción de Gran Bretaña se basase en la política según la cual «nunca hay que seguirle el juego a los agresores».[1] Estados Unidos y la Unión Soviética dieron el insólito paso de emitir una declaración conjunta en la cual rechazaban la invasión. Iraq también fue condenado por Naciones Unidas y la Liga Árabe; el Consejo de Seguridad de la ONU le impuso un embargo comercial y económico total y sus oleoductos de exportación, que atraviesan Turquía y Arabia Saudí, fueron rápidamente bloqueados. Alarmada por el despliegue de unidades blindadas iraquíes en su frontera, Arabia Saudí solicitó ayuda militar a Estados Unidos. Este último, comprometido con la retirada incondicional de Iraq de suelo kuwaití, inició un puente aéreo militar que llevó al despliegue, a lo largo de los seis meses siguientes, de seiscientos mil soldados extranjeros en Arabia Saudí. Desde cualquier perspectiva, la invasión de Kuwait fue un descomunal error de cálculo.

Indudablemente, la solidez de la reacción internacional cogió a Saddam por sorpresa. Aunque sabía que la ocupación de Kuwait despertaría críticas, seguía convencido de que, hasta cierto punto, le resultaría ventajosa. Si se veía obligado a retirarse, sin duda obtendría algunas concesiones, como la condonación de la deuda externa iraquí, el reconocimiento de su reclamación de los yacimientos petrolíferos de Rumaila o de su reivindicación de las disputadas islas Warbah y Bubiyan. Se figuraba que, en el peor de los casos, se resolvería la continuada queja por la insuficiencia de los cincuenta kilómetros de litoral iraquí en el Golfo. Cuando evaluó las opciones, Saddam no tuvo en cuenta una respuesta tan inflexible por parte de Occidente.

Uno de los factores decisivos que jugaron en contra del presidente iraquí fue que, en 1990, la comunidad internacional todavía no había terminado de asumir las realidades políticas del mundo posterior a la guerra fría. La caída del Telón de Acero en el otoño de 1989 liberó a diversos países de Europa Oriental que durante más de cuatro décadas habían estado sometidos por la fuerza al dogma comunista de Moscú. A medida que una tiranía llegaba a su fin en Europa, los dirigentes del mundo libre no estaban dispuestos a ver que otro totalitarismo prosperaba en Oriente Medio.

En su intento de contrarrestar las crecientes críticas internacionales, Saddam afirmó que las tropas iraquíes habían entrado en Kuwait a petición de un movimiento revolucionario que se oponía a la familia regente Al-Sabah, pero esta aseveración no tardó en ser desacreditada por su incapacidad de encontrar kuwaitíes dispuestos a formar un gobierno títere. A pesar de todo, el 4 de agosto los iraquíes insistieron en el establecimiento de un gabinete provisional y tres días después declararon la creación de la República de Kuwait. El 6 de agosto, mientras Washington evaluaba el mejor modo de proteger Arabia Saudí, Joseph Wilson —el encargado de negocios estadounidenses en Bagdad, que desempeñaba la función de embajador en ausencia de Glaspie— celebró una reunión con Saddam, en la que pidió garantías sobre la seguridad de Arabia Saudí. Saddam se las proporcionó de buen grado y solicitó a Wilson que informase a los saudíes de lo siguiente: «No atacaremos a los que no nos ataquen; no haremos daño a los que no nos hagan daño.»

En un discurso televisado a la nación, el 7 de agosto el presidente Bush anunció que la 82.ª División Aerotransportada sería enviada a Arabia Saudí. Fue el inicio de la operación Tormenta del Desierto, el mayor despliegue de tropas estadounidenses más allá de sus fronteras desde la guerra de Vietnam. Bush pronunció un discurso inflexible. Acusó a Saddam de haber cometido un «acto de agresión escandaloso y brutal». Se hizo eco de los sentimientos expresados por Margaret Thatcher y, de forma indirecta, comparó a Saddam con Hitler. «Seguirle el juego no da resultado —declaró—. Tal como ocurrió en los años treinta, en Saddam vemos a un dictador agresivo que amenaza a sus vecinos.» La consecuencia directa consistió en que, si Occidente no intervenía para expulsarlo de Kuwait, a la larga Saddam asumiría el control del Golfo y, con él, de más del cincuenta por ciento de las reservas petrolíferas mundiales. A continuación Bush enumeró los cuatro principios rectores que apuntalaron su política a lo largo de los seis meses siguientes: 1) la retirada inmediata e incondicional de todas las fuerzas iraquíes de Kuwait; 2) el restablecimiento del gobierno kuwaití legítimo; 3) la reafirmación del compromiso estadounidense en el Golfo, y 4) la decisión de Estados Unidos de proteger la vida de sus ciudadanos. La respuesta de Saddam, al día siguiente, consistió en proclamar la anexión de Kuwait, la primera de un estado soberano desde la segunda guerra mundial. El 8 de agosto, el Consejo del Mando Revolucionario selló el retorno «de la rama, Kuwait, a la raíz, Iraq»; tres semanas después, el 28 de agosto, Kuwait se convirtió oficialmente en la decimonovena provincia de Iraq. El anuncio de «una fusión amplia y eterna», según la descripción iraquí, resultó otro grave error táctico por parte de Saddam. Incluso Yemen y Cuba, sus presuntos aliados en el Consejo de Seguridad, tuvieron dificultades para defender esos actos.

Durante el otoño de 1990 y a medida que asimilaba las ramificaciones de su política en Kuwait, Saddam tomó una serie de iniciativas diplomáticas desesperadas cuyo único rasgo común consistía en garantizar su supervivencia. Nombró gobernador de Kuwait a su primo Alí Hassan al-Majid, el responsable de haber asfixiado con gas a los kurdos en Halabja en 1988, y consagró sus energías a librarse del embrollo kuwaití al tiempo que, al menos en el mundo árabe, mantenía su fama de defensor del nacionalismo árabe. Desde el primer momento, Saddam contó con algunos aliados sorprendentes, como el rey Hussein de Jordania, que en sus discusiones con Londres y Washington insistió en que la crisis kuwaití era un problema árabe y que lo mejor era que lo resolviesen los árabes. También dispuso del apoyo de la OLP de Yasser Arafat, evolución sorprendente si tenemos en cuenta que, con anterioridad, Saddam había dedicado muchos esfuerzos a destruir la base del poder de Arafat. Con el oportunismo que lo caracteriza, Arafat calculó, erróneamente, que la nueva posición de Saddam como adalid indiscutible del nacionalismo árabe fortalecería su posición con respecto a Israel.

Saddam intentó vincular la cuestión kuwaití con el conflicto entre árabes e israelíes. En los meses que precedieron la invasión llegó al convencimiento de que Israel planificaba un ataque a la infraestructura militar iraquí. Su propensión a las teorías conspiratorias lo llevó a sacar la conclusión de que Estados Unidos alentaba a Israel para que atacase, al tiempo que azuzaba a los kuwaitíes con el fin de que socavaran la economía iraquí. Saddam manifestó esa sinuosa teoría de la duplicidad estadounidense a Joseph Wilson, el encargado de negocios de Estados Unidos, en el encuentro que mantuvieron a principios de agosto. A lo largo de los meses siguientes, gran parte de la retórica procedente de Bagdad intentó relacionar la ocupación iraquí de Kuwait con la liberación de Jerusalén. De acuerdo con esa argumentación, al anexionarse Kuwait, el líder iraquí cumplía con «un objetivo muy querido por los árabes... rectificar lo que el colonialismo ha impuesto a nuestro país».[2] Sin embargo, a ese acto noble se oponían el «imperialista» Estados Unidos que, apoyado por su aliado Israel, pretendía mantener su dominio en la región e impedir que los árabes hiciesen valer sus legítimos derechos. El 12 de agosto, Saddam planteó su iniciativa de paz, en la que daba a entender que Iraq sólo se retiraría de Kuwait una vez liberada la totalidad de los territorios ocupados en Oriente Medio. Israel debía retirarse de las tierras árabes ocupadas en Palestina, Siria y Líbano, a la vez que Siria abandonaba el Líbano. Aunque Occidente rechazó su propuesta de paz, el intento de vincular su difícil situación con la cuestión palestina tuvo cierto éxito. En setiembre diversos políticos de Estados Unidos, Gran Bretaña y Francia realizaron declaraciones a favor de la convocatoria de una conferencia de paz en Oriente Medio para resolver la cuestión árabe-israelí, siempre y cuando Iraq se retirara previamente de Kuwait.

Otra táctica empleada por Saddam consistió en aprovecharse de las diferencias de opinión que existían entre los miembros de la coalición internacional que se formó contra él. Hacía casi veinte años, cuando había elucubrado la nacionalización del petróleo iraquí, Saddam se había vuelto experto en agudizar las rivalidades entre las grandes potencias. En los años setenta había establecido alianzas fructíferas con la Unión Soviética y Francia para garantizar el éxito de su programa de nacionalización del petróleo y en el otoño de 1990 siguió un orden del día diplomático parecido con la esperanza de malograr la campaña, dirigida por Estados Unidos, para expulsarlo de Kuwait. Desde el comienzo de la crisis, el dirigente soviético Mijáil Gorbachov había dedicado grandes esfuerzos a tratar de encontrar una solución no militar. Yevgeny Primakov, enviado especial de Gorbachov y antiguo experto del KGB en Oriente Medio, fue de los primeros conversos a la idea de la vinculación entre la cuestión kuwaití y la resolución del conflicto árabe-israelí, por lo que defendió la posibilidad de conceder a Saddam «algo de espacio para maniobrar».[3] El dirigente iraquí también ofreció a los soviéticos, cuya economía estaba al borde del colapso tras setenta años de mala administración comunista, suministros gratuitos de petróleo.

Los franceses, que siguieron valorando su «relación especial» con Bagdad, también fueron cortejados por Saddam. En setiembre el presidente François Mitterrand incomodó a Washington cuando declaró, en el discurso ante la Asamblea General de Naciones Unidas, que reconocía la legitimidad de algunas reclamaciones territoriales de Iraq en Kuwait. A finales de noviembre, Saddam intentó capitalizar lo que consideró las buenas intenciones de Francia hacia su país y liberó a 327 trabajadores franceses que permanecían retenidos como «invitados» desde la invasión de Kuwait. Calculó deliberadamente la puesta en libertad de los rehenes franceses para que coincidiese con la visita a París de James Baker, el secretario de Estado estadounidense, para evaluar la estrategia de la coalición con respecto a Iraq. El gesto de buena voluntad de Saddam despertó inevitablemente las sospechas de que los franceses habían llegado a un acuerdo bilateral con el dirigente iraquí, tal como habían hecho durante las negociaciones para la nacionalización del petróleo. Aunque los galos rechazaron enérgicamente tal sugerencia, los iraquíes filtraron detalles del encuentro secreto celebrado en Túnez entre los respectivos ministros de Asuntos Exteriores.[4] Al dar a conocer los pormenores del acuerdo, Saddam pretendía exacerbar las tensiones existentes entre los miembros de la coalición internacional que se había fraguado para actuar contra Iraq. Lo cierto es que surtió el efecto contrario y que el avergonzado gobierno francés sintió que ya no tenía autoridad moral para poner en cuestión los objetivos de la coalición.

La táctica más atroz aplicada por Saddam para contrarrestar la amenaza de acciones militares por parte de Occidente consistió en el empleo de «escudos humanos» para defender las instalaciones estratégicas. Saddam estaba convencido de que, cuando llegase el momento de sufrir bajas, Occidente no tendría agallas. Lo había dado a entender durante la reunión sostenida en julio con la embajadora Glaspie; al hacer referencia a la elevada cifra de víctimas que Iraq había sufrido en la guerra contra Irán, declaró: «Su sociedad no aceptaría diez mil muertos en una sola batalla.» Saddam también había tomado nota de que, en los años ochenta, varios gobiernos occidentales, Estados Unidos incluido, habían estado dispuestos a negociar acuerdos secretos en su desesperación por garantizar la liberación de los retenidos como rehenes en el Líbano.

En agosto el dirigente iraquí aprobó una orden por la cual todos los trabajadores extranjeros debían permanecer en Iraq hasta que desapareciera la amenaza de acciones militares. Con esa táctica pretendía someter a prueba el temple de los gobiernos que formaban la coalición internacional para liberar Kuwait. La política de los «escudos humanos» de Saddam, nombre con que se conoció, intentaba defender los emplazamientos más sensibles de Iraq. Calculó que no era probable que Occidente bombardease sus instalaciones gubernamentales y militares clave si albergaban grupos de rehenes extranjeros. Sin lugar a dudas, dicha táctica surtió el efecto de convertirlo en el centro de la atención mundial, aunque la intención de aprovechar la publicidad para defender su decisión de invadir Kuwait fracasó estrepitosamente. No tardó en quedar de manifiesto que el destino de los diversos grupos de rehenes dependía exclusivamente de la actitud del gobierno respectivo hacia Saddam. De esa forma los franceses, cuyas autoridades estaban empeñadas en mantener el eje franco-iraquí que tanto había satisfecho sus intereses comerciales, fueron rápidamente liberados en masa. Los británicos, cuya primera ministra Margaret Thatcher era la que más enérgicamente se oponía a apaciguar a Saddam, fueron trasladados de un emplazamiento estratégico iraquí a otro. El momento más repugnante de esta pantomima se produjo cuando Saddam decidió realizar una «visita de buena voluntad» a un grupo de rehenes británicos. Reiteró que su presencia en Iraq era necesaria en pro de la paz; es decir, que mientras estuvieran allí, los aliados no los bombardearían. En cierto momento de la visita, televisada en directo a todo el mundo, Saddam se acercó a Stuart Lockwood, un niño británico de siete años, le acarició la cabeza y le preguntó en árabe: «¿Stuart ha tomado leche hoy?» La expresión aterrorizada del chiquillo se hizo eco de los sentimientos de todos los desgraciados que estaban atrapados en el Iraq de Saddam.

Es posible que a lo largo de los años las tácticas intimidatorias de Saddam lograran aterrorizar a la población iraquí, pero en Occidente sólo sirvieron para que perdiera los apoyos que podría haber tenido. Aun así, la política de «escudos humanos» sirvió para desplazar a un amplio espectro de lumbreras internacionales a Bagdad, algunas de las cuales se solidarizaron, si no con Saddam, sí al menos con su situación. El primer visitante fue Kurt Waldheim, el presidente austríaco que participó en una conferencia de prensa conjunta con Saddam y fue recompensado con la liberación de 140 austríacos retenidos en Iraq y Kuwait. A Waldheim le siguió el reverendo Jesse Jackson, que consiguió la puesta en libertad de todas las mujeres, niños y hombres enfermos estadounidenses. También acudieron el boxeador Muhammad Alí y los ex primeros ministros germanooccidental y británico, Willy Brandt y sir Edward Heath, que regresaron con grupos de rehenes. De todos modos, la política de los rehenes no surtió el efecto deseado en la opinión occidental. En concreto, los gobiernos de Bush y de Thatcher no se apartaron un ápice de su decisión de exigir la retirada incondicional de Kuwait y, a medida que aumentaban las presiones para que el Consejo de Seguridad de la ONU concediera a los aliados el mandato para expulsar a Iraq por la fuerza, fue en aumento la desesperación de Saddam por mostrarse conciliador. Propuso liberar a los rehenes a lo largo de tres meses si Occidente renunciaba a la amenaza de hostilidades. La víspera de la decisiva votación del Consejo de Seguridad, en un intento deliberado de disuadir a Moscú de que apoyase la resolución, el líder iraquí puso en libertad a mil trabajadores soviéticos, pero no sirvió de nada. El 29 de noviembre, el Consejo de Seguridad aprobó la resolución 678, que exigía la retirada incondicional iraquí de Kuwait antes del 15 de enero de 1991 y autorizaba el uso de la fuerza si Iraq no la acataba.

Pese a que mantuvo una postura pública de desafío, la posición de Saddam era cada vez más desesperada. Los medios de comunicación iraquíes transmitían una retórica semejante a la empleada para proclamar su grandeza durante la guerra contra Irán: «Oh, gran Iraq, que bajo la dirección de Saddam Hussein y su excelente manejo del conflicto se mantendrá orgulloso y firme y desafiará a la congregación de malvados y tiranos.»[5] El país, que aún no se había recuperado de los estragos de los ocho años de contienda con Irán, volvía a estar en pie de guerra. Anunciaron la movilización completa de los reservistas y llevaron a cabo denodados esfuerzos para convertir Kuwait en una fortaleza inexpugnable. Aprobaron un decreto por el cual el acaparamiento de alimentos se castigaba con la muerte.

En Kuwait —que en ese momento se denominaba «decimonovena provincia» de Iraq—, el nuevo gobierno provincial iraquí, encabezado por Alí Hassan al-Majid, hizo esfuerzos por extirpar hasta el último indicio de que Kuwait había existido en tanto nación independiente. Cerca de trescientos mil kuwaitíes, casi la tercera parte de la población, habían huido del país, y quienes se quedaron se vieron sometidos a una campaña sistemática de terrorismo. Los agentes de los servicios de información de Saddam convirtieron los sótanos de los palacios abandonados en improvisadas cámaras de tortura. Herramientas de uso corriente, como los tornos y las sierras mecánicas, se adaptaron en tanto instrumentos de tortura, al igual que los cables eléctricos. Cambiaron los nombres de las calles y los residentes se vieron obligados a pedir nuevos documentos de identidad y matrículas de vehículos. Abolieron la diferencia horaria entre Bagdad y Kuwait. Pusieron en vigor un decreto por el cual los kuwaitíes tenían prohibido llevar barba y castigaron a algunos infractores arrancándoles los pelos con pinzas de depilar.[6]

La concesión más humillante que Saddam tuvo que hacer a raíz de la crisis de Kuwait tiene que ver con los términos de la paz ofrecida a Irán. Aunque el alto el fuego estaba en vigor desde 1988, Irán e Iraq no habían firmado un acuerdo de paz definitivo. Puesto que se organizaba una impresionante coalición internacional para expulsarlo de Kuwait, Saddam se percató de que no podía permitirse el lujo de descuidar el frente iraní. Dos semanas después de la invasión de Kuwait, tomó conciencia de que afrontaba una férrea oposición internacional, se puso en contacto con el presidente iraní Alí Akbar Hashemi Rafsanjani y le propuso un tratado de paz definitivo sobre la base del acuerdo que en 1975 había negociado con el sah. Con anterioridad, Saddam había declarado que el Acuerdo de Argel, firmado en 1975, había negado injustamente a Iraq el control de Satt al-Arab, lo que había sido su motivación principal para declarar la guerra a Irán en 1980. Después de librar una de las guerras más sangrientas del siglo XX, Saddam, el vencedor nominal, estaba dispuesto a ceder en todos los puntos decisivos. Una vez más, el acuerdo con Irán puso de manifiesto que la única política que realmente le interesaba era la de garantizar su supervivencia.

Sin duda, ésa fue su prioridad cuando intentó preparar tanto su persona como el régimen para el desafío militar que, casi inevitablemente, lo aguardaba. En un primer momento la actitud con respecto a Kuwait había consistido en buscar una retirada ventajosa, es decir, en términos favorables a Bagdad, como la conservación de las islas en litigio y del yacimiento petrolífero de Rumaila, con un gobierno pro iraquí instaurado en Kuwait capital. El impulso diplomático internacional dado por Washington y Londres en el otoño de 1990 hizo que la perspectiva de semejante solución resultase cada vez más improbable. Como la guerra parecía inevitable, Saddam pasó de la política de la retirada ventajosa a la que podríamos describir como «retirada de supervivencia».[7]

Concentró las energías en la supervivencia del régimen más que en la defensa del país. Alí Hassan al-Majid regresó de Kuwait para contribuir a planificar la defensa del centro baasí. Otro pariente de confianza, Hussein Rashid al-Tikriti, fue ascendido de comandante de la Guardia Republicana y del palacio presidencial a jefe del Estado Mayor. Desplegaron las divisiones de la Guardia Republicana para garantizar que el corazón del régimen —en el centro y el norte de Iraq— permanecía seguro y bloquearon los intentos de invasión desde el sur. Los hermanastros de Saddam —Barzan, Watban y Sabaui— ocupaban puestos claves en los servicios de información y lo protegían de la posibilidad de una rebelión interna. Saddam confiaba en que, con el despliegue de esas fuerzas, podría sobrevivir a cualquier ataque y, si era necesario, estaba dispuesto a sacrificar a sus efectivos en Kuwait para garantizar la seguridad del centro baasí.

A finales de noviembre, Estados Unidos llevó a cabo un último intento de resolver el conflicto por medios diplomáticos. Después de contar con la aprobación de la ONU a la hora de emprender acciones militares, el presidente Bush propuso enviar a James Baker, el secretario de Estado, a Bagdad y recibir a Tariq Aziz en Washington. Aunque Estados Unidos insistió en que buscaba la retirada incondicional iraquí de Kuwait, esta iniciativa inesperada proporcionaba a Saddam una fórmula para salvar las apariencias. El líder iraquí había reclamado negociaciones directas con Washington desde el comienzo de la crisis e interpretó el ofrecimiento de Bush como una concesión a Bagdad. En su intento de sacar provecho de lo que percibió como un ablandamiento de la posición estadounidense, ordenó la liberación de todos los rehenes extranjeros todavía retenidos en Iraq y Kuwait. Pero se equivocó al entender la oferta de Washington de celebrar conversaciones como una señal de debilidad. Esperaba que antes de la retirada le hicieran como mínimo algunas concesiones en Kuwait, como el replanteamiento de las fronteras en favor de Bagdad. Si se replegaba incondicionalmente de Kuwait, resultaría humillado a ojos de los árabes. Llegó a la conclusión de que tanto su posición como sus posibilidades de supervivencia aumentarían mucho si se enfrentaba a la coalición internacional u obtenía concesiones para Iraq. Como Washington rechazó tajantemente la segunda opción, el conflicto armado se volvió inevitable. El dictador no estaba dispuesto a que le dictasen órdenes.

El ataque aliado comenzó el 16 de enero de 1991 y sometió a Iraq a uno de los bombardeos aéreos más intensos que el mundo moderno ha conocido. Durante seis semanas los aparatos aliados atacaron sistemática e impunemente objetivos militares, políticos, estratégicos y económicos, tanto en Iraq como en Kuwait. A pesar de contar con la sexta fuerza aérea del mundo y con un amplio sistema de defensas antiaéreas, Iraq fue incapaz de hacer frente a la impresionante potencia aérea desplegada por los aliados. La fuerza aérea iraquí no intentó desafiar a la aviación aliada, y los aviones que despegaron lo hicieron para escapar a los aeródromos del norte de Iraq.

El plan bélico de la coalición se componía de operaciones de ofensiva aérea, naval y terrestre en cuatro fases que se ejecutarían en el transcurso de un mes. La primera etapa de la operación Tormenta del Desierto, nombre que se asignó a la campaña, se proponía debilitar las defensas iraquíes como preparativo de la ofensiva terrestre para liberar Kuwait. Una vez demostrada la supremacía aérea absoluta, los bombarderos aliados atacaron a voluntad una gran variedad de objetivos. Las primeras incursiones se centraron en las bases de radares y comunicaciones, las estaciones de alarma y las baterías antiaéreas. A continuación llevaron a cabo ataques de precisión con aviones y misiles de crucero, bombardeando objetivos estratégicos como campos de aviación, centros de mando y control, concentraciones de tropas iraquíes tanto en Kuwait como en sus alrededores, refinerías de petróleo iraquíes y baterías de misiles tierra-tierra de largo alcance. Los primeros días, Bagdad sufrió lo más recio del ataque y, cuando salieron de los refugios tras el bombardeo de la primera noche, los iraquíes comprobaron que el palacio presidencial, la sede central del partido Baas y el edificio del Ministerio de Defensa estaban prácticamente destruidos.

A las dos horas del inicio de la ofensiva aliada, Saddam dio a conocer una declaración desafiante en la que informaba al pueblo iraquí de que «la madre de todas las batallas» acababa de comenzar y lo incitaba a estar a la altura de su gloriosa historia. Pocas horas después la televisión iraquí mostró al presidente en una calle de Bagdad, donde una anciana le estrechaba la mano con sumo respeto. Saddam se había ocupado de preparar al pueblo iraquí para la guerra. Habían repartido instrucciones minuciosas para protegerse de los ataques con armas químicas y nucleares. Pidieron a los ciudadanos que taparan las ventanas para que la luz de sus hogares no se filtrase y que en cada apartamento guardaran un botiquín. Individuos e instituciones recibieron órdenes de limpiar los refugios con el fin de que estuvieran listos para su uso inmediato y de almacenar productos del petróleo por si se producía una emergencia. Incluso realizaron simulacros de defensa civil y hasta una evacuación a gran escala de Bagdad, en la que participaron cientos de miles de personas.[8]

Pese a que públicamente adoptó una actitud desafiante, Saddam no se hizo ilusiones con respecto al desafío que lo aguardaba. El conflicto al que se enfrentaba era muy distinto de la guerra contra Irán. Al margen de alguna incursión aérea ocasional y de los misiles disparados contra Bagdad durante la llamada Batalla de las Ciudades, la mayor parte de la población civil iraquí había estado a salvo del conflicto. Es cierto que hubo escasez y que la mayoría de las familias se vieron afectadas por el espantoso ritmo de desgaste en el frente pero, en un sentido amplio, Saddam se ganó el apoyo del pueblo. La confrontación con la impresionante alianza internacional que el presidente Bush había organizado bajo los auspicios de Naciones Unidas era un planteamiento radicalmente distinto. Los aliados disponían de los medios y de la voluntad de trasladar la lucha hasta el corazón mismo de Iraq, y desde el primer disparo Bagdad se vio sometida a intensísimos bombardeos. Cuanto más largo fuese el bombardeo, mayores daños sufriría la infraestructura iraquí. Al fin y al cabo, uno de los motivos principales por los que Saddam había invadido Kuwait consistía en desviar la atención de la espantosa situación económica de Iraq que, a su vez, era consecuencia de los ocho años de guerra con Irán. La operación Tormenta del Desierto sólo empeoraría la situación económica y militar de Iraq, lo que indudablemente tendría repercusiones para Saddam en el mundo posbélico... suponiendo que sobreviviese al enfrentamiento. En consecuencia, desde el comienzo del conflicto intentó involucrar lo antes posible a los aliados en la guerra terrestre. Tal como en julio había explicado a la embajadora Glaspie, tenía la certeza de que las potencias occidentales no soportarían un número elevado de víctimas y confiaba en que, si lograba que los aliados hiciesen participar a las fuerzas de tierra, como mínimo podría infligirles un alto número de muertos. Según su razonamiento, esa situación los obligaría a pedir rápidamente un alto el fuego para regresar a la mesa de negociaciones. Como declaró en otro de sus discursos desafiantes al comienzo del conflicto: «No se derramarán gotas, sino ríos de sangre. Y entonces Bush habrá mentido a Norteamérica, a la opinión pública norteamericana, al pueblo norteamericano y a las instituciones de Estados Unidos.»[9]

El general Wafic al-Samurrai, jefe de los servicios de información militar iraquíes durante la guerra del Golfo y uno de los asesores militares en que Saddam más confiaba,[10] ofreció una idea acerca de cómo discurría el pensamiento de Saddam al inicio de las hostilidades. Explicó que, poco antes del comienzo del ataque aliado, el dirigente convocó en Basora una reunión de generales y perfiló su táctica. Propuso capturar soldados estadounidenses, atarlos a los tanques iraquíes y usarlos como escudos humanos. «Los estadounidenses jamás dispararán contra sus soldados», declaró, triunfal. Saddam había calculado que en los combates capturarían miles de enemigos que podrían utilizar con ese propósito; ello permitiría que sus efectivos avanzasen libremente hasta Arabia Saudí y obligaría a los aliados a retroceder.

Al-Samurrai y el resto de los generales quedaron sobrecogidos por la ingenuidad y la inhumanidad de Saddam. Para empezar, era prácticamente imposible que los iraquíes capturasen soldados aliados, cuyas bases en Arabia Saudí estaban muy bien defendidas. Aunque pudiesen, la idea de usar soldados como escudos humanos repugnó a los militares de profesión. Hacerlo equivalía a violar todas las leyes y acuerdos internacionales, y existía el riesgo de que ofendiese a los aliados tanto como para llevarlos a desquitarse con armas no convencionales. Pese a que los generales sabían que el proyecto era irracional, peligroso e imposible de llevar a la práctica, nadie dijo nada. Asintieron y se limitaron a tomar notas obedientemente. Cuestionar la estrategia de Saddam habría sido lo mismo que reconocer dudas, apocamiento y cobardía. También podría haber significado la degradación y la muerte.

A pesar de todo, la víspera del estallido de las hostilidades, Samurrai consideró que, en su condición de jefe de los servicios de información, tenía el deber de informar al comandante en jefe del grave riesgo que corría con respecto a la coalición de más de treinta naciones que participaban activamente en la operación Tormenta del Desierto. A última hora de la tarde del 14 de enero, el general acudió a una reunión en el despacho de Saddam en el palacio presidencial. Vestido con un elegante traje negro, el mandatario permaneció sentado detrás del escritorio mientras Samurrai hacía un severo análisis de la situación. Aseguró que a Iraq le costaría mucho defenderse del ataque inminente. No habían capturado soldados enemigos ni era probable que lo hicieran. Iraq no estaba adecuadamente equipado para defenderse de la cantidad y variedad de armas de que disponía el enemigo. Era difícil defender las posiciones iraquíes debido a que Saddam se había negado a retirar el grueso de sus fuerzas de Kuwait y hacerlos volver a Iraq, donde podrían resultar más eficaces. Según Samurrai, las fuerzas iraquíes estaban tan diseminadas por el desierto que prácticamente nada impediría que los estadounidenses avanzasen hasta Bagdad. El general mostró fotos y artículos periodísticos que respaldaban su argumentación. Concluyó diciendo que Iraq sólo podía esperar una rápida derrota y que tendría que afrontar la posibilidad de que Irán intentase explotar su debilidad e invadiera el norte del país.

Cuando Samurrai terminó de enumerar su letanía de desastres, Saddam inquirió: «¿Se trata de opiniones personales o de hechos?» Samurrai respondió que era un análisis sopesado a partir de los datos de que disponía. Saddam añadió: «Te daré mi opinión. Irán jamás se entrometerá. Nuestras fuerzas lucharán más de lo que imaginas. Cavarán búnkers y rechazarán los ataques aéreos estadounidenses. Lucharán mucho tiempo y habrá muchas bajas en ambos bandos. Sólo nosotros estamos dispuestos a aceptar víctimas; no sucede lo mismo con los estadounidenses. El pueblo norteamericano es débil. No aceptará la pérdida de grandes cantidades de soldados.»[11] Saddam repetía los mismos argumentos que en el mes de julio anterior había expuesto ante la embajadora Glaspie.

También se plantea la cuestión de saber si, en el caso de que hubiera conseguido involucrar a los aliados en una temprana confrontación terrestre, Saddam habría caído en la tentación de emplear su considerable arsenal de armas de destrucción masiva para causar muchas bajas.[12] El iraquí ya había conquistado la dudosa distinción de ser el primer «mariscal de campo» que utilizaba gases nerviosos en el campo de batalla. Posteriormente se demostró que, en las primeras etapas del conflicto, desplegó cantidades de ántrax, toxina botulínica y agentes de aflatoxina en concentraciones equivalentes a las de las armas biológicas, así como sistemas de lanzamiento en misiles, aunque en líneas generales se reconoce que no se emplearon.[13] La explicación más probable es que, a través de canales diplomáticos, Estados Unidos advirtió a Bagdad que respondería con armas nucleares si Iraq intentaba emplear armas de destrucción masiva. Hussein Kamel al-Majid —yerno de Saddam y jefe del programa iraquí de obtención de armas, que más adelante desertaría a Jordania— lo reconoció cuando la revista *Time* lo entrevistó en setiembre de 1995. Al preguntarle sobre los motivos por los cuales Saddam se había abstenido de emplear las armas no convencionales, Hussein Kamel respondió: «¿Cómo quiere que las utilizara cuando se enfrentaba a todo el planeta? Cualquier error en el empleo de dichas armas habría hecho que las grandes potencias utilizasen armas nucleares, lo que habría significado que Iraq fuera exterminado.»[14]

Hasta ese momento el único país que había asegurado que recurriría a la fuerza de disuasión nuclear si lo atacaban con armas no convencionales era Israel. Durante la concentración militar de la operación Tormenta del Desierto, la maquinaria propagandística de Saddam había acusado a los israelíes de ser el cerebro del ataque aliado contra Iraq. En el discurso que pronunció la mañana de las primeras incursiones aéreas aliadas, Saddam involucró a los israelíes. Cuando se refirió al bombardeo aéreo declaró: «Bush, el seguidor de Satán... él y el sionismo criminal han cometido un delito de traición.» Horas después, los iraquíes acusaron a Arabia Saudí, desde la que se había iniciado la operación, de permitir que Israel desplegase sesenta aviones en el suelo sagrado del Profeta.[15]

Dadas las circunstancias, no resulta sorprendente que Saddam atacase con misiles a Israel. Su estrategia presentaba dos vertientes. En primer lugar, mediante ataques al estado sionista esperaba recabar el apoyo de las masas árabes, que siempre se habían puesto de parte de los dirigentes árabes que se enfrentaban con Israel. En segundo lugar, al dirigir una serie de misiles Scud contra la costa israelí previó su respuesta y calculó que así los aliados se sentirían obligados a lanzar la ofensiva terrestre antes de lo que preveían, ya que deseaban evitar a toda costa que el conflicto se extendiera a otras zonas de Oriente Medio. Los dirigentes de todas las potencias occidentales incluidas en la coalición internacional no querían que el conflicto desembocara en un enfrentamiento entre árabes e israelíes. En consecuencia, cuando en las primeras horas del 18 de enero tres misiles balísticos iraquíes cayeron en Tel Aviv y otros dos golpearon el puerto septentrional de Haifa, hubo una intensa actividad diplomática para convencer al gobierno israelí de que no tomara represalias. Para los judíos no fue una decisión fácil. Por primera vez desde la creación del Estado de Israel, los principales centros de población del país sufrían un ataque militar indiscriminado por parte de un ejército árabe regular. A pesar de todo, Washington convenció al primer ministro Yitzhak Shamir de que, a largo plazo, las ventajas de la moderación superaban el deseo inmediato de venganza. Aunque Saddam siguió lanzando misiles Scud contra Israel, los judíos no entraron en el conflicto.

Fracasado su primer intento de involucrar a los aliados en una ofensiva terrestre, Saddam puso a prueba otras tácticas. A finales de enero incendió varias instalaciones petrolíferas de Kuwait y vertió crudo en el norte del Golfo, con lo que creó la mancha de petróleo más grande del mundo, estimada en 620 km^2. La televisión iraquí mostró a varios pilotos aliados capturados. Casi todos habían sido tratados con dureza y los obligaron a leer guiones preparados que criticaban el esfuerzo bélico aliado. En lugar de acelerar el inicio de la ofensiva terrestre prematura, esos actos sirvieron para que la opinión pública occidental se sumase al esfuerzo bélico. La barbarie de Saddam provocó llamamientos para que el objetivo de la guerra no sólo abarcara la liberación de Kuwait, sino que incluyese el derrocamiento del líder iraquí. John Major, que había sustituido a Margaret Thatcher como primer ministro poco después del comienzo de las hostilidades, dio a entender que tras la contienda Saddam podría ser juzgado por crímenes de guerra si seguía mostrando un comportamiento «inhumano e ilegal».

A pesar de los contratiempos, Saddam parecía confiar en que, en última instancia, se saldría con la suya. El 20 de enero lanzó la siguiente advertencia: «De momento nuestras fuerzas terrestres no han entrado en combate... Cuando la batalla se generalice e incluya toda clase de armas, con ayuda de Dios, las muertes del bando aliado aumentarán. Los infieles se retirarán cuando la muerte y los muertos se apilen sobre ellos.»[16] Pocos días después el mandatario iraquí se mostró relajado y seguro en la entrevista que le hizo Peter Arnett, corresponsal de Cable News Network. Declaró que Iraq había logrado mantener el «equilibrio» empleando únicamente armas convencionales y que era indudable que, «con sus proezas en combate, conquistaría la admiración del mundo». Cuando le preguntaron si tenía alguna duda acerca de que Iraq ganaría la guerra, replicó: «Absolutamente ninguna.» Saddam también planteó la cuestión de las armas no convencionales y declaró que Iraq estaba en condiciones de utilizar armas químicas, biológicas y nucleares. Afirmó: «Pido a Dios no verme obligado a utilizar dichas armas, pero no vacilaré en hacerlo si se plantea la necesidad.»[17]

Pese a sus bravatas públicas, Saddam se sentía cada vez más frustrado por el rumbo de la guerra. La intensidad de los bombardeos se cobraba su precio en el país. Como los aviones aliados tenían libertad para elegir los objetivos a voluntad, a finales de enero los cuatro principales reactores iraquíes destinados a la investigación nuclear fueron destruidos, y las instalaciones de armas químicas y biológicas resultaron seriamente dañadas. La infraestructura económica y estratégica del país estaba devastada y se atacaban carreteras, puentes, centrales eléctricas e instalaciones petrolíferas. Además de verse sometidas a intensos bombardeos, las fuerzas armadas tenían cada vez más dificultades para actuar porque sus sistemas de mando y control habían perdido su operatividad. Su moral tampoco aumentó cuando alrededor de cien aviones de combate y de transporte de la fuerza aérea iraquí —incluidos algunos de los modelos más sofisticados, como el Mig-29 soviético y el Mirage F1 francés— buscaron asilo en Irán. Saddam intentó crear la impresión de que la deserción masiva era una estratagema prevista para proteger una parte de sus mejores aparatos, pero la historia no se sustenta porque, diez años después, todavía seguían en Irán. Lo más probable es que los pilotos quisiesen escapar después del fracasado intento de golpe de estado por parte de la fuerza aérea, provocado por la ejecución sumaria, ordenada por Saddam, de los comandantes de la fuerza y la defensa aéreas por no haber repelido el ataque aliado.

La situación de Saddam era cada vez más desesperada y, en un último intento de provocar a los aliados para que comenzasen las hostilidades terrestres, a finales de enero inició una serie de ataques contra posiciones aliadas. En primer lugar, un reducido contingente iraquí formado por dos batallones de infantería y uno de tanques cruzó la frontera kuwaití y capturó Jafji, ciudad saudí abandonada y situada a unos veinte kilómetros de la frontera. A pesar del éxito inicial, el contingente fue rápidamente superado por la potencia de fuego aliada, hubo decenas de muertos y cientos de prisioneros iraquíes. Aun así, Saddam hizo gala de una suerte de victoria, ya que sus tropas habían demostrado su capacidad de penetrar las líneas enemigas. Varios días después, en la ciudad fronteriza kuwaití de Wafra se concentraron cuatro divisiones mecanizadas iraquíes, con cerca de doscientos cuarenta tanques y sesenta mil soldados. Dichas unidades, que formaban una columna de dieciséis kilómetros de largo, se vieron sometidas a violentos ataques aéreos que se cobraron muchísimas víctimas y obligaron a Saddam a suspender lo que, evidentemente, pretendía ser un segundo ataque contra los aliados. Para irritación del líder iraquí, el presidente Bush consideró que dichas maniobras mostraban su desesperación por entrar en combate terrestre con los aliados antes de que los bombardeos aéreos destruyesen todas sus infraestructuras. El presidente estadounidense declaró que los aliados no se apartarían de su plan de guerra y emprenderían la ofensiva terrestre «cuando se den las condiciones».

En vista de que los aliados no caían en sus múltiples trampas, a Saddam le quedó poco a su favor, salvo su enorme talento para emplear la maquinaria propagandística y representar cada acontecimiento como un triunfo del «heroico presidente». De esta forma, la derrota iraquí en Jafji se trocó en una humillación para los aliados. «Bush intentó evitar que los hombres se encontrasen cara a cara, de uno en uno, y sustituyó dicha confrontación con tecnología que dispara desde lejos.»[18] Los periodistas occidentales fueron invitados a Bagdad para inspeccionar los daños provocados por los ataques aéreos, hecho que inevitablemente afectó a la opinión pública occidental y desató protestas en el mundo árabe. El movimiento antibelicista se mostró particularmente enérgico después de que trece bombarderos estadounidenses destruyeron un refugio antiaéreo en Bagdad y causaron la muerte de trescientos civiles. El rey Hussein de Jordania, habitualmente pro occidental, llegó al extremo de acusar a los aliados de cometer crímenes de guerra. Mientras que la ofensiva aliada resultó indiscutiblemente eficaz a la hora de reducir la capacidad militar de Saddam, el bombardeo diario ejerció una nefasta influencia en la vida cotidiana de los iraquíes. A principios de febrero, tanto en Bagdad como en las principales ciudades ya no había agua corriente ni electricidad. El gobierno anunció la prohibición indefinida de la venta de combustible, lo que produjo el estancamiento del país. Saddam culpó de esas desgracias a los aliados, en vez de achacarlas a su desastroso error de cálculo al invadir Kuwait.

El creciente malestar por el curso de la guerra aérea y la desesperación que Saddam tenía por librarse de una derrota segura dieron pie a que la Unión Soviética emprendiera una iniciativa diplomática con vistas a organizar un alto el fuego. En cuanto comenzaron los combates, Mijáil Gorbachov se mostró impaciente por lograr el alto el fuego y, a mediados de febrero, los iraquíes —que con anterioridad habían desdeñado las propuestas de mediación— declararon que estaban dispuestos a reunirse con Yevgeny Primakov, enviado especial de Gorbachov, que había dedicado gran parte de su trayectoria profesional a desarrollar la especial relación entre Moscú y Bagdad. El 12 de febrero, Primakov llegó a Iraq y se reunió con Saddam; inmediatamente lo llevaron a visitar las zonas de Bagdad dañadas por los bombardeos. El enviado ruso se percató de que Saddam había perdido más de quince kilos desde su último encuentro, celebrado en octubre de 1990. El líder iraquí se mostró relajado y hasta seguro. Para enfatizar su confianza no se reunió con Primakov en su búnker, sino en un hotel del centro de Bagdad, donde el soviético escuchó una perorata en contra de la posición rusa, pronunciada delante de destacados miembros del régimen iraquí. Primakov llegó a la conclusión de que el discurso estaba destinado a los compañeros del Consejo del Mando Revolucionario más que a él, y solicitó un encuentro privado con el dirigente iraquí. Durante la entrevista quedó sorprendido por el pragmatismo de la perspectiva de Saddam, ya que era muy distinta de las bravatas de sus declaraciones públicas. Saddam preguntó: «En el caso de una retirada, ¿los iraquíes que se replieguen serán disparados por la espalda? ¿Cesarán los ataques aéreos? ¿Levantarán las sanciones? ¿Es posible introducir cambios en el gobierno kuwaití [es decir, establecer en Kuwait un gobierno mejor dispuesto hacia Bagdad de lo que lo habían estado los Al-Sabah regentes]?»[19]

Primakov salió de la reunión convencido de que Saddam estaba realmente interesado en la resolución pacífica del conflicto y regresó a Moscú para informar a Gorbachov. Dos días después, el Consejo del Mando Revolucionario dio a conocer en Bagdad una declaración en la que manifestaba que Iraq estaba dispuesto a retirarse, movimiento que fugazmente despertó entusiasmo en los aliados, pues pensaron que, después de todo, podrían evitarse los horrores de una invasión terrestre. Pero no tardó en saberse que Saddam imponía una serie de condiciones para la retirada, como la exigencia de que Israel saliese de Palestina y de las tierras que había ocupado en Líbano y Siria, el levantamiento de todas las sanciones de la ONU contra Iraq y la cancelación de la deuda externa del país, que ascendía a ochenta mil millones de dólares. Sigue siendo un misterio cómo pensaba Saddam que conseguiría la aceptación de algunas de esas condiciones, ya que Primakov había sido muy explícito a la hora de expresarle que los aliados estaban decididos a liberar Kuwait. Sea como fuere, el presidente Bush rechazó la propuesta por considerarla un «cruel engaño» y apeló «a que los militares y el pueblo iraquíes se hagan cargo de la situación y obliguen al dictador Saddam Hussein a marcharse».[20] La invitación de Bush al pueblo iraquí para que adoptase la «opción Ceausescu» no sentó bien a Saddam, que reaccionó reiterando la amenaza de utilizar armas químicas.

Al analizar con los soviéticos las opciones diplomáticas existentes, Saddam pretendía aprovechar las posibles diferencias de opinión en el seno del Consejo de Seguridad de la ONU. Como en el pasado había conseguido apoyo soviético para sus fines, estaba convencido de que había detectado la oportunidad de volver a hacerlo. Lo único que logró fue incomodar a Moscú en el mismo momento en que la Unión Soviética poscomunista tanteaba delicadamente el terreno en el «nuevo orden mundial» autoproclamado por George Bush. Una cosa era que Yevgeny Primakov fuese arengado por Saddam en presencia de otros miembros del gobierno iraquí, y otra muy distinta que Moscú pecara de ingenuidad ante el foro de la opinión internacional. Primakov había dejado claro a Saddam que los estadounidenses iban a por todas y que Bush sólo aceptaría una retirada incondicional. El hecho de que Saddam impusiese tantas condiciones pocos días después de que los rusos hubieron declarado que habían conseguido un avance significativo en Bagdad, llevó a que tanto Saddam como los soviéticos perdieran casi toda su credibilidad.

Aun así, mientras los aliados iniciaban los preparativos finales de la invasión terrestre completa, Saddam realizó un último esfuerzo por evitar el desastre. El 18 de febrero, Tariq Aziz voló a Moscú y aceptó la propuesta soviética de la retirada total e incondicional de Kuwait. Pero, una vez más, la oferta de retirada no fue incondicional. Los iraquíes exigían que se cancelasen todas las resoluciones de la ONU contra su país y se levantaran las sanciones antes de que la retirada fuese completa. A esas alturas parecía indiscutible que Saddam estaba dispuesto a salir de Kuwait y que, en otras circunstancias, la propuesta soviética podría haber servido de base a la solución diplomática. El líder iraquí buscaba una fórmula que le permitiese guardar las apariencias ante el mundo árabe al tiempo que evitaba una derrota catastrófica. Estaba dispuesto a abandonar Kuwait, pero no podía permitirse el lujo de someterse al ultimátum estadounidense. Desde su perspectiva, acatarlo equivalía a firmar su sentencia de muerte. Saddam había mentido tanto desde que, en el verano de 1990, concibió la aventura en Kuwait que ningún líder occidental se tomaba sus palabras al pie de la letra.

Los aliados no querían promesas sino actos y, a menos que Saddam comenzase a retirar materialmente las tropas de Kuwait, estaban decididos a ocuparse personalmente de la tarea.

Sin dejar de lado estas cuestiones, el presidente Bush le concedió una última oportunidad: «La coalición dará a Saddam Hussein hasta el mediodía del sábado [las 20.00 horas iraquíes del sábado 23 de febrero] para que haga lo que debe hacer: emprender la retirada inmediata e incondicional de Kuwait. Debemos saber de forma pública y autorizada que ha aceptado estos términos.»[21] La suerte estaba echada. Saddam dejó que Tariq Aziz continuase con lo que quedaba de la iniciativa diplomática soviética mientras se preparaba para lo inevitable. En previsión de la invasión terrestre, ordenó que las fuerzas de ocupación incendiasen los yacimientos petrolíferos de Kuwait. También llevaron a cabo ejecuciones masivas de prisioneros kuwaitíes.

Saddam no esperó mucho la actuación de los aliados. A las 4.00, hora local del domingo 24 de febrero, Bush anunció que el general Norman Schwarzkopf, comandante en jefe de las fuerzas aliadas en Arabia Saudí, había recibido órdenes de «emplear todas las fuerzas disponibles, incluidas las terrestres, para expulsar al ejército iraquí de Kuwait». A decir verdad, la invasión se convirtió en una derrota absoluta para las fuerzas armadas iraquíes. En menos de cuarenta y ocho horas de combate, la columna vertebral del ejército iraquí se quebró. Lo que el mandatario había pretendido que fuese una impresionante línea de defensa en Kuwait, conocida como «línea Saddam», se partió y se deshizo pocas horas después de iniciada la ofensiva. Tras seis semanas de bombardeos de saturación, las tropas iraquíes no estaban en condiciones de plantar cara y eran tantos los soldados que intentaban rendirse que las tropas aliadas tuvieron dificultades para afrontar la situación. Al final del segundo día, los aliados habían tomado veinte mil prisioneros; se calcula que destruyeron 370 tanques y que siete divisiones del ejército iraquí, equivalentes a unos cien mil efectivos, quedaron fuera de combate.

Al percatarse de que el futuro del régimen corría peligro, Saddam dio órdenes a los comandantes de que «se replieguen de manera organizada a las posiciones ocupadas antes del 1 de agosto de 1990». Aunque los servicios de información presentaron pruebas de que algunas unidades iraquíes de Kuwait habían modificado el rumbo y se dirigían al norte, de regreso a Iraq, Bush se negó a declarar el alto el fuego a menos que, «de forma pública y autorizada», Saddam se comprometiese a una pronta retirada. Ni siquiera en esa etapa del conflicto, con el ejército totalmente derrotado por la superior potencia de fuego de los aliados, fue capaz de emitir una declaración pública en la que, de alguna forma, indicase que se había equivocado al ocupar Kuwait. Desde su perspectiva, era mejor permitir que los aliados destruyesen su ejército que socavar su reputación en tanto «presidente heroico» e infalible. El 26 de febrero anunció que las fuerzas armadas iraquíes completarían la retirada de Kuwait al cabo de veinticuatro horas, y aprovechó la ocasión para exhortar a la nación con el fin de que aplaudiese su heroísmo: «Mis queridos ciudadados, aplaudid vuestras victorias. Os habéis enfrentado con treinta países y con el mal que han traído hasta aquí. Grandiosos iraquíes, habéis hecho frente al mundo entero. Habéis ganado. Sois los vencedores. Qué dulce es la victoria.»[22]

La lucha se prolongó dos días más. Aunque los aliados habían declarado que no atacarían a los soldados desarmados en retirada, siguieron lanzándose contra las unidades armadas de combate que se replegaban y las consecuencias resultaron devastadoras. Antes de que terminase el 26 de febrero el último soldado iraquí abandonaba Kuwait. Los prisioneros de guerra ascendían a cincuenta mil, otras ocho divisiones habían quedado inutilizadas y, según los cálculos, las bajas iraquíes rondaban las ciento cincuenta mil. Con su ejército al borde del colapso, Saddam hizo varios pedidos a Naciones Unidas para que pusiera fin a la lucha a cambio de que Iraq renunciase a la anexión de Kuwait. Sus acercamientos estuvieron acompañados de diversas demandas, como el levantamiento inmediato de las sanciones, que para los miembros de la coalición fueron inaceptables.

El conflicto tocó definitivamente a su fin la mañana del 25 de febrero, cuando el presidente Bush anunció que suspendía las operaciones ofensivas porque había llegado a la conclusión de que ya no podía justificar la continuación de los ataques aliados contra un enemigo indefenso. Bush tomó la decisión después de que los aviones aliados hubieron llevado a cabo un ataque devastador contra un convoy iraquí que se retiraba de Kuwait y se encontraba en la estribación Mitla, cruce decisivo en la carretera de Basora. Creyendo que el convoy estaba formado por una unidad iraquí que intentaba conectar con la Guardia Republicana, los comandantes aliados ordenaron a los aviones estadounidenses que lo destruyeran. El ataque se convirtió en lo que posteriormente un mando estadounidense describió como «cacería de pavos», durante la cual los aviones se alinearon en el cielo kuwaití para atacar al convoy indefenso.[23] Destruyeron cientos de vehículos y provocaron muchas bajas. Como el ataque coincidió con la llegada de los equipos de las televisiones occidentales, que habían acompañado la entrada en Kuwait de las tropas aliadas de liberación, la matanza se retransmitió a todo el mundo.

Este ataque puso literalmente fin a la guerra. Aunque el general Schwarzkopf comentó que las fuerzas aliadas no habrían tenido dificultades para capturar Bagdad, entre los miembros de la coalición la inquietud era creciente ante la posibilidad de continuar la guerra más allá de Kuwait. La opinión pública occidental estaba molesta con la matanza innecesaria y existía el temor de que, si la guerra acababa con tonos amargos, se complicase la situación política posbélica en la región. Por esos motivos el presidente Bush decidió finalizar las operaciones. Declaró: «Kuwait ha sido liberado. El ejército iraquí está vencido. Hemos cumplido nuestros objetivos militares. Se trata de la victoria de todas las naciones de la coalición, de Naciones Unidas, de la humanidad entera y del imperio de la ley.» El anuncio estadounidense fue recibido con gran alivio por Saddam, que respondió dirigiendo un discurso victorioso a su pueblo: «Iraquíes, habéis ganado. Iraq ha triunfado. Iraq ha logrado romper el aura de Estados Unidos, el imperio del mal, el terror y la agresión.»[24]

Dijera lo que dijese Saddam, los aliados habían obtenido una victoria aplastante. En poco más de cien horas, las fuerzas de la coalición capturaron 73 700 km^2 de territorio, incluido el 15 por ciento de Iraq. El ejército iraquí estaba desmembrado; de sus 43 divisiones originales, no más de siete seguían operativas. Los iraquíes sólo fueron conscientes del alcance de la victoria aliada cuando, el 3 de marzo, asistieron a la negociación del alto el fuego en la base aérea de Safwan. Los comandantes iraquíes escucharon asombrados al general Schwarzkopf, que explicó que los aliados habían tomado 58 000 prisioneros y ocupado grandes extensiones de territorio iraquí. Los iraquíes sólo plantearon una petición: que autorizasen el vuelo de sus helicópteros, ya que casi todas las carreteras y los puentes del país estaban destruidos. Schwarzkopf accedió.

En los días inmediatamente posteriores a la derrota, el general Wafic al-Samurrai fue convocado a una reunión con su comandante en jefe que, de manera conveniente, no había estado presente en las negociaciones para el alto el fuego. Saddam trabajaba en un despacho secreto y casi todas las noches de la guerra se había desplazado de una casa a otra de las afueras de Bagdad para librarse de las atenciones de las bombas inteligentes estadounidenses, ya que estaba convencido —y no se equivocaba— de que intentaban acabar con él. Al-Samurrai se sorprendió al ver a un Saddam relajado y extrañamente animado. «General, ¿cuál es tu evaluación?», inquirió el presidente. Samurrai replicó con sequedad: «Creo que se trata de la mayor derrota de la historia militar. Es mayor que la de Jorramshar [la de la guerra entre Irán e Iraq].»[25]

En un primer momento Saddam no respondió. Conocía perfectamente la magnitud de la derrota iraquí. Sabía que sus tropas se habían rendido en masa; conocía la matanza de la estribación Mitla y la devastación provocada por los bombardeos aliados. Aunque hubiera estado de acuerdo con la evaluación del general, Saddam no estaba dispuesto a reconocerlo. En el pasado, como en Jorramshar, había achacado la derrota a los generales y los había castigado, con lo cual causó la impresión de que no era personalmente responsable de los desastres militares. En este caso sabía que la derrota le pertenecía única y exclusivamente a él, pero se trataba de algo que le resultaba imposible admitir. En consecuencia, su respuesta a Samurrai fue corta y precisa: «Es tu opinión.»

12. El superviviente

La mayor amenaza a la supervivencia de Saddam no fue la operación Tormenta del Desierto, sino la posterior rebelión a escala nacional. Por una vez, las florituras retóricas de Saddam tuvieron poco impacto en un país sumido en la más honda desesperación por la catástrofe que le había sido infligida a causa de su insensata aventura kuwaití. Por primera vez en la historia moderna de Iraq, el pueblo se alzó con fuerza contra su despótico dirigente. La primera revuelta se produjo en Basora; a los pocos días, el corazón chiita del sur de Iraq, incluidas las ciudades santas de Najaf y Karbala, se había alzado contra Bagdad. Fueron muchas las ciudades que sucumbieron a los rebeldes; se destruyeron numerosos vehículos blindados y algunas unidades de la Guardia Republicana desertaron. Los combates se extendieron rápidamente a las ciudades vecinas sunitas, y llegaron incluso a Bagdad, donde se informó de intensas refriegas callejeras.

La rebelión tardó poco en extenderse hacia el norte, donde los kurdos, alentados por la revuelta chiita, decidieron aprovechar el derrumbe de la autoridad gubernamental y reivindicar sus derechos nacionales. La revuelta kurda partía de la convicción de contar con el apoyo del gobierno de Bush, ya que éste había expresado su compromiso con la deposición de Saddam y la protección de los kurdos.[1] En quince días, los kurdos habían liberado el 95 por ciento del Kurdistán e invitado a varias facciones de la oposición iraquí a formar un nuevo gobierno. Aunque los líderes de la oposición fueran a menos, en Beirut, el 10 de marzo, se reunieron unos trescientos delegados de veintitrés grupos opositores exiliados, en una tentativa sin precedentes de coordinar una estrategia conjunta contra Saddam.

La rebelión a escala nacional contra el liderazgo del Baas cogió por sorpresa a los dirigentes de la coalición aliada. Durante la operación Tormenta del Desierto, varios dirigentes de la coalición, entre ellos el presidente Bush y el primer ministro británico John Major, habían hecho una llamada al derrocamiento a Saddam. A mediados de febrero, George Bush había hecho un llamamiento explícito al pueblo iraquí para «obligar al dictador Saddam Hussein a dimitir»; por su parte, Major declaraba en el Parlamento que Saddam «podría convertirse en blanco de su propio pueblo».[2] Es más: poco después de que se firmara el alto el fuego, Bush recibió un informe de los servicios de inteligencia con la predicción de que Saddam tardaría como máximo un año en ser depuesto. El único interrogante, en cuanto a la capacidad de supervivencia de Saddam, era si el formidable aparato de seguridad por él creado lograría resistir una insurrección generalizada en un momento en que el país estaba en ruinas.

Aunque los aliados vieran con gran entusiasmo la deposición de Saddam, las revueltas simultáneas de chiitas y kurdos les plantearon un dilema. Por mucho que los dirigentes de la coalición hubieran exhortado a los iraquíes a derrocar a Saddam, no estaban dispuestos a enviar tropas aliadas en apoyo de los rebeldes. La guerra se había hecho partiendo de la base de que se trataba de una campaña militar para liberar Kuwait. El mandato no incluía expulsar a Saddam. Los argumentos desfavorables a una extensión de la operación Tormenta del Desierto para derrocar al régimen fueron expuestos por el *New York Times*, que alegó, entre otras cosas, que si se ampliaban los objetivos bélicos el resultado podrían ser más víctimas aliadas y la desestabilización de la zona, sobre todo si los vecinos de Iraq, como Irán, explotaban la debilidad del gobierno de Bagdad para sus propios fines.[3] Las monarquías del Golfo, obligadas a lidiar con la constante amenaza de los militantes islámicos apoyados por Irán, no veían con buenos ojos la perspectiva de que la influencia iraní se extendiera hacia las regiones chiitas del sur de Iraq. ·

Quien mejor resumió los argumentos contra la intervención fue Richard Cheney, el secretario de Defensa norteamericano, que en el plazo de diez años pasaría a desempeñar un papel clave en la renovación del compromiso estadounidense con la deposición de Saddam. «Si hubiéramos ido a Bagdad y eliminado a Saddam Hussein (suponiendo que lo hubiéramos encontrado), tendríamos que haber empleado muchas fuerzas. No se habría dejado capturar fácilmente. Luego habría sido necesario sustituirlo y tomar una decisión respecto a la forma de gobierno que se instaurase en Iraq. ¿Un gobierno kurdo, uno chiita o uno sunita? ¿Cuántas fuerzas dejar para que se sostenga? ¿Cuántas víctimas asumir en el transcurso de la operación?»[4] Diez años más tarde, al ser elegido vicepresidente junto con el nuevo presidente George W. Bush (hijo del presidente norteamericano que había desatado la operación Tormenta del Desierto), el propio Cheney se vería emplazado a dar respuesta a esas preguntas.

A pesar de que los aliados fueran favorables a un cambio de régimen en Bagdad, sus preferencias se decantaban por una repetición del golpe de estado convencional que históricamente había provocado cambios en el gobierno iraquí, no por una revolución popular llena de peligros. Se desconocía la clase de régimen que sustituiría a los baasíes, y el Departamento de Estado tenía la convicción de que los iraníes tratarían de sacar provecho de los éxitos de los rebeldes, tanto si se trataba de los chiitas del sur de Iraq como de los kurdos del norte. Además, el principal interés de los aliados era controlar el nutrido arsenal iraquí de armas no convencionales, en el que a largo plazo veían una amenaza mayor que Saddam para la zona. La operación Tormenta del Desierto había tenido como telón de fondo las constantes amenazas del régimen iraquí de recurrir a armas no convencionales, armas que Saddam, en parte, ya había empleado contra sus propios compatriotas.

Fue lo que tuvieron en cuenta Estados Unidos, Gran Bretaña y Francia el 3 de abril de 1991, al hacer que se aprobara la resolución 687 de las Naciones Unidas, la más larga en toda la historia de la organización, conocida como «la madre de todas las resoluciones». Aparte de estipular la inviolabilidad de la frontera entre Iraq y Kuwait, cuya demarcación correspondería a una comisión internacional, la resolución exigía que Iraq entregase a Naciones Unidas un informe exhaustivo sobre sus armas e instalaciones químicas y biológicas, sus arsenales y capacidad productiva de misiles balísticos (alcance superior a 150 kilómetros) y todos sus materiales nucleares. A continuación, los iraquíes deberían cooperar plenamente con la destrucción de su arsenal de armas no convencionales. Bagdad debía, por añadidura, facilitar la devolución de todos los bienes kuwaitíes y acceder a una compensación para los individuos y empresas extranjeros que hubieran salido perjudicados de resultas de la ocupación de Kuwait. Se mantendrían en pie todas las sanciones, salvo en lo tocante a «medicamentos y suministros sanitarios». Quedaba estipulado que las sanciones fueran revisadas cada sesenta días, y la conformidad iraquí con las resoluciones de la ONU, sobre todo en lo tocante al programa de desarme, era básica para cualquier decisión de reducir o levantar las sanciones. Mientras tanto, Iraq tendría prohibida la venta de petróleo.

Con Iraq en ruinas y la mitad del país en pleno alzamiento, sometido a las sanciones más severas jamás impuestas por el Consejo de Seguridad, la mayoría de los dirigentes occidentales aceptaba la opinión general de que Saddam tardaría menos de un año en ser apartado del poder. El único inconveniente era que no estaban dispuestos a contribuir a su deposición. El presidente Bush se contentó con hacer declaraciones tan triviales como que «Saddam no puede sobrevivir. La gente está harta de él. Se dan cuenta de lo que es, un dictador brutal».[5] Sin embargo, prestar apoyo a la insurrección que estaban protagonizando chiitas y kurdos ya era otro cantar. Cuando se le preguntaba por las intenciones de Estados Unidos en lo referente a los rebeldes, Marlin Fitzwater, el portavoz de la Casa Blanca, llevaba su falta de definición a extremos casi ingenuos. «No tenemos ninguna intención de implicarnos en los asuntos internos iraquíes. Hemos recibido noticias de que se lucha en Basora y otras ciudades, pero no tenemos claros ni el objetivo ni el alcance de esos combates.» Es evidente que Bush no pensaba permitir que la implicación de las tropas estadounidenses en la vorágine política iraquí empañara su espléndida victoria en Kuwait. Quería acelerar al máximo el regreso de sus tropas.

La forma en que Saddam logró volver en su favor la peligrosa situación a que se enfrentaba en la primavera de 1991 es una demostración de manual de la astucia política y de la habilidad que le habían permitido sobrevivir casi tres décadas como paladín indiscutido de Iraq. Demostró que, cuando se lo desafiaba en su propio terreno, seguía siendo un temible enemigo. A pesar de que hubiera malinterpretado la actitud occidental respecto a Iraq y el régimen baasí durante la fase previa a la invasión de Kuwait, se dio cuenta de que Occidente no tenía ánimos para desplazar los combates a Iraq después de haber liberado Kuwait. Sacó un rápido provecho del cansancio occidental respecto a Oriente Medio, y calculó que, si no daba a los aliados ningún motivo para intervenir en los asuntos internos de Iraq, le resultaría fácil restablecer la autoridad del gobierno. Por eso, a principios de marzo, permitió que su ministro de Asuntos Exteriores, Tariq Aziz, escribiera al secretario general de la ONU informándole de la renuncia de Iraq a la anexión de Kuwait, y accediendo a devolver el fruto del saqueo del país invadido. Aziz acabó por aceptar los términos de la resolución 687 de la ONU, pero la puesta en práctica de esta última no tardaría en responder fielmente a los cálculos de Bagdad sobre la disposición de la coalición (que se estaba disolviendo con la misma velocidad con que se había formado) a recurrir a la fuerza armada para garantizar su cumplimiento.

Tomadas las medidas necesarias para quitarse de encima a la ONU, Saddam realizó algunos ajustes importantes en la estructura del régimen, destinados a consolidar su posición personal y a asegurarse la más absoluta lealtad ante la inminente tarea de eliminar a los chiitas y los kurdos. Su segundo en el Consejo del Mando Revolucionario, Izzat Ibrahim, fue nombrado vicecomandante en jefe de las fuerzas armadas y enviado al sur para supervisar la supresión del alzamiento chiita. El cuñado favorito de Saddam, Hussein Kamel al-Majid, fue designado ministro de Defensa, y Taha Yassin Ramadan, con larga trayectoria como esbirro de Saddam, se convirtió en vicepresidente. Como significativa concesión a los chiitas, Saddam renunció al cargo de primer ministro e hizo que recayera en otro de sus más antiguos compañeros, Saadun Hammadi, destacado chiita (a pesar de que era considerado una persona débil, sin base de poder). Por último, Alí Hassan al-Majid fue nombrado ministro de Interior. Teniendo en cuenta el atroz historial de este último personaje, como responsable de gasear a los kurdos en Halabja pero también, hasta poco tiempo atrás, como brutal gobernador de Kuwait, su nombramiento era una clara señal a los rebeldes de que Saddam no estaba dispuesto a tratarlos con guante de seda. Como tantas veces en el pasado, Saddam se aseguraba de que el destino de los principales dirigentes del movimiento quedara inextricablemente ligado al suyo.

En cuanto a la moral del ejército, profundamente maltrecho, Saddam puso el mayor empeño para mejorarla. Se anunció un aumento en la paga de todos los militares y miembros de las fuerzas de seguridad. Todo oficial cuya lealtad se considerara sospechosa fue objeto de una purga, y se multiplicaron las ejecuciones. La red de comisarios de Saddam había sobrevivido intacta a la guerra. Los relevos fueron muchos entre los principales mandos del ejército, entre ellos el general Wafic al-Samurrai, jefe de la inteligencia militar, sin duda en castigo a su franqueza al exponer sus opiniones sobre las consecuencias militares de la operación Tormenta del Desierto.

La Guardia Republicana fue lanzada contra los rebeldes del sur. Las divisiones que habían sobrevivido a la guerra, entusiasmadas por la nueva estructura de mando y de retribuciones, no veían la hora de redimirse del duro rapapolvo sufrido a manos de los aliados, y se volcaron en su nueva labor con una brutalidad excepcional, incluso para los rigurosos parámetros del régimen baasí. En las ciudades sagradas de Najaf y Karbala fueron arrestados miles de clérigos, y se ejecutó sumariamente a centenares de ellos. Cualquier hombre con turbante o barba que salía a la calle corría el riesgo de ser arrestado y ajusticiado. La gente era atada a los tanques y usada como escudos humanos, mientras se disparaba indiscriminadamente contra mujeres y niños. El partido Baas encargó la realización de una película en que Alí Hassan al-Majid, el nuevo ministro de Interior, aparecía dirigiendo operaciones contra los chiitas. En un momento de la cinta se oye a Majid dando instrucciones a un piloto iraquí de helicóptero que se dispone a atacar a un grupo de rebeldes que defienden un puente: «No vuelvas hasta poder decirme que los has quemado; y si no los has quemado, no vuelvas.»[6] En una secuencia posterior de la película, que fue distribuida por activistas del Baas tras la represión del alzamiento, otro baasí de alto rango, Mohammed Hamza al-Zubeidi, se une a Majid para abofetear y propinar patadas a algunos prisioneros que yacen indefensos en el suelo. «Ejecutemos a algunos para que confiesen los demás», dice Zubeidi, que posteriormente fue ascendido a primer ministro en premio a sus servicios en el sur de Iraq. A continuación se ve a un grupo de prisioneros con caras de miedo y de resignación. Majid fuma como un carretero, mientras va interrogando a los prisioneros. Señalando a uno, comenta: «A éste no lo ejecutéis, que nos servirá.» En el momento en que los corresponsales occidentales tuvieron permiso para visitar la zona, lo que ocurrió después de que la revuelta hubo sido sofocada de raíz, informaron que parecía que en Karbala «hubiera habido un terremoto».[7]

A finales de marzo se desencadenó una gran ofensiva contra los kurdos, y fue cuestión de días que las principales ciudades del Kurdistán sucumbieran a las fuerzas gubernamentales, mientras los kurdos se refugiaban en las montañas en una tentativa desesperada de huir del avance del ejército iraquí. El dominio psicológico de Saddam sobre los kurdos quedó de manifiesto cuando sus fuerzas hicieron cundir un pánico total por el mero hecho de echar harina a varios grupos de refugiados, ya que los civiles, indefensos, creían estar siendo atacados con armas químicas. A principios de abril, los refugiados kurdos concentrados en la frontera kurdoiraní ascendían a un millón; a finales del mismo mes, a más de dos. Se decía que en las regiones montañosas del Kurdistán morían de hambre mil refugiados diarios.

De repente los aliados, que dos meses atrás brindaban por su victoria sobre Saddam, se encontraban con un desastre humanitario del que eran los principales responsables. Incómodos, y apoyándose en la resolución 688 del Consejo de Seguridad de la ONU (que autorizaba la intervención de organizaciones humanitarias en ayuda de los kurdos y prohibía el paso de la aviación iraquí al norte del paralelo 36), lanzaron la operación de ayuda y socorro Provide Comfort, consistente en el reparto de varias toneladas de alimentos, ropa, tiendas y mantas, mediante aviones de transporte y helicópteros. Sin embargo, la campaña de ayuda internacional se vio entorpecida por un hacinamiento espantoso en los campos de refugiados, y por el mal tiempo. La única forma de impedir que la situación alcanzara cotas catastróficas era conseguir que los refugiados pudieran volver a sus casas. A principios de abril, John Major propuso establecer «refugios» para los kurdos, zonas del Kurdistán en que estuvieran protegidos de las fuerzas de Saddam. Al principio, el presidente Bush, cuya principal preocupación era impedir que las tropas norteamericanas se vieran envueltas en la guerra civil iraquí, dio una respuesta tibia a la propuesta, pero a mediados del mismo mes cambió de postura y autorizó a su ejército a crear una serie de lugares seguros en el norte de Iraq, con el fin de facilitar la distribución de comida. A finales de mes se desplegaron casi diez mil soldados estadounidenses, británicos y franceses para supervisar la campaña de ayuda a los kurdos.

Desde el punto de vista de Saddam, sus medidas durante la primavera de 1991 obtuvieron un éxito clamoroso. Había dado pruebas más que suficientes de su astucia táctica, salido victorioso en el aplastamiento de dos rebeliones importantes, y demostrado a los satisfechos dirigentes occidentales que seguía siendo el líder indiscutible de su país. Fue con ese ánimo de confianza que se dispuso a zanjar el siguiente desafío al régimen: la llegada a Iraq, por mandato de la ONU, de varios equipos de inspectores de armamento para desmantelar su arsenal no convencional. En el período inmediatamente posterior a la derrota de Iraq, los miembros del Consejo de Seguridad se pusieron de acuerdo en que había que impedir que Iraq incurriera en futuras agresiones de la misma índole. Aparte de aprobar una serie de resoluciones que le exigían reconocer formalmente la soberanía de Kuwait, y proceder al pago de cuantiosas indemnizaciones de guerra, la ONU ordenó a Saddam que permitiese en todo el territorio iraquí el trabajo de los equipos de inspección que buscarían pruebas de lo que se sospechaba: el desarrollo de armamento nuclear, químico y biológico. Todas las armas que se descubriesen serían eliminadas, al igual que cualquier misil de largo alcance tierra-tierra que quedara. Las sanciones punitivas sólo se levantarían una vez el Consejo de Seguridad se hubiera cerciorado de que Iraq ya no poseía tales instalaciones, había permitido la ubicación de equipos de vigilancia y cumplido las resoluciones de la ONU.

En mayo de 1991, cuando llegó el primer equipo de la UNSCOM (Comisión Especial de Desarme de las Naciones Unidas), Saddam y su gobierno entablaron una campaña sistemática de obstrucción y ocultamiento, con el resultado de que siete años después, cuando partieron los equipos de la UNSCOM, la ONU no supo establecer las características exactas de la capacidad iraquí de fabricar y utilizar armas químicas, biológicas y nucleares. Para Saddam y la camarilla dirigente del Baas, la idea de que unos inspectores extranjeros se entrometieran en los aspectos más delicados del complejo industrial-militar iraquí resultaba odiosa. Después de la guerra, la aquiescencia de los iraquíes a las inspecciones se había hecho a regañadientes y por el único motivo de que Saddam quería dar la impresión de colaborar con la ONU, con el fin de tener las manos libres a la hora de sofocar las revueltas del Kurdistán y el sur de Iraq; pero, aunque superficialmente los iraquíes hubieran accedido a abrir las puertas a los inspectores de armamento, la realidad era muy distinta.

A finales de abril, Tariq Aziz se puso al frente de un comité de emergencia para decidir la mejor manera de desafiar a la ONU. Tenían órdenes de Saddam de salvar el máximo número de armas iraquíes de destrucción masiva.[8] Saddam estaba resuelto a no declarar ningún aspecto de su programa de armas nucleares, que recibía el nombre en clave de PC-3 y que, durante más de una década, se había logrado ocultar a los inspectores que trabajaban para el Organismo Internacional para la Energía Atómica (IAEA). También ordenó que no se facilitaran detalles sobre el programa de armamento biológico. El único armamento no convencional con permiso para salir a la luz sería el químico, debido a que la ONU ya tenía pruebas de su fabricación. Saddam autorizó que se revelara la existencia de un arsenal de agentes químicos y de sistemas para su difusión, pero la consigna era ocultar las vastas instalaciones de investigación y desarrollo en ese ámbito, así como el almacenamiento del arma química más avanzada de Iraq, el VX, que debería serle ocultada por completo a los equipos de inspección. Las cosas estaban claras: el desarme de Saddam sería puro teatro. El comité de Aziz redactó una lista detallada de qué se le podía revelar a la ONU y qué no, y preparó un plan de traslado urgente para dispersar todo el material relacionado con armas que no debiera ser entregado a la ONU. El comité llegó al extremo de prepararse para el trato con los equipos de inspección con una serie de medidas que incluían reorganizar la repartición de las instalaciones más delicadas, con el fin de esconder pruebas de actividades prohibidas. Aziz ordenó que se llevaran a cabo una serie de ejercicios de gran complejidad, incluidas falsas inspecciones, para enseñarles a los oficiales iraquíes a tratar con los equipos de la ONU.

El 18 de abril, finalmente, Iraq entregaba a la ONU un resumen sobre sus programas de armamento no convencional.

El sueco Rolf Ekeus, principal responsable de la UNSCOM, reconoció en seguida las incoherencias entre la documentación que contenía el documento de Aziz y los datos sobre la infraestructura iraquí de armas no convencionales reunidos por los servicios de inteligencia de Estados Unidos y Gran Bretaña. Entonces informó a Bagdad de que la UNSCOM debía realizar una evaluación exhaustiva del armamento de destrucción masiva iraquí, y que las inspecciones in situ no sólo se harían en las instalaciones declaradas por Iraq, sino en otros lugares no declarados. Saddam, que no podía disimular su irritación ante la firmeza de esta respuesta, ordenó la formación de un nuevo comité, el Comité de Operaciones de Ocultación, a cuyo frente estaría su segundo hijo varón, Qusay.[9]

La elección de Qusay para un puesto de tanta responsabilidad sentó mal a Hussein Kamel al-Majid, el cuñado de Saddam, quien, como presidente de la Comisión Militar Industrial creada tras la guerra Irán-Iraq para rearmar el país, se había gastado miles de millones de dólares en aumentar las capacidades iraquíes en cuanto a armamento no convencional. Hussein Kamel era un gallito, alguien cuya arrogancia y suficiencia habían suscitado antipatías entre muchas figuras clave de la élite gobernante. Además, debía su encumbramiento a la protección de Sajida, la mujer de Saddam, de la que estaba separado desde el accidente de helicóptero de 1989 en que había perdido la vida el hermano de Sajida, Adnan. En épocas de crisis, Saddam se apoyaba en personas de confianza, según había demostrado en marzo (previamente al inicio de la campaña de aplastamiento de kurdos y chiitas) con los cambios en la cúpula del Baas y el mando militar. Estaba claro que, con tanto en juego, Saddam se sentía más seguro si la responsabilidad de proteger el precioso arsenal de armas no convencionales recaía, no en alguien con quien sólo lo ligaba un parentesco político, sino en una persona de su propia sangre. El hecho de anteponer Qusay a Hussein Kamel generó mucho rencor, y en los años venideros sería fuente de muchas amarguras para Saddam.

El nuevo comité de Qusay se reunía cada cierto tiempo en el palacio presidencial y debatía la manera de garantizar que a los inspectores les fuera ocultada una cantidad suficiente de material comprometedor. En ese momento, los iraquíes consideraban que el programa de inspección de la ONU duraría pocos meses, por no decir semanas. Confiaban en pasear a los inspectores por las localizaciones que habían declarado a la ONU, muchas de las cuales habían sido destruidas durante la guerra por los bombardeos aliados. Los iraquíes basaban sus expectativas en la experiencia anterior de tratar con inspectores de la IAEA, quienes, pese a inspeccionar regularmente las instalaciones iraquíes de investigación nuclear, ni siquiera se habían dado cuenta de que el país estuviera fabricando armas de esa clase.

Los inspectores de la UNSCOM demostraron ser mucho más concienzudos en el cumplimiento de su tarea. En junio de 1991, un equipo encabezado por el inspector jefe David Kay, que examinaba las instalaciones nucleares declaradas por Iraq, visitó el campamento militar de Abu Ghraib, al oeste de Bagdad. Iraq había reconocido que una parte de dicho campamento se usaba para investigaciones nucleares, pero también había otra parte que, siguiendo instrucciones de Qusay, escondía componentes clave del programa de investigación nuclear. En el transcurso de la inspección, Kay descubrió a unos soldados iraquíes que trataban de desplazar una serie de separadores electromagnéticos de isótopos, llamados «calutrones». Estaban siendo transportados en grandes tráilers. Cuando Kay trató de intervenir, la reacción de los soldados fue disparar al aire. A continuación se llevaron los calutrones a otro lugar, mientras los inspectores filmaban la maniobra.

Durante seis años, el incidente de Abu Ghraib sentó el tono de las relaciones entre Iraq y los inspectores de armas. Después de aquel bochorno, el comité de ocultación de Qusay ordenó que todos los componentes clave del programa de armas nucleares fueran escondidos en una red de palacios y villas que poseía Saddam en los alrededores de Tikrit, y que no constaban en la lista de emplazamientos declarados por Iraq. Primero los iraquíes volaron todo el material que no consideraban esencial, y luego informaron a la ONU de que habían destruido unilateralmente su armamento no convencional, creyendo que los inspectores no volverían. Kay regresó a Bagdad, y a mediados de setiembre su equipo se personó sin avisar en el cuartel general nuclear, saltó la valla e irrumpió en el edificio. Cuál no sería su sorpresa al descubrir miles de documentos donde se detallaban todos los programas iraquíes de armamento nuclear. Pese a haber ordenado el almacenamiento en condiciones de seguridad de todos los equipos nucleares, el comité de Qusay se había olvidado de la documentación. Nerviosas, las autoridades del país acudieron a toda prisa al recinto, y se produjo un enfrentamiento en el que, por espacio de cuatro días, los inspectores de Kay, a efectos prácticos, estuvieron cautivos en el aparcamiento.[10] Lo hecho, sin embargo, hecho estaba, y los equipos de la UNSCOM decidieron seguir con las inspecciones hasta estar seguros de que Saddam estuviera desarmado por completo.

El comité de ocultación respondió al desastre disponiendo que el archivo nuclear se microfilmara y se guardara en el Ministerio de Agricultura, que ya había desempeñado un papel de primera importancia en la elaboración de los programas de armamento químico y biológico. Los inspectores, sin embargo, eran duros de pelar, y en julio de 1992 realizaron una incursión en el edificio del ministerio. La reacción de las fuerzas de seguridad consistió en organizar varios grupos de civiles que atacasen a los inspectores durante el desempeño de su misión. Ésta fue la última vez que los inspectores de la ONU estuvieron cerca de realizar una inspección a fondo de todo el archivo de armamento nuclear, que al poco tiempo fue trasladado a instalaciones presidenciales secretas cerca de Tikrit.

Mientras Saddam concentraba sus energías en idear maneras de frustrar a los inspectores de la UNSCOM, el pueblo iraquí sufría de indigencia e inanición. Las sanciones de la ONU impedían que Iraq vendiera su petróleo para conseguir divisas, con el resultado de que el país veía seriamente limitadas sus importaciones. Se prohibieron todos los fertilizantes, la maquinaria industrial, los pesticidas y los productos químicos que pudieran tener un doble uso, así como ciertas partes de los destrozados sistemas iraquíes de electricidad y purificación de aguas. El resultado fue que en poco tiempo cundieron las enfermedades y la desnutrición, con el consiguiente incremento de los índices de mortalidad infantil hasta cotas que el país llevaba cuarenta años sin conocer. A un año vista de la invasión de Kuwait, los precios de la comida habían aumentado en un dos mil por ciento, y la devastación de la economía hacía que la clase media de Bagdad pasara de la prosperidad a la miseria.

El sufrimiento del pueblo iraquí no afectaba mucho al principal dirigente del país. En 1992, la ONU, en reacción al hecho de que los iraquíes de a pie vivieran cada vez en peores condiciones, ofreció al gobierno iraquí la oportunidad de vender petróleo por valor de 1 600 millones de dólares a cambio de comida y medicamentos. La oferta fue rechazada por Saddam, ofendido por la insistencia de la ONU en controlar los fondos, y en que el 30 por ciento de los beneficios fuera deducido en concepto de reparaciones de guerra. Durante cuatro años, Saddam seguiría bloqueando ofrecimientos similares; prefería dejar sufrir al pueblo iraquí que consentir cortapisas al ejercicio de su poder. En 1996, por fin, accedió a aceptar los términos de la resolución 986 de la ONU, que permitía a Iraq la venta de petróleo por valor de dos mil millones de dólares cada seis meses, con el fin de comprar suministros esenciales.

A pesar de la poca voluntad por parte de la coalición aliada de prestar apoyo a las rebeliones kurda y chiita, el deseo de ver derrocado a Saddam era fuerte. En mayo de 1991, momento en que Saddam, tras el rotundo aplastamiento de las rebeliones del norte y el sur, volvía a consolidarse como hombre fuerte, el presidente Bush autorizó por escrito a la CIA a organizar una operación encubierta con el objetivo de «crear las condiciones para el apartamiento del poder de Saddam Hussein». De haberse firmado meses antes, quizá la CIA habría tenido posibilidades de éxito, pero, cuando Bush llegó a la conclusión de que era necesario derrocar a Saddam, el líder iraquí ya había logrado asentar su poder.

Frank Anderson, destinatario del documento y principal responsable de la Division de Oriente Próximo de la CIA, perteneciente a la Dirección de Operaciones, comentó más tarde: «En ese momento no teníamos ni un solo mecanismo, ni una sola combinación de mecanismos con la que yo pudiera crear un plan para eliminar a Saddam.»[11] Se diría que el documento firmado por Bush reflejaba el siguiente aforismo de Richard Helms, ex director de la CIA: «Las acciones encubiertas suelen ser el sustituto de una política.» El propio Bush reconoció que probablemente se hubiera perdido una oportunidad clave de derrocar a Saddam justo después

374 LA VIDA SECRETA DE SADDAM HUSSEIN

de la operación Tormenta del Desierto. Habían aparecido pruebas de que, poco después de la guerra, un grupo de altos oficiales iraquíes planeaba un golpe contra Saddam, pero que habían sido disuadidos por las rebeliones en el norte y el sur.[12] En una entrevista de 1994 para la televisión de su país, Bush comentó lo siguiente: «Sí que tenía la corazonada de que, después de que Saddam lo abocara a una derrota tan aplastante, el ejército iraquí lo derrocaría. Pero nos preocupaba que los levantamientos locales pospusieran la caída de Saddam, en el sentido de que el ejército iraquí lo apoyara para evitar la división del país, y es posible que haya pasado justamente eso.»[13]

Desde otoño de 1991, los servicios de inteligencia de Estados Unidos y Gran Bretaña sondearon varias opciones para derrocar a Saddam. La prioridad número uno era encontrar a una persona o grupo capaz de presentar una alternativa aceptable. Para ello, la CIA entabló contactos con Barzan, el hermanastro de Saddam, que seguía exiliado en Ginebra;[14] un candidato inverosímil, en vista de sus anteriores actividades como jefe del Mujabarat iraquí, y de su participación personal en las ejecuciones de baasíes que se produjeron tras la toma de la presidencia por Saddam en 1979 (véase cap. 7). La siguiente iniciativa de cierto peso se emprendió en junio de 1992: bajo los auspicios de la CIA, unos cuarenta grupos opositores iraquíes, kurdos incluidos, se reunieron en Viena para formar una nueva organización llamada Congreso Nacional Iraquí (INC), comprometida con derrocar a Saddam. El objetivo expreso del INC era crear un Iraq democrático, con un gobierno que representara a todas las razas y credos. El INC no pasó de un simple vehículo propagandístico cuyos miembros, en su mayoría, eran muy conscientes de que Saddam no se dejaría apartar fácilmente del poder. Los fondos procedían casi exclusivamente de la CIA, y el primer año ya ascendían a veintitrés millones de dólares.

La mayor amenaza para Saddam seguía residiendo en sus propias fuerzas armadas. En verano de 1992, dos brigadas mecanizadas de la Guardia Republicana fueron vinculadas a un complot destinado a derribarlo. El complot, suponiendo que lo hubiera, se vio frustrado por las siempre atentas fuerzas de seguridad de Saddam, y dio pie a otra tanda de ejecuciones y purgas. Seis oficiales fueron ejecutados de inmediato, entre ellos, dos generales de brigada, y otros cuatrocientos arrestados.[15] Al año siguiente se destapó otro complot cuyo objetivo era asesinar a Saddam durante las celebraciones anuales de julio que conmemoraban la revolución baasí. Una vez más hubo sospechas de que estaba involucrada la Guardia Republicana y se reprodujeron las ejecuciones. Saddam, temiendo que ya no pudiera confiar ni siquiera en la Guardia Republicana, formó una unidad especial en su mayoría integrada por Tikriti y que recibió el nombre de División Dorada de la Guardia Republicana. Sus miembros tenían salarios más altos, gozaban de privilegios especiales y trabajaban de consuno con agentes especiales de seguridad. Con el tiempo, los dos grupos se fusionaron y nació la Organización de Seguridad Especial (OSS).

Saddam hizo algunos ajustes de gobierno, fortaleciendo la posición de sus parientes directos en puestos clave. Su hermanastro Watban sustituyó a Alí Hassan al-Majid como ministro de Interior, mientras Majid pasaba a serlo de Defensa. Otro hermanastro, Sabaui, tomó el control del Mujabarat. Uday, que a sus veintiocho años ya se había reconciliado con su padre, se convirtió en máximo responsable de la seguridad nacional y tomó el control del periódico *Babel*, mientras seguía dirigiendo el Comité Olímpico. Su hermano Qusay, de veinticinco años, fue elevado a un puesto clave: la dirección de la recién creada OSS. Saddam, por otro lado, procuró mantener contentos a sus dos yernos, Hussein Kamel y Saddam Kamel. El primero, a quien empezaba a irritar considerablemente la promoción de Qusay, siguió dirigiendo la Organización de Industrialización Militar (MIO), principal organismo iraquí de adquisición de armas, mientras el segundo, que no era tan levantisco, encabezaba un departamento de seguridad innominado en el palacio presidencial.

A falta de planes eficaces para derrocar a Saddam, Estados Unidos, Gran Bretaña y Francia se propusieron aumentar la presión diplomática mediante la creación de una zona de exclusión aérea en el sur de Iraq, por debajo del paralelo 32. Con ello, los aliados obtenían el control de un tercio del espacio aéreo iraquí. La decisión de imponer la zona de exclusión aérea, parecida a la que se estableció en 1991 para proteger a los kurdos en el norte, tenía como objetivo hacer lo propio con los árabes de las marismas, el pueblo que desde hace varios siglos habita en las zonas pantanosas de alrededor de Basora, y que se rebeló contra Saddam en el verano de 1991. La revuelta de los árabes de las marismas no guardaba ninguna relación con las de los kurdos y los chiitas. En su caso, el detonante había sido la decisión de Saddam de construir un canal de quinientos kilómetros (que llevaba por nombre Río de Saddam) que incidía negativamente en el drenaje natural de las marismas, destruyendo arbitrariamente una cultura con siglos de historia. Saddam reaccionó con su habitual salvajismo, y en poco tiempo llegaron noticias a Occidente de que habían vuelto a emplearse armas químicas contra una población indefensa. Con todo, uno de los motivos subyacentes a la creación de la zona de exclusión aérea fue el deseo de George Bush de que el electorado de su país lo viera como intransigente ante Saddam, de cara a las elecciones presidenciales de noviembre.

Sin embargo, la estratagema de Bush no surtió efecto, y en noviembre de 1992 fue derrotado por Bill Clinton. La reacción de Saddam consistió en aparecer en el balcón de su palacio y celebrarlo disparando al aire con su pistola. Seguía siendo el líder indiscutible de su país, mientras que sus dos principales antagonistas durante la crisis de Kuwait, Margaret Thatcher y George Bush, habían sido apartados del poder. Saddam creía que el cambio de gobierno en Washington repercutiría a su favor, y que el nuevo presidente tendría menos interés en emprender una venganza personal contra él, pero se llevó una decepción: a las pocas horas de ser elegido, Clinton lo puso en guardia contra cualquier posible incumplimiento de las sanciones de la ONU. A principios de enero de 1993, cuando faltaban pocos días para que Clinton relevara oficialmente a Bush, llegó la respuesta de Saddam, consistente en el despliegue de baterías de misiles antiaéreos dentro de la zona de exclusión aérea. Era una clara provocación, encaminada a poner a prueba la voluntad política de Washington durante el delicado período de transición. Por desgracia para él, Saddam volvía a subestimar la determinación de Estados Unidos: a falta de seis días para entregar la presidencia a Clinton, Bush ordenó el ataque a las baterías de misiles iraquíes por cien aviones aliados.

Los instintos tribales de Saddam hicieron que el deseo de venganza no se detuviera con la salida del poder de George Bush. En abril de 1993, cuando este último protagonizó un regreso emotivo a Kuwait, las autoridades kuwaitíes revelaron que habían descubierto un complot iraquí para matarlo. Los kuwaitíes encontraron un coche con suficientes explosivos para devastar el centro de la capital. La detonación estaba prevista para cuando Bush pasara en coche por el centro. James Woolsey, director de la CIA bajo Clinton, mandó a Kuwait un equipo de expertos para examinar la bomba. La conclusión fue que llevaba la marca del Mujabarat iraquí. Wafic al-Samurrai, que había estado al frente de la inteligencia militar y tenía mucha experiencia en operaciones de aquella índole, dijo que nunca hubo la menor duda de que fuera Saddam, personalmente, quien ordenó la tentativa de asesinato. «No se podría haber hecho sin órdenes directas del propio Saddam Hussein.» De los seis sospechosos, cinco eran iraquíes, que acabaron condenados y ahorcados por los kuwaitíes. A los dos meses del atentado frustrado, Clinton tomó la represalia de lanzar veintitrés misiles Tomahawk contra el cuartel general del Mujabarat en Bagdad. Una cosa era que Estados Unidos tuviera otro presidente, y otra que hubiera modificado su política con respecto a Saddam Hussein.

Mientras los iraquíes se morían de hambre, y en plena miseria cundían la fiebre tifoidea y el cólera, la camarilla de Saddam se enriquecía con el contrabando de petróleo. Dos años después de que entró en vigor una serie de sanciones como jamás había impuesto la ONU, las fuerzas de seguridad disponían de una compleja red de empresas, intermediarios y contrabandistas que permitía a Saddam vender grandes cantidades de petróleo en el mercado negro, y usar los beneficios para financiar al régimen. Las rutas de contrabando más frecuentes eran por el Kurdistán y Turquía, y cruzando Jordania, donde el rey Hussein hacía la vista gorda ante los envíos ilegales de petróleo iraquí por el puerto jordano de Akaba. En el puesto fronterizo de Habur, entre Iraq y Turquía, los camiones iraquíes con tanques especiales adaptados para contener cantidades elevadas de petróleo se convirtieron en el pan de todos los días. En 1992 se estimaban en cincuenta mil los barriles de petróleo iraquí que pasaban diariamente por ese punto. A continuación, el petróleo era vendido a intermediarios turcos a cambio de divisas, destinadas al palacio presidencial, a las arcas de Saddam. En verano de 1992, sin asomo de ironía, éste ordenó la ejecución de 42 de los principales comerciantes de Bagdad, acusados de especulación. Algunos fueron expuestos en público y atados a un poste con un letrero donde decía: «Somos sanguijuelas.» Luego los llevaron al Ministerio del Interior (controlado por Sabaui, el hermanastro de Saddam) y los ahorcaron.[16] Para la opinión pública iraquí, las ejecuciones fueron una mera y cínica tentativa de Saddam para distraer el descontento general provocado por el tren de vida de su élite.

Sami Salih, que estuvo muchos años al frente de las operaciones de contrabando de petróleo de Saddam, afirmó haber sido reclutado por recomendación de Hussein Kamel, el yerno de Saddam. Dijo que antes había trabajado con Hussein Kamel en la MIO, colaborando en varios proyectos secretos de adquisición de armas. Sus conocimientos sobre la gestión de empresas de importación-exportación hicieron que Salih fuera convocado al palacio presidencial tras la guerra del Golfo y que se le pidiera organizar una red internacional para saltarse las sanciones. «No podía negarme. Si hubiera rechazado la propuesta, no se habrían limitado a matarme a mí, sino también a mi mujer, mis hijos, mis amigos, mi familia… A cualquier persona que tuviera algo que ver conmigo.» Tras aceptar la misión, Salih montó una serie de empresas tapadera a través de las cuales Iraq vendía petróleo y compraba armas. «La ONU no podía pararnos los pies», dijo. Al final, como tantos iraquíes con contactos en Occidente, Salih fue acusado de espionaje y detenido.

Empezó a darse cuenta de que tenía problemas al recibir en su despacho de Bagdad la visita de unos agentes de inteligencia. «Me dijeron: "Saddam Hussein ha ordenado personalmente que se te arreste e interrogue."» Le vendaron los ojos y lo llevaron al recinto del palacio presidencial, donde lo desnudaron, le dieron un pijama empapado en sangre y lo arrojaron a una celda cuyas paredes estaban salpicadas de sangre. Encontró una serie de inscripciones del tipo «Me llamo tal y cual y me ejecutarán tal y cual día». Salih permaneció una semana en la celda, a pan y agua.

Al final los guardias le dijeron que se lo llevaban a la «sala de operaciones». Entró vendado en una sala y oyó gritar a personas que estaban siendo torturadas. «Me acusaron de ser un espía, y me exigieron una confesión con pelos y señales —recuerda Salih—. Yo lo habría hecho encantado, pero no tenía ni idea de qué tenía que confesar.» Los guardias lo colgaron cabeza abajo y le dieron latigazos con cables y alambres hasta dejarle todo el cuerpo ensangrentado. «Pensé que me moría, pero eran unos expertos. Justo cuando iba a quedarme inconsciente, pararon y me bajaron.» A continuación le dieron diez hojas en blanco para escribir su «confesión». Mientras estaba tirado en el suelo, recuperándose de su suplicio, Salih vio que alrededor todo eran prisioneros en manos de los torturadores de Saddam. En un rincón vio a un hombre desnudo a quien bajaban lentamente a una cuba de agua hirviendo; en otro, a uno que estaba siendo torturado con descargas eléctricas en los genitales. En el centro de la sala había un hombre atado con correas a una mesa, y los guardias le arrancaban las uñas de manos y pies. A diferencia de la mayoría de las víctimas, Salih logró escapar gracias a los contactos que había hecho mientras era una figura clave del régimen.[17]

Otra figura clave en la operación de contrabando era el hermanastro repudiado de Saddam, Barzan, que, en la comodidad de su villa-fortaleza con vistas al lago de Ginebra, aunaba sus tareas como representante iraquí ante la misión de la ONU con el papel de financiero privado de Saddam. En 1993 se calculaba que Barzan, aprovechando el carácter secreto de la banca suiza, controlaba una intrincada red de inversiones secretas por valor de veinte mil millones de dólares.[18] La empresa de investigadores financieros con sede en Estados Unidos Kroll Associates calculaba que desde 1981 Saddam había desviado personalmente unos doscientos mil millones de dólares de las ventas iraquíes de petróleo, y que la red secreta de empresas puesta a punto antes de la crisis de Kuwait le estaba sirviendo para eludir las sanciones de la ONU.

Por lucrativo que fuera el contrabando, pocos de sus beneficios sirvieron para mejorar las condiciones de vida del iraquí de a pie. Al contrario: buena parte de los fondos donados por la ONU para mejorar la difícil situación del pueblo iraquí iba directamente a Saddam y su círculo de gobierno, y los principales beneficiarios eran las fuerzas de seguridad y la familia del líder. El régimen llegó al extremo de explotar los suministros médicos que enviaba la ONU, que acababan por venderse en el mercado negro de Jordania, y sus beneficios por regresar al palacio presidencial de Bagdad. La mayor parte de los considerables ingresos que recibía Saddam de tantas actividades ilícitas se destinaba a armas. En ese sentido, se cerraron operaciones con socios comerciales tan dispares como China, Corea del Norte, Rusia, varios antiguos satélites del bloque del Este, y Serbia. A mediados de los noventa se calculaba que Saddam había recuperado el 80 por ciento del armamento destruido durante la guerra del Golfo. El resto servía para pagar el ritmo de vida opulento de la familia de Saddam, y de otros personajes destacados del régimen.

Entre todos los miembros de la familia gobernante, el más derrochador y corrupto era Uday, seguido de cerca por Hussein Kamel. Ambos abusaban de su poder como cabría esperar de un par de mafiosos. Sus casas estaban llenas de valiosas alfombras persas, y de oro en apliques, cocinas y baños, fruto en gran medida del botín kuwaití. Uday tenía el garaje lleno de Ferrari y otros coches caros. Por otra parte, tanto Uday como Hussein Kamel estaban muy vinculados a ciertos ámbitos del contrabando internacional, y tenían contactos con la mafia rusa y los círculos latinoamericanos del narcotráfico.[19]

Según Abbas Janabi, que antes de huir a Occidente fue secretario personal de Uday durante quince años, a mediados de los noventa no cabía duda de que Uday se había convertido en el hombre más rico de Iraq, y su fortuna se calculaba en centenares de millones de dólares, repartidos secretamente, en su mayoría, por Iraq. Uday no tenía escrúpulos sobre la procedencia de su dinero. Prueba de ello, por ejemplo, es que estaba implicado personalmente en la salida al mercado negro de la ayuda humanitaria que recibía Iraq de la ONU. Una vez cambió las etiquetas de una remesa de leche japonesa, donada para los niños iraquíes desnutridos, la vendió y se quedó los beneficios. El mismo destino corrió la ayuda española que había sido donada al Ministerio de Salud. A mediados de los noventa, Uday amplió el contrabando de petróleo mediante el establecimiento de un acuerdo comercial ni más ni menos que con Irán. Controlaba personalmente una flota de barcazas con base en el puerto de Basora, en el sur de Iraq, y pagaba a un socio iraní por proteger el petróleo a su paso por aguas iraníes. Otro de los mayores mercados de Uday era el contrabando de cigarrillos, que recibía por diversas rutas que cruzaban Europa y Chipre.

Pese a su increíble riqueza, Uday tenía una veta de sadismo a la que ni siquiera eran inmunes sus colegas y asesores más próximos. En una ocasión, corría el año 1991, Janabi lo molestó sin darse cuenta por haber escrito un artículo sobre la situación del ejército iraquí, y fue encarcelado y torturado. «Uday mandó a la cárcel a uno de sus guardaespaldas para que me arrancara un diente con unos alicates. Luego lo envolvió en un *kleenex* y se lo llevó a Uday como prueba de que lo había hecho.» En otra ocasión, Janabi vio a Uday torturando a un hombre que había supervisado sus intereses comerciales en Jordania: después de pegarle en la planta de los pies con un bate de béisbol, lo colgó del ventilador del techo y lo azotó con un cable. Durante los quince años en que trabajó para Uday, Janabi fue encarcelado en once ocasiones distintas, incluida una temporada en el despacho de Uday en la sede del Comité Olímpico iraquí.[20]

La sede del Comité Olímpico iraquí estaba en el centro, y tenía capacidad para el confinamiento de quinientos detenidos. Entre las celdas, situadas en el sótano, había algunas de privación sensorial, herméticas, pintadas de rojo, con bombillas rojas y una ranura para introducir comida. Los prisioneros podían llegar a estar tres meses en esas condiciones. Durante muchos años, el complejo carcelario de Uday en la sede del Comité Olímpico fue un secreto para su padre. Muchas de las personas confinadas allí no habían infringido ninguna ley; solía tratarse de hombres de negocios, o de hijos de familias ricas a las que Uday consideraba oportuno explotar. En algunos casos se limitaba a exigir un rescate (en 1995, se decía que el precio ascendía a cien mil dólares); en otros, el encarcelamiento era una manera de obligar al prisionero a participar en un fraude concebido por Uday. Se dio el caso de un empresario iraquí que había organizado la importación de un cargamento de acero para un proyecto de construcción, y que había depositado el pago en un banco de Bagdad para que fuera transferido a un proveedor del extranjero. Uday se encargó de que desapareciera la documentación, y de que el empresario fuera arrestado. Luego tomó las medidas necesarias para que el depósito fuera transferido a su cuenta personal, y el empresario, llevado al Comité Olímpico e interrogado. La alternativa era severa: o repetía el pago del acero, o moría.[21]

Mientras el régimen prosperaba, los iraquíes sufrían. En 1995 seguía sin haber agua potable, y la red eléctrica sólo podía garantizar tres o cuatro horas de suministro al día. El consumo de calorías por persona era la mitad que antes de la guerra. La delincuencia estaba tan extendida que sólo en 1993 el número de coches robados fue de 36 000. Según la Unicef, en 1993 murieron entre ochenta mil y cien mil niños a causa de las sanciones. Sin embargo, el régimen no movía un dedo por mejorar la situación. A Saddam le convenía una población débil y asustada. Hasta cierto punto se facilitaba ayuda médica, pero sólo a miembros favorecidos del partido. Según Abbas Janabi, en el tiempo en que estuvo trabajando para Uday el régimen podía permitirse comprar lo que quisiera, pero prefería gastarse el dinero en armas y coches caros para la élite gobernante. En 1994, la única medida de Saddam contra la desesperación que estaba adueñándose de los iraquíes de a pie, que ya no confiaban en poder alimentarse a sí mismos ni a sus familias, fue disponer que a los ladrones se les cortara la mano derecha; los delincuentes que reincidieran perderían la pierna izquierda hasta la rodilla, y el robo a mano armada se castigaría con la pena capital. En la misma época, tres oficiales de alto rango fueron ejecutados por orden de Saddam en castigo por haber puesto en duda las capacidades militares de Uday.

En medio de esta situación, Saddam siguió desafiando las exigencias de los inspectores de la UNSCOM. Hasta 1995 se reprodujo la misma secuencia que al principio: las fuerzas de seguridad hacían todo lo posible por impedir el trabajo de los inspectores, decían falsedades sobre los programas armamentísticos iraquíes e ideaban nuevas estratagemas para esconder el material más comprometedor. Sami Salih, que durante cinco años, desde el palacio presidencial, dirigió estas operaciones, dijo que Saddam nunca tuvo la menor intención de cumplir con los requisitos de los equipos de inspección. «Había misiles escondidos por todo Iraq. Yo los vi almacenados debajo de piscinas, y en granjas.»[22] A pesar de todas las provocaciones, los inspectores, al mando del imperturbable Rolf Ekeus, siguieron con su meticulosa labor. Presentaban pruebas incontrovertibles a los iraquíes, y los obligaban a entregar el material. Ekeus no dejó que la política de drásticos faroles de Saddam, que un día amenazaba con volver a invadir Kuwait y al siguiente amagaba con otra atrocidad contra los kurdos, lo disuadiera de su misión. De vez en cuando, en reacción a la provocación, aviones norteamericanos y británicos sobrevolaban Iraq y bombardeaban baterías antiaéreas.

Aunque Saddam tuviera el don de sacar de quicio a los aliados, el éxito de los diversos planes para derrocarlo fue escaso. Quizá tuviera algo que ver el hecho de que a partir de otoño de 1993 el gobierno de Clinton estaba enfrascado en solucionar el conflicto israelí, que, tras la firma de los Acuerdos de Oslo, pasaba por una de sus fases más constructivas de los últimos años. Saddam era un incordio, pero en Washington se lo veía como un incordio contenible, y cualquier esfuerzo concertado por deponerlo amenazaba con trastocar el delicado equilibrio de las negociaciones árabe-israelíes, máxime habiendo tantos palestinos que simpatizaban con Iraq y que habrían tomado cualquier ataque a Saddam como una ocasión para acusar a Estados Unidos de parcialidad contra lo árabe.

Lo que está claro es que Clinton estaba menos obsesionado que Bush con el asunto Saddam. Desde abril de 1991, cuando Bush había autorizado el derrocamiento de Saddam, la política norteamericana se había basado en un doble enfoque: por un lado, contener a Saddam mediante la combinación de sanciones y zonas de exclusión aérea, y por el otro, la labor de los servicios de inteligencia occidentales para provocar la caída de Saddam desde dentro. Al principio Clinton no introdujo grandes cambios en los planteamientos de Bush; tanto es así, que renovó la autorización de su predecesor de derrocar a Saddam. A pesar de ello, no tenía ganas de enfrentarse cara a cara con el líder iraquí, y sus asesores querían apartar a Saddam de los titulares. La frase que empleó Anthony Lake, el asesor nacional de seguridad de Clinton, al hablar con los miembros del gobierno que trabajaban con Iraq, fue la siguiente: «No hagáis que nos suden las manos», es decir, no provoquéis ninguna crisis.[23] Aun así, la CIA y el MI6 británico se volcaban de lleno en las tentativas de provocar un golpe de estado. A finales de 1994, la mayor parte de la actividad de inteligencia tenía su base en la zona kurda protegida del norte de Iraq. En setiembre de 1994, la CIA estableció su base en una villa muy fortificada de Salahdin, mientras el Congreso Nacional Iraquí (INC) creaba un miniestado propio con su correspondiente canal de televisión y su periódico. El INC tenía planes de atacar Mosul y Kirkuk, las dos ciudades principales del norte de Iraq, y consideraba que el éxito de la operación debilitaría seriamente a Saddam. En la planificación del INC colaboró asiduamente el general Wafic al-Samurrai, antiguo jefe de la inteligencia militar bajo Saddam, pero que había desertado en diciembre de 1994 una vez enterado, por vía de sus colegas en el palacio presidencial, que Saddam pensaba matarlo.

El INC y Samurrai confiaban en el éxito. En cambio Washington temía que respaldar el alzamiento significara embarcarse en una guerra complicada en Iraq, que era lo que tanto habían querido evitar los gobiernos de Estados Unidos desde el final de la operación Tormenta del Desierto. En vísperas del ataque del INC, Lake mandó un mensaje al equipo de la CIA en Salahdin con órdenes de decir al INC que «Estados Unidos no respaldará la operación ni militarmente ni de ninguna otra manera».[24] El INC, cuyos planes ya estaban muy avanzados, llevó adelante el ataque, y aunque no contó con el apoyo norteamericano, obtuvo cierto éxito, traducido en la captura de varios centenares de prisioneros iraquíes; pero, a falta de respaldo por parte de Estados Unidos, el INC, que contaba con el del partido de Jalal Talibani, la Unión Patriótica del Kurdistán (UPK), no pudo consolidar su victoria, y el debilitamiento de la ofensiva dejó a los exiliados iraquíes profundamente desilusionados respecto a la sinceridad del compromiso de Washington con el derrocamiento de Saddam.

Aun así, la amenaza constante de complots, golpes de estado e invasiones no contribuía precisamente al sosiego de Saddam. Se dijo que tenía problemas de corazón, con el resultado de que, como no le llegaba suficiente sangre al cerebro, sufría mareos. En verano de 1995 fue descubierto otro complot, en esta ocasión organizado por Mohammed Madhloum, un comandante de las fuerzas aéreas cuya intención era desencadenar un alzamiento contra Saddam. La tentativa fracasó, y Madhloum y sus cómplices fueron castigados. Todos sufrieron la tortura de perder uno a uno todos los dedos de las manos. Luego, fueron fusilados.[25]

A esas alturas de su larga carrera, a Saddam se le había agudizado su paranoia. Siempre había llevado su seguridad a extremos absurdos, pero a mediados de los noventa el tirano, que ya no era ningún jovencito, se veía prácticamente impedido por aquella obsesión. Pasaba casi todo el tiempo en el palacio presidencial, que en los años noventa había quedado convertido en un complejo enorme y desordenado de unas cuatrocientas hectáreas; en un lado, el Tigris formaba una frontera natural, mientras que el resto estaba protegido por una valla electrificada, con torres de vigilancia cada cincuenta metros. La carretera principal de acceso pasaba por un puente, reconstruido tras su bombardeo durante la guerra. Los iraquíes de a pie tenían prohibido acercarse al recinto, y si lo hacían sin permiso se arriesgaban a penas de cárcel. Tras dejar atrás el control principal, los visitantes eran enviados a alguno de los muchos accesos, especialmente diseñados para diversos grupos: militares, políticos, hombres de negocios o amigos personales y conocidos de la familia Hussein. Los accesos y el recinto en general estaban bajo la vigilancia de una plétora de fuerzas de seguridad, cuya diversidad desorientaba y cuyo cometido, en la misma medida que proteger a Saddam y su entorno, era vigilarse entre sí. Las funciones de seguridad básicas corrían a cargo de miembros de confianza de la Guardia Especial Republicana. El control general del complejo estaba en manos de la Guardia Republicana de palacio, y la seguridad de Saddam y su familia era competencia de la Organización de Seguridad Especial (OSS), con Qusay al frente.

Los guardias de la OSS eran el cuerpo de élite. Como ya se ha dicho, la mayoría habían sido reclutados en Tikrit, en el seno de la tribu de Saddam, y, como garantía de lealtad, gozaban de mayores privilegios que la mayoría de los ministros del gabinete. Se diferenciaban de los demás guardias por su uniforme de color aceituna, un cordón blanco y unas armas de fabricación especial. Vivían con sus familias dentro del recinto presidencial, en casas con todas las comodidades. Tenían su propio club deportivo, su propia clínica y colegios propios para sus hijos; comían en un restaurante propio. Cada seis meses se les cambiaba el coche, que solía ser un Mercedes. La mayoría cobraban el doble que un ministro iraquí, y cuando estaban fuera de servicio solían tener carta blanca para todo, con la única condición de que obedecieran las órdenes de su amo, Saddam Hussein. He aquí las palabras de un antiguo funcionario del palacio presidencial: «Sólo le tienen miedo a Dios, y su Dios es Saddam Hussein. Tenían tanto poder que cuando entraban en el palacio presidencial los llamaban "señor" hasta los propios ministros. Con ellos nadie se tomaba ninguna libertad.»[26]

Para entonces Saddam había creado una de las estructuras de seguridad más vastas de la historia moderna. Aunque sus apariciones públicas fueran escasas, a mediados de los noventa contaba con unos ocho «dobles» capaces de sustituirlo en las funciones públicas; a veces aparecían en distintos eventos a la vez, poniendo en un brete a los medios de comunicación, que estaban obligados a preparar informes diarios sobre el itinerario de Saddam. Los invitados de Saddam seguían teniendo que cumplir el requisito de un paseo por Bagdad que podía durar horas, a bordo de un coche con cristales ahumados. No es de extrañar que Saddam, todo un experto en envenenar a sus oponentes, tomara todas las medidas necesarias para no convertirse en víctima. Antes de reunirse con cualquier miembro de su gobierno siempre insistía en que el otro empezara por lavarse las manos, por el peligro de que tuviera veneno en los dedos y se lo transmitiese mediante un apretón. En aras de la seguridad, a los visitantes de Saddam no se les ahorraba ninguna bajeza. Se los fotografiaba, se les tomaban las huellas dactilares, y la OSS tenía derecho a desnudarlos antes de cualquier reunión con Saddam. Ni siquiera uno de los máximos hombres de confianza de Saddam, como era Tariq Aziz, se salvaba de la degradación. Muy de vez en cuando, los visitantes tenían que pasar una revisión médica sumamente indiscreta para garantizar que no llevaran escondidos venenos o explosivos en partes íntimas de su cuerpo. Eran, como se ve, precauciones exhaustivas, pero que no impedían que de vez en cuando se produjera algún fallo. En 1996 Saddam escapó por los pelos de un intento de asesinato, porque una joven camarera del palacio presidencial, que en principio tenía que servirle comida envenenada, tuvo miedo y confesó. Saddam la hizo sacar del comedor y eliminar a tiro limpio. Todos los cómplices de la joven fueron torturados y ejecutados.[27]

Cuando los guardias estaban fuera de servicio, tenían aterrorizada a la población local, y circulaba el rumor de que eran mujeriegos y disolutos. Un comandante de la guardia fue visto una noche en un club nocturno, tratando de llamar la atención de una ex novia. Ante el rechazo de ésta, le pegó cinco tiros en el pecho. También se decía que tenían el encargo de conseguir mujeres para Saddam, quien, a pesar de su segundo matrimonio con Samira Shahbandar, conservaba su predilección por las jóvenes rubias. Podía, por ejemplo, encapricharse de una mujer que había visto por televisión; entonces ordenaba a sus guardaespaldas que se la trajeran, y tras gozar de ella les daba instrucciones de pagarle con generosidad. En cambio, si por alguna razón la mujer no le había satisfecho, se le pegaba un tiro fuera de palacio.[28]

Pese a todas las medidas de seguridad, Saddam tenía una serie de videntes en quienes confiaba para advertirle de cualquier desgracia. Sin duda había heredado el carácter supersticioso de su madre, que había usado su colección de conchas para vender vaticinios a los campesinos de Al-Uja. A quien más recurría era a una adivina ciega y de avanzada edad, que en épocas de crisis le merecía especial confianza. Una vez predijo que sería víctima de un intento de asesinato (lo cual, dada la frecuencia con que Saddam era atacado, no era arriesgarse mucho). Desde entonces el tirano se fiaba de sus predicciones.

Las personas que iban con frecuencia a palacio, como Sami Salih, contaban que el ambiente siempre era tenso, porque nadie, ni la mayoría de los guardias de la OSS, sabía si Saddam estaba presente o ausente. Solía trabajar en un edificio pequeño del recinto presidencial, situado en un rincón inaccesible, y muy pocos miembros del gobierno llegaron a penetrar en aquel sanctasanctórum. A los dignatarios siempre se los recibía en el palacio presidencial antiguo, y el acceso al despacho privado de Saddam estaba reservado a sus hombres de máxima confianza. En cuanto al acceso a Saddam en persona, lo controlaba estrictamente Abdul Hamud, su secretario privado, que ocupaba un pabellón separado frente al de su jefe. Todos los despachos que usaba Saddam para recibir a las visitas estaban equipados con cámaras y grabadoras. Las reuniones seguían el modelo de una audiencia real; los visitantes sólo podían intervenir una vez Saddam hubiera dicho su última palabra, y se les exigía la máxima parquedad. Aunque Saddam tuviera sus aposentos en el interior del palacio, no solía pasar la noche en él. En la propia Bagdad disponía como mínimo de otros cinco palacios donde se alojaba su séquito, y que él alternaba para que no se conociera su paradero. En las ocasiones en que salía del palacio presidencial, siempre cruzaban el puente y se internaban en Bagdad varias comitivas señuelo, que nunca bajaban de cinco. En cuanto a Saddam, no solía hallarse en ninguna de ellas; lo habitual era que hubiera utilizado otra salida, o los túneles secretos conectados con el búnker presidencial.

El único ámbito en que el complejo dispositivo de seguridad no destacaba por su eficacia era el control de las actividades de su familia. A mediados de los noventa, las que mayores fricciones provocaban eran las de Uday. Había convertido el Comité Olímpico en su feudo personal, y, como detentaba el control de los medios de comunicación del país, gozaba de un acceso ilimitado a uno de los componentes clave del régimen, su aparato de propaganda. Su nulo respeto por las instituciones del Estado generaba roces con Watban, su tío y hermanastro de Saddam, que controlaba el Ministerio del Interior, y con Hussein Kamel, que veía que su condición de potencial sucesor de Saddam estaba siendo desgastada tanto por el aumento de riqueza y poder de Uday como, en menor medida, por la emergencia de Qusay como influencia más serena en el gobierno. El punto crítico llegó en la primavera de 1995, al más puro estilo de Tikrit: Uday obligó a Watban a dimitir mediante la publicación de una serie de artículos denigrantes en su periódico, *Babel*, y a los pocos días, completamente borracho, agredió a su tío, le pegó un tiro en la pierna y mató a tres de sus acompañantes, que asistían a una fiesta privada en Bagdad. Temiendo por su vida, Watban declaró que los disparos habían sido accidentales; las heridas, sin embargo, obligaron a amputarle la pierna. Hussein Kamel y su hermano menor Saddam Kamel se exiliaron a Jordania, convencidos de ser los siguientes en la lista de Uday, y se llevaron a sus esposas, Raghda y Rana, hijas de Saddam.

Potencialmente, la deserción de los dos yernos de Saddam en agosto de 1995 era el peor golpe que había sufrido desde la conquista del poder en 1979. Por primera vez, dos miembros del círculo gobernante Tikriti escapaban de la autoridad de Saddam y amenazaban con delatar los secretos más íntimos del régimen. Hussein Kamel, como principal responsable del programa de adquisición de armas, era el que en mejor posición estaba para facilitar a los servicios de inteligencia occidentales un verdadero tesoro de detalles sobre el programa de armas de destrucción masiva de Saddam. Empezó por declarar exhaustivamente ante la CIA y el MI6 británico, y a continuación lo hizo ante Rolf Ekeus, el jefe de la UNSCOM. En sus declaraciones, proporcionó una relación detallada del programa armamentístico iraquí, incluida la referencia a una serie de plantas químicas que hasta entonces eran secretas, y de empresas tapadera que ayudaban a comprar armas para Iraq y contribuían al programa del agente nervioso VX. La revelación más extraordinaria fue que en enero de 1991, a principios de la operación Tormenta del Desierto, sólo faltaban tres meses para que Saddam probara una bomba atómica.

Hussein Kamel tenía plena confianza en obtener asilo en Estados Unidos o Gran Bretaña, donde basaría su campaña para derrocar a Saddam. Con ese objetivo, concedió a *Time* una entrevista en exclusiva en la que decía que su deserción estaba motivada en «los intereses del país», y criticaba con saña al régimen de Saddam: el país se había pasado quince años en guerra, y había acumulado tantas deudas que para pagarlas harían falta «generaciones y generaciones». Al mismo tiempo, Hussein Kamel procuraba distanciarse de la brutalidad del régimen: «En nuestra sociedad hay demasiadas ejecuciones y demasiados arrestos —lamentaba—. Se ejecuta a mucha gente, independientemente de que la voz crítica tenga ochenta años o quince.»[29]

Esas deserciones enfurecieron tanto a Saddam que estuvo días sin poder comer, y se negó a hablar con sus más íntimos colaboradores. A la larga se calmó, convocó a Uday, a quien tenía por principal responsable de las deserciones, y lo despojó de todos sus cargos. Las fuerzas de seguridad asaltaron la sede del Comité Olímpico y liberaron a todos los prisioneros de la cárcel privada de Uday. Saddam no tuvo más remedio que actualizar sus informes a la UNSCOM con nuevos datos sobre armas biológicas como el ántrax y el gas nervioso VX, e informaciones nuevas sobre los esfuerzos por adquirir armas nucleares. La UNSCOM volvió a tener acceso a Iraq, y Ekeus reanudó las inspecciones con la diferencia de que esta vez contaba con pruebas incontestables sobre la infraestructura iraquí de armamento no convencional.

Saddam fue rápido de reflejos en su voluntad de demostrar

que seguía mandando en Bagdad, a pesar de los disparos recibidos por su hermanastro Watban y de la deserción de sus dos yernos. Así, anunció que el 15 de octubre se celebraría un referéndum en el que ocho millones de iraquíes emitirían su voto sobre la siguiente pregunta: «¿Está usted de acuerdo en que Saddam Hussein sea presidente de Iraq?» Aunque se tiñera el pelo y tuviera problemas de espalda, seguía siendo presentado a los iraquíes como un dirigente heroico y viril. El principal vocero de la campaña era su primo, y ministro de Defensa, Alí Hassan al-Majid. «¡Oh, altísima montaña! ¡Oh, gloria de Dios! —decía en una transmisión oficial—. Por Dios que en las más difíciles circunstancias siempre has sido para nosotros rugiente león, valeroso jinete, uno de los pocos hombres de verdad.»[30] Saddam obtuvo el 99,6 por ciento de los votos. Otro importante servicio de Majid a Saddam fue denunciar públicamente a sus primos por haber desertado del país. «Esta pequeña familia, desde dentro de Iraq, denuncia lo que es un acto de cobardía —rezaba la declaración, leída en directo por la televisión iraquí—. Su familia [la de Saddam Kamel] ha tomado la decisión unánime de permitir impunemente que corra la sangre.»[31]

Hussein Kamel vio duramente frustradas sus esperanzas de ser recibido en Occidente como un héroe en virtud de su deserción. Los agentes de inteligencia occidentales estaban dispuestos a tomarles declaración tanto a él como a su hermano, pero preferían no prolongar la relación. Lo consideraban un personaje arrogante y engreído cuyos vínculos con el régimen de Saddam eran demasiado estrechos para que se lo considerara una alternativa viable. Pese a sus ganas de librarse de Saddam, no querían verlo sustituido por un clon.[32] A finales de año, Hussein Kamel, Saddam Kamel y las hijas de Saddam fueron confinados junto con todo su séquito en uno de los pabellones de invitados del rey Hussein en Ammán, y sus tentativas de recibir asilo en Occidente toparon con el más absoluto silencio.

Saddam, que percibía la oportunidad de vengarse de sus díscolos yernos, estableció contacto con ellos en Jordania a través de sus agentes de seguridad. Los llamó personalmente por teléfono a su escondite de Ammán y les ofreció el perdón presidencial a cambio de su regreso. Aparte de la vergüenza provocada por las revelaciones sobre armamento, el secuestro de las dos hijas de Saddam (así se veía a ojos árabes) ponía en jaque el honor de éste como patriarca de la familia. Saddam dio a Uday la oportunidad de redimirse convenciendo a las dos familias de que volvieran a Bagdad, con el señuelo del perdón presidencial. En febrero de 1996, Hussein Kamel y Saddam Kamel, decepcionados por la acogida que les habían dispensado en Occidente y, en su arrogancia, convencidos de haberle dado una lección a Saddam, accedieron a volver con sus respectivas familias. Al principio Saddam Kamel protestó contra la decisión del hermano dominante con las siguientes palabras: «¡Idiota! Quieres que volvamos para que nos maten.» La respuesta de Hussein Kamel, pistola en mano, fue: «Volverás.»

El viaje a Bagdad se emprendió el 20 de febrero por la mañana. En cuanto la comitiva cruzó la frontera, en Trebeil, fue recibida por Uday y sus guardias. No hubo ningún amago de arrestar a los hermanos Kamel, pero Uday se llevó a sus hermanas Raghda y Rana, junto con sus hijos. Al llegar a Bagdad, los dos hermanos fueron convocados al palacio presidencial, donde se los obligó a firmar el inmediato divorcio de sus esposas. Saddam les arrancó personalmente los galones del uniforme (Hussein Kamel era teniente general, y Saddam Kamel, teniente coronel), y los hizo esperar en la villa paterna de Assadiyah, a las afueras de Bagdad. Por la tarde convocó al palacio presidencial a una serie de familiares y colaboradores de sus ex yernos, entre ellos Sami Salih, que seguía al frente de las operaciones de contrabando de petróleo. Salih recuerda que Saddam estaba «borracho, con los ojos enrojecidos y fuera de sí. Hacía gestos con la pistola, y soltaba insultos a grito pelado». Saddam dijo que los hermanos eran la vergüenza de todos los iraquíes, sobre todo de su familia. Les dijo: «Tenéis que borrar esa vergüenza. Tenéis que prenderlos y limpiar esta mancha. Libraos de ellos.» A continuación salió de la sala con paso vacilante, y los «invitados» fueron subidos a tres autobuses Toyota. Salih y sus compañeros tenían la sincera convicción de que iban a ser ejecutados a causa de sus relaciones con los dos hermanos caídos en desgracia.

No fue así. Cuando faltaba poco para el alba, los llevaron por los suburbios de Bagdad, y a la media hora los autobuses se detuvieron y un guardia les ordenó que guardasen silencio o los mataría. Salih, que había trabajado muchos años con Hussein Kamel, reconoció el lugar: los autobuses habían aparcado a poca distancia del domicilio familiar de Hussein Kamel. La casa estaba rodeada por fuerzas especiales armadas hasta los dientes. Salih reconoció el Mercedes plateado de Uday en una bocacalle. El silencio acabó por romperse con la llegada de un Mercedes blindado que frenó ante la casa. Un soldado cogió un megáfono y dijo a los ocupantes de la casa: «Rendíos. Estáis rodeados. No corréis peligro.» La respuesta de los de dentro fue disparar contra el coche, que partió a toda velocidad. Las fuerzas especiales, al mando de Alí Hassan al-Majid (el primo de los hermanos caídos en desgracia), abrieron fuego. La refriega duró unas trece horas y fue grabada íntegramente por un cámara presidencial, mientras Uday y Qusay lo veían todo a buen recaudo, dentro de su Mercedes a prueba de balas. Los hermanos Kamel plantaron cara valerosamente, pero al final se quedaron sin munición y murieron tanto ellos como su padre, su hermana y el hijo de ésta. Al final, Majid se acercó al cadáver de Hussein Kamel, le puso un pie en el cuello y le pegó un tiro en la cabeza. Luego los cuerpos fueron cargados en un camión de la basura, que se los llevó.

Acto seguido, uno de los jefes de las fuerzas especiales se acercó a los autobuses, donde seguían confinados los aterrorizados pasajeros, y les dijo: «Esperamos que os haya gustado el espectáculo. Quiero que sea una lección para los que los conocíais. Iraq no es país para traidores. Nadie traiciona al pueblo iraquí y vive para contarlo.»[33] Mientras los autobuses volvían a Bagdad, el cámara de Saddam regresó al palacio presidencial para entregar la grabación de los hechos. Raghda y Rana, las viudas, no volverían a dirigirle la palabra a su padre. Se fueron a vivir con sus hijos a casa de su madre, Sajida, de quien Saddam estaba separado. La triste saga tuvo una posdata en febrero de 2000, cuando la madre de Hussein Kamel y Saddam Kamel, única superviviente de la familia, fue acuchillada y descuartizada en su casa de Bagdad.

La habilidad con que Saddam respondió a las deserciones de sus dos yernos hizo que su postura quedara más fortalecida que en muchos años. Convencer al clan Majid de que se encargara del trabajo sucio había sido una demostración de su supremacía sobre el resto de los miembros del clan Tikriti. La pública humillación de Uday, depuesto de sus cargos y obligado a pedir perdón por provocar las deserciones, era una manera de reafirmar la autoridad de Saddam sobre una familia turbulenta. En el verano de 1996 tuvo ocasión de consolidar su éxito interno infligiendo dos derrotas humillantes a las constantes tentativas de derrocamiento de los servicios de inteligencia occidentales.

Desde el fracaso de la ofensiva con que el INC había conquistado Mosul y Kirkuk en la primavera de 1995, la CIA y el MI6 habían perseverado en organizar un golpe de estado en Bagdad. Desde el nombramiento de John M. Deutch como director de la CIA, en marzo de 1995, los esfuerzos estadounidenses por derrocar a Saddam iban a más. Tras repasar el historial de operaciones iraquíes de la CIA hasta esa fecha, el nuevo equipo gestor de Deutch llegó a la conclusión de que había que concentrar los esfuerzos y enfocarlos exclusivamente en el objetivo de derrocar al líder iraquí. Deutch, por otro lado, recibía presiones de la Casa Blanca para obtener resultados antes de las elecciones presidenciales estadounidenses de 1996.[34]

El fracaso de la ofensiva de 1995 en el Kurdistán había enrarecido las relaciones entre el INC y la CIA hasta el punto de que la Casa Blanca había prohibido la visita de Ahmed Chalabi al cuartel general de la CIA en Langley (Virginia). Ahora, por recomendación de la inteligencia británica, la CIA trataba con una organización rival de la INC, el Acuerdo Nacional Iraquí (INA), con sede en Londres y encabezado por el doctor Ayad Allaui, ex baasí que se había exiliado tras perder el favor de Saddam en los años setenta. A diferencia del INC, cuyas operaciones no solían tener por escenario Iraq, el INA poseía una red de contactos de alto rango en el interior del país, sobre todo en el ejército y la cúpula del Baas. El INA confiaba en poder organizar un golpe de estado desde dentro de Iraq, perspectiva que era del agrado de ambos gobiernos, el estadounidense y el británico.

Una parte del plan del INA consistía en que los tres hijos de Muhammad Abdullah al-Shahwani, general retirado de las Fuerzas Especiales iraquíes y piloto de helicóptero, ayudaran a orquestar un golpe militar desde Bagdad. A diferencia del plan de invasión del INC de 1995, la idea gozaba del respaldo entusiasta tanto de la CIA como del MI6. A principios de 1996 se celebró en Riad, la capital saudí, una reunión de agentes de alto rango de los servicios de inteligencia a la que asistieron miembros del MI6 y la CIA junto con funcionarios saudíes, kuwaitíes y jordanos, y en la que se convino prestar un apoyo total al plan del INA de derrocar a Saddam. Scott Ritter, inspector jefe de la UNSCOM, sostenía que el principal apoyo al plan del INA procedía del MI6, partidario de «un golpe de estado rápido y sencillo».[35] Aparte de dinero y material, el INA recibió un sistema de comunicaciones por satélite de tecnología punta, dotado de un avanzado dispositivo de seguridad para evitar escuchas.

Por desgracia para el INA, uno de los agentes de Shahwani fue hecho prisionero en Bagdad por las fuerzas de seguridad de Saddam, que nunca bajaban la guardia, y con él cayó el sistema de comunicaciones secreto. Los iraquíes se esmeraron en no dar ninguna señal de su ventaja. Se limitaban a realizar un seguimiento de los últimos preparativos del INA para derrocar a Saddam. El 26 de junio, por fin, las fuerzas de seguridad pasaron al ataque. En la primera redada fueron arrestados ciento veinte agentes iraquíes, entre ellos algunos cabecillas y los tres hijos de Shahwani. Todos los integrantes del complot procedían de unidades de élite como la Guardia Republicana Especial, las fuerzas de emergencia de la Guardia Republicana, y el ejército. Entre los detenidos también había varios miembros de una unidad especial de comunicaciones secretísima que recibía el apelativo de B32; trabajaba directamente con Saddam y se encargaba de garantizar la seguridad de sus comunicaciones con las unidades militares de todo el país. Cayeron, asimismo, altos cargos del Mujabarat y otros servicios de seguridad. Hasta se arrestó a dos cocineros del palacio presidencial que confesaron la existencia de un complot para envenenar a Saddam, una de las medidas del INA por si fallaba el golpe militar. En total, los detenidos ascendieron a unos ochocientos, la mayoría de los cuales fueron torturados y ejecutados. Los jefes de la inteligencia iraquí estaban tan exultantes que no vieron el momento de alardear de su victoria ante sus homólogos de la CIA, que estaban en Jordania, esperando ansiosos las noticias del golpe. La misma mañana de los arrestos, el sistema de comunicaciones cautivo transmitió un mensaje del Mujabarat para la CIA, directamente desde Bagdad: «Hemos arrestado a todos los suyos. Más vale que vuelvan a casa.»[36]

No cabe duda de que el complot del INA para derrocar a Saddam constituía la tentativa más importante hasta la fecha, con ramificaciones en lo más profundo del régimen. Es posible que, si los iraquíes no se hubieran hecho con un componente decisivo como el sistema de comunicaciones, el INA habría tenido posibilidades de éxito, ya que contaba con muchos partidarios en puestos clave; y el mérito de destaparlo le correspondía por entero a Qusay, principal responsable de la Organización de Seguridad Especial. Saddam recompensó su diligencia poniéndolo al frente de un nuevo comité formado por los jefes del Mujabarat, la seguridad especial y los servicios de inteligencia militar. Mientras Uday languidecía, caído en desgracia, la estrella de su hermano menor estaba claramente en alza.

En agosto Saddam infligió otro golpe humillante a la CIA, cuando sus fuerzas volvieron a ocupar el enclave kurdo utilizado el año anterior por el INC como base para su asalto a Kirkuk y Mosul. Las tensiones entre el PUK de Talibani y el Partido Democrático Kurdo (KDP) de Massud Barzani, facciones kurdas rivales, no habían dejado de intensificarse desde el apoyo de Talibani a la ofensiva del INC. En verano de 1996 se produjeron nuevos enfrentamientos entre ambos grupos. Al principio se impusieron las fuerzas de Talibani, y Barzani pidió ayuda a Saddam, cuya respuesta consistió en el envío de varias unidades de la Guardia Republicana y la Guardia Republicana Especial, que organizaron un ataque por sorpresa a las posiciones del PUK y derrotaron a las fuerzas de Talibani. Saddam, por tanto, regresaba triunfante al Kurdistán, mientras la CIA y la oposición iraquí, muy vinculada al PUK, se veían abocadas al desastre más absoluto. Las tropas iraquíes capturaron a decenas de seguidores del INC que operaban bajo control directo de la CIA, y millares de documentos que revelaban los planes combinados de ambas partes. Saddam ordenó la ejecución de todos los agentes iraquíes de la CIA, y el resto de los supervivientes del INC fueron encarcelados. La infraestructura del INC en Kurdistán quedó completamente destruida, y Estados Unidos se vio obligado a actuar con prisa para evacuar a más de seis mil iraquíes y kurdos relacionados con las actividades del INC.

Aunque el PUK solicitara ayuda militar para luchar contra las fuerzas de Saddam, el presidente Clinton sólo autorizó otra serie de ataques contra Bagdad con misiles de crucero, que no perjudicaron la capacidad operativa de las fuerzas de Saddam en el Kurdistán. William Perry, secretario de Defensa, resumió la postura del gobierno norteamericano con las siguientes palabras: «Mi parecer es que no deberíamos implicarnos en la guerra civil del norte.»[37]

El hecho de que Saddam lograra destapar la tentativa de golpe de estado del INA y destruir al INC en el Kurdistán tuvo como resultado que, durante el resto de la década, el gobierno de Clinton y sus aliados no repitieran sus esfuerzos por derrocar a Saddam. Lo más bochornoso había sido el aplastamiento del INC en el Kurdistán. Con las elecciones presidenciales de 1996 en ciernes, la gran prioridad del bando de Clinton era procurar que en la campaña no surgiera publicidad adversa por el fracaso de su política de deponer a Saddam. Los seiscientos cincuenta supervivientes iraquíes y kurdos del INC fueron evacuados con sus familias a la remota isla de Guam, al norte del Pacífico, donde permanecieron retenidos hasta que hubieron pasado las elecciones presidenciales, momento en que se les dio la nacionalidad estadounidense. Los desastres de 1996 habían supuesto para Clinton una dolorosa lección sobre las limitaciones de Washington a la hora de plantar cara a Saddam, y el resto de su presidencia no destacó por su interés en fraguar nuevos complots. Se mantuvieron las vías de comunicación con los grupos opositores iraquíes, pero bajo mínimos. «A partir de 1996 se llegó a un punto en que nos enviábamos felicitaciones de Navidad, pero poco más», comentaba un miembro del INA.[38]

A finales de 1996, Saddam tenía sobrados motivos de celebración. Tras eliminar a sus yernos traidores, había puesto a prueba con éxito los límites de la fuerza y la determinación de Estados Unidos, y había comprobado la fragilidad de ambas. Su régimen había encontrado la manera de sortear los efectos de las sanciones de la ONU, y la única nube en el horizonte eran las contumaces extravagancias de su hijo Uday. En diciembre de 1996, una noche en que volvía de dar de comer a sus perros, Uday salió malherido de un atentado en pleno centro de Bagdad. Los pistoleros le dispararon ocho veces a bocajarro, y huyeron dándolo por muerto. Saddam acudió en seguida al hospital para ver a su hijo, al igual que la madre, Sajida. Era la primera vez que los padres de Uday coincidían en la misma habitación desde la muerte de Adnan Jairallah, en 1989. Las heridas de Uday eran graves, pero los médicos cubanos que lo atendían informaron a Saddam de que su hijo sobreviviría. Sospechosos no faltaban; en los siguientes días fueron interrogadas unas dos mil personas, entre ellas Watban, el tío de Uday, que aún convalecía de las heridas debidas a los disparos de éste. La tentativa de asesinato se atribuyó más tarde a un grupo que se hacía llamar Al-Nahdah («el Despertar»), integrado por profesionales iraquíes de clase media y formado en 1991 para derrocar a Saddam. A los pocos días del tiroteo, Saddam convocó a su familia a una cumbre de emergencia en torno a la cama de Uday. En presencia de Qusay, de los dos hermanastros de Saddam, Watban y Sabaui, y de Alí Hassan al-Majid, Saddam criticó ferozmente la conducta de todos en general. Nadie quedó a salvó de los reproches de incompetencia o corrupción. Saddam reservó los más severos para Uday: «Tu comportamiento es malo, Uday —reconvino a su hijo postrado—. Es imposible portarse peor que tú. Queremos saber qué clase de persona eres. ¿Un político, un comerciante, un líder o un *playboy*? Has de saber que no has hecho nada por esta tierra ni por este pueblo.»[39]

En primavera de 1997, Saddam concentró sus energías en los dos temas que quedaban pendientes de la guerra del Golfo: las sanciones de la ONU y las inspecciones de armas de la UNSCOM. En 1991, en el momento de la imposición de las sanciones, se había hecho creer a los iraquíes que serían levantadas una vez fueran satisfechos los requerimientos de los inspectores de la ONU; sin embargo, a principios de 1997, con Clinton en su segundo gobierno, quedó claro que Washington ya no concebía las sanciones como algo relacionado con las inspecciones de armas. En marzo de 1997, Madeleine Albright, la nueva secretaria de Estado, declaraba públicamente en la Universidad Georgetown de Washington: «No estamos de acuerdo con los países que sostienen que si Iraq cumple con sus obligaciones en lo tocante a las armas de destrucción masiva, habría que levantar las sanciones.» Era un cambio significativo de política, y no le pasó desapercibido a Saddam, que vio claro que seguir colaborando con los inspectores de la ONU no le beneficiaba en nada. Se daba perfecta cuenta de que la disposición de

Washington a recurrir a la fuerza para imponer la obediencia a la UNSCOM tenía un límite. En 1997, por parte de Washington, la amenaza de la fuerza militar estaba en declive. Saddam calculó que, si lo peor que le tenía reservado Estados Unidos eran unos cuantos misiles de crucero, le interesaba más proteger su arsenal secreto de armas no convencionales de las intromisiones de la UNSCOM.

En aquel momento, la principal preocupación de la UNSCOM era localizar lo que quedara de los programas iraquíes de armas biológicas y gas nervioso VX, así como los sistemas de misiles susceptibles de ser utilizados para transmitir lo que siguiera ocultando Saddam. Otra tarea delegada en la UNSCOM era investigar las afirmaciones de que entre 1994 y 1995 Iraq había efectuado experimentos de armas biológicas con los prisioneros de la cárcel de Abu Ghraib, a las afueras de Bagdad, y de que existían fosas con restos humanos junto a las instalaciones de Salman Pak.[40] Pertrechados con la nueva información que habían obtenido de Hussein Kamel y los demás desertores, los inspectores empezaron a adoptar una actitud más agresiva, sobre todo desde el relevo, en 1997, del aplicado Rolf Ekeus por el diplomático australiano Richard Butler, de personalidad más vehemente. Al incremento de presión de la UNSCOM correspondió a su vez una actitud de mayor desafío por parte de Saddam. En cierta ocasión, durante una inspección, un oficial iraquí tomó por la fuerza los mandos de un helicóptero de la UNSCOM y estuvo a punto de estrellarlo por sus ansias de impedir que los inspectores fotografiasen algo comprometedor. Los iraquíes tapaban las cámaras que, supuestamente, tenían vigilados los puntos más sensibles, y trasladaban material secreto sin notificárselo a la UNSCOM. Algunos de los emplazamientos más comprometedores fueron declarados por Saddam como zonas presidenciales o de soberanía, a salvo del proceso de inspección. En junio, en unas declaraciones con motivo de una de las pocas reuniones del Consejo del Mando Revolucionario, resumía del modo siguiente la nueva postura iraquí ante las actividades de los inspectores de armas: «Iraq ha cumplido todas las resoluciones relevantes, y las ha puesto en práctica. [...] No queda absolutamente nada. Exigimos con claridad inequívoca que el Consejo de Seguridad cumpla sus compromisos con Iraq. [...] La expresión práctica de ello es respetar la soberanía iraquí y levantar por completo el bloqueo impuesto al país.»[41]

El entorpecimiento de la labor de los inspectores fue en aumento. Los iraquíes tenían cierta razón al alegar que la UNSCOM tenía infiltraciones de la CIA y de otros organismos de inteligencia occidentales.[42] En octubre, Tariq Aziz anunció que ya no se permitiría la entrada de norteamericanos en Iraq para trabajar con los equipos de inspección, y a los pocos días fueron expulsados los que quedaban. El gobierno de Clinton respondió con la amenaza de bombardear Iraq, y esta vez Saddam decidió echarse atrás, pero no antes de que su política extremista hubiera demostrado que, con la notable excepción de Gran Bretaña, Estados Unidos contaba con escaso apoyo internacional para reanudar las acciones militares contra Bagdad. Boris Yeltsin, el presidente ruso, llegó al extremo de afirmar que una acción conjunta de Estados Unidos y Gran Bretaña contra Iraq desencadenaría la tercera guerra mundial. Mientras tanto, Saddam invitó a la prensa internacional a informar sobre los efectos devastadores causados en Iraq por siete años de sanciones. Las noticias sobre hospitales sin medicinas, colegios sin libros y madres sin comida aparecieron en su debido momento en los medios de comunicación occidentales, y tuvieron un profundo impacto en la opinión pública. Desde luego, no se habló de que el régimen ganaba miles de millones de dólares mediante las actividades encaminadas a esquivar las sanciones, o de que la ayuda alimentaria y sanitaria de la ONU estaba siendo vendida en el mercado negro por la red de contrabando de Uday.

En febrero de 1998, en un último esfuerzo por suavizar la crisis de la UNSCOM por vías diplomáticas, Kofi Annan, el secretario general de la ONU, visitó Bagdad para entablar conversaciones con Saddam. El punto clave era la exigencia de Butler de que a los inspectores les fuera permitido visitar los llamados «emplazamientos presidenciales», donde se sabía que estaba escondida buena parte del material prohibido. Saddam se había resistido a la exigencia, alegando que era un insulto al honor de la presidencia. Los iraquíes, por otro lado, querían saber cuándo pensaba levantar la ONU las sanciones. Annan llegó a Bagdad el 20 de febrero, y a los pocos días mantuvo una entrevista personal con Saddam. Como todos los visitantes, subió al coche gubernamental que lo llevaría a la entrevista sin la menor idea de adónde se dirigía. Lo condujeron a un nuevo palacio que había construido Saddam en Bagdad después de la guerra del Golfo, y lo encontró relajado y seguro de sí mismo, con traje cruzado azul, corbata a juego y lustrosísimas botas de piel negra. El primer paso de Annan fue halagarlo. «Es usted un constructor. Ha construido el Iraq moderno, y ha vuelto a construirlo después de la destrucción. ¿Quiere volver a destruirlo?» Saddam prestó gran atención a las palabras de Annan, y en un momento dado sacó una libreta amarilla para anotar las cuestiones que sacaba a relucir el secretario. Después de tres horas de conversación, empezaron a trabajar en una fórmula para solucionar la crisis. A Saddam le parecía mal la palabra «inspecciones» en relación con los emplazamientos presidenciales. Quiso sustituirla por «visitas». Annan dijo que la palabra elegida por Saddam era demasiado vaga. Saddam contestó: «Bueno, pues que entren.» Fue la base sobre la que Annan redactó la frase «entradas iniciales y subsiguientes para la ejecución de las tareas encomendadas». A cambio de su aquiescencia al texto corregido, Saddam consideró que Annan se había comprometido a levantar las sanciones si Iraq accedía a otra tanda de inspecciones. En el momento de despedirse del secretario, dijo: «Le agradezco que haya venido personalmente a Bagdad. Vuelva cuando guste. Incluso puede venir de vacaciones, si no le supone ningún inconveniente.»[43]

Aunque la misión de Annan tuviera éxito en distender la crisis inmediata, a largo plazo significó el final de la UNSCOM. La intervención del secretario confirmaba que la UNSCOM había dejado de ser el único interlocutor con Iraq sobre temas de armamento, porque Saddam sabía que en adelante podría pasar por encima de Butler en sus gestiones. La autoridad de Butler había sido usurpada por Annan y los miembros, siempre enfrentados, del Consejo de Seguridad; novedad de la que Saddam se apresuró a sacar provecho.

Tras la misión de Annan, Naciones Unidas trató de rebajar su enfrentamiento con Saddam porque el gobierno de Clinton se daba cuenta de que, aparte de bombardear Bagdad, poco podía hacer para que se cumplieran las resoluciones de la ONU. Washington prefirió presionar a la ONU para que su actitud sobre las inspecciones fuera menos agresiva, ya que la alternativa era dejar de manifiesto la impotencia de la postura occidental respecto a Iraq. Por su parte, Butler dio orden a Scott Ritter, el inspector jefe del equipo de la ONU en Bagdad, de detener las inspecciones. La protesta de Ritter se concretó en su dimisión. Se quejaba de interferencias en su trabajo por parte de agentes de Londres y Washington. Antes de marcharse, reveló que Saddam tendría nada menos que tres armas nucleares a punto en cuanto hubiera conseguido el material necesario (uranio 235 o plutonio). Otro gesto de Ritter que perjudicó gravemente la credibilidad de la UNSCOM fue revelar que durante buena parte de sus siete años en los equipos de inspección, supuestamente independientes, había colaborado estrechamente con los servicios de inteligencia israelíes.

En agosto, Saddam provocó el enésimo choque con Washington al exigir el rápido fin de la misión de la UNSCOM, y amenazar con graves represalias si no se levantaban las sanciones. El 1 de octubre, el Congreso norteamericano, dominado por los republicanos y preocupado por la escasa voluntad del presidente Clinton de enfrentarse con Saddam, aprobó la Ley de Liberación Iraquí, por la que se concedían 97 millones de dólares a los grupos opositores iraquíes dedicados a derrocar a Saddam. Éste, en noviembre, suspendió toda colaboración con el programa de vigilancia de la UNSCOM. Los inspectores fueron retirados, y Estados Unidos y Gran Bretaña se dispusieron a bombardear Iraq. En el último momento, Saddam dio su consentimiento al regreso de los inspectores. Butler prosiguió con las inspecciones, pero los iraquíes le ponían tantas trabas que informó que Saddam no estaba cumpliendo sus compromisos con la ONU. Para entonces Annan había concluido que tanto a Clinton como a Saddam les interesaba mucho fomentar los tan pospuestos bombardeos. El momento era especialmente favorable para Clinton, que buscaba a toda costa desviar la atención del proceso de *impeachment* iniciado contra él en Washington.

El 17 de diciembre, un grupo de aviones norteamericanos y británicos puso en marcha la operación Zorro del Desierto. Los aliados, con el refuerzo de misiles de crucero, llevaron a cabo cuatrocientas misiones de bombardeo contra blancos que les habían sido prohibidos visitar a los inspectores de la ONU. Los bombardeos apenas perjudicaron a Saddam. En total se atacaron 97 objetivos, de los que, según informaciones del Pentágono, sólo nueve fueron destruidos por completo. En cuanto a las once instalaciones de armamento químico y biológico, no se arrasó ninguna. La campaña de setenta horas de bombardeos dejó ileso a Saddam, que sin duda lo tenía previsto, y que declaró que Iraq había salido victoriosa de la confrontación. «Dios os ha recompensado, y ha regocijado vuestros corazones con la corona de la victoria», dijo en un discurso televisivo que se retransmitió a todo el mundo árabe. El presidente Clinton también cantó victoria, pero con una frase bastante menos triunfal: «Tengo confianza en haber cumplido nuestra misión.»

Lo cierto era que los bombardeos constituían una victoria política para Saddam. La operación Zorro del Desierto puso fin a las operaciones de la UNSCOM, y el gobierno iraquí insistió en que no volvería a colaborar con los inspectores de la ONU. Además, y en contraste con el consenso internacional que había presidido los hechos de Kuwait, la decisión de Clinton de atacar provocó la condena internacional de Francia, Rusia, China y gran parte del mundo árabe. El Consejo de Seguridad de la ONU estaba completamente dividido sobre el futuro de la UNSCOM y la cuestión de Saddam. Es más: la única política que les quedaba a Estados Unidos y Gran Bretaña, únicos países empeñados en mantener su compromiso de forzar al régimen de Saddam a observar sus obligaciones internacionales, era el mantenimiento de las sanciones de la ONU, y esa política estaba siendo cuestionada. A pesar de que en 1996 se hubiera introducido un matiz en las sanciones, en el sentido de un pacto de «petróleo por comida», las organizaciones humanitarias seguían publicando noticias angustiosas sobre el drama de los niños desnutridos iraquíes.

En marzo de 1998, un año después de que entrara en vigor el pacto de petróleo por comida, un estudio de la Unicef demostró que una cuarta parte de los niños iraquíes sufrían desnutrición crónica, y que esa desnutrición era aguda en casi una décima parte; y, aunque nada tuviera tanta culpa del drama como la propia política de Saddam, la opinión pública occidental culpaba a las sanciones de la ONU. Las dificultades de Estados Unidos y Gran Bretaña se vieron agravadas a finales de 1998, a raíz de que Denis Halliday, el cuáquero irlandés designado por la ONU para supervisar el programa de petróleo por comida, dimitió, denunciando una política que, según él, hacía que «todos los meses muriesen innecesariamente entre cuatro y cinco mil niños a causa del impacto de las sanciones».

Mientras la opinión pública occidental empezaba a volverse en contra del mantenimiento de las sanciones, el tema crucial del arsenal de armas de destrucción masiva de Saddam seguía sin recibir solución. En 1998, cuando llegaron a su fin las inspecciones de la UNSCOM, Saddam persistía en no declarar veinte toneladas de material esencial para la producción de armas biológicas como el ántrax, y doscientas toneladas de precursores químicos para la producción de gas nervioso VX. La ONU seguía sin conocer a fondo la capacidad iraquí de fabricar misiles de largo alcance. Seguía reinando la profunda sospecha de que Saddam ocultaba cierto número de misiles de tipo Scud en los que podían haberse montado cabezas con ántrax o VX.[44] Los iraquíes, además, conservaban como mínimo la capacidad de investigar y desarrollar armas nucleares, y un sistema eficaz de lanzamiento.[45] Scott Ritter, el inspector de la UNSCOM, consideraba que Iraq tenía capacidad para fabricar varias bombas que podían ser trasladadas entre instalaciones secretas de almacenamiento en vehículos modificados para ese fin.[46] Saddam ya había demostrado su disposición para emplear armas de destrucción masiva contra civiles inocentes. El reto planteado a Occidente era cómo impedirle usarlas en el futuro.

El ídolo

El 28 de abril de 2002, la principal carretera de acceso a Tikrit presentaba un embotellamiento de autobuses destartalados y Mercedes con ventanillas ahumadas. En la plaza de armas del centro de la ciudad se congregaban desde militares de poblados mostachos hasta jeques de holgadas túnicas y granjeros de raídos pantalones, para celebrar oficialmente el sesenta y cinco cumpleaños de Saddam Hussein, el Ungido, el Líder Glorioso, descendiente directo del Profeta, presidente de Iraq, presidente del Consejo del Mando Revolucionario, mariscal de campo de sus ejércitos, doctor en sus leyes y tío abuelo de todos sus pueblos.

La plaza de armas (dotada de un puesto de revista para los invitados especiales, sentados en sillas de respaldo alto) había sido construida para las pocas ocasiones en que el pueblo tenía la oportunidad de manifestar su devoción por el presidente. Mientras la multitud aguardaba pacientemente la llegada del invitado de honor, varios grupos de colegialas, algunas de ellas disfrazadas de terroristas suicidas, ejecutaban una serie de bailes dedicados al «pulso vital» de Saddam. El baile fue seguido por una larga procesión de soldados y oficiales de seguridad de la zona, en número aproximado de diez mil. Cada grupo, al pasar ante el puesto de revista, entonaba: «Feliz año, presidente Saddam Hussein, tú que nos has traído la victoria.» Por último entró en la plaza de armas una comitiva de Mercedes elegantes y blindados que se detuvo ante el puesto de revista. En el silencio general, los guardias de seguridad ayudaron a bajar al invitado de honor, tan esperado.

El único problema era que la persona que bajó de la limusina presidencial no era Saddam Hussein, sino su primo, el general Alí Hassan al-Majid, conocido en todo Iraq como Alí *el Químico*. En 2002, tras veintitrés años como líder indiscutible de Iraq, Saddam reducía sus apariciones públicas a unos mínimos tan estrictos que ni siquiera comparecía en ocasiones tan especiales como su cumpleaños. Temeroso de que uno de sus muchos enemigos aprovechara la oportunidad para organizar un atentado, prefería confinarse en la seguridad de los muchos búnkers presidenciales construidos por él a lo largo y ancho del país. La mayoría de sus apariciones eran televisivas, y consistían en mensajes al pueblo desde un lugar secreto. Los Tikriti que habían acudido a felicitarlo se llevaron una decepción, pero no interrumpieron los festejos. Cuando Majid levantó el brazo derecho con la palma abierta, imitando el saludo de Saddam, la multitud entonó las consignas como si se dirigieran a éste en persona: «Por ti, Saddam, sacrificamos nuestras almas y nuestra sangre.»

Los festejos del aniversario de Saddam duraron toda una semana. En deferencia al sufrimiento de los palestinos, que en aquel momento estaban siendo sometidos a la operación Muro Defensivo (con la que los israelíes pretendían erradicar a los terroristas suicidas de la orilla occidental), Saddam pidió a las bailarinas que debían agasajar a los tres mil quinientos invitados del banquete especial en Bagdad que se quedaran en casa. «En Palestina destruyen pueblos y matan a la gente —explicó un funcionario—. No es momento para bailes.»[1] Aun así, Saddam se dio el lujo de que se interpretara una de sus obras de teatro en el nuevo y elegante teatro de Bagdad: *Zabibah y el rey*, basada en una de las dos novelas que ha escrito desde la guerra del Golfo. La obra narra la historia de un monarca solitario que se enamora de una virtuosa plebeya. Por desgracia para el monarca, el 17 de enero (la misma fecha en que la coalición encabezada por Estados Unidos puso en marcha la operación Tormenta del Desierto), el objeto de su deseo es violado y asesinado por un marido celoso. El monarca decide vengar el honor de la mujer, pero muere durante la refriega. Saddam no asistió personalmente a la noche de gala, pero la obra gozó de buena acogida, y el público no tuvo dificultad en identificar los aspectos alegóricos de la trama. Zabibah representa al pueblo iraquí, que se da cuenta de que su rey, Saddam, defiende sus intereses, y en caso necesario está dispuesto a sacrificar su vida.

En los tres años y medio transcurridos desde la partida de los inspectores de la UNSCOM, tres años y medio, también, desde los infructuosos bombardeos de Clinton y su operación Zorro del Desierto, Iraq había experimentado una transformación. El comercio era próspero, debido a que casi todo el mundo árabe boicoteaba las sanciones. El Aeropuerto Internacional Saddam de Bagdad recibía vuelos regulares de Jordania, Siria y Líbano, y los visitantes eran acogidos con pancartas de «Abajo América» en letras chillonas de color sangre. Todos los edificios, puentes y carreteras de la capital que habían sufrido daños en la guerra de 1991 estaban reconstruidos. Las ganancias legítimas en divisas generadas por el programa de petróleo por comida de la ONU, sumadas a los ingentes beneficios de las actividades ilícitas de contrabando de petróleo, hacían que por primera vez en más de veinte años las calles de Bagdad volvieran a presentar indicios de prosperidad. En el barrio de clase alta Mansur, las tiendas ofrecían lo último en alta costura; en los distritos más pobres, los mercados rebosaban de comida y electrodomésticos baratos importados de China.

Durante casi toda la década de los noventa, la del pulso entre Iraq y la ONU por el desarme, Saddam había explotado despiadadamente el sufrimiento de los suyos para convencer a la opinión pública occidental de que renunciara a las severas sanciones de la ONU. Desde que ya no tenía encima ni la atención impertinente de los inspectores de armas ni los efectos más graves de las sanciones, había decidido aliviar las restricciones económicas, más que nada para evitar que el pueblo, después de tanto sufrimiento, se alzara contra él. Los medicamentos estaban a la orden del día, el suministro eléctrico había vuelto a la normalidad, y los iraquíes de a pie empezaban a recuperarse de las horribles privaciones sufridas durante casi todos los años noventa.

Aparte de mejorar el bienestar de su pueblo, Saddam seguía teniendo fondos suficientes para mantener su obsesión por los proyectos grandiosos. No sólo construyó más palacios, sino que dedicó enormes recursos a erigir varias mezquitas gigantescas. Una de las mayores, y la más cara, era la mezquita Umm al-Maarik («madre de todas las batallas»), en el centro de Bagdad, cuya construcción llegó a su término a tiempo para los festejos de aniversario de Saddam (en 2001, es decir, a los diez años de la guerra del Golfo). Los minaretes remedaban voluntariamente los misiles Scud en sus plataformas de lanzamiento; representaban los que había lanzado Saddam contra Israel durante la guerra del Golfo, y eran cuatro, de cuarenta y tres metros cada uno, en conmemoración de los cuarenta y tres días de la operación Tormenta del Desierto. Uno de los aditamentos más notables de la mezquita era un Corán escrito con la sangre de Saddam, cuyas 605 páginas estaban expuestas en vitrinas para la posteridad. El guardián de la mezquita explicaba que Saddam había donado veinticuatro litros de sangre a lo largo de tres años. A continuación, la sangre había sido mezclada con tinta y conservantes, y el resultado era un color rojo pardusco con un matiz azul. Al pie de uno de los minaretes había un estanque con un mosaico informe de más de siete metros, en representación de la huella dactilar de Saddam, que contenía una versión aumentada de la firma del presidente.[2]

La obsesión de Saddam por los grandes proyectos, trátese de palacios, mezquitas o armas nucleares, deriva de su infancia en Tikrit, en el seno de una familia que no tenía medios ni para comprarle zapatos, y responde a la imagen que tiene de sí mismo como gigante de la historia árabe. Al igual que Saladino, el conquistador de las Cruzadas (quien, según la leyenda, también procedía de Tikrit), Saddam estaba convencido de que su destino era ser recordado y venerado como el líder que devolvió la gloria legítima a Iraq y al mundo árabe. En consonancia con ello, el último palacio que había construido tenía columnas rematadas con su propia cabeza, y el yelmo de Saladino encima.[3]

Al hacerse mayor, Saddam, como Hitler, empezó a creer en la providencia. Como Hitler, refractario a los informes de sus generales sobre el fin inminente del Tercer Reich, se negaba a contemplar la idea de derrota, aunque Iraq ya hubiera sufrido bajas catastróficas durante la guerra del Golfo. Al entrar en su sexta década de vida, la realidad le quedaba más lejos que nunca. Sin duda el constante traslado de uno a otro palacio, la incapacidad de comunicarle a nadie con antelación su paradero, ni siquiera a su propia familia, se hacían sentir en el plano psicológico. En las pocas ocasiones en que tenía tiempo de reflexionar sobre los derroteros de su vida, debían de obsesionarle (como a Macbeth el fantasma de Banquo) las sangrientas imágenes de sus amigos asesinados, como Abdul Karim al-Shaijly y Adnan Jairallah. Tampoco hay que olvidar la destrucción sembrada por su éxito en lo que había sido una familia feliz: la separación marital, el rechazo de dos hijas, el asesinato de dos yernos y la enfermedad mental del hijo mayor, por no hablar de las tendencias patológicas de otros parientes, como Alí Hassan al-Majid y sus hermanastros Barzan, Watban y Sabaui.

Independientemente de que optara por pasar la noche en uno u otro palacio, Saddam necesitaba pocas horas de sueño. Solía levantarse a las tres e ir a nadar. En un país desértico como Iraq, el agua es un símbolo de riqueza y poder, y todos los palacios de Saddam abundaban en fuentes, piscinas y cascadas. Saddam tenía una hernia discal, y los médicos le habían aconsejado nadar y caminar para aliviar sus males. Todas sus piscinas gozaban de un mantenimiento escrupuloso, tanto para conservarlas a la temperatura indicada como para garantizar que el agua no estuviera envenenada. Teniendo en cuenta la gran cantidad de enemigos del régimen que habían sufrido envenenamiento por talio, quizá no sea de extrañar que Saddam tuviera tan arraigado el miedo al envenenamiento; de ahí las proporciones casi surrealistas que habían adquirido las medidas de seguridad respecto a la comida. Dos veces a la semana llegaba comida fresca de Bagdad, sobre todo langostas, langostinos, pescado, carne magra y lácteos. Antes de ser llevados a las cocinas presidenciales, los envíos pasaban por las manos de un equipo de científicos que los sometían a rayos X y les hacían pruebas de radiación y veneno.[4] Saddam poseía unos veinte palacios, todos con su propio personal, y en cada uno de ellos se le preparaban tres comidas al día, aunque estuviera ausente.

A pesar de su edad, Saddam seguía siendo un hombre presumido, cuyo régimen de ejercicios diarios estaba encaminado a mantenerlo en forma en la misma medida que a cuidar su espalda. Quería estar guapo y volvía a llevar trajes a medida, no, como en los años noventa, el uniforme verde del Baas. El cambio de vestuario arrancaba de un consejo de Kofi Annan, el secretario general de la ONU, en el sentido de que un traje elegante mejoraría mucho su imagen de estadista. Saddam seguía tiñéndose el pelo de negro, y se negaba a llevar gafas de lectura en público. Cuando leía un discurso, sus ayudantes se lo imprimían en letras enormes, con pocas líneas por página. Como los problemas de espalda le imprimían una leve cojera, evitaba ser visto o filmado dando más de pocos pasos. Seguía teniendo una jornada de trabajo larguísima, como en los primeros tiempos de la revolución baasí de 1968. La única diferencia en su rutina era la costumbre de dar cabezadas a lo largo del día. De repente salía de una reunión, se encerraba en una salita y volvía a la media hora con energías renovadas. Como forma de relajación tenía preferencia por la lectura, sobre todo de libros de historia árabe y militar, o por la televisión. Le gustaba echar un vistazo a la programación de las cadenas por cable, como la CNN, Al-Jazeera y la BBC. Otra de sus aficiones eran las películas de acción, llenas de intriga, asesinatos y conspiraciones. Entre sus favoritas, *Chacal*.

A pesar de sus intentos de mantener contacto con el mundo exterior, Saddam estaba más aislado que en ningún otro momento de su carrera, y ese aislamiento se reflejaba en su actitud durante las reuniones de gobierno. En el pasado siempre había sido un dechado de eficacia; acudía a ellas debidamente informado, tras leer y estudiar a fondo los documentos que le habían preparado. Ahora, en cambio, cundía el desorden y la desorganización. Las reuniones duraban varias horas, sin que se llegara a ninguna conclusión digna de tal nombre, y a su término Saddam decía a sus colaboradores: «Por favor, saludad al pueblo de mi parte, porque no creo que pueda comparecer en público durante cierto tiempo. Tengo una temporada de mucho trabajo.»[5] A principios de 2002, durante una reunión del gabinete, Saddam se fijó en que uno de sus ministros consultaba el reloj. Al final de la reunión le pidió que se quedara y le preguntó si tenía prisa. El ministro contestó que no, y Saddam, tras reprocharle el agravio, ordenó que lo encerraran durante dos días en la sala. El ministro se quedó en el gabinete con un miedo atroz a que en cualquier momento lo sacaran de allí y le pegaran un tiro, pero al final lo dejaron salir y Saddam se limitó a relevarlo del cargo.

Una cosa era que Saddam se hubiera vuelto más tranquilo, y otra que fuera más benévolo. Una vez libre de las restricciones impuestas por la UNSCOM, reanudó sus esfuerzos por reconstruir su arsenal de armas de destrucción masiva. Casi no se había asentado el polvo de los bombardeos de la operación Zorro del Desierto, y ya surgía la noticia de que Saddam había firmado un acuerdo secreto con Moscú para reconstruir su sistema de defensa antiaérea. A los pocos meses, mientras Occidente se disponía a emprender acciones para evitar que el dirigente serbio Milosevic llevara a cabo una limpieza étnica contra la población albanesa de Kosovo, Saddam firmó una alianza secreta con Belgrado para ayudar al dictador serbio a superar los ataques aéreos aliados. En marzo, un grupo de expertos serbios en armas químicas y biológicas viajó a Bagdad y realizó una visita guiada por las instalaciones de armas no convencionales.[6] Los servicios de inteligencia occidentales sospechaban que los dos países, aparte de colaborar en sus respectivas necesidades de defensa antiaérea, lo hacían en la producción de armas no convencionales. El miedo a que Saddam y Milosevic colaborasen en el desarrollo de armas nucleares se incrementó en verano de 2000, al descubrirse que Milosevic tenía reservas suficientes de uranio para fabricar varias bombas, aunque fueran toscas. Se trataba, precisamente, del material que necesitaba Saddam para acabar de fabricar la primera bomba atómica del mundo árabe.[7]

Saddam ordenó a sus cuerpos de seguridad que renovasen esfuerzos para desbaratar las actividades de los grupos de exiliados iraquíes. La Ley de Liberación Iraquí, aprobada en octubre de 1998 por el Congreso estadounidense, había suministrado fondos para que los grupos opositores iraquíes pudieran concebir nuevas estrategias encaminadas a derrocar a Saddam. Las tentativas de inducir una colaboración entre los grupos rivales habían quedado sin efecto. Aun así, los agentes de Saddam hicieron lo posible por desbaratar las actividades de la oposición iraquí, y en agosto se supo que Saddam había urdido un complot en Londres para obligar a un ex general iraquí a asesinar a Ayad Allaui, jefe del Acuerdo Nacional Iraquí y cerebro del fallido golpe de estado de 1996. Las fuerzas de seguridad de Saddam ejercieron presión sobre Muhammad Alí Ghani, un ex comandante de la Guardia Republicana que había desertado tras la frustrada rebelión chiíta de 1991, y lo hicieron arrestando a su hija de veinte años, que aún vivía en Bagdad. Los agentes de seguridad iraquíes amenazaron con torturarla a menos que su padre matara a Allaui. Ghani trató de evitarlo mediante el suicidio, pero sobrevivió a la tentativa, aunque decidido, después de tantos sufrimientos, a no participar en el movimiento opositor iraquí.[8]

Los esfuerzos de Saddam por fortalecer su posición en Bagdad se resentían constantemente de las arbitrariedades de su hijo Uday. A finales de 1990 apareció la noticia de que Uday estaba completamente restablecido de las heridas sufridas durante el atentado de 1996, aunque lo cierto es que casi siempre tenía que ir en silla de ruedas, y sólo se levantaba para las fotografías y las apariciones televisivas. Estaba tan frustrado por la lentitud de su recuperación que una noche de borrachera en un club de Bagdad ordenó a sus guardaespaldas que le trajeran «la cabeza de mi cirujano». El pobre doctor, puesto al corriente de la ira de Uday, se exilió a Arabia Saudí.[9] Seguían circulando rumores sobre la sexualidad de Uday, a quien muchas veces se le atribuía impotencia. Abbas Janabi, que antes de desertar a Gran Bretaña fue su secretario personal durante quince años, decía que Uday recuperó su apetito sexual, y que solía seducir hasta cuatro mujeres al día. A veces sus conquistas eran niñas de doce años, o menos.[10] La impetuosidad de Uday se reflejaba en su trato del equipo nacional de fútbol. Si perdían un partido importante, o jugaban mal, eran llevados a las celdas del Comité Olímpico y golpeados.[11]

Otro de los antiguos colaboradores de Uday, Abu Zeinab al-Qurairy, ex general de brigada del Mujabarat que desertó a principios de 2001, había experimentado personalmente su brutalidad. Durante unas purgas anticorrupción iniciadas por Saddam en 2000, Qurairy había sido tan ingenuo de enviarle un informe secreto donde se exponía en detalle un fraude millonario de Uday al gobierno. Saddam había dado garantías personales a sus colaboradores de que cualquier información que recibiese sería tratada con la mayor confidencialidad; sin embargo, cuando Qurairy volvió a ver a Uday, éste lo sabía todo acerca del informe secreto. «No sé de dónde, Uday sacó una aguijada eléctrica para ganado y me la puso entre las piernas. Quedé inconsciente. Al despertarme estaba en una celda del Comité Olímpico.»[12]

Uday, que seguía al frente de las lucrativas operaciones de contrabando de petróleo, abrió nuevas rutas en Siria. En agosto de 1999, Saddam pasó por el mal trago de que se descubriera que, por culpa de su corrupto hijo, un cargamento de leche para bebés y de suministros médicos destinado a los niños iraquíes estaba siendo sacado del país de contrabando, en una de las provechosas maniobras comerciales de Uday. También tenía que hacer frente al hecho de que Uday cada vez estuviera más celoso de su hermano menor Qusay, más consciente y responsable, y que como tal iba asumiendo progresivamente el papel de heredero. Uday ya había provocado una ruptura en la familia obligando a Barzan al-Tikriti, tío suyo y hermanastro de Saddam, a exiliarse a Suiza a finales de 1998. El motivo había sido el deseo de Uday de controlar los miles de millones de dólares que manejaba Barzan a través de una serie de cuentas secretas en bancos suizos. Más tarde Saddam se reconcilió con Barzan, pero la reacción de Uday fue centrarse en su hermano menor. La crisis se desencadenó a finales de 1999, cuando se atribuyó a Uday la ejecución del jefe de los servicios de inteligencia, y primo de Saddam, Rafa al-Tikriti. Tikriti era un estrecho colaborador de Watban, hermanastro de Saddam, y su campaña contra Uday se remontaba a 1995, el año de la deserción de los dos yernos de Saddam. Uday contraatacó deteniéndolo por filtrar datos de los acuerdos sobre armas secretas entre Iraq y Moscú, y Tikriti fue ejecutado por traición.[13]

Desde que Iraq, a todos los efectos, estaba cerrado al resto del mundo, la mayoría de los datos sobre las actividades de la familia de Saddam procedían del creciente número de desertores que huían a Occidente, proceso que se aceleró en el período posterior a los ataques terroristas del 11 de setiembre en Nueva York y Washington. Uno de los informes más reveladores sobre las actividades clandestinas de Saddam para reconstruir su infraestructura de armas no convencionales fue el que suministró Adnan Ihsan Saeed al-Haideri, un ingeniero de caminos que huyó de Iraq en verano de 1991. Al hablar con los agentes de la CIA y el FBI, Haideri aseguró haber trabajado en la renovación de instalaciones secretas para armas biológicas, químicas y nucleares en pozos subterráneos, villas privadas e incluso en el hospital Saddam Hussein de Bagdad.[14]

Las afirmaciones de Haideri confirmaban las sospechas de los expertos en control de armas que habían tratado de vigilar las actividades de Saddam desde la desaparición de la UNSCOM.

En diciembre de 1999, la ONU había creado otro organismo en sustitución de esta última, la Comisión de Vigilancia, Verificación e Inspección de las Naciones Unidas (UNMOVIC), que, a diferencia de sus predecesoras, informaba directamente al secretario general de la ONU. Dado el *impasse* sobre el futuro de las sanciones de la ONU, Iraq había rechazado los intentos de la UNMOVIC de realizar inspecciones en ese país. La ONU sólo podía hacer conjeturas con los datos de que disponía acerca de las capacidades de Iraq en cuanto a armamento no convencional, basándose en la labor de los inspectores de la UNSCOM y en los informes de los desertores. Estos últimos daban a entender que el desarrollo de armas nucleares había sido restablecido por Saddam. Charles Duelfer, antiguo número dos de la UNSCOM, informó de que los científicos nucleares iraquíes de los que se tenía constancia habían vuelto a los cinco centros de investigación nuclear del país.[15] Saddam tenía material para construir un artefacto nuclear; sólo le faltaba el uranio. En junio se acusó a Iraq de contrabando de componentes para construir sistemas de enriquecimiento de uranio, sirviéndose de los vuelos de carácter humanitario cuyo objetivo era ayudar a la población afectada por el desmoronamiento de una presa al norte de Damasco.[16] En el verano de 2002, los expertos occidentales en armamento nuclear e inteligencia llegaron a la conclusión de que Saddam sería capaz de producir una bomba atómica por sus propios medios en el plazo de cinco años.

El nivel de desarrollo de las armas químicas y biológicas de Saddam aún era más difícil de calibrar. Durante las inspecciones de la UNSCOM, Iraq no había reconocido en ningún momento las cien mil armas químicas producidas durante la guerra con Irán, y se temía que hubiera miles de ellas escondidas, o bien con agente nervioso VX, o bien con gas mostaza. En febrero, George Tenet, director de la CIA, declaró al Congreso: «Bagdad está expandiendo su industria química civil de tal modo que podría desviarse rápidamente hacia la fabricación de armas químicas.»

Desde el punto de vista de Washington, teniendo en cuenta los cambios radicales del panorama político tras el 11 de setiembre, es evidente que la obsesión de Saddam por su arsenal de armas no convencionales pasaba a ser la principal justificación para reanudar las hostilidades contra Iraq. En su discurso del Estado de la

Unión de enero de 2002, el presidente George W. Bush había dejado claro que la «guerra contra el terror» declarada como consecuencia de los atentados del 11 de setiembre se había ampliado hasta incluir a los países que, como Iraq, seguían respaldando y acogiendo a terroristas y desarrollando armas de destrucción masiva. A pesar de que en todos esos frentes faltaran pruebas concluyentes, Bush no estaba dispuesto a cometer el mismo error que su padre y dejar suelto a Saddam. En Gran Bretaña, Tony Blair llegó a una conclusión muy parecida, pese a las fuertes reservas expresadas por varios miembros destacados de su partido, el laborista, y por la mayoría de las figuras políticas del resto de la Comunidad Europea. En primavera, Bush estaba tan decidido a tomar a Saddam como objetivo que dio el paso excepcional de autorizar personalmente a la CIA a llevar a cabo una operación secreta para derrocarlo. A efectos prácticos, Bush daba luz verde a la CIA para asesinar a Saddam.

El hecho de que Bush estuviera resuelto a derrocarlo provocó la típica respuesta desafiante del tirano iraquí. Inmediatamente después de que se filtrara la noticia de que Bush había autorizado su asesinato, Saddam convocó a varios miembros clave del régimen a una reunión de emergencia, que se celebró en la planta inferior de uno de sus fortificadísimos búnkers del palacio presidencial de Bagdad. Saddam empezó con un discurso largo e inconexo en que denunciaba a Bush y declaraba que la postura norteamericana «no deja margen a Iraq para la tolerancia en este tema». Algunos ministros fueron invitados a exponer sus puntos de vista. El primero en hablar fue Alí Hassan al-Majid, que empezó declarando que los norteamericanos eran «gente tonta y arrogante». A continuación propuso que Iraq «lleve la lucha a sus casas, a Norteamérica». Taha Yassin Ramadan, que tenía una larga trayectoria como vicepresidente de Saddam, y que en los años sesenta, como activista del Baas, le había ayudado a crear el Ejército Popular, adoptó un registro parecido en sus declaraciones de que «los héroes de Iraq pueden convertirse en millares de bombas humanas dispuestas a volar Norteamérica».

Saddam aprobó ambos discursos e invitó a Qusay a dirigirse a los reunidos. «Sabemos, como saben todos los hermanos aquí presentes —dijo Qusay—, que con la ayuda de Dios seremos capaces de todo, y todo lo podremos hacer. Una simple señal de tu parte y podemos lograr que los norteamericanos pierdan el sueño y salgan asustados a la calle. [...] Sólo te pido que me des una pequeña señal. Juro sobre tu cabeza que si no convierto su noche en día, y su día en un infierno, te pediré que me cortes la cabeza ante mis propios hermanos.» Y añadió: «Si es verdad lo que dicen, que el responsable de los ataques de setiembre fue Bin Laden, pongo a Dios por testigo de que les demostraremos que setiembre fue un pícnic en comparación con la ira de Saddam Hussein. No conocen a Iraq, al líder de Iraq, a los hombres de Iraq, a los hijos de Iraq.»[17]

El 17 de julio de 2002, trigésimo quinto aniversario de la revolución baasí, Saddam, durante su discurso anual al pueblo iraquí, expuso públicamente su postura sobre la nueva amenaza que planteaba Washington. Con claro acento campesino, y en un árabe gramaticalmente incorrecto, declaró: «Ha vuelto julio, para decirles a todos los opresores, los poderosos y los malvados del mundo: esta vez no podréis vencerme; no, jamás, aunque tuvierais de vuestra parte a todos los demonios.»

En agosto, en una tentativa de convencer a la opinión pública occidental de que no prestara apoyo a la reanudación de las hostilidades contra Iraq, Saddam invitó al diputado británico George Galloway, perteneciente al ala izquierda del Partido Laborista, a visitarlo en uno de sus búnkers presidenciales de Bagdad. Galloway relató por escrito, entusiasmado, la experiencia de recorrer varios puntos de Bagdad en coches de cristales ahumados antes de ser introducido en un ascensor que bajaba a toda velocidad al enorme búnker subterráneo de Saddam.[18] Tanto bajó Galloway, que le zumbaron los oídos. Durante la reunión, Saddam hizo una demostración de la táctica del palo y la zanahoria que se había convertido en el sello distintivo de su presidencia: por un lado insinuaba a Galloway que estaba dispuesto a permitir la inspección de los supuestos almacenes iraquíes de armamento por parte de un grupo de funcionarios británicos, incluido el primer ministro Tony Blair; y por el otro amenazaba con infligir muchas bajas a cualquier fuerza extranjera que invadiese el país. «Si vienen, estaremos preparados —declaró—. Lucharemos en las calles, desde los tejados y de casa en casa. Jamás nos rendiremos.»[19]

A pesar de sus bravatas, Saddam se preparaba, y preparaba a su país, para las muchas crisis que sin duda le depararía el futuro; pero, por grave que fuera el desafío y por mortal que fuera la amenaza del enemigo, la respuesta de «el que planta cara» sería la misma que había dado en todos los acontecimientos críticos y difíciles surgidos a lo largo de sus muchos años en el poder. La supervivencia siempre sería la prioridad número uno de Saddam.

Notas

PRÓLOGO.   EL PROSCRITO

1. Entrevista del autor, mayo 2002.
2. Fuente particular.
3. Fuente particular.
4. *Wall Street Journal*, 14 de junio de 2002.
5. Laurie Mylroie, *Study of Revenge* (The AEI Press, Washington, D.C., 2001).
6. *Wall Street Journal*, 14 de junio de 2002.
7. Televisión iraquí, 14 de diciembre de 2001.
8. Fuente particular.
9. Cita de *Newsweek*, 26 de noviembre de 2001.
10. *Daily Telegraph* (Londres), 4 de marzo de 2002.
11. Cita de *Wall Street Journal*, 17 de junio de 2002.

1.   EL HUÉRFANO

1. Existen dos biografías autorizadas, o más bien hagiografías, de la vida de Saddam: Amir Iskander, *Munadilan, wa Mufakiran, wa Insanan* (Hachette, París, 1981), y Fuad Matar, *Saddam HusseinL The Man, the Cause and His Future* (Third World Centre, Londres, 1981). También existe una obra autobiográfica de su juventud, someramente disimulada: Abdel Amir Mualá, *The Long Days*, sin fecha ni editor.
2. Entrevista del autor, abril de 2002.
3. Hamid al-Bayati, *The Bloody History of Saddam Al Tikriti*, p. 23.
4. Geoff Simons, *From Sumer to Saddam* (MacMillan, Londres, 1994), p. 271.
5. *Vanity Fair*, agosto de 1991.
6. Matar, p. 22.

7. Saddam Hussein, *Al-Dimuqratiyya Masdar Quwwa li al-Fard wa al-Mujtama*, p. 20.

8. Entrevista del autor, febrero de 2002.

9. Efraim Karsh e Inari Rautsi, *Saddam Hussein, A Political Biography* (Brassey's, Londres, 1991), p. 10.

10. Iskander, p. 11.

11. *Vanity Dair*, agosto de 1991.

12. John Bulloch y Harvey Morris, *Saddam's War* (Faber and Faber, Londres, 1991), p. 31.

13. Karsh y Rautsi, p. 9.

14. Andrew Cockburn y Patrick Cockburn, *Out of the Ashes* (Harper-Collins, Nueva York, 1999), p. 62.

15. H.V.F. Winstone, *Gertrude Bell* (Jonathan Cape, Londres, 1978), p. 222.

16. David Fromkin, *A Peace to End All Peace* (Andre Deutsch, Nueva York, 1989), p. 508.

17. Entrevista del autor, abril 2002.

18. Matar, p. 31.

19. Cockburn y Cockburn, p. 71.

20. Said Aburish, *Saddam Hussein: The Politics of Revenge* (Bloomsbury, Londres, 2000), p. 20.

21. Iskander, p. 29.

22. Matar, p. 292.

23. Cita de Samir al-Jalil, *Republic of Fear* (University of California Press, Berkeley, 1989), p. 17.

24. Entrevista del autor, noviembre de 2001.

25. Hani Fkaiki, *Dens of Defeat: My Experience in the Iraqi Baath Party* (Riad el Rayyes Books, Londres, 1993), p. 142.

26. Matar, p. 31.

27. Declaración de Falí al-Nisiri al-Tikriti como testigo en el Tribunal del Pueblo, publicada por el Ministerio de Defensa, 1959, p. 410.

28. Cockburn y Cockburn, p. 71.

2. EL ASESINO

1. Matar, p. 31.

2. Ibid.

3. El relato completo de la participación de Saddam en el intento de asesinato y su fuga posterior se encuentra en ibid, pp. 32-44.

4. Entrevista del autor, abril de 2002.

5. Cita de Adel Darwish y Gregory Alexander, *Unholy Babylon* (Victor Gollancz, Londres, 1991), p. 197.

6. *Independent* (Londres), 31 de marzo de 1998.

7. Doctor Hamid al-Bayati, *The Bloody History of Saddam al-Tikriti* (Londres, 1969), p. 25.

8. *Independent* (Londres), 31 de marzo de 1998.

9. Edith Penrose y E.F. Penrose, *Iraq: International Relations and Development* (Ernest Benn, Londres, 1978), pp. 362-363.

10. «Conocí al camarada Saddam después de la Revolución de Ramadán de 1963», Michel Afleq. Citado en Matar, p. 211.

11. Edward Mortimer, «The Thief of Baghdad», *New York Times Review of Books*, 27 de setiembre de 1990, p. 8.

12. Iskander, p. 75.

13. Cita de Cockburn y Cockburn, p. 73.

14. Entrevista del autor, junio de 2002.

15. *New York Times*, 24 de octubre de 1990.

16. Al-Bayati, p. 63.

17. Simons, p. 274.

18. Tres de los amigos íntimos de Saddam en El Cairo han muerto: Abdul Karim al-Shaijly (asesinado en 1980), Medhat Ibrahim Jumah (asesinado en 1986), y Naim al-Azami (asesinado a principios de la década de 1980). El único coetáneo vivo del que se tiene noticia, Faruk al-Nuaimi, vive en Bagdad.

19. Cita de Aburish, p. 54.

20. Matar, p. 44; Iskander, p. 79.

21. Bulloch y Morris, p. 54.

22. Marion Faruk-Sluglett y Peter Sluglett, *Iraq since 1958* (Kegan Paul International, Londres, 1987), p. 283.

23. Samir al-Jalil, *Republic of Fear* (Univertity of California Press, Berkeley, 1989), p. 59.

24. Cita de Cockburn y Cockburn, p. 74.

25. Entrevista del autor, mayo de 2002.

26. Doctor Alí Karim Said, *From the Dialogue of Ideas to the Dialogue of Blood* (Dar al-Kunuz al-Adabiyyá, Beirut, 1999).

27. Al-Jalil, p. 6.

28. Hanna Batatu, *The Old Social Classes and Revolutionary Movements of Iraq* Princeton University Press, Princeton, N.J., 1978), p. 985.

29. Saddam citado en Matar, p. 44.

30. Aburish, p. 61.

31. Judith Miller y Laurie Mylroie, *Saddam Hussein and the Crisis in the Gulf* (Random House, Nueva York, 1990), p. 31.

32. Entrevista del autor, marzo de 2002.

33. Entrevista del autor, noviembre de 2001.

34. Entrevista del autor, octubre de 2001.

35. Symons, p. 275.

36. Iskander, p. 97.

37. Entrevista del autor, noviembre de 2001.

38. Matar, p. 45.

39.   Entrevista del autor, enero de 2002.

40.   Véase Fkaiki, p. 325. Fkaiki afirma que Saddam se reunió a menudo con el presidente Arif y con Bakr para informarles de varios complots baasíes para derrocarlos. Esto explicaría por qué recibió un trato de favor en la cárcel.

41.   Matar, p. 46; Iskander, pp. 80-81.

3.   EL REVOLUCIONARIO

1.   Entrevista del autor, abril de 2002.
2.   Ibid.
3.   *Le Monde*, 9 de octubre de 1968.
4.   Cita de Iskander, p. 110.
5.   Matar, p. 46.
6.   Iskander, p. 116.
7.   Cita de Matar, p. 47.
8.   Entrevista del autor, noviembre de 2000.
9.   Matar, p. 47.
10.   Aburish, p. 79.
11.   Entrevista del autor, enero de 2002.
12.   Fuente particular.
13.   Fuente particular.
14.   Entrevista del autor, enero de 2002.
15.   Entrevista del autor, noviembre de 2001.
16.   Ibid.
17.   Ibid.
18.   Sluglett y Sluglett, p. 110.
19.   Entrevista del autor, febrero de 2002.
20.   Entrevista del autor, noviembre de 2001.
21.   Ibid.
22.   Ibid.
23.   Cita de Batatu, p. 1100.

4.   EL VENGADOR

1.   Cita de Al-Jalil, p. 52
2.   Asuntos Internos de Bagdad, 20 de marzo de 1971.
3.   Cita de Al-Jalil, p. 50.
4.   Ibid, p. 51.
5.   Para un análisis detallado de la organización de la seguridad iraquí, véase Al-Jalil, capítulo 1.
6.   Entrevista del autor, mayo de 2002.
7.   Batatu, p. 1099.

8. Cita de Al-Jalil, p. 231.
9. Majid Jadduri, *Socialist Iraq* (The Middle East Institute, Washington, D.C., 1978), p. 54.
10. Karsh y Rautsi, p. 75.
11. Al-Jalil, p. 54.
12. Cita de Karsh y Rautsi, p. 75.
13. J.Bulloch, *The Making of War: The Middle East from 1967 to 1973* (Longman, Londres, 1974), p. 131.
14. Bulloch y Morris, p. 31.
15. Ibid, p. 71.
16. Al-Jalil, pp. 292-296.
17. *Atlantic Monthly*, mayo de 2002.
18. Entrevista del autor, mayo de 2002.
19. Ibid.
20. Fuente particular.
21. Cita de *Guardian*, 4 de julio de 1973.
22. Iskander, p. 81.
23. Entrevista del autor, febrero de 2002.
24. Aburish, p. 97.
25. Entrevista del autor, mayo de 2002.
26. Ibid.
27. Jadduri, p. 65.
28. Kazzar también ordenó el arresto de otros once baasíes destacados, la mayoría de ellos amigos o parientes del presidente, de los que creía que podían conspirar contra él durante el levantamiento. Ibid, p. 65.

5. EL CONSTRUCTOR DE LA NACIÓN

1. Entrevista del autor, abril de 2002.
2. Entrevista del autor, mayo de 2002.
3. Ibid.
4. Saddam Hussein, *Notre Combat et La Politique Internationale*, obras completas de Saddam Hussein (sin editor, Lausanne, 1977), p. 57.
5. Cita de Matar, p. 233.
6. Entrevista del autor, mayo de 2002.
7. *New York Times*, 22 de febrero de 1972.
8. *Le Monde*, 20 de junio de 1972.
9. *Sunday Telegraph* (Londres), 1 de abril de 1973.
10. Asuntos Internos de Bagdad, 17 de octubre de 1971.
11. Phebe Marr, *The Modern History of Iraq* (Westview Press, Boulder, Colorado, 1985), p. 242.
12. Saddam Hussein, *Propos sur les Problèmes Actuels*, texto del 8 de abril de 1974, conferencia de prensa, obras completas, pp. 98-99.

13. Entrevista del autor, mayo de 2002.

14. Matar, pp. 228-229.

15. Saddam Hussein, *Current Events in Iraq* (Longman, Londres, 1977), p. 38.

16. Cita de Karsh y Rautsi, p. 81.

17. *Economist*, 18 de octubre de 1975.

18. Cita de Matar, pp. 231-232.

19. Ibid.

20. *Economist*, 24-30 de junio de 1978.

21. Edward Mortimer, «The Thief of Baghdad», *New York Review of Books*, 27 de setiembre de 1990.

22. Karsh y Rautsi, p. 186.

23. Ibid, p. 88.

24. Efraim Karsh, *The Iran-Iraq War: A Military Anaslysis*, Adelphi Papers, No.220 (International Institute for Strategic Studies, Londres, sin fecha), pp. 10-11.

25. Marr, p. 229.

6.   EL TERRORISTA

1. *Der Spiegel*, 6 de agosto de 1990.

2. Kenneth R. Timmerman, *The Death Lobby: How the West Armed Iraq* (Houghton Mifflin, Boston, 1991), p. 20.

3. Ibid, p. 35.

4. Fuente particular.

5. *Washington Post*, 25 de mayo de 1988.

6. Timmerman, pp. 49-50.

7. Matar, p. 217.

8. Aburish, p. 140.

9. Ibid, p. 139.

10. Timmerman, p. 31.

11. Cita de ibid, p. 32.

12. Jidir Hamza, *Saddam's Bombmaker* (Scribner, Nueva York, 2000), p. 77.

13. Timmerman, pp. 59-60.

14. Cita de ibid, p. 92.

15. Ibid, p. 116.

16. A. Baram, «Qawmiyya and Wataniyya in Baathi Iraq: The Search for a New Balance», *Middle East Studies*, Vol. 9, No. 2 (abril 1983), pp. 188-200.

17. La lista detallada de las actividades terroristas de Abu Nidal puede encontrarse en Patrick Seale, *Abu Nidal: A Gun for Hire* (Random House, Nueva York, 1992), pp. 235-242.

18. *Vanity Fair*, mayo de 2002.

19. Entrevista del autor, abril de 2002.
20. *Newsweek* 17 de julio de 1978.
21. Entrevista del autor, mayo de 2002.
22. Entrevista del autor, noviembre de 1998.
23. Portavoz del Foreign Office británico en el momento de la expulsión.
24. Entrevista del autor, mayo de 2002.
25. Cita de *U.S.News and World Report*, 16 de mayo de 1977.
26. Cita de Seale, p. 112.
27. *New York Times*, 12 de abril de 1975.
28. *Newsweek*, 17 de julio de 1978.
29. Entrevista del autor, marzo de 2002.
30. Ibid.
31. Matar, p. 51.

7. EL SEÑOR PRESIDENTE

1. Resumen de Noticiarios Internacionales de la BBC, 18 de julio de 1979 (ME/6170/A/2).
2. *New York Times*, 4 de diciembre de 1974.
3. *Newsweek*, 9 de mayo de 1977.
4. Entrevista del autor, mayo de 2002.
5. Revista *Alif Ba* (Bagdad), 16 de febrero de 1979.
6. Resumen de Noticiarios Internacionales de la BBC, 21 de junio de 1979 (ME/6147/A/3).
7. Patrick Seale, *Asad: The Struggle for the Middle East* (I.B. Tauris, Londres, 1988), p. 355.
8. Miller y Mylroie, p. 43.
9. Fuente particular.
10. Matar, p. 54.
11. Entrevista del autor, marzo de 2002.
12. Fragmentos de la película se pasaron en el programa de la BBC *Panorama*, 11 de febrero de 1991.
13. Karsh y Rautsi, p. 115.
14. Miller y Mylroie, p. 45.
15. Los cinco miembros del CMR supuestamente implicados en el complot fueron Muhie Abdul Hussein Mashhadi, Mohammed Ayesh, Adnan Hussein al-Hamdani, Mohammed Mahjub Mahdi y Ganem Abdul Jalil Saudi.
16. Entrevista del autor, noviembre de 2001.
17. Fuente particular.
18. Ibid.
19. Hamza, p. 114.
20. Asuntos Internos de Bagdad, 8 de agosto de 1979.
21. Agencia de Noticias iraquí, 8 de agosto de 1979.

22. Entrevista del autor, noviembre de 2001.

23. *Al-Thawra* (Bagdad), 3 de mayo de 1980.

24. Al-Jalil, p. 37.

25. Amnistía Internacional, «Iraq, Evidence of Torture», 29 de abril de 1981, p. 6.

26. Amnistía Internacional, «Torture in Iraq 1982-84», pp. 10-11.

27. Cita de Deborah Cobbett, «Women in Iraq», en *Saddam's Iraq: Revolution or Reaction?* (Zed Books and CARDRI [Comité contra la Represión y por los derechos internos en Iraq], Londres, 1989), p. 123.

28. *Human Rights in Iraq* (Middle East Watch, Nueva York, 1990), pp. 23-24.

29. *New Scientist*, 2 de abril de 1981.

30. Alí Hassan, «Profile-Modaffar al-Nawab» en *Index on Censorship*, marzo de 1981.

31. *As Safir*, 5 de diciembre de 1985.

32. Iskander, p. 400.

33. Entrevista del autor, mayo de 2002.

34. Hassan Allawi, *The Borrowed State*, sin editor, sin fecha, p. 90.

35. Mijael Ramadan, *In the Shadow of Saddam* (GreeNZone, Nueva Zelanda, 1999), p. 12.

8. EL SEÑOR DE LA GUERRA

1. Ministerio de Asuntos Exteriores de Iraq, *Iraqui-Iranian Conflict: Documentary Dossier* (Bagdad, enero de 1981), pp. 208-214.

2. Miller y Mylroie, p. 109.

3. Cita de Efraim Karsh, *The Iran-Iraq War 1980-1988* (Osprey, Londres, 2002), p. 27.

4. John Bulloch y Harvey Morris, *The Gulf War* (Methuen, Londres, 1989), p. 47.

5. Cita de Miller y Mylroie, p. 113.

6. Cita de Karsh, p. 62.

7. Ibid, p. 114.

8. Resumen de Noticiarios Internacionales de la BBC, 22 de junio de 1982.

9. Dilip Hiro, *The Longest War* (Palladin, Londres, 1990), p. 35.

10. Ibid, p. 34.

11. Cita del *Washington Post*, 18 de abril de 1980.

12. Miller y Mylroie, p. 115.

13. Adel Darwish y Gregory Alexander, *Unholy Babylon* (Victor Gollancz, Londres, 1991), p. 129.

14. Asuntos Internos de Bagdad, 22 de julio de 1980.

15. Ibid, 17 de julio de 1981.

16. Timmerman, p. 105.

17. Ibid, p. 106.

18. Ibid, p. 112.

19. Resumen de Noticiarios Internacionales de la BBC, 14 de abril de 1983.

20. Entrevista del autor, mayo de 2002.

21. Bulloch y Morris, pp. 47-48.

22. Ibid.

23. Karsh, p. 67.

24. M.S. el-Azary, ed. *The Iran-Iraq War* (Croom Helm, Londres, 1984), p. 54.

25. Sahib Hakim, *Human Rights in Iraq* (Middle East Watch, Londres, 1992), p. 125.

26. *Wall Street Journal*, 27 de agosto de 1990.

27. Al-Jalil, p. 28.

28. Bulloch y Morris, p. 71.

9. EL VENCEDOR

1. Timmerman, pp. 116-117.

2. Ibid, p. 118.

3. Aburish, p. 236.

4. Entrevista del autor, setiembre de 1995.

5. Entrevista del autor, abril de 2002.

6. Wafic al-Samurrai, *The Destruction of the Eastern Gate* (Kuwait, 1997), p. 153.

7. Entrevista del autor, febrero de 2002.

8. Estas figuras están tomadas de Anthony Cordesman, «The Iran-Iraq War in 1984: An Escalating Threat to the Gulf and the West», *Armed Forces Journal International*, marzo de 1984, p. 24.

9. *Sunday Times* (Londres), 11 de marzo de 1984.

10. Entrevista del autor, noviembre de 2001.

11. Marr, p. 297.

12. Entrevista del autor, febrero de 2002.

13. Aburish, p. 187.

14. Entrevista del autor, mayo de 2002.

15. Anthony H. Cordesman, *The Iran-Iraq War and Western Security, 1984-87* (Jane's Publishing, Londres, 1987), p. 99.

16. Entrevista del autor, enero de 2002.

17. Es creencia generalizada, y sobre todo de este autor, que este incidente fue la razón principal del bombardeo contra el vuelo 103 de la Pan Am sobre el pueblo escocés de Lockerbie, en diciembre de 1988, en el que murieron 270 personas.

18. Timmerman, p. 293.

10. EL INVASOR

1. *Independent* (Londres), 30 de agosto de 1989.
2. Entrevista del autor, mayo de 2002.
3. Entrevista del autor, junio de 2002.
4. Entrevista del autor, setiembre de 1998.
5. *Sunday Times* (Londres), 26 de marzo de 1989.
6. Karsh y Rautsi, p. 184.
7. Simon Henderson, *Instant Empire: Saddam Hussein's Ambition for Iraq* (Mercury House, San Franscisco, 1991), p. 82.
8. Cockburn y Cockburn, p. 155.
9. *Sunday Times* (Londres), 26 de marzo de 1989.
10. Entrevista del autor, febrero de 1999.
11. Fuente particular.
12. Entrevista del autor, junio de 2002.
13. *Guardian* (Londres), 1 de abril de 1989.
14. *Wall Street Journal*, 15 de febrero de 1991.
15. Karsh y Rautsi, p. 202.
16. Charles Tripp, *A History of Iraq* (Cambridge University Press, Cambridge, U.K., 2000), p. 251.
17. *Atlantic Monthly*, mayo de 2002.
18. Entrevista del autor, julio de 2002.
19. Entrevistas del autor, primavera de 2002.
20. Margaret Thatcher, *The Downing Street Years* (HarperCollins, Londres, 1993), p. 824.
21. *Observer* (Londres), 21 de octubre de 1990.
22. Asuntos Internos de Bagdad, 18 de julio de 1990.
23. Entrevista del autor, febrero de 2002.
24. Entrevista del autor, julio de 2002.

11. EL PERDEDOR

1. Thatcher, p. 817.
2. Asuntos Internos de Bagdad, 8 de agosto de 1990.
3. Thatcher, p. 827.
4. Dilip Hiro, *Desert Shield to Desert Storm* (HarperCollins, Londres, 1992), p. 222.
5. *Al-Thawra*, 2 de diciembre de 1990.
6. *Economist* (Londres), 22 de diciembre de 1990.
7. Tripp, p. 254.
8. *Pacto Nacional Iraquí*, 14,20 y 21 de diciembre de 1990.
9. *Pacto Nacional Iraquí*, 18 de enero de 1991.

10. Entrevista del autor, agosto de 2002.

11. *Atlantic Monthly*, mayo de 2002.

12. Como corresponsal de guerra acreditado con el ejército británico durante la operación Tormenta del Desierto, el autor puede dar fe de que las fuerzas aliadas estaban en constante estado de alerta frente a un posible ataque iraquí con armas químicas.

13. En 1998, los inspectores de armas de la ONU confirmaron que se habían utilizado cantidades considerables de ántrax como arma en Kuwait y el sur de Iraq durante la guerra del Golfo. Véase el *Sunday Telegraph* (Londres), 15 de febrero de 1998.

14. *Time*, 18 de setiembre de 1995.

15. Asuntos Internos de Bagdad, 18 de enero de 1991.

16. Ibid, 20 de enero de 1991.

17. CNN, 28 de enero de 1991.

18. Asuntos Internos de Bagdad, 31 de enero de 1991.

19. Lawrence Freedman y Efraim Karsh, *The Gulf Conflict 1990-91* (Faber y Faber, Londres, 1993), p. 377.

20. *Times* (Londres), 16 de febrero de 1991.

21. Ibid, 23 de febrero de 1991.

22. Asuntos Internos de Bagdad, 26 de febrero de 1991.

23. *Independent* (Londres), 6 de febrero de 1991.

24. Ibid, 28 de febrero de 1991.

25. *Atlantic Monthly*, mayo de 2002.

12. EL SUPERVIVIENTE

1. Freedman y Karsh, p. 411.

2. *Hansard* (Cámara de los Comunes), 15 de enero de 1991.

3. *New York Times*, 26 de enero de 1991.

4. Radio 4 de la BBC, «The Desert War-A Kind of Victory», 16 de febrero de 1992.

5. *International Herald Tribune*, 28 de marzo de 1991.

6. Cockburn y Cockburn, p. 27.

7. *Sunday Times* (Londres), 10 de marzo de 1991.

8. Fuente particular.

9. Fuente particular.

10. Scott Ritter, *Endgame: Solving the Iraq Problem-Once and for All* (Simon and Schuster, Nueva York, 1999), p. 111.

11. ABC News, *Peter Jennings Reporting* (Nueva York), 26 de junio de 1997.

12. Cockburn y Cockburn, p. 38.

13. Cita de Michael R. Gordon y Bernard E. Trainor, *The General's War* (Back Bay Books, Nueva York, 1995), p. 517.

14. Aburish, p. 319.

15. *Observer* (Londres), 12 de julio de 1992.

16. *Times* (Londres), 4 de setiembre de 1992.

17. Entrevista del autor, setiembre de 1998. El nombre Sami Salí es un seudónimo.

18. *Daily Telegraph* (Londres), 23 de agosto de 1993.

19. Aburish, p. 326.

20. Entrevista del autor, agosto de 1999.

21. Entrevista del autor, mayo de 2002.

22. Fuente particular.

23. *New Yorker*, 5 de abril de 1999.

24. Cockburn y Cockburn, p. 189.

25. Entrevista del autor, febrero de 2002.

26. Ibid.

27. Ibid.

28. Ibid.

29. Cita de *Time*, 18 de setiembre de 1995.

30. Resumen de Noticiarios Internacionales de la BBC, 14 de agosto de 1995.

31. Televisión iraquí, 12 de agosto de 1995.

32. Fuente particular.

33. Entrevista del autor, setiembre de 1998.

34. Cockburn y Cockburn, p. 220.

35. *Times* (Londres), 18 de marzo de 1999.

36. *Times*, p. 229.

37. *International Herald Tribune*, 9 de setiembre de 1996.

38. Entrevista del autor, setiembre de 1998.

39. *Al-Wasat*, 12 de marzo 1997.

40. Tim Trevan, *Saddam's Secrets: The Hunt for Saddam's Hidden Weapons* (HarperCollins, Londres, 1999) p. 365.

41. Televisión iraquí, 22 de junio de 1997.

42. Para un examen detallado de la infiltración de la CIA en la UNSCOM, véase «Saddam's Best Friend», de Seymour M. Hersh, en el *New Yorker*, 5 de abril de 1999.

43. William Shawcross, *Deliver Us from Evil* (Bloomsbury, Londres, 2000), p. 243.

44. Trevan, p. 374.

45. Ritter, p. 223.

46. Ibid, p. 224.

EPÍLOGO: EL ÍDOLO

1. *Sunday Telegraph* (Londres), 28 de abril de 2002.

2. *Guardian* (Londres), 17 de mayo de 2002.

3. *Time*, 13 de mayo de 2002.
4. *Atlantic Monthly*, mayo de 2002.
5. Fuente particular.
6. *Sunday Telegraph* (Londres), 29 de marzo de 1999.
7. *Scotland on Sunday*, 2 de abril de 2000.
8. Entrevista del autor, agosto de 1999.
9. Fuente particular.
10. Entrevista del autor, octubre de 1999.
11. *Sunday Times* (Londres), 15 de agosto de 1999.
12. Cita de *Vanity Fair*, febrero de 2000.
13. Fuente particular.
14. *New York Times*, 20 de diciembre de 2001.
15. *Time*, 13 de mayo de 2002.
16. *Times* (Londres), 17 de junio de 2002.
17. *Al-Watan*, 28 de junio de 2002.
18. *Mail on Sunday* (Londres), 11 de agosto de 2002.
19. Ibid.

Bibliografía

Aburish, Said, *Saddam Hussein: The Politics of Revenge*, Bloomsbury, Londres, 2000.

Algosaibi, Ghazi A., *The Gulf Crisis*, Kegan Paul International, Londres, 1991.

Axelgard, Frederick W., *A New Iraq? The Gulf War and Implications for the U.S. Policy*, Praeger, Nueva York, 1988.

Baram, Amazia, «Saddam Hussein, A Political Profile», *The Jerusalem Quarterly*, Nº 17, 1980.

Batatu, Hanna, *The Old Social Classes and Revolutionary Movements of Iraq*, Princeton University Press, Princeton, Nueva Jersey, 1978.

Bengio, Ofra, *Saddam's World*, Oxford University Press, Oxford, 1998.

Bulloch, J., *The Making of War: The Middle East from 1967 to 1973*, Longman, Londres, 1974.

Bulloch, John, y Harvey Morris, *The Gulf War*, Methuen, Londres, 1989.

Bulloch, John, y Harvey Morris, *Saddam's War*, Faber and Faber, Londres, 1991.

Butler, Richard, *The Greatest Threat*, Public Affairs, Nueva York, 2000.

CARDRI (Committee Against Repression and for Democratic Rights in Iraq), *Saddam's Iraq: Revolution or Reaction?*, Zed Books, Londres, 1989.

Chubin, Shahram, y Charles Tripp, *Iran and Iraq at War*, I.B. Tauris, Londres, 1988.

Cockburn, Andrew, y Patrick Cockburn, *Out of the Ashes*, HarperCollins, Nueva York, 1999.

Cordesman, Anthony H., *The Iran-Iraq War and Western Security, 1984-87*, Jane's Publishing, Londres, 1987.

Dann, Uriel, *Iraq under Qassem: A Political History, 1958-63*, Praeger, Nueva York, 1969.

Darwish, Adel, y Gregory Alexander, *Unholy Babylon*, Harrap, Londres, 1986.

Dobson, Christopher, y Ronald Payne, *War Without End*, Harrap, Londres, 1986.

Fkaiki, Hani, *Dens of Defeat: My Experience in the Iraqi Baath Party*, Riad el Rayyes Books, Londres, 1993.

Freedman, Lawrence, y Efraim Karsh, *The Gulf Conflict 1990-91*, Faber and Faber, Londres, 1993.

Friedman, Alan, *Spider's Web: Bush, Thatcher and the Decade of Deceit*, Faber and Faber, Londres, 1993.

Fromkin, David, *A Peace to End All Peace*, Andre Deutsch, Nueva York, 1989.

Gordon, Michael R., y Bernard Trainor, E., *The General's War*, Back Bay Books, Nueva York, 1995.

Hakim, Sahib, *Human Rights in Iraq*, Middle East Watch, Londres, 1992.

Hamza, Khidhir, *Saddam's Bombmaker*, Scribner, Nueva York, 2000.

Harris, Robert, y Jeremy Paxman, *A Higher Form of Killing*, Arrow Books, Londres, 2002.

Helms, Christine Moss, *Iraq: Eastern Flank of the Arab World*, Brookings Institution, Washington D.C.

Henderson, Simon, *Instant Empire, Saddam Hussein's Ambition for Iraq*, Mercury House, San Francisco, 1991.

Hiro, Dilip, *The Longest War*, Palladin, Londres, 1990.

Hiro, Dilip, *Desert Shield to Desert Storm*, HarperCollins, Londres, 1992.

Hussein, Saddam, *Current Events in Iraq*, Longman, Londres, 1977.

The Iran-Iraq War, M.S. el Azhary (ed.), Croom Helm, Londres, 1984.

Iskander, Amir, *Munadilan, wa Insanan*, Hachette, París, 1981.

Karsh, Efraim, *The Iran-Iraq War 1980-1988*, Osprey, Londres, 2002.

Karsh, Efraim, y Inari Rautsi, *Saddam Hussein, A Political Biography*, Brassey's, Londres, 1991.

Khadduri, Majid, *Socialist Iraq*, The Middle East Institute, Washington D.C., 1978.

Khalil, Samir al-, *Republic of Fear*, University of California Press, Berkeley, 1989.

Longrigg, Stephen H., *Four Centuries of Modern Iraq*, Oxford University Press, Oxford, 1925.

Marr, Phebe, *The Modern History of Iraq*, Westview Press, Boulder, Colorado, 1985.

Matar, Fuad, *Saddam Hussein: The Man, the Cause and His Future*, Third World Centre, Londres, 1981.

Merari, Ariel, y Shlomo Elad., *The International Dimension of Palestinian Terrorism*, Westview, Boulder, Colorado, 1986.

Middle East Watch, *Human Rights in Iraq*, Nueva York, 1990.

Miller, Judith, Stephen Englelberg y William Broad, *Germs: The Ultimate Weapon*, Simon and Schuster, Nueva York, 2001.

Miller, Judith, y Laurie Mylroie, *Saddam Hussein and the Crisis in the Gulf*, Random House, Nueva York, 1990.

Mylroie, Laurie, *Study of Revenge*, The AEI Press, Washington D.C., 2001.

O'Balance, Edgar, *The Gulf War*, Brassey's, Londres, 1988.

Penrose, Edith, y E. F. Penrose, *Iraq: International Relations and Developments*, Ernest Benn, Londres, 1978.

Ramadan, Mikhael, *In the Shadow of Saddam*, GreeNZone, Nueva Zelanda, 1999.

Ritter, Scott, *Endgame: Solving the Iraq Problem-Once and for All*, Simon and Schuster, Nueva York, 1999.

Samurrai, Wafic al-, *The Destruction of the Eastern Gate*, Kuwait, 1997.

Seale, Patrick, *Asad: The Struggle for the Middle East*, I.B. Tauris, Londres, 1988.

Seale, Patrick, *Abu Nidal, A Gun for Hire*, Random House, Nueva York, 1992.

Shawcross, William, *Deliver Us From Evil*, Bloomsbury, Londres, 2000.

Simons, Geoff, *From Sumer to Saddam*, Macmillan, Londres, 1994.

Sluglett, Marion Farouk-, y Peter Sluglett, *Iraq since 1958*, Kegan Paul International, 1987.

Smith, Colin, *Carlos: Portrait of a Terrorist*, Andre Deutsch, Londres, 1976.

Thatcher, Margaret, *The Downing Street Years*, HarperCollins, Londres, 1993.

Timmerman, Kenneth R., *The Death Lobby: How the West Armed Iraq*, Houghton Mifflin, Boston, 1991.

Trevan, Tim, *Saddam's Secrets: The Hunt for Saddam's Hidden Weapons*, HarperCollins, Londres, 1999.

Tripp, Charles, *A History of Iraq*, Cambridge University Press, Cambridge, Reino Unido, 2000.

Winstone, H. V. I., *Gertrude Bell*, Jonathan Cape, Londres, 1978.

Índice onomástico y de materias

fecha de nacimiento controvertida de: 34-35, 75, 141.
frustración de: 248-249, 351.
fuentes de ingresos atípicos explotadas por: 154-155.
fuerzas de seguridad de: 23, 24-25, 29, 82, 88, 96, 98, 104, 105-106, 108-113, 121-124, 127-128, 130-131, 136-137, 138, 154-155, 165-168, 174, 193, 196, 216, 220, 230-235, 237, 253, 266-267, 270, 374-380, 385-388, 411-412.
fuga de prisión de: 91-92, 106-107.
fumador: 151, 264.
gobierno reorganizado por: 229.
Gran Purga de, la: 218-226.
gustos caros y cambios de estilo de vida de:149-155.
hábitos alimenticios de: 151, 274, 409.
hábitos de trabajo de: 149, 238, 410.
herencia de la guerra fría de: 27.
heridas y problemas de salud de: 66-69, 384-385, 409.
Hitler como modelo para: 175, 244, 408.
huida de Bagdad: 68-71.
humillación de: 112, 173, 248, 316-317, 343.
imagen pública favorable cultivada por: 153-155, 175, 236, 262, 316.
incompetencia militar de: 242-249, 261-262, 265, 280, 294.
indicadores de desagrado utilizados por: 168, 197.
ineptitud social de: 86-87, 106, 108, 153.
infancia de: 33-51, 312, 408.
infidelidades de: 307-315, 386-387.

influencia de Jairallah Tulfah sobre: 39, 43, 53-57, 65, 104, 190.
ingestión de bebidas de: 151, 153.
ingreso en el partido Baas: 64.
ingresos de: 77, 106, 149-150, 279.
inseguridad de: 33, 55, 267.
intento de la CIA de eliminar a: 373-374, 393-395.
intentos de asesinato contra: 261-262, 269, 315, 317, 386, 387, 415.
intentos de asesinato de: 25, 63-70, 77, 88-89, 115.
intereses científicos y tecnológicos de: 167-168, 169-170, 189-190.
intimidación por parte de: 41, 51.
lazos tribales de: 35, 101, 120, 176-179.
malos tratos del padrastro de: 40-42.
malos tratos en prisión evitados por: 89-90, 107-108.
ministro del gabinente al que disparó: 266, 306.
mitos y épica heroica sobre: 65-71, 89, 91-92, 236, 250, 279, 303, 408-409.
movimiento de los No Alineados y: 263-265.
nacionalismo de: 43, 64-65, 105, 190.
nacionalización del petróleo y: 155-162, 165, 170, 181, 182.
Nasser comparado con: 181, 198, 204.
nombramiento de mariscal de campo recibido por: 177.
nombramiento de teniente general recibido por: 177.
nombre de: 35-36, 50.
obras de: 313.
obsesión por la seguridad de: 162,

Imperial Chemical Industries (ICI): 187.

India: 195.

Instituto Al-Haythem: 185.

Instituto de Productos Químicos Venenosos de Leipzig: 187-188.

Instituto Karj: 51, 238-239.

Instituto Merieux: 184.

Intentos de asesinar a Saddam Hussein (Barzan al-Tikriti): 269.

Irán: 23, 30, 53, 76, 126-129, 147, 156, 170-173, 190, 320, 348, 352, 362.

Irak:

alianza con la Unión Soviética: 156-161, 164, 165, 171, 178, 182, 205, 259, 286.

apoyo alemán para: 182, 257-259, 285.

apoyo francés para: 158, 160, 165, 178, 182, 184, 190-195, 256, 257, 259, 286, 287, 297, 339-340.

armas químicas, biológicas y nucleares adquiridas por: 26, 30, 31, 150, 178, 181-197, 208, 221, 256-259, 284-285, 292, 299-302, 304, 321-328, 363-364, 367-372, 397-398, 411, 413-414.

bloque informativo sobre la guerra en: 262-264.

campaña anticorrupción en: 296, 412.

censura en: 233-234.

complot apoyado por Irán para golpe de estado en (1970): 126-128.

concentración militar en: 159, 178, 181-198.

Consejo Árabe de Cooperación (ACC) e: 320, 327.

contrabando de petróleo en: 377-380, 407, 412-413.

control otomano de: 43-44, 48, 328.

creación de: 44, 48, 61.

deudas de: 296-297, 318-319.

economía destruida en: 241, 247, 264-265, 286-287, 296-297, 299, 303, 372-373.

«ejecuciones democráticas» en: 223-224.

ejército de: 246-248, 261, 275, 285, 294, 351-352, 366, 381.

elecciones en: 229-230, 235, 315-316, 390.

embargo de EE.UU. contra: 261, 263, 355.

en el bombardeo del World Trade Center (1993): 26.

en el Pacto de Bagdad: 53, 61, 76.

estalinización de: 118-119.

fuerzas aéreas de: 28, 244-245, 297.

golpe de 1968 en (revolución de julio): 93-102, 110-114, 118, 229-230.

golpe instigado por la CIA en (1963): 78-79, 107.

guerra de EE.UU. contra el terrorismo extendida a: 28-32, 415.

guerra de los Seis Días y: 99, 110, 111, 112, 121, 205, 241.

guerra del Yom Kippur y: 198-202, 227, 228.

huelgas y manifestaciones en: 110-111.

ideario político del Baas como doctrina oficial en: 72, 93.

influencia británica en: 39, 44-48, 52, 59-60, 64-65.

inspectores de armamento de Naciones Unidas: 27, 28, 189, 284-285, 300, 382, 389, 397-403, 407, 410-411, 413 414.

instransigencia británica hacia: 291-292.

Este libro se imprimió en
Brosmac, S. L.
Móstoles (Madrid)